庆祝世界贸易组织成立二十周年
中国法学会世界贸易组织法研究会　组织编写

WTO法与中国研究丛书
孙琬钟　总主编

WTO与能源贸易
——以能源安全为视角

唐　旗◎著

知识产权出版社
全国百佳图书出版单位

图书在版编目(CIP)数据

WTO 与能源贸易：以能源安全为视角/唐旗著. —北京：知识产权出版社,2015.1

(WTO 法与中国研究丛书/孙琬钟总主编)

ISBN 978-7-5130-3180-6

Ⅰ.①W… Ⅱ.①唐… Ⅲ.①世界贸易组织—能源经济—国际贸易—研究②能源—国家安全—中国 Ⅳ.①F746.41 ②TK01

中国版本图书馆 CIP 数据核字(2014)第 276992 号

内容提要

本书以中国能源安全为视角，在汲取国外研究成果精华的基础上，结合能源贸易摩擦的最新态势，就WTO 能源贸易问题开展深入系统的研究，旨在厘清 WTO 框架下能源贸易问题的来龙去脉以及 WTO 法视野中能源贸易的焦点法律事项，分析 WTO 能源贸易纪律的重构对中国的影响，力求为中国参与 WTO能源纪律的构建、实现在能源新秩序建设中的话语权贡献可资借鉴的法律对策与建议，同时也为当前中国在可再生能源领域面临的贸易摩擦与争端提供应对思路。

责任编辑：宋　云　　　　　　　　责任校对：董志英
封面设计：张　冀　　　　　　　　责任出版：刘译文

WTO 与能源贸易——以能源安全为视角
唐　旗　著

出版发行：知识产权出版社有限责任公司	网　　址：http://www.ipph.cn
社　　址：北京市海淀区马甸南村 1 号	邮　　编：100088
责编电话：010-82000860 转 8388	责编邮箱：songyun@cnipr.com
发行电话：82000860 转 8101/8102	发行传真：010-82000893/82005070/82000270
印　　刷：三河市国英印务有限公司	经　　销：各大网上书店、新华书店及相关专业书店
开　　本：787mm×1092mm　1/16	印　　张：18.5
版　　次：2015 年 1 月第 1 版	印　　次：2015 年 1 月第 1 次印刷
字　　数：356 千字	定　　价：48.00 元

ISBN 978-7-5130-3180-6

出版权专有　侵权必究
如有印装质量问题，本社负责调换。

《WTO法与中国研究丛书》编委会

主　编：孙琬钟

副主编：张玉卿　王传丽

编　委：于　安　杨国华　朱榄叶　李顺德

　　　　曾令良　余敏友　张乃根　屈广清

　　　　孔庆江　左海聪　石静霞　王正明

　　　　赵学清　韩立余　史晓丽　吕晓杰

总　序

2015年1月1日是世界贸易组织（WTO）成立20周年的日子，这是一个值得庆贺的时刻。

20年来，世界贸易组织取得了举世瞩目的成就。虽然多哈回合谈判举步维艰，但是，2013年底达成的"巴厘岛一揽子协议"使我们再次看到了多边贸易体制的曙光。WTO不仅是制定自由贸易规则的平台，更是解决贸易争端的平台。成立20年来，WTO受理了将近500件贸易争端，为世界贸易的平稳发展做出了重大贡献。尽管世界贸易组织谈判中也存在强权政治和大国利益，但在争端解决程序中，任何利益的实现都要以对规则进行合理解释为基础，这是法治社会的重要表征。毋庸置疑，WTO是成功的，它推动了世界经济的发展，也为世界的和平与进步发挥了积极作用。

2001年12月11日，中国加入世界贸易组织，成为现已拥有160个成员的世界贸易组织大家庭的一分子。13年来，中国的改革开放不断深入，经济突飞猛进，社会不断进步，法制日趋完善，这与我国突破西方世界的壁垒加入到世界经济贸易的大市场是分不开的。实践充分证明，我国政府加入世界贸易组织的战略决策是英明和正确的。

13年前，正当我国即将加入世界贸易组织之际，中国法学会审时度势，向中央提出报告，经朱镕基、胡锦涛、李岚清、罗干、吴仪等领导同志的同意，成立了"中国法学会世界贸易组织法研究会"。研究会的成立，为从事世界贸易组织法研究的专家学者提供了施展才能的平台，大大促进了我国对世界贸易组织法的深入研究，扩大了世界贸易组织法的影响。随着我国经济的发展以及对世界经济贸易的深入参与，世界贸易组织法在我国逐步发展成为一个具有完整理论框架和丰富案例资源的独立法学学科，中国法学会世界贸易组织法研究会也逐步发展成为我国WTO法律事务的智囊和人才库。

为了庆祝世界贸易组织成立20周年,中国法学会世界贸易组织法研究会将我国WTO专家学者的近期研究成果编辑成册,出版了这套《WTO法与中国研究丛书》。尽管这套丛书仅仅展示了我国WTO法研究的一个侧面,但是,我们希望这套丛书能够为有志于WTO法研究的读者们提供有价值的参考和借鉴。

最后,我们要向为这套丛书提供出版机会的知识产权出版社表示深切的敬意!向为这套丛书的编写工作付出辛勤劳动的专家学者表示诚挚的谢意!

中国法学会世界贸易组织法研究会
2014年11月5日

目 录 CONTENTS

引　言　　　　　　　　　　　　　　　　　　　　　　　　　　　/1/
第一章　从能源安全视角看能源国际机制的演进
　　　　——兼论WTO的角色　　　　　　　　　　　　　　　　/7/
　第一节　能源、能源贸易以及能源市场　　　　　　　　　　　　/7/
　第二节　变迁中的能源安全观　　　　　　　　　　　　　　　　/15/
　第三节　能源国际机制的演进　　　　　　　　　　　　　　　　/27/
　第四节　WTO可能扮演的角色　　　　　　　　　　　　　　　　/43/
　小　结　　　　　　　　　　　　　　　　　　　　　　　　　　/47/
第二章　多边贸易体制中能源贸易规则的初建
　　　　——GATT时代回溯　　　　　　　　　　　　　　　　　/48/
　第一节　GATT与能源贸易　　　　　　　　　　　　　　　　　/48/
　第二节　GATT时代的能源贸易谈判　　　　　　　　　　　　　/55/
　第三节　GATT处理的能源贸易争端——超级基金案　　　　　　/61/
　小　结　　　　　　　　　　　　　　　　　　　　　　　　　　/69/
第三章　现行WTO规则适用于能源贸易的法律分析　　　　　　　/70/
　第一节　GATT 1994的基本原则与能源贸易　　　　　　　　　　/70/
　第二节　GATT 1994其他规定与能源贸易　　　　　　　　　　　/88/
　第三节　GATT 1994的例外条款与能源贸易　　　　　　　　　　/95/
　第四节　其他多边贸易协定与能源贸易　　　　　　　　　　　　/108/
　第五节　WTO受理的能源贸易争端——汽油标准案　　　　　　/116/
　小　结　　　　　　　　　　　　　　　　　　　　　　　　　　/121/

·1·

第四章　WTO能源贸易规则的重构方略　/122/
　　第一节　重构WTO能源贸易规则的推动因素与制约因素　/122/
　　第二节　WTO能源贸易规则重构的设想　/127/
　　小　结　/139/

第五章　多哈回合中关于能源贸易的谈判　/140/
　　第一节　多哈发展议程与能源贸易概述　/140/
　　第二节　能源服务贸易规则谈判　/146/
　　第三节　生物燃料贸易谈判　/181/
　　小　结　/211/

第六章　WTO对可再生能源贸易的规制实践　/212/
　　第一节　WTO视野中的可再生能源支持政策　/212/
　　第二节　现行WTO规则与可再生能源贸易纪律　/217/
　　第三节　WTO可再生能源争端解决实践——FIT案　/224/
　　小　结　/232/

第七章　WTO能源贸易规则重构与中国　/233/
　　第一节　能源贸易与中国能源安全　/233/
　　第二节　中国参与WTO能源贸易规则重构的意义与法律对策　/237/
　　第三节　中国在现行WTO框架下应对可再生能源贸易争端的思路　/249/
　　小　结　/253/

结束语：WTO的能源"足迹"与走向　/254/

附录一　WTO成员能源服务自由化承诺　/257/
附录二　能源服务贸易谈判对照单　/262/
主要参考文献　/281/
后　记　/286/

引 言

一、本书的意义

能源是整个世界发展和经济增长的最基本的驱动力之一，它被形象地喻为"现代经济的血液"。在以主权国家为基本单位的当今国际社会，能源在任何一国中都占据着核心的战略地位，可谓是各国经济命脉与民生大计的重中之重。

国家间围绕能源开展的贸易、投资始自工业革命时期，"二战"之后得以迅速发展。近30年间，国际化与私有化两股浪潮悄然席卷能源领域，能源市场在全球范围内纵横交错，国际能源业凸现三对强大竞争力量：生产国与消费国、民族经济与自由市场、能源需求与环境因素。在这三对力量互动、碰撞、交锋的过程之中，能源法律问题溢出国界已是不争的事实。各国分散立法，缺乏能源国际规范的状况显然与之不相适应。由于能源之于国家的特殊战略意义，历来是"兵家必争之地"，能源规则的博弈自然也是国家战略的组成部分，牵一发而动全身，使能源规则国际谈判困难重重，进展缓慢。

进入21世纪以来，能源对于世界政治和经济局势的影响力与日俱增，一系列的能源事件更是刺激了世界能源安全这一敏感区域。全球性能源机构与能源规则缺位，且难以在近期建立并有效开展活动的现实，使世人将目光投向世界贸易组织（World Trade Organization，WTO）这一当今国际经济领域最活跃的全球性组织。能源贸易与 WTO 体制若即若离：一方面，WTO 既非以能源为中心的国际组织，但又未把能源贸易排除在其管辖权限之外，在以 WTO 体制为主导的现行国际贸易框架中，能源虽是最大宗的贸易产品，却有游离于 WTO 自由贸易体制之外的倾向；另一方面，GATT/WTO 争端解决机制所处理的几起能源贸易纠纷，均曾引起国际社会的广泛关注。2001年多哈回合谈判启动之后，相关国家推动能源谈判的活动随即开始，并主要集中在服务贸易领域，美国等八个成员相继就能源服务提交谈判建议。在多哈回合的相关讨论中，能源第一次作为特定的服务部门出现。除此之外，有关清洁能源准入的谈判亦在服务与货物两个领域内积极开展。

以欧盟为代表的一些 WTO 成员，一直积极寻求在新一轮全球贸易谈判中切实将"能源贸易和投资纳入 WTO 的规则及执行程序"之中，❶ WTO 前任总干事拉米多次呼吁 WTO 成员推动"WTO 为复杂的能源棋局作出重要贡献"，因为"更具可预见性与透明度的贸易规则将使能源进口国、出口国、能源贸易公司、消费者等所有各方获益"❷。

多哈回合的举步维艰使得贸易新规则的构建暂时停滞，但国际能源贸易的发展形势以及各国对于能源安全的关注仍在不断彰显 WTO 加强能源贸易纪律的意义。2010 年至今，WTO 争端解决机构已经受理了 10 起可再生能源贸易争端，当事方包括欧盟、美国、日本、加拿大等发达成员国，以及中国、印度、阿根廷等新兴成员国；2014 年 4 月 31 日，新近加入 WTO 的能源大国俄罗斯亦提请在 WTO 争端解决机制框架下与欧盟磋商其能源市场管理措施。近期 WTO 成员不约而同地寻求在 WTO 框架内解决其贸易摩擦，一方面表明长达 60 多年的风雨历练与升级换代，多边贸易规制意识已经深入人心，另一方面也凸现 WTO 规则适用于能源贸易的诸多挑战与局限。

种种迹象表明，将能源贸易纳入 WTO 的有效规制已经是潜流涌动，这一进程对于中国更有着特殊的意义，作为耗能大国与能源进口大国，保障中国的能源安全不能仅仅依靠扩大对海外油气的投资，还必须重视国际组织的作用。由于多方面原因，短时期内，中国尚难成为国际能源机构（International Energy Agency，IEA）等重要国际能源组织成员，难免成为国际能源秩序的被动接受者。如果新的多边贸易谈判中纳入能源议题，则对于中国参与能源国际规则的建立是一个良好的契机，中国应以适当的策略发挥自身在这一领域的影响力，并在中国国内能源立法中体现国际协调意识。此外，国际新能源行业已逐步进入利益碰撞期，中国可再生能源行业由于发展迅速，正在身不由己地成为贸易摩擦与争端的漩涡中心，可再生能源贸易纪律已成为影响中国可再生能源未来发展的关键因素。

国际能源市场波谲云诡，在 WTO 框架下构建能源贸易新规则的思想正处于萌动之中。跟踪、洞察这种变化，并力求为中国在参与 WTO 规则建设、构建国际能源新秩序中发挥应有的作用提供策略支持，即是本书的意义所在。

能源与多边贸易体制的关系问题近年来引起国外学界以及一些国际组织、研究机构的极大重视，并已逐步发展为国际法学的一个全新研究领域。当前

---

❶ Marc Champion, Juliane Von Reppert-Bismark: "曼德尔森表示欧盟寻求建立 WTO 能源新规则"，载《华尔日报》中文网，2006 年 6 月 23 日，http：//chinese.wsj.com/，访问日期：2011 年 6 月 25 日。

❷ WTO News, Lamy Calls for Dialogue on Trade in Energy in WTO, available at http：//wto.org/english/news_ e/sppl_ e/sppl279_ e. htm, last visit on June 22, 2014.

中国学界在这方面的研究尚处在萌芽的冷清状态，相关研究明显薄弱与匮乏，因此本书的内容有望开拓与丰富中国学界对这一新领域的研究，力争在全球能源治理等前沿问题上发出中国的声音。

二、国内外研究现状综述

在 WTO 框架下探讨能源问题，并非是一个新的题材，但也远非学术热门，尤其对于中国学界而言，这方面的研究才刚刚起步。相比之下，欧盟和美国等西方国家、一部分能源丰富国家的学术团体或独立学者，以及一些国际组织的研究机构对此领域却有越来越重视的趋势，因此就世界范围内的研究现状来看，基本上可以用"外热内冷"一语来概括。

WTO 成立前后，国外一些学者已经开始关注这一课题，并着手开展这方面的研究。1994 年缅因大学能源与自然资源法学者 Donald N. Zillman 在《能源与自然资源法杂志》（Journal of Energy and Natural Resource Law）上发表《能源贸易与关贸总协定国家安全例外》（Energy Trade and the National Security Exception to the GATT）一文，最早注意到能源贸易与多边贸易体制规范间的关系；1994 年 11 月，联合国贸易和发展会议（United Nations Conference on Trade and Development，UNCTAD）在卡萨布兰卡召开"乌拉圭回合对于阿拉伯国家的意义"研讨会，这次会议凸显出人们对于"WTO 不适用于石油部门"的误读已经根深蒂固，UNCTAD 因而决心开展一项专题研究，以全面探讨石油与 WTO 规则之间的关系，以及洞察 WTO 未来的相关谈判动向。2000 年 UNCTAD 公布了由 Murray Gibbs（UNCTAD 专职研究员）、Owen Saunder（加拿大卡尔加里大学自然资源法研究所主任）、Craig VanGrasstek（美国学者）领衔研究的长达 157 页的研究报告，全面梳理了 WTO 协定与石油政策以及石油产品贸易之间的关系，同时也探讨了区域能源机制和美国能源政策对于未来的能源贸易谈判可能产生的影响。该成果被视为能源与多边贸易体制关系研究领域的开山之作。此后不久，多哈回合启动，更多关于这一新领域的学术论文陆续问世，它们涉及的内容主要有以下三个方面。（1）石油输出国组织（Organization of Petroleum Exporting Countries，OPEC）及其贸易制度与 WTO 之间的关系，最具代表性的有英国邓迪大学能源、石油及矿产法与政策中心 Melaku Geboye Desta 的系列论文，如《OPEC 与 WTO：尴尬的关系》（OPEC And the WTO: Uneasy Relations, 2003）等；以及埃及石油部前高级次长，著名能源经济专家 Abdallah H. 的《GATT 与 WTO 下的石油出口》（Oil Exports under GATT and the WTO, 2005）；（2）能源进口国某些贸易措施与现行 WTO 纪律之间的关系，如 UNCTAD 专职研究员 Zarrill 以个人名义撰写的《能源产品国内税与多边贸易规则：是否存在非法歧视情形？》（Domestic Taxation of Energy Products and Multilateral Trade Rules: Is This a Case of Unlawful Discrimination? 2003）；（3）多哈回合能源服务贸易谈判，包括集中于 UNCTAD 报告集《能源与环境服务：谈判目标与发展优先重点》（Energy and Environmental Services: Negotiating Objectives and Development Priorities）的系列论文，国际贸易和可持续发展中心（International Centre for Trade and Sustainable Development，ICTSD）推出的报告《WTO 及其他能源服务贸易的可持续发展机会与挑战》（Sustainable Development Opportunities and Challenges of Trade in Energy Services in the WTO and beyond, 2007），以及对能源服务贸易谈判持否定态度的 Victor Menotti 撰写的《另一场石油战争：WTO 的哈里伯顿[❶]议程》（The Other Oil War: Halliburton's Agenda at the WTO, 2006），等等。

近 10 年间，随着能源安全问题日益举世瞩目，这一领域的研究有日趋活跃之势，一些国际组织和学术机构纷纷将"WTO 与能源"作为专题项目加以研究或召开相关学术研讨会，如瑞士世界贸易研究院（World Trade Institute, WTI）将此列为 12 个重点研究课题之一，英国邓迪大学能源、石油及矿产法与政策中心（Centre for Energy, Petroleum and Mineral Law & Policy, CEPMLP）亦明确将"能源、自然资源与国际贸易体系"作为五个研究主题之一。瑞士世界贸易研究院 2006 年 11 月举行了"WTO 在能源安全大辩论中的角色"（The Role of the WTO in the Energy Security Debate）研讨会。荷兰国际关系研究院（Clingendael Institute）于 2008 年 4 月开展"能源政策会议——WTO 中的能源？"（Energy Policy Meeting—Energy in the WTO？）专题讨论。2009 年 10 月，日内瓦高级国际关系与发展研究院与 WTO 一道召开"能源，贸易与全球治理"学术会议。

2013 年 4 月，WTO 与《能源宪章条约》（Energy Charter Treaty，ECT）携手举办了"政府间能源政策协定的作用研讨会"（Workshop on the Role of Intergovernmental Agreements in Energy Policy），世界能源理事会参与研讨。WTO 前任总干事拉米在任期间与离任之后亦是在各种重要场合（2007 年罗马、2010 年蒙特利尔世界能源大会，WTO 参与组织的 2009 年"能源，贸易与全球治理"学术会议以及 2013 年"政府间能源政策协定的作用"研讨会）数度发表演讲推动 WTO 能源贸易规则的构建，更加激发了学界兴趣，涌现出以《兴起的能源治理讨论中的 WTO》（The WTO in the emerging energy governance debate, Gabrielle Marceau, 2009）《国际贸易法对于能源的规制：WTO，北美自由贸易，能源宪章》（Regulation of Energy in International Trade Law：WTO，

[❶] 哈里伯顿（Halliburton）是一家从事油田服务和油田设备销售的大型跨国公司，总部位于美国。

NAFTA and Energy Charter, Julia Selivanova, Kluwer Law International, 2013）为代表的学术著作。同此前相比，现阶段的研究内容有了一些变化，主要有以下两类。（1）一类文献比较集中地关注可再生能源与 WTO 体系的关系，代表性的有国际食品与农业贸易理事会（IPC）和可再生能源与国际法研究网络（REIL）联合发表的研究报告《WTO 纪律与生物燃料：缔造全球市场的机会与制约》（WTO Disciplines and Biofuels: Opportunities and Constraints in the creation of a Global Marketplace, 2006），WTO 总干事办公室顾问 Doaa Abdel Motaal 撰写的《生物燃料图景：是否有 WTO 的一席之地？》（The biofuels Landscape: Is There a Role for the WTO? 2008），美国学者 Bryant Walker Smith 的论文《生物燃料、补贴以及 WTO 争端解决机制》（Biofuels, Subsidies, and Dispute Settlement in the WTO, 2009），以及 ICTSD 独立顾问 Toni Harmer 与 Marsha A. Echols 分别撰写的报告《生物燃料、补贴与 WTO 法》（Biofuels, Subsidies and the Law of the WTO, 2009）与《生物燃料认证与 WTO 法》（Biofuels Certification and the Law of the World Trade Organization, 2009），着重探讨形形色色的可再生能源补贴或标准在 WTO 框架下的合法性问题，近期则有 ICTSD《可再生能源固定电价上网制度与 WTO 补贴规则》（Feed-in Tariffs for Renewable Energy and WTO Subsidy Rules, 2011）和剑桥大学 Daniel Peat 的《正确的能源之错误的规则：WTO 补贴协定与可再生能源补贴》（The Wrong Rules for the Right Energy: The WTO SCM Agreement and Subsidies for Renewable Energy, 2012）等关注可再生能源支持政策与 WTO 规则兼容性的论文与研究报告问世。（2）另一些文献则从总体上探讨 WTO 能源规则的改革方略，比如瑞士世界贸易研究院 2009 年 5 月研究报告《WTO 法与政策中的能源》（Energy in WTO Law and Policy）、2010 年国际经济法学会发表的研究报告《迈向 WTO 能源贸易框架协定》（Towards a WTO Framework Agreement on Trade in Energy, Thomas Cottier 等人撰写，并在 2013 年"政府间能源政策协定的作用研讨会"上宣读）明确主张在 WTO 框架下议定一个能源框架协定，以解决能源国际法规范高度分散与缺乏一致性的问题。以上英文文献主要是基于西方发达国家的视角、能源丰富国家的视角或者是国际组织的视角，就 WTO 与能源贸易涉及的方方面面的问题开展法律与政策分析，相关研究正朝着深入与具体的方向发展。值得注意的还有，这一阶段的代表性学者 Doaa Abdel Motaal、Gabrielle Marceau、Julia Selivanova、Thomas Cottier、Toni Harmer 与 Marsha A. Echols, Marie Wilke 分别担任 WTO 总干事办公室顾问、WTO 秘书处规则部顾问、WTO 争端解决机构专家、ICTSD 独立顾问，对于 WTO 规则及其建设有着更为深入的理解与阐释，以及理论方向上的影响力。

中文学术界直到 2007 年之后才注意到这一新的学术领域，起步晚且发展慢。2007年台湾学者施文真撰写《能源安全、GATT/WTO与区域/自由贸易协定》一文，阐述了WTO/GATT多边贸易机制对于能源安全目标的意义。另有李庆灵《WTO能源服务贸易谈判之最新进展及中国的对策》（2011）等论文关注到多哈回合能源服务贸易谈判。2012年以后，伴随中外可再生能源贸易摩擦加剧，李婧舒、刘朋《WTO法律框架下的新能源补贴问题研究——以美国对华新能源产业"301调查"为视角》（2013）等文章开始探讨可再生能源支持政策WTO合法性。笔者从2008起持续关注WTO与能源这一课题，先后发表了《WTO体制与能源贸易》（2008）、《论WTO构建能源贸易规则及其对我国能源安全的影响》（2010）、《WTO视野中的可再生能源支持政策——兼评加拿大与日本、欧盟间FIT争端》（2014）等文章，成为中国学者在这个领域探索与努力的一部分。

总体来看，对于WTO与能源这一课题，国外的研究热潮方兴未艾，渐入佳境，国内则明显薄弱与匮乏，尤其缺乏全面、系统、深入的研究，亟待加强。

三、基本思路和研究方法

本书首先从梳理能源安全观的变迁脉络和能源国际机制的演进轨迹入手，提出了WTO在全球化时代能源安全保障中可能扮演重要角色这一观点。顺着这一基本思路，本书接下来从历史与现实两个维度，考察了WTO框架下能源贸易规则的初始构建及现实状况，着重阐述了现行WTO规则适用于能源贸易的情形及突出的法律问题。之后切入重点，研究关于WTO能源贸易规则未来发展趋势，一方面就WTO能源贸易规则的重构进行初步理论探讨，另一方面较为详细地分析了WTO多哈贸易回合能源贸易谈判的焦点事项。最后回归到本书的研究目的，指出WTO能源规则重构对于中国能源安全的意义，并就WTO能源贸易纪律重构进程中中国的总体因应之道以及具体的谈判方略提出了看法与主张。

在研究方法上，无论是对于WTO法的研究，还是对于能源法律与政策的研究，近年来都呈现出立体化的趋势，即在以法学研究方法为中心的基础上，结合经济学、政治学、国际关系理论等多学科研究方法进行综合分析与研究，以期对融政治、经济、法律于一体的研究对象有着更加清晰的认识与准确的把握。WTO与能源这一选题使得综合性、立体化研究成为本书最为适宜的研究方法，因此本书在注重依据WTO法与国际法基本理论，充分运用历史研究方法、比较研究方法、案例研究方法开展法学研究的同时，汲取部分政治学、经济学分析方法，力求历史分析与现实分析、理论分析与实证分析、法律研究与政策分析的有机结合，从而丰富本研究视角以及更好地体现本书的研究价值。

第一章 从能源安全视角看能源国际机制的演进
——兼论 WTO 的角色

长期以来，在人们的固有印象之中，WTO 虽是最具影响力的全球性经济组织，却同当今最大宗的国际间商品交易——能源贸易之间并没有密切的互动关系。然而近年来不少国际呼吁已经开始将 WTO 与 21 世纪的关键词"能源"以及"能源安全"联系在一起，由此引发出思考与讨论。本文以为，在探究这个问题的来龙去脉之际，为避免"身在此山中，难解真面目"的困惑，有必要将镜头稍稍拉远一些，不妨以能源、能源贸易以及能源市场等基本事项为着眼点，循着能源安全观的变迁脉络以及国际能源机制的演进轨迹，逐步认清 WTO 在解决新世纪能源安全问题上的应有作用。

第一节 能源、能源贸易以及能源市场

一、发展中的能源概念

（一）关于能源的概念

能源一词，本身是一个发展中的概念。从内涵上看，正如 1986 年第 12 届世界能源大会上发布的能源术语定义所表述的，能源的特有属性是"使一系统能够产生外部活动的能力"[1]。而从外延上看，能源所涵盖的事物则一直处在不断丰富与变化之中，从 18 世纪前的薪柴、马力、水力、风力等，到 19 世纪下半叶加入煤炭与石油等化石燃料，再到 20 世纪下半叶扩展至核能、太阳能、生物能、地热能等，其范围随着人类社会生产的发展和科学技术的进步而不断扩大与拓宽。因此，能源这一概念并非一成不变，其外延处在动态发展之中；另一方面，能源的概念又是相对稳定的，其内涵始终保持着一致性。

---

[1] 黄振中、赵秋雁、谭柏平：《中国能源法学》，法律出版社 2009 年版，第 1 页。

与此同时，在不同的学科背景下，能源的概念不尽相同，各有侧重。物理学将能源定义为：泛指自然界中能为人类提供某种形式能量的物质资源。而通常为人们所频繁讨论与关注的"能源"，是经济学意义上的能源，即"拥有某种形式的能量，在一定条件下可以转换成人类生产、生活所需的燃料和动力来源的物质和物质运动形式"❶，包括煤炭、原油、天然气、煤层气、水能、核能、风能、太阳能、地热能、生物质能等一次能源和电力、热力、成品油等二次能源，以及已经认识或未被认识的其他新能源和可再生能源。经济学上的能源概念关注的是能源产生的物质形态的效益，其重点主要是已经进入或正在进入能源市场、具有商品流通性质的能源物质。从法律角度来看，各国能源法上的能源概念，基本上是从法律规制对象的角度着眼，涵盖的是能够作为能源法律关系标的的物质。例如，《中华人民共和国能源法》（以下简称《能源法》）（草案）将能源界定为："本法所称能源是指能够直接取得或者通过加工、转换而取得有用能的各种资源，包括煤炭、原油、天然气、煤层气、水能、核能、风能、太阳能、地热能、生物质能等一次能源和电力、热力、成品油等二次能源，以及其他新能源和可再生能源。"诚然，法律规范建立在经济现实的基础之上，法学意义上的能源概念亦是脱胎于经济学意义上的能源概念，两者之间有着密不可分的联系。因此，本书所涉及的能源概念，主要是法学和经济学意义上的能源概念。

（二）关于能源的分类

能源的种类随着能源外延的拓展而日益繁多，形态各异，归类方法不一而足，在本书的探讨中，主要涉及以下对于能源的分类方式。（1）燃料型能源（煤炭、石油、天然气、泥炭、木材）与非燃料型能源（水能、风能、地热能、海洋能）。（2）清洁型能源（水力、电力、太阳能、风能以及核能等）与污染型能源（煤炭、石油等）。（3）常规能源与新能源，前者指已被人类广泛利用并在人类生活和生产中起过重要作用的能源，如水力、煤炭、石油、天然气。后者指新近才被人类开发利用、有待于进一步研究发展的能量资源，如太阳能、风能、地热能、海洋能、生物能、核能。在不同的历史时期和科学技术水平情况下，新能源有不同的内容。（4）再生能源与非再生能源，凡是可以不断得到补充或能在较短周期内再产生的能源称为再生能源，反之称为非再生能源。风能、水能、海洋能、潮汐能、太阳能和生物质能等是可再生能源；煤、石油和天然气等为非再生能源。除此之外，本书的讨论亦将紧密结合世界能源委员会推荐的能源分类方式，即固体燃料、液体燃料、气体燃料、水能、电能、太阳能、生物质能、风能、核能、海洋能和地热能。其中，

---

❶ 谢文捷：《世界能源安全研究》，中共中央党校2006年博士学位论文，第6页。

前三个类型统称化石燃料或化石能源。

二、变革中的能源贸易与能源市场

（一）能源贸易的发展历程

能源消费结构的变化被认为是人类文明不断向前发展的重要标志。❶ 在世界一次能源消费结构中占据首位的能源形式被称作主体能源。循着主体能源的更迭轨迹，能源贸易的发展历程清晰可见。

1. 国际能源贸易始于煤炭时代

18 世纪以前，人类对于能源的消费处在薪柴时代，主要以薪柴为主满足生活之用，需求量不大，能源贸易被限制在非常狭隘的地理范围内。工业革命以及随之而来的大机器生产，使得能源需求急剧增长且相对集中，同时也为能源生产规模的扩大创造了条件。能源的消费结构因此发生了第一次历史性的转变——煤炭开始取代薪柴成为主体能源，能源消费与贸易进入煤炭时代。据研究，1920 年煤炭已经占到世界商品能源构成的 87%。❷

煤炭时代的到来开启了国家间的能源贸易，使能源市场从一国境内延伸至境外。先是区域，后在世界范围内形成了早期的国际能源市场——完成或基本完成工业革命的国家在这一市场中占据着统治地位，英、法、德、美等国成为世界煤炭的主要供应国及需求国，煤炭的进出口主要在这些国家之间进行。

2. 国际能源贸易在石油时代得到了极大发展

两次世界大战之间，内燃机的工业化运用催生了现代石油工业，凭借可燃性好、热值高、易运输、价格低的特点，石油动摇了煤炭在能源消费以及能源贸易中的主导地位。国际石油贸易初具规模，并开始在全球能源贸易中占据显要位置，美国、前苏联成为主要的石油出口国，西欧则成为主要进口地。第二次世界大战之后，国际能源贸易进入了一个新时期，石油与煤炭在国际能源贸易流量中的对比出现了根本性的转变，石油作为优质能源，取代煤炭占据了能源国际贸易的统治地位——人类能源贸易进入石油时代。国际石油货流主要从中东、拉美、非洲等地的发展中国家流向工业化国家。能源商品在这一时期发展成为世界贸易的最大宗商品。

3. 国际能源贸易在后石油时代充满变数

20 世纪后期，人类逐步认识到化石燃料对于环境的消极影响，加之油价高等因素的作用，世界渐渐走向"后石油时代"。有学者据此认为，"在石油

---

❶ 谢文捷：《世界能源安全研究》，中共中央党校 2006 年博士学位论文，第 7 页。
❷ 谢文捷：《世界能源安全研究》，中共中央党校 2006 年博士学位论文，第 8 页。

仍然影响着人类生活方方面面的今天,石油时代的终结却已隐约可见"❶。

后石油时代能源来源朝着多元化方向发展,新能源、可再生能源的开发与利用步入新时期。除石油与煤炭之外,天然气、电力、核燃料,以及生物质能的消费与贸易长足发展,虽然近期不足以动摇化石燃料的统治地位,但国际能源贸易新的增长点已悄然出现——不久的将来,是否会有新的能源形式脱颖而出,挑战化石燃料的主导地位,从而改变能源消费结构以及改写国际能源贸易格局仍尚不可知,此为变数之一。与此同时,追随着技术进步与市场开放的步伐,能源贸易不再局限于能源产业链的终端产品,而是延伸至产业链上的各个环节,每个环节均涉及相当多的产品与服务的交易。因此,不只是能源货物贸易的范围在持续扩大,能源贸易总体上也已不再局限于单纯的货物贸易,围绕能源的服务贸易已经在逐步开展之中。能源贸易未来发展趋势如何,瓶颈何在,在全球性规则体系缺位的背景之下,仍有诸多不确定的因素,因而难以预料,此为变数之二。更加引人瞩目的是,后石油时代伴随着世界能源格局的变化与调整,全球化与自由化两股力量,以及新兴工业国家的崛起将在何种程度上冲击现有的能源国际贸易秩序,国际社会能否形成全球性的能源贸易规则框架,均令人拭目以待,此为变数之三。总之,后石油时代充满变数与困局,如何把握国际能源市场上波谲云诡的大变局,推动全球化大背景下国际能源贸易健康有序的发展,是摆在整个国际社会面前的新挑战与新课题。

(二) 能源市场的发展态势

据研究,到20世纪90年代,国际能源市场大体上由石油市场、煤炭市场和天然气市场三部分组成,其他能源国际贸易的发展规模和水平还十分有限,大体只限于核燃料和电力。❷ 正是从这个时期开始,在多种因素的作用之下,世界能源市场进入一个新的变化与调整时期,呈现出前所未有的加速发展的态势。

1. 能源市场在全球范围内纵横交错

在全球化风云激荡的大背景下,两股主导趋势悄然席卷各国能源领域:一是私有化,二是国际化,前者推动了国内能源市场框架的调整与管制的放松,后者使得"世界各国和地区能源市场在贸易、竞争和外国投资方面的开放程度超过以往任何时候"❸。各国纷纷吸引外资进入能源领域,就连长期坚

---

❶ 于培伟:"美国'两手'迎接'后石油时代'",载《科学决策》2006年第10期。

❷ "知识元:国际能源市场",载中国知网,http://www1.chkd.cnki.net/kns50/XSearch.aspx?,访问日期:2009年6月12日。

❸ 美国纽约中国项目咨询公司:"能源竞争与合作:变化中的格局",载慧聪网,http://info.finance.hc360.com,访问日期:2011年9月29日。

持石油工业国有化的沙特阿拉伯和墨西哥等国也逐步采取开放措施,与外国公司在天然气开发领域展开技术和经济合作。墨西哥与外国公司建立了服务合同关系,而沙特阿拉伯自 1975 年石油业国有化以来重新"开闸"允许外国人在天然气领域进行投资,吸引了来自俄罗斯、中国、意大利、西班牙、英国和法国等国家的公司前往。随着能源的跨境贸易与投资向纵深发展,能源市场在全球范围内纵横交错,凸现三对强大竞争力量:生产国与消费国、民族经济与自由市场、能源需求与环境要求。❶

2. 能源市场日趋多元化

从市场影响力来看,能源生产和消费中心都在悄然转变。一方面,新兴经济国家能源消费增长迅速,油气进口国数量大大增加,使得西方发达国家不再是绝对的能源消费重心。而另一方面,能源生产也不单单局限于中东地区,虽然中东产油国仍然掌握着全球石油供给的主动权,但北海、非洲和墨西哥湾以及欧亚大陆北部的独联体等地的油气生产与供应也表现不俗。全球范围石油生产国数量已由 20 世纪五六十年代的 20 多个大幅增至如今的 50 多个,因此能源消费和供应群体都呈现出多元化发展的趋势。从市场参与主体来看,除传统的参与者国有垄断能源企业及跨国能源公司外,一些中小能源企业也逐渐介入到能源产业链的各个环节,如能源勘探开发、能源分销等。从市场交易的客体来看,核能、生物质能等替代能源逐渐进入国际能源贸易的行列,虽然贸易份额相较于传统能源仍显得微不足道,但其发展势头不容忽视。从贸易方式来看,多样化趋势明显,长期能源合同、短期能源合同、能源现货交易、期货交易等形式均被广泛使用。

3. 能源需求处于新的增长期,国际能源市场十分活跃

两次石油危机之后,世界能源需求的年均增长率曾一度出现下降趋势。然而中国、印度、巴西、马来西亚、泰国等新兴市场国家的迅速崛起,使得能源需求再度升温。有专家预测,到 2030 年发展中国家的能源消费量将占到全球能源消费总量的 47%❷,新兴市场国家的能源需求增长使得全球能源消费总量持续增长。IEA 公布的 2006 年《世界能源展望》指出,如果不采取新的措施,全球初级能源需求将在 2030 年时增长 53%,其中超过 70% 的能源需求增长将来自以中国和印度为首的发展中国家。而在 2007 年公布的《世界能源展望》则预计,到 2030 年中国与印度的能源需求都将翻一番。这些新兴市场国家中的大部分自身能源储藏量不足,能源进口依存度高,国际能源贸易

---

❶ 美国纽约中国项目咨询公司:"能源竞争与合作:变化中的格局",载慧聪网,http://info. finance. hc360. com,访问日期:2011 年 9 月 29 日。

❷ "世界在变化:能源工业的五个新特点",载中国石油石化企业信息网,http://www. cpcic. com. cn/Html/tour/1217. html,访问日期:2012 年 9 月 1 日。

因而更加活跃,市场竞争更加激烈。

4. 纸货市场推动能源市场一体化进程

自20世纪80年代中后期开始,能源市场金融化趋势明显,能源类金融衍生工具迅猛发展,不断推陈出新,纸货市场的规模与影响力与日俱增。以石油期货交易为例,全球的市场规模达到2万亿美元❶,纽约商品交易所的原油期货交易额据研究从1997~2005年间扩大了1.7倍。❷ 能源市场的金融化,使得石油等主要能源产品的交易数量和价格得以在世界范围内进行供需平衡和价值比较,从而推动世界能源市场趋于一体化。

三、国际法视野中的能源贸易与能源市场特殊性

在长达数百年的能源贸易实践中,能源商品与能源市场的特殊地位不断得到强化,其区别于其他普通商品及市场的特点也逐步呈现出来,从国际法角度来看,能源贸易与能源市场的特殊之处在于以下几点。

(一)政府对于能源贸易与能源市场的干预程度极高

能源贸易已经不只是纯粹的贸易,往往还是国家战略的组成部分。作为"现代经济血液"的能源,关系国家的经济命脉与民生大计,并与国家安全紧密相连,因此政府通常都会为了实现巩固国家主权与安全、保障社会福利、促进环境保护等方面的目标采取各种规制手段(regulatory instruments)对能源贸易予以更多的干预;政府有时也会从外交方面、政治方面来采取能源贸易限制措施,比如地缘政治紧张地区的能源进口国、出口国或中转国采取的一些阻碍能源商品正常流通的措施。

(二)能源原料与产品"供应准入"比"市场准入"问题更为突出

能源资源分布不均,69%的已知石油储备掌握在OPEC国家手中,40%的天然气储量集中在独联体国家❸,而能源需求则遍布全球。如此不平衡的贸易基础,决定了能源出口贸易壁垒较之能源进口贸易限制更为突出,如出口关税、出口边境调节税等出口限制措施在能源贸易中大量使用,这与其他商品贸易中常常面临"奖出限入"的情形大不相同。能源原料与产品"供应准入"的问题往往比"市场准入"问题更为突出。

(三)传输网络成为能源贸易自由化的关键事项

能源商品的物理特性限制了其运输方式,使得能源贸易严重依赖传输网

---

❶ 全球的有形(实货)石油市场规模大概在4万亿美元。

❷ 赵宏图:"全球能源安全对话与合作——能源相互依赖时代的战略选择",载《现代国际关系》2006年第5期。

❸ Yulia Selivanova, WTO rules and Sustainable Energy Policies, Nov. 2006, avaible at http://www.trade-environment.orgpageictsd/Bridges_ Monthly/energy_ 11_ 06. pdf, last visit on July 29, 2012.

络（尤其是电力与天然气），同时这类传输网络又往往被大型能源公司（有时是私营企业）所垄断，其限制性与歧视性商业实践经常成为能源商品自由流通的主要障碍，因此仅仅消除商品准入障碍不足以解决能源贸易自由化的问题。

（四）能源贸易容易受到环境法律政策的影响

能源与环境联系紧密，能源利用与气候变化以及环境恶化有着直接的因果关系，能源贸易也不可避免地受到国际国内气候与环境政策的极大影响。如1997年《联合国气候变化框架公约的京都议定书》（以下简称《京都议定书》）中规定了各缔约方碳减排的目标，为了履行《京都议定书》中设定的减排义务，各缔约国纷纷出台环境政策措施，这些措施的颁布与实施大都关系到动力燃料的生产或利用，对于能源贸易产生直接影响；同时，以《京都议定书》为代表的国际环境义务也成为国家出台能源贸易政策的重要考量因素。

（五）能源货物贸易与能源服务贸易之间界限模糊

由于历史上能源产业长期呈现纵向一体化的特点（同一能源供应商包揽从能源生产到分销的全部环节），能源产品与服务并无严格区分，比如电力的生产与供应，以及石油与天然气的开采。除了能源传输与分销属于服务部门意见较统一之外，能源开采、生产、制造、萃取、精炼等活动到底归属服务还是货物部门，则见仁见智，各国的看法与规制实践都不统一，迄今尚无定论。能源交易客体的界限模糊，给世界范围内统一的法律规制提出了挑战。

（六）国际国内能源市场均具有很强的垄断性特征

从国内层面上看，在20世纪相当长的时间里，整个世界范围内，各能源产业整体上属于垂直整合的国营公用事业范畴，从生产、购买或进口、储存、运送及交货至最终用户，往往由同一公用事业实体承担——要么是国有垄断企业，要么是享有特许权的私营公司。尽管近年来能源市场自由化已是风生水起，各国都在拆分、解构传统的国有公用能源事业实体，但毕竟能源特许经营与垄断根深蒂固，影响深远，其形成的市场准入限制（形式上的以及实质上的）短时间内难以消除。各国能源市场被几大垄断利益集团割据的局面长期以来没有实质性改变，特别是能源输送环节设备与设施，由于投资昂贵而具自然垄断性质，一些希望进入电力和天然气领域却又只能依赖现有输送网络的新兴企业不可避免地遭遇歧视性准入条件的限制。

从国际层面上看，OPEC国家基本上垄断了石油出口，美国、加拿大、澳大利亚、南非等国基本垄断煤炭出口，俄罗斯占据天然气出口优势。同时，垄断性跨国公司在整个国际能源市场具有极大的影响力。1973年以前，美国的埃克森美孚、欧洲的皇家壳牌、英国石油等全球性油气公司曾以"七姐妹"❶之称操纵能源市场,至今实力仍然强大,总共控制世界油气产量的10%,储量的3%。近年来又有所谓"新七姐妹"崛起之说,即沙特阿拉伯石油公司、俄罗斯天然气工业股份公司、中国石油天然气集团公司、伊朗国家石油公司、委内瑞拉石油公司、巴西石油公司和马来西亚国家石油公司等清一色的国有能源公司总共控制着全球近 1/3 的油气生产和超过 1/3 的油气储量,成为油气行业规则事实上的制定者。❷

能源市场顽固的垄断特征使能源贸易壁垒复杂化,使清除能源贸易壁垒的难度加大。

(七) 国际金融市场对能源市场定价机制影响极大

石油等能源产品同时又是金融产品,其定价机制受国际金融市场的影响极大。当代能源国际贸易,以"实货"与"纸货"两大类交易方式同时进行。"实货"贸易是指最终以能源商品交付为结果的交易行为,而"纸货"交易则是金融市场上的能源期货交易等能源金融衍生品交易行为。随着金融全球化与信息技术的发展,能源贸易的金融化与投机性表现也越来越突出。据不完全统计,全球国际石油金融衍生品交易产生的名义交易量已经超过实货国际贸易量的三倍。纸货贸易一方面促成了实货交易的保值与价格发现,并使得更多原来信息落后的国家有条件大规模进入国际石油市场;另一方面也使得能源金融活动逐渐成为左右石油价格的重要力量,主要表现为投机资金的涌入或撤出诱发价格频繁动荡。

金融市场的急剧动荡往往会对形形色色的能源贸易保护措施起到推波助澜的效果,如石油纸货价格高企时期能源进口国纷纷出笼替代能源补贴措施,刺激能源来源多元化,而纸货价格回落则往往引发能源出口国出口限制措施的出台。❸

---

❶ 七家公司分别是:埃克森-美孚石油公司、雪佛龙石油公司、德士古石油公司、英国石油公司、阿莫科即阿拉伯美国石油公司、英荷皇家壳牌石油公司和海湾石油公司。昔日的"七姐妹"经过轮番的重组,当前已经只剩下四个——埃克森-美孚石油公司、雪佛龙德士古石油公司、英国石油公司、英荷皇家壳牌石油公司。参见"世界级石油公司发展史及综合实力介绍",载振威石油网 http://china.cippe.net1news111508.htm,访问日期:2013 年 9 月 1 日。

❷ 马艺文:"新七姐妹反映世界石油格局深刻变化",载中国经济网 2007 年 7 月 17 日,http://intl.ce.cn/specials1zxxx1200707/06/t20070706_12079478.shtml,访问日期:2013 年 9 月 1 日。

❸ 杨文芳、赵伏、王永红:"石油国际贸易中的'实货'与'纸货'",载《中国石油企业》2004 年第 3 期。

第二节 变迁中的能源安全观

一、能源安全问题的缘起

"能源安全"一词正从学术范畴日益演化为人们耳熟能详的日常语汇。国际会议的数度争论，专家学者的种种探讨，加上新闻媒体的连篇报道，配合着生产生活中停电停气时有发生的实际困扰——"能源安全"已然成为当下一个非常热门的话题，一个政府、学术界、企业界共同关心的全球性问题。在学术界，能源安全研究成为经济学、国际关系与政治学、环境学等学科的学者涉猎的热点问题；在决策领域，能源安全已经成为国家安全、政治安全、经济安全的重要组成部分。而对于企业界甚至普通民众而言，关于能源安全的隐忧，似乎也已不再远在天边而是近在眼前了。那么能源安全的问题究竟从何而来，因何而起？这个问题值得认真思考。

无论是传统安全、非传统安全，还是国家安全、国际安全，抑或是经济安全、政治安全、军事安全，人们讨论安全问题，不外乎两方面的原因：（1）客观上某种危险或威胁已经存在或正在出现；（2）主观上人们担忧某种危险或威胁可能出现。因此，"安全问题"，总是与"威胁"和"危险"相互关联，即人们只有在遇到危险或感到有威胁时，才会想到安全问题。[1]

能源安全问题的提出，亦不例外。在能源的生产、利用以及贸易的过程中，能源的重要价值不断得到强化，早已被提升到战略高度，而现实当中的或人们心理预期当中的与能源相关的威胁或危险也日益凸现。诚然，价值也好，威胁也罢，都是一个逐渐演进的范畴，或者说是一个逐步被认识的过程。尤其值得注意的是，在认识过程中，关于价值和威胁的看法，因人而异，见仁见智。

（一）能源的战略价值

综合已有文献，人类自能源商业化利用以来，表现出来的（或者说是被人们所认识到的）战略价值主要体现在以下三个方面。

1. 经济价值

能源一向被认为是经济发展与人民福祉的源泉。工业革命以后，能源成为工业化国家维持其经济发展的必需品和衡量国家强弱的重要指标，与此同时，作为经济发展的重要物质基础，能源安全开始成为国家经济安全的重要

---

[1] 谢文捷：《世界能源安全研究》，中共中央党校2006年博士学位论文，第20页。

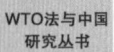

组成部分；E. F 舒尔茨曾在 1964 年指出"能源是无可替代的，现代生活完全建立在能源基础之上，虽然能源可以像任何其他货物一样买卖，但并不只是一种货物而已，而是一切货物的先决条件，是和空气、水和土同等的要素"[1]。

2. 军事价值

法国总理克莱蒙梭曾说，"一滴石油相当于我们战士的一滴鲜血"[2]。"二战"期间，石油供应对战局的影响至关重大，交战双方都把维持和扩大自己的石油供应来源，限制、切断、摧毁或占领对方石油供应来源，纳入其大战略范畴，其间许多重大战役与石油有关。[3] 自此，能源跃升为影响战争结局、决定国家命运的重要因素。石油是战争的重要目标，同时也是打赢战争的重要手段；能源蕴藏和生产中心是各大国军事竞争的重点，在世界军事布局中占据特殊地位；能源运输通道是世界军事布局中的重中之重。

3. 政治价值

基于上述能源的经济价值与军事价值，能源被视为国家权力的源泉。能源是产油国与发展中国家改变国际政治经济秩序的有力工具，是产油国执行外交战略的重要手段；同时，能源是一些国家和国际组织对特定国家实施制裁的有效方法。[4] 国际政治经济学者苏珊·斯特兰奇 2006 年指出，能源在国际政治经济学中是权力运作的绝不可少的条件。[5]

总之，能源的重要意义与日俱增，正如罗伯茨 2005 年所说，获得能源已成为 21 世纪压倒一切的首要任务。[6]

（二）威胁能源价值实现的因素

一系列与能源相关联的危机或威胁已经潜流暗涌，悄然逼进，成为制约能源重大价值的不安全因素。所有这些因素可归为两大类：第一类是自然条件或社会现实对能源价值实现的影响因素；第二类则是能源生产与利用过程中对于自然和人类社会的影响因素。具体表现有以下几点。

---

[1] Peter F. Cowhey, The problems of Plenty, Policy and International Politics, Berkley：University of California Press, 1985. p. 12. 转引自岳树梅：《国际能源合作法律问题研究》，西南政法大学 2007 博士学位论文。

[2] 转引自《能源》，载百度百科网，http：//baike. baidu. com/view/21312. htm，访问日期：2013 年 9 月 1 日。

[3] 赵宏图："全球能源安全对话与合作——能源相互依赖时代的战略选择"，载《现代国际关系》2006 年第 5 期。

[4] 谢文捷：《世界能源安全研究》，中共中央党校 2006 年博士学位论文，第 9~13 页。

[5] 杨鸿玺："能源主权、能源安全与中国发展"，载光明网 2008 年 11 月 30 日，http：//guancha. gmw. cn/content/2008 - 11/30/content_ 864156. htm，访问日期：2013 年 9 月 1 日。

[6] 李艳丽："NAFTA 中的能源条款与美国石油安全"，载《特区经济》2008 年 1 月刊。

1. 全球能源储量与开采时间有限

目前为止，全球范围内的主导能源仍然是石油、天然气、煤炭等化石能源，具有不可再生性。现有研究表明，化石能源将在21世纪上半叶逐渐接近枯竭。❶

2. 全球能源地缘分布严重失衡

世界能源资源分布极不均匀，尤其是石油资源，北美地区、亚太地区以及西欧地区是世界最大的能源消费区，这三个地区占世界石油消费总量的近80%，其石油剩余探明储量却仅占世界总量的22%。OPEC国家的石油消费量不到10%，但这些国家却占世界石油探明储量的2/3。世界石油的消费区域构成与资源区域构成严重错位和失衡，使全球围绕油气资源的争夺一直非常激烈，也使对能源进口依存度较高的国家一直面临着压力。❷

3. 恶劣气候时而重挫能源生产

2005年卡特里娜飓风与丽塔飓风袭击了墨西哥湾，占美国石油生产总量四分之一的能源生产、各种管道、炼油设施以及重要的电力设施遭受重创，尤其是电力供应的暂时瘫痪严重影响了其他基础设施与设备的正常运转，也让人们更加清楚地意识到恶劣气候对于能源正常生产与利用可能造成的严酷影响。

4. 能源主产地地缘动荡不断

中东地区作为全球石油储量最大的地区之一，历史上围绕该地区石油资源的争夺从未停止过，从历次中东战争、海湾战争，到新世纪之初的伊拉克战争、伊朗核危机，其背后都潜藏着能源资源的争夺与博弈的因素。❸ 美国、欧洲、俄罗斯、日本、印度等大国或大国集团近年来在中东、中亚、非洲和拉美地区展开的角逐，无不带有能源争夺色彩。美国和俄罗斯在中亚和里海地区油气勘探开发、出口管道建设等方面的斗争尤其引人注目。❹

5. 能源运输通道面临多种风险

能源资源生产和消费在地域上的分离，使能源运输通道成为能源进口国的生命线。在世界能源贸易额快速增长、能源资源的运输量大大增加、能源供应链逐渐延长的同时，国际能源通道的安全问题凸显。无论是石油运输航线、运输通道，还是油气管道等都受到诸如战争、地区冲突、恐怖活动以及

---

❶ 郑美华、黄邦根：“全球能源危机条件下中国经济可持续发展研究”，载《北方经济》2008年第19期。

❷ “当前世界能源地缘政治格局与世界石油市场的新变化”，载3COME文档频道网，http://www.reader8.cndata2008/0803/article_138294.html，访问日期：2013年9月1日。

❸ 陈耕：“关于石油战略的思考”，载《形势与政策教育活页文选》2006年第5期。

❹ 杨鸿玺：“能源主权、能源安全与中国发展”，载光明网2008年11月30日，http://guancha.gmw.cn/content/2008-11/30/content_864156.htm，访问日期：2013年9月1日。

国际政治与竞争风险的威胁。

6. 金融危机加剧能源价格波动

20世纪80年代以来，石油贸易的定价权逐渐转移到期货市场。石油价格的波动已经演化为一种金融现象和货币现象，具有金融资产性质的石油产品在金融市场上完全与供需脱离了关系，在金融投机作祟之下，能源价格经常大幅震荡。❶

7. 能源生产与利用引起环境污染与气候变暖

工业革命之后，煤炭、石油、天然气等矿物能源在能源生产和消费结构中占据了主导地位，然而化石能源又是重要的污染源，其在开采、利用过程中给环境带来危害，直接影响到人类和动植物的健康；同时还引起酸雨、增加大气中温室气体的浓度，导致极端气候现象频繁。

当人类对于能源的依赖与日俱增，而与能源相关的各种危机又不断潜滋暗长，能源的价值与能源的危机便发展成为一对矛盾。这对矛盾相互交织、相与争锋、不断碰撞，此消彼长之际，能源安全的问题便不可避免地浮出水面——人们探讨、研究能源安全问题的实质意义在于借此认识、预测、分析与能源相关的危险或威胁，进而限制、控制、消除危险或威胁，最终保障能源价值的充分实现，实现"能源安全"。

从历史上看，自工业革命以来，能源安全问题就开始出现。1913年，英国海军开始用石油取代煤炭作为动力时，时任海军上将的丘吉尔敏锐地认识到能源安全的重要性，并提出了"绝不能仅仅依赖一种石油、一种工艺、一个国家和一个油田"的应对原则。两次世界大战中，能源成为影响战争结局以及国家命运的重要因素，能源安全的重要性得到国际社会的普遍认可。❷ 20世纪70年代初爆发的第四次中东战争导致石油短缺和油价暴涨，从而引发了第二次世界大战后最严重的全球经济危机，正是这场危机催生了IEA的诞生，这个由世界主要能源消费国组成的机构于1974年11月成立之时第一次正式提出了以稳定原油供应和价格为中心的"国家能源安全"的概念。

进入新世纪之后，能源对于世界政治和经济局势的影响力与日俱增，而能源危机事件频发。从卡特里娜飓风和丽塔飓风袭击墨西哥湾的能源企业，到尼日利亚爆发内乱导致该国原油产量减少20%，到俄罗斯、乌克兰天然气供应争端，再到金融危机冲击原油价格，一系列的能源事件，再次触动了世界能源安全的敏感神经，使"能源安全问题"再度引起全球瞩目，并激起国际社会的多重反响。

---

❶ 管清友：“石油危机正是金融危机的组成部分”，载《上海证券报》2008年8月12日第5版。
❷ 谢文捷：《世界能源安全研究》，中共中央党校2006年博士学位论文，第21~22页。

二、能源贸易与能源安全

能源安全,如上文所述,一般系指一种在"能源方面没有危险、没有忧虑、没有恐惧和不确定性"[1]的状态。能源贸易则包括各类能源产品以及能源服务的跨境交易,其范围相当广泛。两者间的关系或互动主要反映在以下两个方面。

(一)能源贸易本身是能源安全的实现途径之一

从某种意义上说,能源贸易的兴起正是为了解决能源的供应安全问题。从全世界各类资源的总体情况来看,矿物能源是世界自然资源品种结构和地区分布最不平衡的资源之一。煤炭资源主要蕴藏在北半球,石油资源集中在北纬20~48度之间,中东、东亚、俄罗斯是世界石油资源最集中的国家和地区,80%的天然气储量集中在10个国家,其中,独联体国家占世界总量的40%左右,西欧和美国合计占11%,三者合计占世界总量的一半以上。[2] 从消费情况来看,当前及今后十几年世界石油消费近80%集中在北美、亚太和欧洲。这种资源禀赋与消费格局地理分布的不均衡,导致世界范围内能源工业分布的不均衡,使能源生产集中在主要的资源丰富地区,同普遍存在的能源消费空间分布形成明显的矛盾,单靠一国、一地区之力难以完全满足能源需要,从而使得能源在国际范围内的流通成为必要和必然。唯有通过贸易,使能源原料与产品在世界范围内重新配置,能源消费国才能够充分满足国内生产与生活中的能源消费需要,消除自身能源供应不足的"不安全"状态;而能源资源丰富国也得以通过能源商品交易获取高额经济收入,实现自身的经济安全。

(二)能源贸易的广泛开展,给"能源安全"带来了新的挑战

伴随着能源全球化与私有化的进程,能源贸易不断向纵深发展,从最初的能源产业链终端产品交易,延伸与扩展到产业链上的各个环节,如生产、运输、转换(将能源资源转化为可用能源)、储藏、分销、消费等,每个环节都涉及大量的能源产品贸易或能源服务贸易。以生产环节为例,能源资源的勘探、开采、提炼均涉及相当多的能源产品与能源服务,而这些能源产品与能源服务都可以通过贸易进行跨国交易。这只是能源产业链的一个断面,由此可以窥见"能源贸易"所包含的范围宽泛庞杂。[3] 在另一方面,能源贸易

---

[1] 罗晓云:《"二十一世纪初中国的能源安全与中外能源合作"》,暨南大学2003年博士论文,第18页。

[2] 谢文捷、于友伟:"国际能源贸易的形成和发展研究",载《国际商务》2005年第3期。

[3] 施文真:"能源安全、GATT/WTO与区域/自由贸易协定",载《政大法学评论》2007年10月第88期。

的深入开展实际上加剧了能源"不安全"的隐忧，因为能源贸易的过程牵涉到多种与能源相关联的风险，基本上，上文所列举出的各种危机或威胁在能源贸易中大都有所呈现，特别是主产地动荡、运输通道不安全、价格震荡等不时困扰着能源贸易的顺利进行，或者也可以说是这些威胁能源安全的问题往往在能源贸易中集中表现出来。

因此，能源安全与能源贸易之间的关联度日益密切。在国内层面，各国在制定能源安全方略之时，无不将能源贸易因素考虑进来，而在进行能源贸易之时，也必然会联系到能源安全的考量。能源贸易安全，已经与战略能源安全、能源产业安全、能源投资安全，以及影响能源安全的科技安全、信息安全等一道成为各国能源安全的重要组成部分。在国际层面，能源贸易安全则成为将各国能源安全问题联系起来的纽带，进而形成了全球性的能源安全图景。

本书认为，无论是认识能源安全问题，还是解决能源安全问题，能源贸易都是一个极好的切入点，尤其是在全球层面探讨能源安全问题，若撇开贸易这样一个关键事项，则难以抓住问题的实质要害，所探讨的应对之策也很可能不得要领。

三、能源安全观的变迁

"虽然人人都在谈论能源安全，但我们需要的是供应安全，而俄罗斯需要的则是需求安全。"[1]前欧盟贸易委员曼德尔森的感慨极具代表性，越来越多的人已经意识到，能源安全是一个似是而非、众说纷纭的宽泛概念，站在不同的角度不同的人有着不同的认知或解读，以致至今没有形成或者说无法形成能源安全的一个统一概念与定义。对能源贸易的参与者而言，它在能源供应链上所处的位置往往直接影响其对能源安全的理解与判断。

由此，出现了形形色色的能源安全观。值得注意的是，迄今为止，作为一种观念或理念，能源安全观本质上都是一种国家主义观念——即不管站在哪个角度，从哪个方面看待能源安全问题，都以国家能源安全为核心利益，"具有很强的国家功利主义的价值指向"[2]。

不仅如此，随着时间的推移，能源安全观处在不断的变迁当中。尽管能源安全没有统一的概念，但是比较一致的看法是，能源安全至少与五个因素密切相关：需求中心、供应来源、地缘政治、市场结构与机制、能源技术，

---

[1] 田帆、岳连国："能源安全牵动八国神经"，载《经济参考报》2006年7月17日第3版。
[2] 林安薇："能源安全观与《能源法》的理性建构"，载《资源节约型、环境友好型社会建设与环境资源法的热点问题研究——2006年全国环境资源法学研讨会论文集（二）》2006年。

这些都是有关能源安全讨论的核心内容。❶

大致来看，能源安全观的发展与变迁经历了三个较为明显的阶段：第一阶段，片面能源安全观；第二阶段，合作能源安全观；第三阶段，新能源安全观。需要说明的是，上述三个阶段实际上并没有鲜明的界限，几种观念之间也不存在清晰的界定，而是相互交织、互相影响、彼此渗透，甚至同时并存。目前为止，能源安全观尚无明显的更迭，即一种观念能够完全地取代另一种观念，成为某一个时期内具有唯一性或处在绝对主导地位的能源安全观。现实当中，更为普遍的是几种能源安全观交互重叠的现象。只是，能源安全观既然是一种国家主义观念，从国家实践的角度出发，不同时期主流的国家能源政策指导性观念还是有所不同的，因而能源安全观也有一个大致的分野。本书所要探讨的正是这种在不同时期有着代表性意义的三种能源安全观。

（一）片面能源安全观

20 世纪 70 年代，能源安全最初引起各国决策者注意之时，国与国之间对于能源安全的认知有着极大的差异。各国基本上都是立足于本国的能源资源禀赋状况和经济发展程度，来看待能源安全问题，颇似"盲人摸象、各执一词"。因此，早期的能源安全观呈现出片面性、单边性、分散性特征。

对于多数工业化国家而言，强调的是供应安全，因此能源安全主要聚焦于能否以其认为合理的价格取得石油与天然气。换言之"能源安全是指这样一种情况，即消费者及其政府有理由相信，在能源方面有足够的储备、生产和销售渠道来满足他们在可预见的将来对能源的需求，其价格不至于使他们在竞争中处于劣势从而危及他们的生活。当国民的福利或政府追求其他正常目标的能力，由于能源供应中断或突然发生重大价格变化而受到威胁时，不安全就出现了"❷。

对于能源资源丰富的发展中国家，如 OPEC 国家等坐拥丰富石油资源的国家，其能源安全的考量首先在于确保其对石油等能源资源的永久主权；其次是关注石油等能源产品能否持续稳定地转化为尽可能高额的国民收入，如果其能源产品能够无障碍或基本无障碍地进入西方发达工业国，源源不断地换回美元，则视为安全，否则即为能源不安全；再次是争取资金投入和先进技术以发展与升级换代本国的炼制业，以及保障能源收入的金融安全等。

至于能源资源贫乏的发展中国家，它们重视的是能源基本保障。能源安全与否意味着能否取得足够的初级能源以及提供工业、商业与民生所需的电

---

❶ World Economic Forum. The New Energy Security Paradigm, spring 2006, available at www.weforum.org/pdf/Energy.pdf, last visit on July 29, 2012.

❷ R. 贝尔格雷夫等主编：《2000 年的能源安全》，王能全等译，时事出版社 1990 年版，第 1 页。

力,以及传统燃料向现代能源系统顺利过渡等。

此外,从能源贸易的角度来看,进口国与出口国亦有各自的能源安全观,其侧重点显然大不相同。(1) 对于能源消费国而言,能源安全重在供应安全,就是以能够承受的价格获得足够的能源供应。衡量能源安全的两个直接因素是供应量和价格,再加上基础设施的正常运行以及整个供应链各个环节的畅通。(2) 对于能源出口国而言,能源安全则意味着需求安全,就是维持长期有效的、消费国愿意支付的市场价格,并由此确定相应的投资规模,确保足够的生产能力。因此,能源安全的衡量标准表现为有效地控制供应,特别是有效地控制资源,以及保障在"产能增长与需求合拍"下实现利益最大化。[1]

总之,片面能源安全观所强调的是单方的利益和决策,各国都从自身利益出发,寻求能源安全的保障,甚少考虑其他各方的利益,至多只是在利益相似的群体间寻求合作,出发点和目的仍然是本国的能源安全利益,带有明显的能源保护主义色彩,对于能源利益相对方,则表现出对抗意识。

(二) 合作能源安全观

20世纪90年代,经济全球化起步,能源贸易进入新的发展阶段,能源消费与供应群体日益国际化,能源工业及能源市场逐步扩大到整个世界范围,能源市场参与者间的相互制约和依存度不断加深,进入"能源相互依赖时代"。[2]

这一时期,推动能源相互依赖的主导力量主要来自以下三个方面。第一,全球能源市场特别是石油市场一体化发展,带动市场结构日趋多元化并使市场竞争性增强,加之纸货市场与实货市场交互作用,影响能源市场与能源价格的因素显著增多,任何一方都已不能单方面长期控制市场和油价。第二,传统的国有能源公司在经营上呈现国际化趋势,使得能源市场依存度加深。挪威国家石油公司、巴西石油公司、沙特阿拉伯国家石油公司、马来西亚国家石油公司,以及中国、俄罗斯、阿尔及利亚等国家的国家石油公司都在向国际化方向发展,这使得石油生产与消费国的相互依赖程度进一步加深,以至于有人感叹:"现在已经不存在能源的独立性了,我们必须开始讨论能源的相互依赖性。"[3] 第三,随着经济一体化的进程,消费国与输出国之间,消费国与消费国、输出国与输出国之间的能源以外的经济联系也日益密切,其相

---

[1]《全球能源安全观的延伸和发展》,载国家发改委网2007年3月2日,http://www.sina.com.cn,访问日期:2012年9月2日。

[2] 赵宏图:"全球能源安全对话与合作——能源相互依赖时代的战略选择",载《现代国际关系》2006年第5期。

[3] Paula Dittrick, Stated—Owned Oil Companies Expanding Internationally, Oil and Gas Journal, 2005, Vol. 103.

互渗透、彼此促进与牵制程度大幅增加。因而形成"一损俱损，一荣俱荣"的局面，进一步加深了能源市场参与者间的相互制约与依赖关系。

相互依赖时代的到来，促使各国对于能源安全的看法改弦更张。（1）对能源进口国而言，国际原油价格的不断上涨，不仅威胁到整个能源市场的稳定，而且使进口国产生了深重的不安全感，普遍担心国际能源市场上能源供应链条的中断以及因此发生能源危机。（2）对于能源出口国而言，同样面临着能源出口的"路径依赖"以及国民经济增长对能源出口的压力，他们需要稳定持久的能源消费市场。（3）对于运输枢纽国而言，作为连接能源进口国与能源输出国的通道，甚至整个能源市场的生命线，自身受到地缘政治、边界争端与摩擦等一系列的安全威胁，一旦出现问题，则迅速波及能源进口国或能源出口国的利益，反之亦然。

各国逐渐认识到，能源安全只能通过国际合作才能保证，如果出现世界范围内的能源危机，不论输出国，还是进口国，没有一个国家可以独善其身。❶ 在所有这些因素的共同作用之下，传统的保护主义能源安全观黯然失色，合作能源安全观应运而生并逐渐成为各国间的共识——即能源安全只能通过国际合作才能保证，能源消费国、输出国及运输枢纽国之间，只有提倡合作，避免恶性竞争，方能实现互利双赢。

剑桥能源研究会主席丹尼尔·耶金被认为是对美国能源外交取向极具影响力的学者。在其著作中，他列举了能源安全的十个关键原则：（1）能源安全的起点在于能源供应多元化；（2）世界只有一个石油市场；（3）"安全边际"包括空余能力、紧急库存，同时对于关键设施的备份亦非常重要；（4）依赖灵活的市场，避免对其进行微观管理的诱惑方能加快调整速度，减少长期损害；（5）理解公司与政府在各层面上的双边依存关系；（6）基于相互依赖的认识营造供应者与消费者的关系；（7）预先建立包含生产者与消费者在内的实实在在的安全架构；（8）在问题发生时，事前、即时、事后都要向公众提供优质信息；（9）坚持向产业内技术变化投资；（10）致力于长期能源平衡与转型的研究、开发与创新。❷

丹尼尔·耶金虽然仍是从消费国的利益出发，但其关注点已经投向了"相互依赖的关系"、"合作的安全架构"，其所倡导的合作能源安全观，在整个西方世界产生了广泛的、积极的影响。

总体来看，在经济全球化的大背景之下，合作能源安全观已经成为主流，

---

❶ 王高峰："八国峰会中的能源安全问题"，载《学习时报》2006年7月19日第2版。

❷ Daniel Yergin. Energy Security and Markets, in Jan H. kalicki and David l. Goldwyn. eds. Energy and Security: Toward a New Foreign Policy Strategy, Woodrow Wilson Press, co-publisher Johns Hopkins University Press, 2005, p. 52.

尽管具体的表述不同，但各国对于能源安全的看法已经渐行渐近，即普遍认同：世界只有一个石油市场，无论是石油消费国、输出国，还是运输过境国，能源安全要依存于市场的安全；国家间已形成了一荣俱荣、一损俱损的态势，没有一个国家能够脱离其他国家而保证其自身的能源安全。从具体内容上看，则包括以下核心要点。(1) 国际合作与供应多元化对能源安全具有重要意义；开展国家间的战略对话，保障国际能源市场的稳定、实现互利共赢是各国的共同要求。(2) 能源合作不仅存在于能源输出国之间、能源进口国之间，还应该在输出国、进口国、运输国相互之间开展双边或多边合作；不管经济制度相同或相异，都可以开展从双方到多方、松散到紧密的各种合作；其中能源出口国与进口国之间的对话机制是合作的重点。(3) 国家间相互合作及制度的构建是国际能源安全的基础，生产国与消费国应在现有框架内或者构建新的框架，寻找共同点；在相互依存、相互促进的互动体系中，协调能源消费国、输出国、运输中转国之间的关系。❶

总之，能源安全的关注点不再主要集中于大国之间的全球能源对抗，而是更多关注能源利益国之间关系的协调与稳定。倡导通过双边、多边谈判和局部结盟构建统一规则，以合作的方式促成各国自身能源安全以及局域性的能源安全。合作能源安全观体现的观念仍然是国家利益本位，各国从事能源合作的一致目标都是保障自身的能源安全，合作只是实现目标的主要方式。

(三) 新能源安全观

1. 新能源安全观的提出

步入新世纪以来，全球化进程加快、浪潮汹涌，能源安全面临着威胁多元化、安全领域扩大化、安全范围延展化的趋势。❷ 在需求剧增、供应紧张、油价震荡、环境污染、地缘政治形势不稳等严峻现实面前，着眼于通过双边以及多边合作来解决各国能源安全问题的合作能源安全观，在指导各国能源政策应对上述全球性挑战之时，已经显露出顾此失彼、力不从心之态。

日益复杂化、综合化、全球化的能源安全问题呼唤新的能源安全观。这一次，是崛起中的中国率先站在一个全新的高度，提出了实现全球能源安全的新思路——新能源安全观。

在 2006 年夏天召开的八国峰会上，胡锦涛主席在书面讲话中呼吁"为保障全球能源安全，我们应该树立和落实相互合作、多元发展、协同保障"的新能源安全观，并对新能源安全观的内涵进行了全面阐释。此后，在多边及双边的国际会议上，中国领导人又多次倡导并阐述了中国的新能源安全观。

---

❶ 史丹、何强、陈吉尔、马军："能源安全对策研究"，载《科学新闻》2008 年第 9 期。
❷ 马延琛、吴兆雪："中国新能源安全观与实现全球能源安全"，载《东北亚论坛》2007 年第 4 期。

2. 全球化时代能源安全的新思路

全球化的深入推进了能源领域的变革,亦使能源安全面临严峻的新挑战。(1) 油价高位震荡,威胁到国际能源市场的稳定,危及全球能源安全,进而影响到世界经济的繁荣稳定。(2) 能源安全范围扩大,不仅限于石油,还包括天然气、煤炭、核能等领域的安全,不只涉及能源的供应、运输,还延伸至全球能源从生产到消费的各个环节,如开采、通道、炼油厂等。其中,能源主产地和能源通道安全问题凸显。(3) 全球气候变暖和大气环境质量的急剧下降,使得能源利用引发的环境问题愈加突出。

所有这些问题,尽管成因不一,表现形式各异,但其共同特点都是全局性、全球性的问题,其影响面波及整个世界,而不是个别国家或部分国家,关系到全人类生存与发展,涉及全人类的共同利益;并且,这些问题之间相互关联、相互作用,相互制约。❶ 正因为如此,问题的解决也非一个国家或几个国家能力之所及。

通过国家间的合作来解决能源安全问题,固然是一个良好的开端,但是如果合作的出发点和目标只是维护国家的能源安全,即仅仅从国家的能源安全角度认识、把握、处理当代能源关系已经不能适应现实的需要,全球性的问题需要全球性的对策方能应对。中国所提出的新能源安全观,正是顺应了这一历史潮流,是以全新的思维、全新的视角来诠释能源安全问题。

3. 新能源安全观的新内涵

新能源安全观主要包括以下内容。(1) 能源安全的普遍性、共同性和不可分割性。在全球化时代,能源安全是一个全球性问题,各国的能源安全问题是一个相互依存、相互促进的互动体,没有一个国家能够脱离其他国家和地区的能源安全而保证自身的安全。世界只有一个石油市场,各国的能源安全有赖于全球市场的稳定,只有解决了国际能源安全问题,本国能源安全才有保障。(2) 能源安全只能通过国际合作才能保证。国际合作的目标是互利、双赢或多赢;因此,在合作中不能只考虑自己的利益,而是要兼顾别国的利益;建立多边能源安全体系是能源消费国和能源生产国保护自身利益的有效途径。(3) 能源合作应该是多领域、全方位、多地区的,合作形式应灵活多样。(4) 要从人类社会可持续发展的高度来看待上述各领域的合作,处理好资金投入、知识产权保护、先进技术推广等问题,努力建立清洁、安全、经济、可靠的世界未来能源供应体系。(5) 避免能源问题政治化。各国"应该携手努力,共同维护能源生产国特别是中东等产油地区的稳定,确保国际能源通道安全,避免地缘政治纷争干扰全球能源供应",抛弃以传统现实主义的

---

❶ 刘德斌:《国际关系史》,高等教育出版社2003年版,第531页。

旧的思维方式来看待能源问题的观念，不能着眼于对现有能源市场的侵害和对既得利益的维护，不能把能源问题政治化，更不能动辄诉诸武力，而是要弥合彼此的分歧与矛盾，加强合作，协同保障以有效维护能源产地和能源通道的安全。❶

4. 新能源安全观的进步意义

新能源安全观是对合作能源安全观的继承与发展。一方面，合作的理念贯穿始终，另一方面则超越了前者的局限性，转换为一种全新的视角来看待能源安全问题，着眼于人类的共同利益，把国家间的互利合作、先进能源技术的研发推广体系的建立以及创建能源安全的和谐国际政治环境有机结合起来，不再局限于国家能源安全，强调的是国际能源安全。其进步意义在于以下几点。（1）新能源安全观把维护世界和平与地区稳定视为实现全球能源安全的前提条件。（2）新能源安全观把中国的能源安全问题放在全球能源安全的大环境中加以思考和解决。（3）加入了环境等新内容，强调应站在可持续发展的高度建立能源安全体系。（4）新能源安全观把开展全球能源对话与合作作为实现全球能源安全的根本措施。能源安全问题的全球性决定了能源安全合作必须跨越过去狭窄的能源生产国与消费国的界限，向全球范围扩展。面对全球能源安全领域的诸多挑战，世界各国必须加强全球能源安全对话与合作，推动全方位、多层次、广领域的能源安全合作机制的建立。

中国提出的新能源安全观与国际上有识之士的看法不谋而合，如丹尼尔·耶金指出：当代世界的能源安全体系应注入新的能源应用模式，扩大能源安全框架，将整个石油供应链嵌入安全体系之中。使能源市场能够可持续经营与发展的关键在于"开源节流"，并开发提高能源效率的产品。世界安全体系已经无法单靠传统现实主义的国际政治思维逻辑维系，各国政府、民间应携手促进可持续发展，并认清在相互依赖的全球化体系下，唯有彼此合作，能源安全才能够巩固。❷ 2006 年俄罗斯政府借主导八国首脑峰会之机，推动八国首脑通过的《圣彼得堡能源安全行动计划》，也体现了"能源安全新概念"。《圣彼得堡能源安全行动计划》的要点是：各方一致认为，为了确保全球能源市场的透明度、可预见性和稳定性，有必要按照输出国和消费国均能接受的价格进行长期、可靠和无损于生态环境的能源供应，更积极地推广节能计划与可替代能源，实现平衡、稳定的能源保障，八国集团和国际社会应

---

❶ 中国石油和化学工业协会："专家阐述中国'新的能源安全观'"，载《中国石油和化工标准与质量》2007 年第 4 期。

❷ 开利财经研究所："全球化时代的能源安全"，载证券之星网 2006 年 3 月 13 日，http://news.stockstar.com/info/Darticle.aspx? id = SS, 20060313, 30347469&columnid = 2243，访问日期：2013 年 9 月 1 日。

为开发创新技术开展密切合作，以建立未来能源保障技术的基础，提高能源利用效益。❶

第三节 能源国际机制的演进

一、能源国际机制——能源安全的法律保障途径

（一）能源国际机制的概念

国际机制的概念源于20世纪70年代的国际政治经济学分析。目前最被广泛接受的国际机制定义是斯坦福大学政治学教授斯蒂芬·克莱斯勒所提出的"国际机制是指在国际关系的特定领域中一系列隐含或明显的原则、规范、规则和决策程序"，其中的原则和规范提供了机制的基本特征，而规则和决策程序代表了机制的具体细节。❷ 在法律学者看来，要么被定义为"一系列原则、规则、规范以及决策程序"的国际机制实质只是国际法的另一个名称而已；❸ 要么国际法（包括国家间条约、国际惯例和关于正义和平等的公认原则）和国际组织都包括在国际机制的范畴中。如联合国体制或WTO体制，国际法学者经常把它们当作一种相对成熟的国际法律制度来研究，而国际机制学者也把它们当成一种典型的"国际机制"来研究。综合上述观点并为本研究之目的，本书认为"国际组织或机构及其相关规范的结合体"是最为典型并最具代表性的国际机制，也是本书关注的重点。之所以借用国际政治经济学的术语来阐述能源法律问题，一是因为能源本身富有的政治与经济意涵，二是因为"机制"这一术语较好地表达了"机构及其规则结合"的紧密性。

国际机制作为国际关系中的实际存在可以追溯到奠定了近代国际关系基本规则的1648年《威斯特伐利亚和约》，此后国际机制伴随近现代国际关系的发展而发展，如果说1920年创立的国际联盟是首次大试验，1945年成立的联合国则是国际机制成熟阶段的集大成者。

能源国际机制是指能源领域国际关系中所产生的一系列的原则、规范、规则和决策程序的总称，主要包括以下几点。（1）能源领域当中的国际法律规范，即有关能源的国家间条约、国际惯例和关于正义和平等的公认原则等。（2）调整能源国际关系的国际机构及其组织运作机制，一般指两个以上政府

---

❶ "八国'照单全收'俄主张 俄领跑'全球能源安全'"，载新华网2006年3月8日，http://www.xinhuanet.com，访问日期：2013年9月1日。

❷ 乔轶美、尹凡："中国与世界贸易组织——从国际机制的角度"，载《国际观察》1999年第3期。

❸ 刘志云："国际机制理论与国际法的发展"，载《现代国际关系》2004年第10期。

所组成的国际机构,广义上的国际机制还涵盖了国际间的非政府机构及其组织机制。最具代表意义或典型性的是后者——国际间的能源机构及相关规范的结合体。如上所述,本书的研究主要针对这一类能源国际机制,同时一些带有"机构与规则结合"特征的重要能源条约(如ECT)或制度安排(如世界能源论坛、八国峰会等)也在探讨之列。

(二) 能源国际机制的作用

从现有的国际实践来看,世界各国普遍都是综合运用军事手段、政治手段、经济手段、外交手段以及法律手段等来维护与保障能源安全。❶

保障能源安全的法律手段体现在两个层面。(1)国内法层面,早期各国并无单独的能源立法,直至20世纪70年代的能源危机波及全球,"危机生法",空前紧张的世界能源供应形势促使各国开始了能源立法的进程,受危机影响最深的主要发达国家先行一步。❷当今许多国家都以法律条文的形式固定其能源安全战略及政策,比如美国的《能源政策法2005》,日本的《新能源利用促进法》《关于能源使用合理化的法律》,我国的《中华人民共和国节约能源法》(以下简称《节约能源法》)、《中华人民共和国可再生能源法》(以下简称《可再生能源法》)等。(2)国际法层面,国家之间通过创设各种国际机制来保障能源安全,包括:有关能源的国际规范,如国际条约、国际惯例等;各种层次(全球性的,区域性的)、多种类型(多边的,双边的)、多种效力(指强弱程度不一的各种规范)的能源国际组织及其制度安排。

显而易见的是,比之军事手段、政治手段、经济手段、外交手段等其他能源安全保障措施,法律保障途径的最大特点在于具有更大的透明度以及更强的可预期性。就能源国际机制这样一种国际法保障措施而言,本身"蕴含着促进合作的各种效能,包括促进博弈持续、降低交易成本、增强合作者谈判能力、确定合作权益、促进议题挂钩、增强情报交流、协调与解决纠纷以及提供执行监督与惩罚"❸。尤其是晚近兴起的国际机制"法制化"(指国际机制规范由软法向硬法发展)趋势,使国际机制促进合作的各种效能得到了进一步提高,吸引各国与各种能源利益集团选择能源国际机制来实现其保障能源安全的目标。几十年间的实践表明,能源国际机制在能源安全保障方面的重要作用已日益彰显。

---

❶ 杨泽伟:"我国能源安全保障的法律问题研究",载《法商研究》2005年第4期。
❷ 1974年法国制定《省能法》,1976年英国颁布《能源法》,1978年美国颁布了《国家能源政策法》,1979年日本颁布《能源使用合理化法律》。其时,能源法律规范划地而治的"分割化"特征十分明显。
❸ 刘志云:"国际机制理论与国际法的发展",载《现代国际关系》2004年第10期。

二、能源生产国合作机制

（一）能源生产国合作机制概述

能源生产国之间基于共同能源安全考虑形成的合作机制，主要集中于石油领域，主要包括以下机制。(1) 1960 年成立的 OPEC，下文中将进一步介绍。(2) 1965 年 10 月组建的拉丁美洲国家及加勒比海石油天然气公司区域协会（Regional Association of Oil and Natural Gas Companies in Latin America and the Carribbean，ARPEL，一般译为拉美国家石油互助协会），协会成员当前有 27 个，分为两类，一类是阿根廷、玻利维亚、巴西、智利、哥伦比亚、哥斯达黎加、墨西哥、厄瓜多尔、巴拉圭、秘鲁、乌拉圭、委内瑞拉等 12 个国家的国有及私营石油公司，另一类是地区性或全球性的油气机构及组织，如泛美经济与社会理事会、联合国拉丁美洲经济委员会及联合国工业发展组织等。APREL 属于非政府组织性质，总部设在乌拉圭的蒙得维的亚，其宗旨为：促进成员国企业之间石油开采与加工技术的交流和合作；推进拉丁美洲一体化进程；制定并监督互利协议的执行情况，增强抵御石油市场波动的能力；促进与外部企业的合作与竞争；召开与石油工业有关的国际会议，磋商有关问题，交流情况与信息。APREL 于 1976 年起正式取得联合国经济与社会理事会特别咨商地位（special consultative status），协会成员覆盖了拉美地区 90% 的油气上游与下游运营，在拉美能源一体化进程中扮演着极其重要的角色。[1] (3) 1968 年 1 月成立的阿拉伯石油输出国组织（Organization of Arab Petroleum Exporting Countries，OAPEC）。OAPEC 有 11 个成员国：阿尔及利亚、巴林、埃及、伊拉克、科威特、利比亚、卡塔尔、沙特、叙利亚、突尼斯、阿联酋。[2] 该组织总部设在科威特城，其宗旨为加强和密切成员国在石油工业方面的关系与合作，维护其在石油领域的个体和整体权益，协调各成员国的行动，以公平、合理的份额向消费市场供油，为石油工业吸引资本和技术创造良好气氛。[3] (4) 1988 年成立的非正式的独立石油输出国集团（Independent Petroleum Exporting Countries Group）[4]，共有 12 个成员：安哥拉、文莱、埃及、也门、哈萨克斯坦、中国、哥伦比亚、马来西亚、墨西哥、挪威、阿曼和俄罗斯等石油生产国。该组织成立的目的在于通过与 OPEC 和国际能源机构的相互配合来维持世界石油市场的稳定与可预见性。

---

[1] http://www.arpel.org/about/, visit on Oct. 10. 2008.
[2] 1986 年以来，突尼斯的成员国资格经其自行要求一直被冻结。
[3] "阿拉伯石油输出国组织"，载百度百科网，http://baike.baidu.com/view/61353.htm，访问日期：2013 年 9 月 1 日。
[4] 该集团是中国目前唯一加入的全球能源合作组织，但中国目前已经成为石油净进口国。

其中，以最早成立的 OPEC 最具影响力，不仅在收回石油主权方面取得令人瞩目的成就，更曾一度成为国际石油市场的一股决定性力量。正如有学者指出的："OPEC 在过去几十年里取得了巨大的成功，特别是在 20 世纪 70 年代，达到了其组织声望和国际地位的最高峰……虽然 OPEC 对市场的控制力已不如从前，但它依然是决定石油价格的重要因素，它在石油市场上所作的任何决策都令人不敢轻视，仍然对世界经济具有举足轻重的影响。"❶

天然气领域，目前仅有始自 2001 年的世界天然气出口国论坛（Gas Exporting Countries Forum，GECF），该论坛目前共有俄罗斯、伊朗、卡塔尔、阿尔及利亚、委内瑞拉等 16 个成员国，宗旨是加强成员国间的协调与合作，同时寻求促进天然气生产者与消费者间的对话。成员国伊朗、阿尔及利亚和委内瑞拉等意图将其打造成"天然气版 OPEC"，但埃及、俄罗斯、玻利维亚等国持反对或观望态度。❷ 这当中，既有天然气市场的局域性、天然气合同的长期性等技术性特点的原因，亦不乏生产国能源安全观转变的影响。

煤炭市场已经是全球性的市场，但其主要出口国（澳大利亚、美国、南非和其他一些国家）并没有联合组成某种正式组织。

总体来看，OPEC 模式虽已成为能源生产国合作机制的典范，但支撑其成功的"天时、地利、人和"等特殊性优势难以复制。"成立一个 OPEC 式的煤炭行业或天然气行业的生产者联盟，在当今这个世界可行性不大。"❸

（二）OPEC 及其贸易制度安排

1. OPEC 概述

OPEC 于 1960 年组成，总部设在维也纳，现有 11 个成员：沙特阿拉伯、伊朗、伊拉克、科威特、委内瑞拉、卡塔尔、阿拉伯联合酋长国、利比亚、阿尔及利亚、尼日利亚、印度尼西亚、安哥拉、厄瓜多尔。❹

OPEC 是由石油净生产国单方面组成的专门性国际经济组织，OPEC 国家具有独特的石油资源禀赋，拥有世界探明石油储量的 2/3、世界石油总产量 40%，以及 40% 世界天然气探明储量与 12% 天然气产量，同时，还控制着近 11% 的世界石油加工能力，拥有近 6% 的世界油轮船队。比之其他产油国，如英国、挪威等，OPEC 有着较低生产成本及巨大的产能调节潜力等明显的竞争优势。OPEC 兴起于国际经济新秩序运动风起云涌之时，是发展中国家建立最早、影响最大的原料生产国与输出国组织，被视为是"发展中国家在国际舞

---

❶ 黄进：《中国能源安全问题研究——法律与政策分析》，武汉大学出版社 2008 年版，第 39 页。
❷ "世界天然气出口国论坛六届部长级会议落幕"，载财华网 2007 年 4 月 11 日，http://www.jrj.com，访问日期：2013 年 8 月 11 日。
❸ 黄进：《中国能源安全问题研究——法律与政策分析》，武汉大学出版社 2008 年版，第 72 页。
❹ 印度尼西亚于 2009 年 1 月中止其成员资格。

台上崛起的标志性事件"。❶

OPEC 章程规定了 OPEC 的组织目的、原则、成员资格、机构设置；并建立了常设组织机制，设有大会、理事会、秘书处三级机构。OPEC 宣称的宗旨与目标包括：协调石油生产政策，以稳定石油市场，确保成员国各自利益与集体利益；保障石油生产者的收入与投资回报；保障石油消费者获得稳定的石油供应。❷

从近几年 OPEC 会议宣言来看，对国际市场油价影响力有所下降的 OPEC 正在努力寻求突破，谋求由一个单纯的石油供应组织向更加多元化的国际合作组织转变，并为此加强了与能源消费国和其他发展中国家的对话，以及关注环境保护与可持续发展。

2. OPEC 贸易制度安排

OPEC 在石油领域举足轻重的地位与其贸易制度的安排有着直接的关系，其贸易制度安排主要有以下几种。

（1）保价机制。又称最优价格原则，是 OPEC 收回油价决定权后确定目标价格的指导原则，内容主要包括：石油价格与石油收入的实际购买力相挂钩；OPEC 的石油价格必须维持在足以抑制石油替代能源发展的水平；必须能够支撑世界经济稳定发展；要确保 OPEC 的石油市场份额。❸

（2）限产机制。OPEC 限产机制始于 1982 年，主要通过配额制度来实现。一般情况下，OPEC 上、下半年度分别召开一次成员大会，会上根据市场情况审议和制定下一个半年度 OPEC 总产量上限和各成员国的产量配额；紧急情况下另行召开特别会议，提前审议和确定配额和限额。

（3）价格带机制。2000 年 3 月，OPEC 提出了价格带机制（Price Band Mechanism），当时 OPEC 将目标价格维持在 22~28 美元/桶之间，油价波动只要超出这个范围，即由 OPEC 成员国开始新一轮配额磋商，以修正各国配额与产量总额。这一机制短暂实施后很快后被 OPEC 宣布放弃。❹

3. 评价

就影响力而言，OPEC 成立以来的 30 年，走过了从默默无闻到声名鹊起，再到盛极而渐衰的历程，在其鼎盛期的 20 世纪七八十年代中期，OPEC 的任何决定在全球范围内都是掷地有声，能够左右国际能源市场形势，例如直接引发 20 世纪 70 年代两次能源危机。20 世纪 80 年代中期之后，OPEC 的影响力逐渐下降，但至今仍然代表了国际能源市场的一股重要力量。

---

❶ 余建华：":"欧佩克发展历程与新世纪挑战"，载《阿拉伯世界研究》2006 年第 6 期。
❷ http://www.opec.org/home/, visit on Oct. 10, 2008.
❸ 杨光、姜明新：《石油输出国组织》，中国大百科全书出版社 1995 年版，第 53~65 页。
❹ 黄进：《中国能源安全问题研究——法律与政策分析》，武汉大学出版社 2008 年版，第 39~76 页。

从法律效力上看，OPEC 的制度更多地带有软法性质。OPEC 并不对成员国具有很强的约束力，虽然有监督制度和惩罚制度，但缺少权威性与强制性，OPEC 成员国突破"配额"限制的情况时有发生。❶ 此外，生产总量上限确定之后，配额分配标准，配额概念的界定、配额的监督问题在实施中也经常引发争议。

至于 OPEC 贸易制度的性质，则带有浓郁的贸易保护主义色彩，服务于石油出口国单方面的贸易利益，是数量限制等国家干预市场的贸易扭曲措施在集团化层面的典型性反映，有违市场规律。

三、能源消费国合作机制

（一）能源消费国合作机制概述

较之能源生产国对于需求和价格的担心，能源消费国显然更为担忧能源安全问题。然而能源消费国涉及面过于广泛，遍布全球，经济发展水平、文化、社会制度等差异必然导致其相互间更难形成合作机制，只有经济合作与发展组织（Organization for Economic Co-operation and Development，OECD）的国家组成了备受瞩目的 IEA。

多年来，亦曾有过组成其他的能源进口国组织的倡议或初步行动。例如：有专家曾呼吁，建立一个对应 OPEC 的石油进口国组织（OPIC），使石油需求国得以改变被动接受价格的局势。若将目前世界前十位的石油进口国和地区组织起来，其石油进口总量就可以与 OPEC 的产量相当。同时，可以建立与 OPEC 的利润分成机制，这样就能增加其内部协调和对外谈判能力。❷ 再如，2007 年 12 月中国首次倡导、印度、日本、韩国、美国共同参与的能源消费国大会在北京召开，会上达成《五国能源部长联合声明》呼吁采取下述措施，促进全球能源安全：（1）建立公开、透明、高效和有竞争力的能源市场，包括透明、有效的法律和监管框架。鼓励对整个能源供应链，特别是油气勘探开发领域进行投资；（2）促进能源供需及来源的多元化；（3）采取节能提效措施，促进环境可持续能源技术的开发应用；（4）通过战略石油储备，共同应对能源危机；（5）保护重大能源基础设施和油气海运通道安全；（6）为市场提供高质量和及时的能源数据。参会国家希望将能源消费国大会作为一个长久的机制保持下去，并且"随着宣言中一些具体工作的展开，能有更多的

---

❶ "石油输出国组织"，载石油易货交易中心网，http://www.wpbtc.net/nengyuan/ny01f2.htm，访问日期：2009 年 9 月 1 日。

❷ 陈玉强："国际能源安全机制尚待新突破"，载《中国石油报》2007 年 1 月 11 日第 4 版。

国家参与进来"❶。然而所有这些努力,要么停留在设想阶段,要么刚刚迈出第一步,目前而言,能源生产国方面的合作机制,仍然只有国际能源机构一枝独秀。

(二) IEA 及其制度安排

1. IEA 概述

IEA 是由石油消费国单方面组成的经济联合组织,诞生于 1973~1974 年第一次石油危机期间,最初的目的是以集聚主要工业化国家的石油消费能力与 OPEC 抗衡。IEA 以 1974 年生效的《国际能源机构协定》为法律基础,总部设在法国巴黎,现有成员国 28 个,全部都是 OECD 国家。

IEA 组成机构包括最高权力机构理事会,理事会的执行机构管理委员会和秘书处。IEA 宗旨包括:协调成员的能源政策,发展石油供应方面的自给能力,共同采取节约石油需求的措施,加强长期合作以减少对石油进口的依赖,提供石油市场情报,拟订石油消费计划,石油发生短缺时按计划分享石油,以及促进它与石油生产国和其他石油消费国的关系等。

IEA 最初的重点是建立石油供应紧急状态时期的集体能源安全机制。随着国际能源市场格局的变化,IEA 的政策重心朝着三个方向转变:能源安全(energy security),经济发展(economic development) 与环境保护(environment protection)。近期工作则专注于气候变化政策、市场改革、能源技术合作及与其他地区——中国、印度、俄罗斯及 OPEC 国家建立更广泛与深入的联系。❷

2. IEA 制度安排

国际能源机构的运作制度主要包括以下几个方面。(1) IEA 紧急共享制度。此为 IEA 保障能源消费国能源安全的核心制度。该机制的目的是降低成员国在石油供应短缺时的脆弱性,以减轻成员国的损失,其内容主要包括:紧急储备义务,要求各成员国不低于其 90 天石油进口量的石油存量;需求抑制措施,要求成员国预先制定应急石油需求抑制计划,并在石油供应短缺达到一定比例(7% 或 12%)时采取有效措施限制国内石油需求;紧急石油共享制度:当发生严重的石油供应危机时,IEA 进行调查并启动石油分配程序,以使遭受供应中断的国家可以得到 IEA 团体的石油支持。(2) IEA 协调应急反应制度。此为 IEA 临时性的危机应对机制,即在石油供应减少未达到启动紧急共享制度的水平时,理事会可作出临时决定,有选择地使用包括动用储

---

❶ "中国由被动转为主动 能源消费国对话:改变已经发生",载慧聪网,http://info.energy.hc360.com/2006/12/21101026808.shtml,访问日期:2006 年 12 月 20 日。

❷ http://www.iea.org/about/index.asp, last visit on Dec. 3, 2014.

备、需求抑制及其他措施在内的一种或几种紧急措施。❶（3）IEA 石油市场信息制度。IEA 以"石油市场透明"和"信息传播"为目标，建立了国际石油市场的情报系统，包括综合信息系统与应急信息系统，要求成员国定期向秘书处报告各自管辖范围内石油公司的公司财务、资本投资、原油成本等数据情报；IEA 还通过与石油公司的协商机制取得石油公司运营及石油政策执行方面的第一手信息。同时，IEA 定期公开发布各类统计数据以及石油市场形势评估报告。（4）IEA 能源合作与研发制度。IEA 的长期能源合作制度通过确定成员国能源政策目标，以及开展政策执行监督，促使成员国在"节约能源与提高能效、降低石油进口依赖、实现能源多样化、促进能源贸易和投资、协调能源与环境政策"❷七个领域进行长期合作；研发制度则以"确定团体战略、制定研发政策、开展政策审议"为主要内容。此外 IEA 也还就能源合作与研发构建了成员国与其他国家和国际组织的对话合作框架。

3. 评价

IEA 通过 30 年的发展，按照其成立的初衷建立起一整套消费国能源危机应急机制，并在实践中较好地应对了 1991 年海湾战争以及 2005 年美国卡特里那飓风所引发的石油危机，❸表现了 IEA 面对短期石油危机的迅速反应能力与有效处理能力。IEA 不仅为保障成员国的能源安全作出了重要贡献，且在促进能源市场的竞争与透明，以及加强国家间的能源合作与协调方面成效卓著，已经成为当今最有影响力的能源组织之一。

在成员构成方面，IEA 的局限性显而易见，严格限于经济发达的 OECD 成员，且只有能源消费国单边参与，故虽有"国际能源机构"之名，却无国际之实。

从制度安排来看，IEA 并没有提供一种常态的能源贸易制度，只是建立了应急状态下的临时市场干预机制，类似于战时国际配给计划，并非调整能源市场秩序的法律框架，其核心作用也只是防御性的应急之策与带有对抗性的制衡力量。❹另一方面，IEA 日趋成熟的石油市场信息制度、能源合作与研发制度，丰富了现有的国际能源法律制度，对于促进全球能源安全具有积极意义。

---

❶ 肖兴利：《国际能源机构能源安全法律制度研究》，武汉大学 2009 年博士论文，第 102 页。

❷ 肖兴利：《国际能源机构能源安全法律制度研究》，武汉大学 2009 年博士论文，第 148 页。

❸ 1991 年 1 月 17 日海湾战争爆发，国际能源机构实施应急计划，21 个成员国以及冰岛、芬兰和法国，每天向国际市场提供 200 万桶战略储备石油，以致在该阶段内，国际石油市场仍然供给充足，达到了稳定国际石油市场的目的。肖兴利：《国际能源机构能源安全法律制度研究》，武汉大学 2009 年博士论文，第 244 页。

❹ 岳树梅：《国际能源合作法律问题研究》，西南政法大学 2007 年博士学位论文，第 33 页。

四、区域性能源合作机制

（一）区域性能源合作机制概述

区域性能源合作机制活跃于20世纪八九十年代之后，主要表现为两种类型：（1）以能源为中心的区域性合作机制，如欧洲的ECT、拉美能源部长会议等；（2）综合性区域化组织，如北美自由贸易协定（North American Free Trade Agreement，NAFTA）、欧盟、东盟、上海合作组织、OECD、亚太经济合作组织（Asia-Pacific Economic Cooperation，APEC）等关于能源的法律与政策合作机制。区域能源合作机制深受合作能源观的影响，1994年的NAFTA和1998年的ECT是其中最为成功的典范。

（二）NAFTA及其能源贸易制度安排

1. NAFTA及其能源专章概述

20世纪80年代末到90年代初，欧洲经济一体化如火如荼，而《关税及贸易总协定》（General Agreement on Tariffs and Trade，GATT）多边贸易体制正陷入乌拉圭回合谈判僵局之中。在这样的背景下，美国加快推动北美地区自由化进程。在其主导下，1989年美国和加拿大两国签署了《美加自由贸易协定》（Canada-US Free Trade Agreement，CU-FTA），以此为起点，经过14个月的谈判，1992年8月12日，美国、加拿大及墨西哥三国签署了一项三边自由贸易协定——NAFTA，该协定于1994年1月1日正式生效。协定明确其宗旨为在缔约方之间：消除贸易壁垒；促进公平竞争；实质性地增加投资机会；充分保护知识产权；建立执行协定和共同管理自由贸易区；建立有效的争端解决机制；促进三边和多边合作。目标则是在生效之日起的15年内打造一个实现商品与劳务自由流通的，"拥有3.6亿消费者，每年国民生产总值超过6万亿美元的世界最大的自由贸易区"❶。为此，协定确立了国民待遇原则、最惠国待遇原则、透明度原则三项基本原则，并设计了一整套的规则和制度框架与争端解决程序来管理三国间的贸易和投资关系，同时还提供了吸纳新成员机制。

NAFTA共分8个部分22章，以专门的章节来调整能源货物贸易事项，其列在第2部分"货物贸易"之下的第6章（即一般所说的"能源专章"）标题为："能源与基础石化品"（Energy and Basic Petrochemicals），共有9个条款以及5个附件。9个条款（第601~609条）分别题为：原则、范围、进出口限制、出口税、其他出口措施、能源规制措施、国家安全措施、杂项、定

---

❶ 1996年11月18日，加拿大和智利在渥太华正式签署了两国自由贸易协定。该协定被视为智利最终加入NAFTA的桥梁。薛永久：《国际贸易》，对外经济贸易大学出版社2003年版，第484页。

义，相关规定则承继了 CU-FTA 第 9 章"能源"的主要内容，附件主要是墨西哥作出的保留或某些条款对它的适用豁免。CU-FTA 能源专章开宗明义，表达了缔约方关于能源货物贸易的共识：确认尊重各方宪法；❶ 承认应当加强能源与基础品货物贸易在自由贸易区中的作用，并通过持续与渐近自由化来提升这个作用；承认富有活力的及国际竞争性的能源与基础石化部门对于深化各国利益的重要性。并明确这一章的适用范围为：与原产于缔约方境内的能源及基础石化品货物贸易相关的措施，以及与之相关联的投资措施和跨境服务贸易措施。

2. NAFTA 的能源贸易制度安排

NAFTA 的能源货物贸易制度建立在 GATT 的规则之上，通过在条款中援引 GATT 规则并对之加以解释，肯定了 GATT 规则对于能源部门的适用，同时也引入了一些新的要求，并明确如出现条文抵触以 NAFTA 规定优先，因而 NAFTA 的能源货物贸易制度有"超 GATT 规则"（GATT plus）之说。

除能源专章之外，NAFTA 其他章节的规定未加区分地适用于所有产品，因而也包括能源部门在内，同样是 NAFTA 能源贸易制度的组成部分。尤其值得一提的是 CU-FTA 议定过程中，货物贸易部分首先进行的就是"能源"这一章的谈判，其内容也渗透到其他各章一般性的规定当中。❷ 由于 NAFTA 谈判几乎与乌拉圭回合谈判同期举行且先行结束，因此 GATT 以外的其他 WTO 协定并未被 NAFTA 援引，但乌拉圭回合谈判对于 NAFTA 的影响仍在条款之中反映出来，比如技术贸易壁垒、政府采购、知识产权、服务贸易、与贸易有关的投资措施、公平贸易等方面的纪律，或与 WTO 一揽子协定内容相似，或比前者更加严格。此外，在处理投资政策、环境合作等方面，NAFTA 有了一些新的发展。

需要说明的是，NAFTA 充分考虑到缔约方中唯一的发展中国家墨西哥"经济转型"的需要，明确了墨西哥在适用 NAFTA 义务方面的灵活性。例如，在 NAFTA 框架下，能源专章的大部分义务未对墨西哥适用，其他制度方面则允许墨西哥保留其在石油和天然气资源的开采、提炼及基础石油化工方面的垄断权，仅向外国投资者开放非石油化工行业。

3. 评价

从参与国家来看，尽管 NAFTA 只有三个缔约方，却既包括了重要的能源进口国，也包括了能源出口国，既有发达工业化国家，亦有发展中国家，加

---

❶ 这一规定并未出现在先前的《美加自由贸易协定》当中，并成为墨西哥作出相关保留的根本依据，体现了对于墨西哥宪法敏感性的尊重。

❷ U. S. Department of Energy and the Office of the U. S. Trade Representative, Analysis of Chapter Nine of the US-Canada Free-Trade Agreement, Concerning Trade in Energy (Mimeo, 1988), p. 7.

之美国在当今世界的影响力，应该说成员组成具有一定的典型意义，体现了南北合作和大国主导的显著特征。

从制度设计来看，NAFTA 的能源贸易制度兼顾了供需双方的能源安全目标，协定条款一方面确保了能源进口国从其他缔约方获得可靠的能源供应，以及公平稳定的能源价格；另一方面也注意到了能源输出国的贸易利益，使其能够获得稳定的能源市场，能源收入有所保障。此外，NAFTA 在能源专章中引入 GATT 机制并有所发展，将能源贸易归入一般商品贸易的自由化范畴，同时又在具体条文中体现能源贸易的特点，在能源贸易国际法规制上具有进步意义。最后，NAFTA 对于转型经济国家、发展中国家赋予了义务适用的灵活性，也富于借鉴意义。

从实际效果来看，NAFTA 能源制度对于北美地区的能源一体化起到了积极作用，美国前贸易代表克莱顿·尤特将 NAFTA 中的能源一章称为"协定的明珠"。[1] 美加两国能源贸易自 CU-FTA 签署后稳步上升，两国能源贸易长足发展，墨西哥也成为美国最重要的最稳定的石油贸易伙伴国之一。

（三）ECT 及其贸易制度安排

1. ECT 概述

ECT 发端于 1991 年 6 月 25 日都柏林欧洲理事会上时任荷兰总理的路德·鲁贝斯成立"泛欧洲能源共同体"（pan-European Energy Community）的倡议，时值冷战即将结束，欧洲的政治形势逐渐明朗而经济分化依然严峻，路德·鲁贝斯的构想旨在以一个能源贸易、转运及跨境投资的国际条约为东西欧的合作提供政治与法律基础，从而促进东欧地区的发展并以此稳定整个欧洲政局。路德·鲁贝斯认为：在这样一个重要的领域合作，无疑会稳定政治联系。[2] 此后苏联分崩离析，俄罗斯等东欧国家富于能源资源却缺乏资金与技术，西欧国家则因为中东局势动荡急欲解决能源供应渠道多元化的问题，双方均有意打造"东西能源走廊"以实现利益互补。路德·鲁贝斯的倡议受到积极响应，并发展为将所有 OECD 国家包括进来的多边努力。1991 年 12 月 16～17 日 50 个国家（大多数欧洲国家、美国、澳大利亚、日本、加拿大、土耳其等）加上欧共体在海牙共同签署了《欧洲能源宪章》（European Energy Charter），但其性质只是一份政治性宣言文件。此后，文件签署国又经过了数年艰难的谈判，于 1994 年 12 月 17 日达成具有法律约束力的 ECT 供开放签署，1998 年 4 月正式生效。[3]

---

[1] 李艳丽："美国的 FTA 战略与石油安全"，载《国际经济合作》2007 年第 12 期。

[2] Sanam S Haghighi, Energy Security—The External Legal Relations of the European Union with Major oil and Gas Supplying Countries, Modern Studies in European Law, Hart Publishing, 2007, p. 187.

[3] ECT 规定第 30 个国家批准条约生效后的第 90 天为条约开始生效日期。

目前，共有 51 个国家加上欧共体签署了 ECT 及相关议定书，其中，澳大利亚、白俄罗斯、西班牙、挪威和俄罗斯等五国议会尚未通过条约，但俄罗斯和白俄罗斯临时适用条约。美国、加拿大没有成为 ECT 正式成员国，而是与中国、沙特阿拉伯、卡塔尔、委内瑞拉、科威特、印度尼西亚等位列 ECT 的 23 个观察员国家当中，此外，WTO、世界银行、东盟、IEA、OECD 等十个国际组织也拥有 ECT 观察员席位。

ECT 一方面是以能源为中心的国际条约，另一方面则具有正式的国际组织地位，以 ECT 为基础开展运作，其最高决策机构为能源宪章大会，在比利时首都布鲁塞尔设有秘书处。大会下设投资、贸易、运输和能源效率四个工作组。这一政府间专门性组织的宗旨是"通过创设由所有参加方政府遵守的规则公平竞争平台（level playing field of rules）加强能源事项的法律规则，从而减少与能源相关的投资与贸易的风险"❶。

作为国际条约，ECT 为能源投资、能源贸易、能源运输、能源效率、环境保护等国际间能源问题的解决提供了一个法律政策框架。ECT 共有 50 条，分为 8 部分：定义和目的，商业、促进及保护投资，其他条款，解决争端，临时条款，组织机构，最终条款和十几项条约附件。附件部分主要有《能源宪章贸易条款修正案》《投资补充协定》《能源效率与环保问题议定书》等。ECT 确立了五项原则：（1）在能源物资及相关设备的贸易中遵循 WTO 的组织原则；（2）在国民待遇或最惠国待遇的基础上，对外国投资给予保护；（3）提高能源利用效率，将能源生产与利用中的不利环境影响减至最低；（4）确保跨境能源转运，无论是以管道、网路还是其他运输方式进行，都能够畅通；（5）通过协商、专家委员会调解和国际仲裁等形式解决缔约方之间（包括投资者与东道国之间）出现的争端。

2. ECT 的能源贸易制度安排

在 ECT 中，能源贸易制度安排大致可分为以下两个部分。

（1）能源贸易与转运制度。ECT 能源贸易机制最大的特点便是通过一个链接条款，即 ECT 第 29 条第 1 款植入了 WTO/GATT 的贸易体制，且以"不贬损 GATT/WTO 规定"作为核心原则，使得 ECT 成员统一适用 WTO/GATT 的规定并从中受益，具体而言：对于兼具 WTO 与 ECT 双重成员资格的缔约方，直接援用 WTO 的贸易体制；❷ 对于不具有 WTO 成员资格的缔约方，仍然适用 GATT 1994 以及 WTO 附件 1A 中的其他多边货物贸易协定，除非有特定的例外与修正。WTO《服务贸易总协定》（General Agreement on Trade in Serv-

---

❶ http://www.encharter.org/, visit on Oct. 20, 2008.
❷ 现有 ECT 成员中有 8 个不是 WTO 成员：阿塞拜疆、白俄罗斯、波黑、哈萨克斯坦、俄罗斯、塔吉克斯坦、土库曼斯坦、乌兹别克斯坦，但其中 7 个正在申请加入 WTO。

ices，GATS）以及《与贸易有关的知识产权协议》（Agreement on Trade-related Aspects of Intellectual Property Rights，TRIPs）目前尚未嵌入 ECT。

ECT 针对 WTO/GATT 所作的"特定的例外与修正"在一定程度上发展了 WTO/GATT 的相关规定，使之更能契合能源贸易的特点，因而成为 ECT 能源贸易制度的亮点。有学者认为："正是在这些例外与修正中，可看出本条约试图在出口与进口限制的规定中达成比 WTO 更具平衡性的规范。"[1] 比如，出口关税在能源贸易中非常突出，而 WTO 框架下出口关税税率是否具有约束性并不明确，ECT 第 29 条将这方面的规定清晰化：能源原料、产品以及与能源有关的设备的进口税率、出口税率和其他收费都必须列表通知秘书处，缔约方应避免增加出口关税，不得高于通知秘书处的水平或者列入相关附件的最低水平。

在转运方面，ECT 第 7 条继承与发展了 GATT 第 5 条的过境运输规则，不仅重申了 WTO 的非歧视原则与自由运输原则，且在具体规定上更为详尽与细化，如将私人实体纳入规制，确立争端处理中运输不中断原则等，这些创造性的发展，使得转运规则成为 ECT 的又一出彩之处。ECT 目前仍在谈判之中的《转运议定书》，则有望加入更多的细节规定，比如网络准入条件、转运关税标准等。

值得注意的是，ECT 第 29 条明确，ECT 的贸易制度实为一种过渡性的安排，一旦 ECT 所有缔约方都加入了 WTO，ECT 第 29 条即停止适用。

（2）与能源贸易相关的制度。ECT 中有相当一部分条款虽未名列能源贸易制度项下，但实际上是与能源贸易密不可分的规则。诸如：投资规则、竞争规则、透明度规则、技术转让规则、能源效率分享规则等。这些规则也为能源贸易自由化提供了重要保障。

3. 评价

首先，去掉了"欧洲"字样的 ECT，形式上是一个"多边"能源条约，但实质上仍被认为"在政治上和财政上完全受欧盟的操纵和控制"[2]，因而更多地表现为一个区域性的机制。无论是其初衷，还是实际影响，基本上都未能跳出欧洲这一地理范围。

其次，作为由欧洲主导的国际协定，ECT 的指导思想体现了欧盟国家一贯的主张，即以市场自由化促进能源安全。在法律制度及组织机制的整体设计上，着眼于在成员间创造更加开放的、更具竞争力的能源市场来促进能源安全，并"尊重可持续发展以及自然资源主权"，具体办法则是建立能源部门

---

[1] 施文真："能源安全、GATT/WTO 与区域/自由贸易协定"，载《政大法学评论》2007 年 10 月第 88 期。

[2] 岳树梅：《国际能源合作法律问题研究》，西南政法大学 2007 年博士学位论文，第 36 页。

的投资、运输与贸易的统一规则。❶ 或许正是因为欧盟主导的原故，目前而言，ECT 似乎对于能源消费国更为有利，这一点从其签署批准的情况即可窥见一斑，已签署但尚未批准或尚未签署的多为能源生产国，如俄罗斯、白俄罗斯、挪威、澳大利亚、冰岛等。有学者认为 ECT 代表的就是欧盟的立场，因而难以进一步扩大影响力。❷

最后，ECT 的跨境能源贸易制度具有进步意义。ECT 调整的范围广泛，涵盖了从能源生产、运输到消费整个能源产业链（ECT 网站认为其是当今唯一一个覆盖了整个能源产业链的多边条约）；同时，ECT 在 WTO 自由贸易原则的基础上通过适当的调整反映了能源贸易的特点，在立法技术上体现出一定的领先性，其中最主要的成就包括"第一次在多边条约中直接调整能源转运这一复杂的政治、经济、法律问题"❸。

五、全球性能源协调机制

（一）全球性能源协调机制概述

尽管各类区域性能源机制不断兴起，国家间的双边条约更是多如牛毛，进口国与出口国之间的整体利益协调机制却一直缺位，其相互依存的现实又使得各方日益迫切需要对话与合作，非正式会议机制国际能源论坛（International Energy Forum，IEF）以及非政府组织世界能源理事会（WEC）、世界石油大会（World Petroleum Congress，WPC）先后充当起这类角色。此外还有一些重要的对话与合作利用了国家间的综合性多边会议机制或国际组织框架来开展，如八国集团，以及 UNCTAD 等都设有关于能源合作的对话机制或能源工作组。

（二）八国集团（Group of Eight，G8）

八国集团前身为由美国、英国、法国、德国、意大利、日本、加拿大这七个工业大国组成的七国集团（G7），始于 20 世纪 70 年代中期，❹ 1997 年俄罗斯以正式与会者身份加入，1998 年俄罗斯成为完全成员国，自此七国集团（G7）演化为八国集团（G8）。八国集团成员国的国家元首每年召开一次会议，即八国集团首脑会议（简称"八国峰会"）。2003 年起，中国、印度、巴

---

❶ http：//www.encharter.org/，visit on Oct. 20，2008.

❷ 托马斯·瓦尔德：《国际机构在形成可持续发展国际能源法律与政策中的作用》，载［澳］艾德里安·布拉德布鲁克主编，曹明德译，《能源法与可持续发展》，法律出版社 2005 年版，第 301 页。转引自周冠：《〈能源宪章条约〉能源贸易法律制度研究》，武汉大学 2009 年硕士学位论位，第 26 页。

❸ http：//www.encharter.org/index.php？id=7，visit on Oct. 12，2008.

❹ 1975 年 7 月初，法国首先倡议召开由法国、美国、日本、英国、西德和意大利六国参加的最高级首脑会议，加拿大稍后于 1976 年加入，形成七国集团。

西、墨西哥和南非五个发展中国家开始应邀出席八国集团会议，八国集团与发展中国家领导人的对话机制成为峰会的有机组成部分，八国峰会也因而拥有更广泛的参与者，发展为发达国家与发展中国家共商重大国际问题的年度性首脑会议。

八国集团与能源安全问题渊源深厚，从某种意义上说八国集团本身即是20世纪70年代石油危机冲击下的产物，因此能源问题一直是与会国关系中的首要议题或重要问题。尤其是在1976～1981年的几次峰会当中，能源议题占据突出地位，与会成员国通过对话与沟通，就各国能源政策方向达成了一些共同的思路，例如加强在能源问题上的国际合作；以技术升级、提高能效、开发新能源实现能源来源多样化，减少对石油的依赖；建立能源储备；减少政府干预以充分发挥能源市场机制的效用等。其时，峰会在解决能源危机方面也发挥了一些切实有效的作用，如1979年第二次石油危机爆发后，西方大国正是在峰会上达成了本国石油消费比例与进口上限，确立了逐步取消政府能源价格干预，发展新技术以摆脱能源危机等目标，促使20世纪80年代石油价格跌落，西方国家也因此渡过了能源难关。1981～2000年，能源问题虽未成为峰会的核心议题，却仍然是每会必谈的重要事项，能源与环境保护、核安全成为这一时期的关注焦点，八国集团曾于1996年峰会制定了核安全章程。进入21世纪之后，能源安全问题再度为全球瞩目，能源议题重新占据了八国集团峰会议程的中心位置，八国集团还成立能源特别工作组，举行专门的能源部长级会议，这一时期的讨论重点是能源运输安全、恐怖主义对于能源问题的影响、气候变暖与清洁能源等。❶

新世纪以来，八国集团的能源安全理念越来越具有全局性意识，除更加重视环境与气候变化因素外，更着眼于全球能源安全与全球能源秩序。2006年年初，八国集团轮值主席俄罗斯推动在八国集团框架内讨论全球能源安全问题，并达成《圣彼得堡能源安全行动计划》，倡导能源生产国和消费国之间发展伙伴关系，积极就能源需求和供应安全等问题展开讨论；建立透明、稳定和遵循竞争原则的国际能源市场作为全球能源安全战略的基础。随后召开的八国集团能源部长会议，强调国际社会应通过提高市场透明度、运输可靠性和深化各国能源对话、加大能源领域投资等措施，共同制定全球能源安全战略，寻求建立全球能源安全体系。❷ 2009年能源部长级会议议题则是"超越危机：迈向新的世界能源秩序"，会议邀请了中国、印度、巴西、墨西哥、南非、澳大利亚、埃及、沙特阿拉伯等23个国家的能源部长或代表参加，并

---

❶ 龚伟："八国峰会中的世界能源问题"，载《当代世界》2007年第12期。
❷ 赵宏图："全球能源安全对话与合作——能源相互依赖时代的战略选择"，载《现代国际关系》2006年第5期。

首次在正式会议之外设立企业论坛以加强与能源企业的对话。会议明确提出建立一个新的国际能源合作机制，谋求长期协调各国能源政策的目标。

八国集团成员国是当今国际经济秩序的主导者，在国际社会中的地位举足轻重。同时，八个大国也是世界传统的能源消费国，对世界范围能源政策趋势的影响非同小可，尤其是八国集团机制在成员国能源政策方面的协调和促进功能，对于国际能源格局的塑造起到了较大的作用，比如它倡导的供应多样化、增加石油储备等政策导向，客观上有助于维持世界能源市场的平衡，降低了再次出现能源危机的可能性。同时，通过成员国定期的会晤与磋商，以及与发展中国家的对话和沟通，有效缓解了由政治、军事和结构上的冲突所造成的能源危机。

从本质上说，八国集团首脑会议只是工业发达国家的非正式的多边会议机制，带有论坛性质，并非正式的国际组织，其形成的文件也是政治性的，不具备法律拘束力；其次，八国集团主要是在几个主要发达国家之间进行协调，代表性不足使得其放眼全球秩序的目标缺乏有力支撑；最后，八国集团迄今为止不是一种规则导向的机制，八国集团框架内能源安全政治化倾向较明显。

（三）国际能源论坛（IEF）

IEF 成立于1991年，其宗旨与目标是在产油国和消费国之间形成积极的对话机制，通过合作与对话，实现能源市场的稳定，刺激世界经济发展，实现石油生产国和消费国的双赢。为应对世界能源市场动荡，IEF 在定期召开会议的基础上设立常设机构来组织全球性的能源对话——2002年论坛根据沙特阿拉伯王储阿卜杜拉的提议，于利雅得设立了总秘书处，IEF 开始朝着常设国际机制的方向转变，对话交流功能得到了加强，对能源经济一体化起到了很大的推动作用。在历次 IEF 当中，参与者分别就发展欧亚能源合作、在能源生产国与能源消费国之间出现的冲突问题，能源部门的可持续发展、技术交流、能源生态、能源供应与投资、减少市场不确定性、未来能源保障的共同责任、金融危机下的全球能源合作等全球能源安全问题进行了探讨。

IEF 并非真正意义上的国际组织，只是定期举行的非正式论坛。目前已经成功举办十四届，参与者除了 OPEC 国家、IEA 国家，还有中国、印度、墨西哥、俄罗斯、南非等新兴经济体国家，以及国际货币基金组织、世界银行等国际组织。出席论坛的既有政府与国际组织代表，还有大型能源企业的代表，覆盖了90%的世界能源需求与供应。IEF 在探索相互协作和协调能源政策法规的途径、促进全球能源一体化进程发展方面，发挥了一定的推动作用，但其非正式性与组织松散性决定了其功能的有限性，止步于国际间的交流与沟

通，若非实质性改革则难以发挥更大的作用。❶

第四节 WTO 可能扮演的角色

一、基于博弈视角的分析

能源安全观作为一种理念，经历了从片面能源安全观，发展为合作能源安全观，再到新能源安全观崭露头角的变迁。本书认为，国际社会正是在不断发展的能源安全观的直接指引或驱动之下，先后形成了不同类型的能源合作机制。

（一）零和博弈与片面能源安全观

从博弈论❷的观点来看，片面能源安全观具有零和博弈的性质，即参与博弈的各方，在能源市场的角逐中，一方的收益必然意味着另一方的损失，博弈各方的收益和损失相加总和永远为零，双方不存在合作的可能。零和博弈强调的是单方的利益和决策，其结果可能是有效率或者无效率的。

19 世纪末以及 20 世纪上半叶，能源安全的问题局限于西方发达国家以及部分石油生产国。国际能源关系中的参与国大都是从本国利益出发，片面地看待能源安全问题。能源出口国与能源进口国从各自自身利益出发，分别形成了不同的能源安全考虑。

20 世纪六七十年代，无论是以 OPEC 为代表的能源生产国机制，还是以 IEA 为标志的能源消费国机制，实际上都是片面能源安全观在国家实践层面上的反映。OPEC 成立的首要任务是加强输出国的团结，通过实施限产保价，确保能源主权以及持续稳定地获得能源出口利益；能源消费国则联手成立国际能源机构，还以颜色，实施各类石油进口替代措施以制衡、抑制 OPEC 在石油国际贸易中的比较优势，对 OPEC 出口国构成需求安全的威胁。

实践表明，OPEC 与 IEA 所形成的对峙状态，对供应与需求双方带来的利

---

❶ http://www2.iefs.org.sa/Pages/index.aspx, visit on Dec. 3, 2014.
❷ 无论是学者的著述，还是政界的言论，抑或只是看客的评说，在提及现代国际能源关系时，经常会将"能源"与"博弈"一语联系在一起，如"全球能源大博弈""能源博弈大战""欧俄能源博弈""中日能源博弈"之类的提法比比皆是。博弈论按学科分类属于数学的一个分支，其核心内容在于运用数学方法构造人类行为的理论。高志明在《制度公正与博弈均衡——一种关于法律制度的博弈论分析》一文中指出："博弈论发展至今，尤其是社会学界提出的结构博弈的思想无疑对法学研究具有重要的方法论意义。对社会中各种行为、各种利益关系进行博弈论的分析，在此基础上研究法律机制（Legal Institution）的形成与实施，无疑具有重要意义。"笔者认为，借鉴博弈论的视角来审视能源安全观与能源国际机制的问题，不失为一种行之有效的思路。

益都只是暂时的。OPEC 虽在第一次石油危机后成功掌握国际市场和油价的主导权，但是排他性和对抗性的能源政策也带来了不少消极后果，两次石油危机之后，西方国家削减能源消费和推进市场多元化战略，导致 20 世纪 80 年代国际能源市场结构的变化和油价的不断下跌，OPEC 市场控制力大大下降。另一方面，西方发达国家为降低对中东产油国的依赖而采取的石油来源多元化战略，虽然降低了自身的能源安全风险，但在一定程度上忽视了石油输出国的利益，抑制了石油生产能力的提高，结果导致国际能源市场在需求大幅度增长的情况下，剩余产能却大幅下降，供求出现结构性失衡，反过来又使西方国家的能源安全问题再度凸显。[1]

片面能源安全观支配之下所形成的单方面的能源合作机制，于相互抗衡之中表现出零和博弈的特征。在国际能源关系日趋复杂的现实状况下，其局限性日益显现。随着全球化时代的到达，片面能源安全观逐渐式微，合作能源安全观蓬勃兴起，OPEC 与 IEA 相继改弦更张，寻求加强能源输出国与输入国间的"对话与合作"。

（二）非零和博弈与合作能源安全观

合作能源安全观带有非零和博弈的性质，即参与博弈的各方，收益和损失的总和不是零值，所以博弈双方存在"双赢"的可能，进而合作。如果参与博弈的不止两方，而是多方，就产生一部分局中人结盟的情形，即一部分局中人通过具有合作约束力的协议，联合获得最大利润然后按协议分配。[2]

20 世纪 80~90 年代之后，在合作能源安全观的指引之下，除了原有的能源生产国合作机制与能源消费国合作机制悄然转型以外，区域化领域有关能源的制度安排亦纷纷出现，ECT、NAFTA 中的能源机制成为其中的翘楚。比之贯穿着片面能源安全观的单方面的能源合作机制，以局部合作与结盟、互利双赢为特征的区域性能源合作机制显然向前迈进了一大步，从总体上提高了能源安全的保障效率。一时之间，如 ECT、NAFTA 般的区域安排似乎成为解决能源安全问题的范式与潮流。

区域能源机制固然有着相对紧凑灵活、决策便捷等优势，但毕竟只能是权宜之计——其最大的局限在于全局性的缺失，其制度安排缺乏通盘考虑及整体设计——仅凭其"歧视性"的基础及成员的有限性，便决定了其难以成为全球经济一体化时代的主导力量。

---

[1] 赵宏图："全球能源安全对话与合作——能源相互依赖时代的战略选择"，载《现代国际关系》2006 年第 5 期。

[2] "能源方略：中国模式的能源安全——正和博弈与非零和博弈"，载中经网 2008 年 8 月 11 日，http://www1.cei.gov.cn/daily/doc/SXP0B/200808111312.htm，访问日期：2013 年 9 月 1 日。

(三) 新能源安全观——合作博弈下的国际能源战略理念

纵观新世纪以来的世界能源形势，在全球化不断深化的大背景下，各国共同风险与挑战增加：能源供需地域失衡格局进一步加剧，能源环境问题日趋严峻，以及能源地缘政治冲突与摩擦增多，使能源安全问题趋于复杂，解决难度加大，能源安全问题越来越明显地呈现出全球性特点。与之相伴随，能源安全保障也逐渐由国别保障、集团合作、区域保障向全球性能源安全对话与合作方向转变。在另一方面，能源消费国、输出国及运输枢纽国的相互依赖进一步加深，以及在有关国家、组织间展开的多层次能源合作，也为推进全球能源安全对话与合作奠定了基础。❶

当此之时，能源安全保障观念的更新，世界能源安全体系的构建，"正处于新一轮完善调整期的初级阶段"❷。

中国所倡导的"互利合作、多元发展、协同保障"的新能源安全观与中国"和平崛起""构建和谐世界"的对外政策主张无疑是一脉相承的。新能源安全观表现为博弈论当中的正和博弈，或称合作博弈，在博弈当中，双方采取合作的方式，或者说是一种妥协，产生合作剩余，从而使得双方的利益都有所增加，或者至少是一方的利益增加，而另一方的利益不受损害，因而整个社会的利益有所增加。至于合作剩余在博弈各方之间如何分配，取决于各方的力量对比和技巧运用，经过讨价还价达成共识。❸ 总之，合作博弈强调的是集体主义，体现的是集体理性（collective rationality），追求的是效率、公平、公正，试图使资源被充分利用，交易有效地进行，并最终增进社会整体利益，实现参与者"多赢"。因此以合作博弈为特质的新能源安全观，不啻为解决百忧纠结的新世纪能源安全问题的一剂良方。

二、WTO——全球能源治理机制的新选项

诚然，新能源安全观是一种带有浓郁的理想主义色彩的国际能源战略理念。新能源安全观能否得以贯彻实施，取决于国际社会对于全球能源问题能否达成共识，进而形成相应的全球性能源合作机制，完成全球性能源安全保障体系的构建。换言之，新能源安全观对能源合作机制提出新的要求，呼唤新型的全球性能源合作机制的出现。

如前所述，当今的国际社会，存在八国集团会议、能源消费国与生产国之间的全球性定期对话、世界能源论坛，以及联合国的一系列针对能源的机

---

❶ "世界能源形势的总体特点"，载《福建日报》2007年1月10日第10版。
❷ 陈玉强："国际能源安全机制尚待新突破"，载《中国石油报》2007年1月11日第4版。
❸ "合作博弈简介"，载百度百科，http://baike.baidu.com/view/29599.htm，访问日期：2009年9月1日。

制等。这些机制的相关努力是值得肯定的，但是要么成员数量有限，要么呈现出早期性与松散性，其约束力与影响力都极为有限。总之，迄今为止，国际社会没有建立起从总体上协调能源问题的适当的制度框架，也没有一个协调一致的组织机构。

对应新能源安全观的全球性国际能源机制的缺位，不仅是国家决策者们需要正视的现实，亦是对于包括国际法学者在内的研究者们提出的新课题。尤其是对于中国学者而言，从理论上提供解决国际机制与新能源安全观匹配的新思路，更多的是一种责任与使命——率先提出新能源安全观的中国，不能够止步于一种理念的倡导，而应当贡献出更加完整的实际方案，来支撑已经站在新高度上的新能源安全观。

早前，已经有学者探讨过可供选择的以下几种构想。

（1）改革现有的能源合作机制，如 IEA、ECT 等，淡化其单方性或区域化色彩，使之发展成为真正具有国际性的能源合作机制。

（2）另起炉灶，打造全新的"包括统一的法律规则框架、相应的制度体系、国际经济法属性以及争端解决机制"的世界能源组织（WEA），至于其规制框架、制度体系以及争端机制，则基本上是 WTO 的翻版，相关安排如出一辙，❶ 或可称之为"能源版的 WTO"。

这两种设想都有合理之处，也都有难以逾越的障碍。第一种想法的优势是现有的能源机制已经具备了一定的存在与发展基础，而最大的问题则在于受原有制度框架的拘囿，很难拓展为具有广泛参与性的全球性机制。第二种方案则过于理想化而带有乌托邦的色彩，在当今复杂的国际能源关系现实环境下，几乎近似于海市蜃楼。

本书因而尝试探讨第三种路径，即在全球性的经济组织——WTO 框架下构建有力的全球能源贸易规则，使之成为富有影响力的全球性能源机制之一。作为引领经济全球化时代的成效卓著的多边贸易体制，至少在成员的构成方面，WTO 具有前两种方案难以企及的优势。

这种想法并非空穴来风，如果说 WTO 第一案因石油而起，第一轮多边谈判回合于卡塔尔（同时为 OPEC 与 WTO 成员）首都多哈发动仅仅只是巧合的话，近年来建立 WTO 能源新规则的呼吁时有所闻则是不争的事实。如前所述，国外学者已经开始了相关的研究，并已有成果问世。

在全球层面上，国与国之间的经济互动更多地是以贸易的形式表现出来，能源贸易一方面把世界范围内形形色色的能源安全问题汇集到一起，另一方面又将其影响力辐射到各个国家的能源政策考虑当中。从这个意义上说，能

---

❶ 岳树梅：《国际能源合作法律问题研究》，西南政法大学 2007 年博士学位论文。

源贸易对于全球性能源安全至关重要,讨论全球能源安全问题,必然涉及贸易这个将全球能源安全联结在一起的纽带,当然也不能无视多边贸易体制这个平台。近年被证明在区域范围内行之有效的能源安全保障机制 ECT 以及 NAFTA 能源制度,无不是将贸易制度作为其核心法律制度,尤其是 NAFTA 能源制度安排作为公认的富有成效的区域性能源安全机制,本身即是在区域自由贸易协定的平台上打造的。因此,在全球层面的自由贸易组织 WTO 框架内讨论解决全球能源安全之策具有现实意义,同时也是顺应能源安全机制发展趋势的有益探索。

下文将从历史和现实两个维度,围绕 WTO 与能源贸易规则构建展开进一步的分析。

小　结

从片面能源安全观、合作能源安全观到新能源安全观,不同时期的能源安全观念几经变迁。受其影响,国际能源机制处在不断演进之中,不同类型的能源安全机制渐次登场,然而迄今为止,国际社会没有建立起从总体上协调能源问题的适当的制度框架。中国所主张的新能源安全观不啻为解决百忧纠结的新世纪能源安全问题的一剂良方,指引了国际能源机制未来发展的正确方向。与新能源安全观匹配的国际能源机制应当是一个全球性能源安全保障体系,将能源输出国、消费国、中转国等都纳入其中,通过全方位多维度地协调全球能源关系来回应全球性的能源安全问题。从这个意义上看,谋求在全球性的经济组织——WTO 框架下构建强有力的全球性能源贸易规则,不失为顺应新能源安全观的要求并符合能源国际机制发展趋势的有益探索。

第二章 多边贸易体制中能源贸易规则的初建
——GATT 时代回溯

多边贸易体制中的能源贸易问题，近年来才引起学界关注，然而要弄清这一问题的来龙去脉，则需追溯至 WTO 的前身——关税与贸易总协定（General Agreement of Tariffs and Trade，GATT）。

第一节 GATT 与能源贸易

一、GATT 的设计理念

GATT 是于 1947 年签订的一项调整缔约方关税和贸易政策的多边贸易协定，最初只是一个临时适用的文件，日后却发展为一整套调整国际经济贸易关系的规则和程序。[1]其产生的历史背景应当追溯至 19 世纪末 20 世纪初，时至资本主义由自由竞争阶段进入垄断阶段，为了缓解普遍存在的生产过剩的矛盾，各主要资本主义国家纷纷放弃自由贸易政策，转而实行贸易保护主义政策，先后终止自由关税政策，高筑关税壁垒以抵制或限制外国产品。尤其在 20 世纪二三十年代，空前规模的世界性经济危机爆发之后，各国政府更是竞相推行提高关税、限制进口、鼓励出口和实行外汇管制等一系列贸易限制措施，如美国国会 1930 年通过的"斯穆特—霍利关税法"，使美国平均关税高达创该国历史最高的 50%，并导致英国等其他贸易大国争相效尤。"贸易战"的不断升级，使得国际经济秩序极为混乱，各种社会矛盾持续激化，最终为德国、意大利、日本法西斯发动世界大战埋下了伏笔。[2]

"二战"结束之前，美国等发达国家酝酿重建国际经济秩序，贸易自由化

---

[1] 曹建明、贺小勇：《世界贸易组织》，法律出版社 1999 年版，第 1 页。
[2] 黄志雄：《WTO 体制内的发展问题与国际发展法研究》，武汉大学出版社 2005 年版，第 50~51 页。

是其中一个重要的组成部分，或谓布雷顿森林体系的"三根支柱之一"❶。由于拟议中的《国际贸易组织宪章》因美国国会阻挠而夭折，临时适用的GATT便成为确立各国共同遵守的贸易准则，同时也是协调国际贸易与各国经济政策的唯一的多边国际协定，开启了人类历史上第一个"多边贸易体制"。

GATT是"二战"后国际经济贸易发展的产物。❷ 这一关键的历史背景成为我们把握GATT设计理念的重要线索，从中不难看出以下几点。

（1）出于对贸易战诱发战争的反思，通过经济合作"以经济稳定政治"的共识成为设计GATT的重要思想基础。❸ 为此，GATT的首要任务是在稳定与透明的多边合作框架内推行贸易自由化，消除高关税及其他贸易壁垒，恢复已被30年代经济危机及战争摧毁了的世界贸易。

（2）亚当·斯密和大卫·李嘉图等人的自由贸易学说曾一度被战前保护主义狂潮所淹没，战后它们卷土重来，为多边贸易体制的整体设计提供了理论基础。GATT的具体条款当中，充分渗透了自由贸易理论与原则，如坚持多边贸易体制是以市场经济为基础的自由贸易体制，强调政府减少甚至取消干预市场机制发挥作用的行为，以实现商品自由输入或输出等。

（3）战后美国等西方国家在国际关系中占据主导地位，GATT贸易体制安排基本上体现了这些国家的价值和利益，尤其是战后主导国际事务的美国的价值与利益。在建立多边贸易体制的过程中，美国的外交政策和利益考虑产生了重要影响。时值美国经济实力大增，需要谋求通过推行国际贸易的自由化消除各国的高关税及其他贸易壁垒，为其向国际市场大量输出商品扫除障碍。因此，"战后国际贸易体制的建立，在很大程度上是当时美国以扩大商品输出为导向的对外贸易政策的产物"❹。大幅度地削减关税和其他贸易障碍成为GATT的核心内容。

（4）GATT的条款都是"总结欧洲第一次贸易自由化的正面经验并汇聚20世纪30年代以邻为壑酿成大祸的教训，而凝结出来的"❺。其指导思想非常清晰，即尽可能避免贸易问题政治化，方能实现贸易自由化。GATT的缔约方间形成了一种默契，试图尽量保持GATT规范的"技术性"性质，而不愿

---

❶ 第二次世界大战战胜国于1944年召开布雷顿森林会议，决定设立支撑国际经济新秩序的三大组织：世界银行、国际货币基金组织以及一个贸易自由化组织——拟议为国际贸易组织，因其夭折而为GATT所取代。习惯上人们将此三者并称为布雷顿森林体系（Bretton Woods System）三大支柱。
❷ 曹建明、贺小勇：《世界贸易组织》，法律出版社1999年版，第1页。
❸ 黄志雄：《WTO体制内的发展问题与国际发展法研究》，武汉大学出版社2005年版，第50页。
❹ 朱彤：《发展中国家在WTO中的地位和利益》，经济科学出版社2001年版，第17页。
❺ 赵维田：《世贸组织（WTO）的法律制度》，吉林人民出版社2001年版，第9页。

使之蒙上政治的色彩。❶ 因而 GATT 有意无意地回避了对于当时具有战略意义或政治敏感性的国际大宗商品如石油、谷物等的有效规制，其目的是减少摩擦，促成一致。

总而言之，贸易自由化的最初动力源自解决缔约方过剩产品的输出问题，着眼点是进口贸易壁垒而非出口贸易壁垒，因而市场准入才是制定规范的主要考量，对供应准入虽有涉及，但远远不是关注的重点。同时，最初的主要缔约方大都是石油净进口国，几乎所有的主要能源出口国当时都未参加谈判；因此即使在设计"市场准入"规则时也没有仔细考究过能源贸易的特点。

二、GATT 诞生之际的能源贸易格局

"二战"以后，石油成为占据主导地位的能源。从能源需求的角度来看，战前的世界主要石油输出国美国已变成原油输入国，并与西欧、日本一道成为当时的能源消费主体国。而从能源生产的角度看，"二战"期间及"二战"结束初期，中东地区的石油生产和出口迅速增长，使得世界石油生产从墨西哥湾向波斯湾转移。中东地区成为石油竞争的焦点，世界能源的生产和资源格局已在逐步重塑之中。

最初议定《国际贸易宪章》与 GATT 之际，国际石油体系仍在英国、美国、荷兰的七大石油卡特尔——名噪一时的"七姐妹"石油公司：埃克森（或称"埃索"）、壳牌、英国石油、海湾、德士古、飞马（莫比尔）和加州标准石油（或称"谢弗隆"）公司的掌控之中，从 20 世纪初到 50 年代，"七姐妹"石油公司控制除苏联以外的全球石油工业达半个世纪之久，它们不仅操纵着石油勘探、开采、运输、精炼直至销售各环节的全部业务，还联合起来垄断和瓜分世界石油市场。一方面，"七姐妹"石油公司欺行霸市的行为使得石油生产国遭到巨大损失及发展障碍，其石油公司受到排挤，石油定价权与经营权旁落，能源开发更是强烈依赖西方财团的技术与资本；另一方面，西方石油垄断组织通过危害石油生产国的利益获得了源源不断的廉价石油，给 GATT 的主导者——西方工业国家带来了无穷的好处，使这些国家迅速在主导能源以油代煤的转变过程中实现了战后经济的高速增长。❷

总之，GATT 成立之际，整个石油资源与能源市场都在西方国家的控制之中，能源贸易的游戏规则亦完全由它们制定。

---

❶ UNCTAD, Trade Agreement Petroleum and Energy Policies, UNCTAD/ITCD/TSB/9, 2000, pp. 14 – 15.

❷ 余建华："欧佩克发展历程与新世纪挑战"，载《阿拉伯世界研究》2006 年第 6 期。

三、《哈瓦那宪章》与能源贸易国际规制的最初努力

（一）《英美石油协定》：理想的搁浅

政府间建立能源贸易国际机制的最初努力，可追溯至 1944 年英美两国通过双边谈判达成的《英美石油协定》（Anglo-American Petroleum Agreement）。协定的倡导者雄心勃勃，憧憬将其作为世界范围内《多边石油协定》的预备性或临时协定，因此《英美石油协定》的内容并不局限于缔约双方的关系，而是从全球范围的石油生产国与消费国之间的关系着眼，意图打造一套全局性、综合性的石油投资与贸易活动规则，涵盖石油勘探、开发、加工、销售、运输等生产与贸易的各个环节，以便日后全方位调整国际石油关系。其确立与涵盖的原则包括：石油消费国对于全球充足供应具有"竞争与非歧视准入"权；一切现行有效的租让协议与合法既得权应受到尊重；生产国利益应获得保障；（消费国参与）勘探、开发、炼油、分销等一切石油活动"不应受到与本协定目的不相符的限制阻碍"等。❶

《英美石油协定》在法律性质上只是一个具协商性的文件——其中的原则性规定具有宣示性，各国政府仅仅需作此"努力"而已，但却因为国内政治的重重阻碍最终未能获得美国国会的批准而告失效。管中窥豹，足见能源问题多边化的敏感性由来已久。

（二）《哈瓦那宪章》：变通的夭折

此后不久，1946~1948 年，以美国为首的"二战"战胜国着手筹备建立旨在削减关税，促进贸易自由化的"国际贸易组织"。在最初议定《国际贸易组织宪章》（又称《哈瓦那宪章》）之时，包括石油在内的大宗货物（初级商品）贸易方面的一些问题曾被提出来讨论过，最后《哈瓦那宪章》辟出第 6 章专门处理"政府间（初级）商品协定"问题，将国际商品协定视为自由贸易之外"必要的邪恶"。《哈瓦那宪章》第 6 章的主要目的在于，促进某些初级商品生产国与消费国合作，消除价格波动风险，而不是关于初级商品的获得问题。❷

或许正是《英美石油协定》搁浅的前车之鉴使得《哈瓦那宪章》的起草者们深刻地意识到能源等初级商品的特殊性——这些商品的战略性质以及由此而来的政治影响力，俨然导致其贸易问题已不再是单纯的经济问题，而上升至国家安全的高度——因而也不愿再去深究其多边规制的问题，只是将之归入另册，使之与普通的商品在贸易规则适用上有所区别。

---

❶ 叶玉：《石油贸易措施的国际法规制》，复旦大学 2007 年博士学位论文，第 37~39 页。
❷ 叶玉：《石油贸易措施的国际法规制》，复旦大学 2007 年博士学位论文，第 32 页。

然而《哈瓦那宪章》仍然因为"在自由化道路上走得太远"而未能获得美国国会的批准，终于胎死腹中。沿袭《哈瓦那宪章》部分内容的 GATT 明确认可初级国际商品协定，强化了初级商品领域属于自由贸易体制中的"保留地"色彩。自此，能源、农产品贸易等初级商品有别于普通商品贸易的"另类"气息逐渐加重，并终于在贸易实践中逸出 GATT 的规制。

四、GATT 与能源相关的规则

《哈瓦那宪章》夭折之后，剩下 GATT 独撑全球贸易秩序。实际上，GATT 从未明文将能源产品排除在其适用范围之外。从理论上说，GATT 同样为其成员间的能源贸易活动提供制度框架。

（一）GATT 1947 为能源贸易活动提供的规范

就 GATT 的具体法律规范而言，与能源贸易相关度较高的主要有以下一些条款。

（1）GATT 第 1.1 条关于"最惠国待遇"的规定：要求 WTO 成员通常不应在其贸易伙伴之间实行歧视，意味着石油及石油制品等能源产品不得因其进口产地或出口目的地被歧视。

（2）GATT 第 3 条关于"国内税和国内法规的国民待遇"的规定，要求在另一 GATT 成员（外国）的货物进入一 GATT 成员（本国）的市场后，进口（外国）货物在国内税及国内法规方面受到的待遇不得低于该 WTO 成员（本国）国产同样产品的待遇。

（3）GATT 第 11 条关于"普遍取消数量限制"的规定，其第 1 款要求成员国除征收关税和其他税费外，不得以"配额、进口许可证或其他措施"来限制商品的进出口。但其第 2 款当中又列举了 3 项例外规定，包括"为防止或缓解出口缔约方的粮食或其他必需品的严重短缺而临时实施的出口禁止或限制"等情形。

（4）GATT 第 13 条关于"数量限制的非歧视管理"的规定，该条对缔约国在不得不实行数量限制的情况下所实行的数量限制作出了原则性的规定，要求除非由于 GATT 第 14 条专门列出的非歧视原则的例外情形，数量限制不应有歧视性。同时对于非歧视地实施数量限制的程序，以及缔约国要提供实施配额的资料及与有关国家进行协商的一般性义务作出了规定。

（5）GATT 第 17 条关于"国营贸易企业"的规定，该条将缔约方"建立或维持的国营企业"以及"在形式上或事实上给予专有权或特权的"企业归为"国营贸易企业"，要求缔约方保证其境内的国营贸易企业按"非歧视待遇原则行事"，只以商业上的考虑进行购买或销售，并给予其他缔约方的企业充分机会参与购销竞争。为数不少的能源企业满足 GATT 第 17 条国营贸易企业的特征。

（6）GATT第20条的"一般例外"列举了十项措施，如果这十项措施的"实施在条件相同的各国间不会构成武断的或不合理的歧视，或者不会构成对国际贸易的变相限制"，GATT所规定的一切规则一律让路。其中列举的四项措施（即第b款，第g款，第d款，第i款）与能源贸易联系甚至为紧密，而另有三项措施（即第e款，第h款，第j款）与之也有一定的关联。

（7）GATT第21条"安全例外条款"承认各缔约方为特定国家安全原因实施贸易限制的权利。该条列举了三种缔约方为国防安全原因和国际和平与安全原因而采取的行动：为保护其认为具有安全敏感性的信息所采取的行动；采取任何他们认为为保护其基本安全利益所必需的行动；根据《联合国宪章》义务所采取的行动。由于能源产品一向被视为国家安全的重要物资，这一条对于能源贸易的意义不言而喻。

（二）对GATT 1947作为多边能源贸易规范的评价

自GATT临时适用之日起，从理论上说，缔约方的能源贸易活动第一次受到多边贸易框架的约束，多边层面的能源贸易规范就此破土而出，不管其实际运行效果如何，比之此前只有各国单方的能源贸易政策以及双边层面的能源贸易协定规范，都是一大进步，本书称此为多边贸易体制框架中能源贸易规则的初始构建。这样一种初始构建明白无误地打上了时代的烙印，具有以下特点。

（1）在设计思路上，相关的规范契合了能源商品当时的特征。从法律上看，最初的能源贸易活动规范混同于一般性的商品贸易活动规范，表面看来与其他商品贸易适用的纪律别无二致；但在实质上，GATT 1947却并没有将能源商品与一般性商品同样对待的目的。由于时值"二战"刚刚结束，两次世界大战中石油等能源物资在战局发展中的关键性作用仍然在人们脑海中盘踞。在GATT起草者们的意识中石油等能源商品仍然是不折不扣的"作战物资""军需物资"，以及可能会形成"普遍供应短缺"的物资，总之是会对国家安全产生影响的重要商品，若完全纳入自由化的范畴则不太现实。为此，多边谈判妥协的结果是专门在GATT 1947之中加入了"安全例外条款"与"一般例外条款"，再加上"普遍取消数量限制"条款中自带的3项例外规定。众多的例外条款不能说是为能源贸易度身定做，但其中的规定对于能源贸易明显具有高度针对性，旨在充分保障缔约方自行采取措施维护能源供应需要的权利，可以说是为缔约方在特定情形下采取一定的能源贸易限制措施提供了尚方宝剑。

从这个意义上来讲，最初的多边能源贸易规范并非全然不顾能源商品的特点，恰恰相反，这样的规范设计正好是直指能源商品在当时的实质性特征，即它的军事重要性和基础物资特性。相关规则的核心理念是，只要有危及"军事需要"或"普遍供应"的情况出现，则缔约方在采取能源贸易措施时可以置GATT自由化原则于不顾。

（2）在适用范围上，相关规范的本意并不是将能源贸易全面排斥在GATT适用之外。尽管上述例外条款为特定的能源贸易措施留足了余地，却并非意在使能源贸易全面脱离GATT自由贸易纪律。实际上，起草者们的意图应该是在"军事需要""紧急状态"以及"短缺状态"以外，常态的能源商品贸易仍由多边贸易纪律来规范。从《哈瓦那宪章》的报告中可以捕捉到这种意识的痕迹，例如GATT的缔造者们在讨论"直接竞争或相互替代产品"的概念时，把当时最重要的能源产品——"煤与燃料油"举成例子，显而易见起草者们的打算是除去特定情形以外，能源产品贸易仍须实实在在地服从自由贸易纪律。

与此同时，即便是大量的能源贸易措施得以成为"例外"而不受GATT自由贸易规范约束，起草者们的本意也并不是任由其天马行空，完全按照缔约方的单边意志来实施，而是要求其在施行的过程中应遵守相关的"例外"规则，即通过规定"例外"的实施条件对这些特殊情形下采取的贸易措施加以适当约束，将哪怕是背离了自由贸易原则的国内措施都罩在多边贸易体制的大框架之内。

（3）从目的来看，规范本身并非旨在建立全面、有力的能源贸易纪律。GATT 1947为能源活动提供相应规范，其根本目的并非建立全面、有力的能源贸易纪律，如上所述，彼时的能源市场完全控制在西方工业国——GATT的主导者手中，缔约方没有太多能源供应准入方面的担忧，考虑更多地是如何在GATT规制框架下保有国内能源政策的自主性与灵活性。因此，规范只是在不影响各国能源贸易政策灵活性的前提之上，为日常的一般性的能源贸易活动提供一定的规则约束，因此局限性非常明显。

（4）从效果上看，规范催生了多边贸易体制与能源贸易之间的隐形隔离带。规范构建过程当中过分注重能源贸易的安全敏感性，忽略了能源作为常态商品时的各种特点，因此有关的规范在实际调整能源贸易活动时难于落到实处。加上实践当中，众多的例外条款所设置的特定规制屏障强化了人们对于能源安全敏感性的认识，并逐渐演化成"能源贸易不受GATT纪律约束"的思维定势，"例外"的范围于不知不觉之中扩大至所有的能源贸易措施。最终使得GATT在相当长的时期内，基本上对能源产品贸易活动不闻不问。

第二节 GATT 时代的能源贸易谈判

一般认为，在 GATT 最初的年代中，由于缔约方之间的君子协定，❶ 能源贸易凭借"国家安全物资"名头的屏蔽，得以长期游离于多边贸易体制之外，与自由贸易原则背道而驰，如主要能源贸易国美国曾维持石油配额制度长达 20 年之久，却从未受到投诉。❷ GATT 中后期（主要是东京回合与乌拉圭回合），随着能源市场的逐步开放以及能源安全观的变迁，能源产品重新进入已日益发展壮大的 GATT 多边贸易体制的视野。

一、能源危机中的东京回合谈判

东京回合是 GATT 所进行的第七轮多边贸易谈判，1973 年由《东京宣言》正式启动并于 1979 年结束。东京回合谈判被认为是拉开多边贸易体制改革的序幕，参加本轮谈判的国家（包括许多发展中国家和几个东欧国家）比前几轮都要多，讨论的内容比此前任何多边贸易谈判的内容都更为广泛和丰富，不仅扩大到包括非关税壁垒问题在内的新领域，同时还涉及以往被视为禁区的农产品贸易与某些自然资源产品的贸易问题。

从时间上看，长达 7 年之久的东京回合正好与 20 世纪两次最严重的能源危机不期而遇。

20 世纪 70 年代初期，随着战后经济的复苏，以石油为主导的世界能源需求迅速增长，产需缺口逐渐拉大。而在此时，OPEC 作为一个协调成员国石油政策、谋求民族经济权益、反对西方石油卡特尔掠夺和控制的发展中国家的国际组织，已经在摸索中走过了主要致力于争夺石油定价权、提高已开采的石油租让地特许使用费、收回未开采的石油租让地的初创时期，并在斗争中成长为能够与西方国际石油卡特尔抗衡的重要力量。

1973 年 10 月第四次中东战争爆发期间，OPEC 成员国决定对支持以色列的西方发达工业国家实施石油禁运，并于 1973 年 12 月宣布收回原油标价权，将其基准原油价格从每桶 3.011 美元提高至 10.651 美元，从而触发了战后第一次能源危机，使西方国家的经济受到严重打击，加速了又一次经济危机的到来。在这场危机中，美国的工业生产下降了 14%，日本工业生产下降了 20% 以上，所有工业化国家的经济发展步伐都明显放慢。

---

❶ UNCTAD, Trade Agreement Petroleum and Energy Policies, UNCTAD/ITCD/TSB/9, 2000, p.1.

❷ 1959 年 3 月 10 日美国的艾森豪威尔发布总统令，强制实行石油进口配额。20 年之后，国会才同意卡特总统提出的解除进口管制的意见，并最后由里根总统付诸实施。

1978年年底，世界第二大石油出口国伊朗的政局发生剧烈变化，石油产量受到影响，从每天580万桶骤降至100万桶以下，打破了当时全球原油市场上供求关系的脆弱平衡。OPEC再次连续提高石油价格，通过其石油战略，不仅彻底摧毁了西方掠夺性的石油租让制，使成员国基本收回了石油资源主权，而且通过油价决定权的收回，使国际油价从每桶13美元猛增至34美元，导致了第二次能源危机的出现，此次危机成为70年代末西方全面经济衰退的一个主要诱因。❶

东京回合多边贸易谈判期间，正值能源危机在全球蔓延，以美国为代表的一些工业化国家深切地感受到对于国外自然资源严重依赖的脆弱性，因而力促将出口限制纳入东京回合自然资源产品谈判，企图以多边规则限制包括能源出口税等在内的能源出口壁垒。时值争取建立国际经济新秩序运动风起云涌，自然资源永久主权原则风靡全球，石油资源主权争夺更是这场浪潮的急先锋，因此这一次，仍是能源的战略意义以及随之而来的安全考虑压倒了多边纪律，提议遭到众多国家的反对而没有下文。

东京回合没有能够达成任何关于出口限制的实质性协议，加之嵌入GATT中的"祖父条款"❷的保障作用，能源贸易仍然游离于多边贸易体制的规制之外。

二、乌拉圭回合中的能源贸易谈判

（一）乌拉圭回合能源贸易谈判背景

从1986年9月至1994年4月，乌拉圭回合谈判历时7年半，参加方从最初的103个，增至谈判结束时的125个。期间经历了无数曲折与困难，最终取得了举世瞩目的成就——随着乌拉圭回合最后文本的通过和签订，GATT向WTO过渡，"标志着世界经济合作进入一个新的时代"❸。

乌拉圭回合时期，高油价引发的能源危机已经渐行渐远。两次石油危机加速了石油消费国能源结构的调整进程，带动了全球性节能运动以及能源多元化风潮，西方石油消费国的石油需求在进入80年代后都不同程度地有所减退。新兴产油国纷纷兴起，替代能源发展加快，节能技术迅速提高，主要石油消费国建立国际能源机构和石油战略储备，国际石油市场出现了供过于求

---

❶ 余建华："欧佩克发展历程与新世纪挑战"，载《阿拉伯世界研究》2006年第6期。

❷ 《关贸总协定临时适用议定书》第1条第b款规定缔约方适用GATT第二部分时，不必与现行的国内法律相抵触。此条款被称为"祖父条款"，目的是减轻缔约方执行国际条约时面临的国内政治压力。"祖父条款"是GATT原始缔约方的权利，新成员可以通过谈判获得。

❸ 曹建明、贺小勇：《世界贸易组织》，法律出版社1999年版，第15页。

的状况，对 OPEC 的原油需求明显降低，国际油价长期低迷。❶ 在整个 80 年代中，OPEC 以及其他石油生产国都陷于油价暴跌的困境中，石油收入锐减，开始遭遇所谓的"逆向石油危机"。为力促国家经济与贸易多元化发展的步伐，一些 OPEC 国家在此期间先后加入了 GATT。

主要能源消费国此时对于能源供应安全的忧虑有所缓解，开始更多地关注能源市场化进程中的一些问题，希望在多边贸易体制的框架内解决能源生产国的双轨定价、出口限制等问题。

GATT 秘书处为自然资源谈判小组所整理的题为"能源产品"（Energy Products）的报告中，是如此介绍当时的能源贸易背景的：石油、天然气、煤以及铀作为能源的基本来源，对工业化和经济发展至关重要。几十年间世界能源经济已经发生了翻天覆地的变化，其中之一就是石油产品的控制权从国际石油公司转至东道国。随着东道国参与或国有化进程，跨国公司经手的原油贸易从 1947 年的 90% 降至 1980 年的 40%；能源供应行为日益受制于新的影响力量——因为现在是由政府而不是公司做决定；同时，"增长的极限"理论者预见地球能源正迅速枯竭。燃料的战略意义及其稀缺性威胁引起了对于供应安全以及短缺扰乱的关注。

1986 年，全球能源消费相当于 65 亿吨石油，其中包括北美洲 19 亿，欧洲（包括东欧）15 亿，苏联 13 亿，亚洲 14 亿。石油仍然是最主要的能源形式，供应 40% 的世界能源消费，比 1973 年降低了 47%。煤占能源总需求的 30%，天然气占 20%，水能与核能占 10%。从贸易角度看，能源贸易额从 1981 年的 23% 降至 1986 年的 12%，约 2720 亿。1986 年的大幅下降是由于原油价格下跌了 40% 左右所致。同时石油出口呈现下降趋势，煤、天然气则从 12% 增至 18%。

该份报告同时关注到以下几点：（1）石油价格成为宏观调控供需平衡的关键。高价格刺激进一步勘探、储存以及增加了替代燃料如煤和天然气的消费份额。（2）不同燃料之间相互竞争的价格在决定消费趋势中发挥了重要作用。（3）技术进步提高了能源储量发现，降低了生产成本。（4）运输设施和费率也日益成为影响化石燃料供应与贸易的重要因素。（5）人们对于化石燃料环境效果的关注开始影响到能源产品的直接成本或福利成本，例如相对严厉或宽大的健康与安全法规，包括污染控制方面的规定，影响到供货成本。❷

（二）乌拉圭回合能源贸易谈判情况

乌拉圭回合中，与能源相关的事项再度成为多边贸易体制内的热门话题，

---

❶ 余建华："欧佩克发展历程与新世纪挑战"，载《阿拉伯世界研究》2006 年第 6 期。
❷ GATT, Energy Products—Note by the Secretariat, MTN. GNG/NG3/W/16, Sep. 27, 1988, pp. 4–6.

集中在 1986~1991 年期间的能源谈判，主要在自然资源小组以及补贴谈判小组中进行。

1. 自然资源小组关于能源的谈判

《埃斯特角城宣言》授权 WTO 成员就自然资源产品展开谈判，目标是"更充分地实现包括加工品和半加工品在内的自然资源产品贸易自由化，降低或取消关税和非关税壁垒，包括关税升级"。由此，有色金属及矿产品、林木产品、鱼及鱼类产品、铁矿、初级钢及金属废料、建筑材料、兽皮、纸张等都先后进入到谈判过程当中。美欧也旧话重提，在 1987 年 10 月的一次小组会议上要求将能源及能源产品，包括天然气、石油、煤、铀、石化产品、油气加工等纳入谈判产品名单之中。[1]

其时，缔约方中出现了两派观点，一些国家希望将谈判严格限于市场准入和与贸易相关的事项，另一些国家则要求更广泛的谈判范围，即把资源产品生产、供应准入、限制性商业实践也都包括进来。整个谈判过程当中，被提议讨论的内容包括能源出口国的能源政策、能源双轨定价实践、能源补贴与反向倾销、能源出口限制与出口税、自然资源产品的替代问题等。谈判焦点主要针对能源出口国的双轨定价实践及出口限制。

美国为代表的一些国家认为石油出口国家的原油及其制品同时供应国内与国际两个市场，出口部分顺应国际市场随行就市，国内方面却通过石油价格管制或国有经营的形式以低廉的价格供应，形成了双重价格。能源出口国通过双轨定价实践，得以对本土工业用能源的价格维持在低于世界市场价格的水平上，扭曲了贸易。而追根溯源，这类限制性商业实践植根于能源供应与供应来源的不均衡分布，给国际贸易提出了特殊的问题。"尽管双轨定价并没有在近年造成大的贸易问题，但这些实践很可能在将来造成贸易扭曲，尤其是石油价格再度攀升之后"。而对于能源产品的出口限制、出口税费或其他类似措施，也都直接与双轨定价有关，即这些措施都是双轨定价的表现形式，亦是双重价格的形成途径。美国等国的看法是，如果没有上述这些限制，其他国家就能够以较低的、与能源出口国国内一致的价格，购买能源产品，因而不会造成供应短缺以及价格压力。美国还进一步指出，能源出口国的双重定价以及出口限制或出口税费，实际上类似于对国内其他产品供应商与出口商的补贴，因为能源及能源制品是最为重要的工业原料投入品，本土企业所获得的低成本原油供应使得其工业原料投入成本大为降低。

支持美国观点的缔约方强调，由于有关 GATT 1947 的解释没有能够有效

---

[1] GATT, Summary of Statements and Proposals made concerning Negotiating Group on Natural Resource-Based Products—Note by the Secretariat-Revision，MTN. GNG/NG3/W/8/Rev. 1，Jan. 14，1988，p. 1.

地解决上述问题，有必要开展进一步的谈判，解决现行法律文本在以下几个方面的不完善。❶（1）在东京回合达成的东京守则中，双轨定价并不导致可诉补贴，尽管有时这类定价是针对刺激出口或者就是"补贴"出口（或谓为出口商提供有利条件）。（2）双轨定价尚未被普遍地纳入 GATT 第 11 条（普遍取消数量限制）的范畴。（3）GATT 本身允许出口税，而出口税可能成为形成双重价格的方式。（4）自然资源行业的高度政府所有权及控制，易引起贸易扭曲，而 GATT 第 17 条（国营贸易企业）对之并不能有效地加以调整。

许多发展中国家对此表示了强烈的反对，认为自然资源小组应围绕《埃斯特角城宣言》中的授权，仅就宣言中明确的三个产业——森林，渔业，非铁合金与金属业的产品的充分自由化问题进行谈判。并且谈判应集中在有关市场准入问题上，比如关税、关税升级（tarriff escalation）、❷ 非关税措施等问题。至于双轨定价和出口限制以及其他影响原材料的措施，发展中国家也表达了他们的观点，认为这类措施是与 GATT 第 11 条 2 款第（a）项、第 20 条第 g 款与第 j 款相符的，是出于保护严重短缺产品、保护资源或是为发展的目的才使用的。

总之，自然资源产品谈判组（Negotiating Group on Natural Resource-Based Products）关于能源产品的讨论争议极大，特别是自然资源的定价政策是否可直接类比为反补贴的问题，引起了资源丰富国的种种担心。虽然美国先后提出了三种谈判方式：（1）就影响所有自然资源部门的贸易实践建立一整套特殊的原则与规则；（2）对 GATT 条文进行扩展与细化；（3）请求/报价方式。讨论最终没有达成任何协议。❸

2. 补贴小组有关能源的谈判

由于自然资源谈判小组的能源谈判未果，美国转而建议在补贴与反补贴谈判组内讨论双轨定价问题，并重申先前在自然资源谈判小组坚持的观点，即对于自然资源产品的双轨定价，助长了出口商的比较优势，因而相当于补贴，对于这类补贴，有必要重新审视，以加强与改进自然资源产品的补贴纪律。为此，美国还援引了 GATT 非铁合金与矿产品工作组的报告结论作为支持："存在着其他以政府的或政府间的许可、贷款、财务措施、定价政策、研究帮助等方式出现的，带有普遍性质的措施，可能产生保护性的效果。"

---

❶ UNCTAD, Trade Agreement Petroleum and Energy Policies, UNCTAD/ITCD/TSB/9, 2000, pp. 16–21.

❷ 关税升级（tarriff escalation）现象，即初级产品关税相对较低，而制造产品的关税则较高，这种关税结构实际上阻碍了发展中国家的发展。

❸ Yulia Selivanova, The WTO Rules and Agreements and their Relevance to the Energy Sector, at ICTSD Program on Trade and Environment, 2007, pp. 14–17.

1990年11月7日，补贴谈判小组在东京回合反补贴守则的基础上拟就《补贴与反补贴协议（草案）》，其中与能源及能源产品有关的表述为：

第2.1条：为了决定究竟一项补贴，如上述1.1定义的，是否带有对于某一企业或产业或一组企业或产业（以下称为"特定企业"）的专向性，且因此将其他企业不可获得的利益赋予特定企业，应适用以下条款……

第14条：当政府是存在疑问的某种产品或服务的唯一提供者或购买者时，供应或购买这种货物或服务不应被认为是赋予一种利益，除非政府在货物或服务的使用者或提供者间歧视定价。歧视不应包括产品或服务使用者或提供者基于正常商业考虑形成的待遇差别……❶

墨西哥坚决反对。1990年11月26日，墨西哥致函贸易谈判委员会，声称墨西哥与《补贴与反补贴协议（草案）》无关。并且指出，《补贴与反补贴协议（草案）》已经超出了补贴小组谈判的范畴，比如其中提到自然资源的国内定价问题，自然资源的国际供应安全问题，提供给国内产业的条件（本土企业或外资企业的）等，最终都涉及自然资源的准入问题。尽管墨西哥支持"企业或行业间待遇无歧视"的要求，但这些要求必须仅指签字国境内的生产设施。如果不对此加以澄清，《补贴与反补贴协议（草案）》中的条款便直接意味着自然资源丰富国家要么宣布放弃他们的比较优势，要么在出口市场上遭遇反措施。这将导致国民待遇在缔约国之外适用，而这是与GATT的基本理念背道而驰的。

墨西哥还针锋相对地提出改变《补贴与反补贴协议》第2条第1款措辞，以将非歧视的要求限于同一管辖范围内，最终被采纳。上述的两个草案条文，第14条被删除，而第2.1条改为：

第2.1条：为了决定究竟一项补贴，如上述1.1定义的，是否带有对于某一企业或产业或一组企业或产业（以下称为"特定企业"）的专向性，且因此将一国管辖范围内的其他企业不可获得的利益赋予特定企业，应适用以下条款……

最后的文本措辞意味着政府得以在其领土之外对外国用户歧视性定价，美国等试图以补贴纪律抑制双轨定价的努力无果而终。

总之，直至WTO成立，GATT在就能源贸易问题的调整上，没有实质性的进展。

（三）乌拉圭回合能源贸易谈判评价

20世纪七八十年代，石油生产国与石油消费国为了捍卫各自的能源安全

---

❶ GATT, Draft Text on Subsidies and Countervailing measures, MTN/GNG/NG10/23, Nov. 7, 1990, p. 3; pp. 22 – 23.

利益展开对峙，"石油危机"与"逆向石油危机"交替出现，国际能源市场于双方的抗衡之中历经深刻变局。东京回合出现投石问路的能源谈判建议，以及乌拉圭回合煞有介事地开展能源贸易谈判，都可以看做是 GATT 多边贸易体制对于能源经济形势剧变的某种回应。

这一时期，GATT 议定之时浓重的战争阴影基本消散，能源商品的安全敏感性有所减弱，开始向常态商品回归。已经饱受能源危机困扰的西方工业国缔约方首先意识到常态的能源贸易在现实中难以自由地、顺利地开展。由于长期游离于多边贸易体制自由化原则，能源贸易面临的壁垒比之普通商品贸易要复杂、疑难的多。即使冲破固有的理念藩篱或打破原有的"君子协定"，GATT 对于能源贸易的调整仍显得捉襟见肘、力不从心，旧有的规则虽然在新形势下有了一些新的解读，如对于各种例外条款的阐释在新时期加入了新的内涵，但总体上还是远远跟不上形势发展的要求。这些国家开始了谋求加强多边贸易体制能源贸易纪律的努力。

乌拉圭回合谈判未能取得实质性的结果并不意外。首先，因为多边贸易体制回避对于能源贸易的有效调整已经年深日久，观念上的误区一时难以完全转变。其次，因为彼时缔约方当中，基本上是片面能源安全观占上风，能源生产国与能源消费国在能源市场上的影响力又可谓势均力敌，而彼此的能源安全意识尖锐对立，在这样的情形下取得实质性的谈判结果，仍然缺乏现实基础。

值得注意的是，此时，西方主要能源消费国已经建立起了能源消费安全保障机制——IEA，但西方国家仍然感到能源安全没有完全可靠的保障，毕竟 IEA 的主要功能只是应急保障机制，无法解决常态的能源供应准入安全，因此必须从贸易纪律入手寻求长期的、根本的安全保障。这一点从西方国家因为乌拉圭回合能源谈判未果，转而致力于在区域层面建立以贸易制度为核心的能源安全机制也可以得到佐证。

除了助推区域性能源机制的诞生之外，乌拉圭回合能源贸易谈判还有一个重大意义便是促进了观念的革新。自此，西方学术界、一批国际组织的研究机构开始对于多边贸易体制与能源贸易问题投入更多的关注，有力地推动了日后多边能源贸易规则重构谈判的启动。

第三节　GATT 处理的能源贸易争端——超级基金案

GATT 争端解决机制几十年间处理了大大小小 230 多起争端，关于能源贸易的争端却仅有一起，即 1987 年美国对汽油和某些进口物质税收案（United

States—Taxes on Petroleum and Certain Imported Substances)❶，以下简称美国超级基金案（US—Superfund），案件编号为 L/6175 - 34S/136。

一、超级基金案的背景

1979 年，美国环保局统计出当时美国有几千个难以控制的有毒废弃地，并警告其将对环境构成缓慢而持久的污染，进而会严重威胁到国民健康。"一石激起千层浪"，美国国内要求保护环境的呼声迭起。1980 年美国国会因此通过了环保史上影响深远的《1980 年全面环境应对、补偿和责任法案》（CERCLA），该法案的目的主要是清除有害废弃物，保护环境，以及减少对人身健康的威胁，尽可能地减少纳税人的直接费用。法案授权设立基金以资助清洁工作所需的费用，并确定 1980～1985 年基金数额为 16 亿美元，因此又被称为《超级基金法》（Superfund Law）。

由于需要治理的事故和场所数目众多，耗资巨大，1986 年美国国会讨论《超级基金法修正案和重新授权法案》，拟将 1986～1991 年期间的超级基金预算增加至 85 亿美元，资助环保机构着手清洁全国范围内至少 375 个最危险的废弃物倾倒场所，要求是尽可能永久性地清除废弃物（采用技术手段使有毒有害物质分解为无毒物质），而非简单地填埋。

巨大的基金数额成为横亘在法案通过中的一道难关，其筹措问题在国会中引起了长时间的激烈争论，法案出台的过程更是一波三折，当时的美国总统里根甚至为此动用了"口袋否决权"❷。经过长达八九个月的周折，最终形成的解决方案是：其中 25 亿通过广泛开征的商业税筹措，14 亿来自对化学物品的征税，12.5 亿来自一般财政收入，25 亿资金通过提高原油商品税收实现（此前的原油商品税率只是每桶 0.79%），剩余资金再通过其他渠道弥补。

然而此次原油商品税收提高，并不是一视同仁地对待进口原油及国产原油，而是对进口及国内原油分别课以每桶 11.7% 与 8.2% 的税。耐人寻味的是，恰恰正是日后引发争端的这一区别征税的做法，在当时促成了《超级基金法修正案和重新授权法案》在国会得以通过，因其被认为是有利于美国国内原油生产商。

---

❶ GATT Panel Report, United States—Taxes on Petroleum and Certain Imported Substances, L/6175 - BISD 34S/136, adopted 17 June 1987.

❷ 是指美国总统对国会通过法案的一种否决方式，称为搁置否决，又称"口袋否决"（pocket veto），即总统在收到法案后 10 日内（星期天除外）不批准该法案，也不将该法案退还，而这期间国会已经休会，则这项法案不能成为法律。被搁置否决的法案，国会不能以 2/3 的多数推翻，只能在下一届国会作为新法案重新提出。

二、超级基金案的过程

1986年10月30日和11月7日，欧共体、加拿大分别根据GATT第22条第1款，要求与美国就《超级基金法修正案和重新授权法案》中对石油以及某些进口物质设定的税收进行磋商。墨西哥则依据GATT第23条第1款，认为GATT赋予它们的利益因美国《超级基金法修正案和重新授权法案》对石油以及某些进口物质设定的税收而"丧失或受到损害"，于1986年11月10日向美国提出书面交涉。

稍后，加拿大、欧共体与墨西哥联合与美国进行磋商，未能达成令各方满意的解决方案。1987年1月，欧共体与加拿大分别请求设立专家组进行调查。墨西哥则提请总干事依据1966年缔约方全体通过的第23条程序（L/6114与BISD14 S/18）进行斡旋。总理事会在1987年2月4日召开的会议上，征得加拿大、欧共体、墨西哥三方同意之后，决定设立一个专家组并案处理三个投诉，以提高争端解决效率。在同一次理事会会议上，阿根廷、澳大利亚、智利、哥伦比亚、印度、科威特、马来西亚、尼日利亚及挪威依据"关于通知、磋商、争端解决及监督的谅解"（Understanding regarding Notification, Consultation, Dispute Settlement and Surveillance, C/M/206 与 BISD 26S/213）第二段提出保留其提请专家组调查的权利。稍后澳大利亚、印度尼西亚、科威特、马来西亚、尼日利亚、挪威作为第三方加入了争端解决程序。

专家组于1987年3月2日、3月30日以及5月4日召集当事方开会，并于3月31日召集争端解决程序的第三方开会。

1987年5月27日，专家组向各方提出了报告。[1] 专家组对本案的结论是：美国《超级基金法修正案和重新授权法案》设定的石油税与GATT第3条第2款的第一句话不一致，因而构成事实上对GATT赋予利益的丧失或损害，专家组建议美国应使石油税符合GATT义务的要求。而对其他特定进口物质所设定的税构成税收调节，因而原则上不违反GATT第3条第2款。

三、超级基金案涉及的焦点法律问题

（一）美国《超级基金法》中的石油税是否违反了其GATT义务

对此，专家组的解释围绕GATT第3条第2款第一句话展开，即"任何缔约方领土的产品进口至任何其他缔约方领土时，不得对其直接或间接征收超过对相似国内产品直接或间接征收的任何种类的国内税或其他国内费用"。

---

[1] GATT Panel Report, United States—Taxes on Petroleum and Certain Imported Substances, L/6175 - BISD 34S/136, adopted 17 June 1987.

专家组认为，涉案石油税分别对进口产品以及国内产品开征，涉及进口产品的国内税与国内规章的国民待遇问题，因此受上述条款约束。

与其他国民待遇争端的处理模式一样，本案专家组仍然是从判别"相似产品"入手。专家组注意到缔约方并没有就 GATT 第 3 条第 1 款的"相似产品"给出定义。1970 年缔约方全体通过的"边境税调整"（Border Tax Adjustments）工作组报告❶建议通过逐案审查的方式，确定对于这一术语的解释。根据该报告，如果要确定两类产品是否相似，一种可能的办法是将两类产品在特定市场上的最终用途进行比较。专家组比较了本案当中的应税产品，受制于石油税的国内产品是：原油、原油浓缩品、天然汽油，而受制于石油税的进口产品是：原油、原油浓缩品、天然汽油、精炼油和残留油以及其他液化碳氢化合物产品。专家组认为，本案中进口产品与国内产品要么是一致的，要么有着同样的最终用途（如液化碳氢化合物产品）。因此，石油税分别针对的进口产品和国内产品，属于 GATT 第 3 条第 2 款意义上的"相似产品"。

总之，关于这第一个法律问题，因《超级基金法案》对进口产品与国内产品适用不同石油税率的事实清楚，行为性质违反 GATT 第 3 条第 1 款也明显，各方分歧不大。

（二）美国声称的"法案未造成显著贸易影响"是否构成有效抗辩

美国的抗辩涉及以下几个层面的问题。（1）"贸易影响"与 GATT 第 3 条之间的联系。（2）"贸易影响"与第 23 条"利益丧失或受到损害"之间的联系。（3）《超级基金法》究竟有没有对于贸易的不利影响。

1."贸易影响"与 GATT 第 3 条之间的联系

加拿大、欧共体和墨西哥认为，美国对进口石油课以每桶 11.7% 的税，而对国内石油仅课以 8.2% 的税，构成对进口产品征收比国内相似产品更高的国内税，从而违反了 GATT 第 3 条第 2 款的义务。

美国承认对于进口石油产品的税率高于国内相似产品，但是从贸易效果上看，税的微小差别既不足以左右消费者的决定，也无法刺激美国本土石油生产投资，更没有改变美国的石油进口量，总之其影响微不足道。美国请求专家组查明其对进口石油征收的税并无对贸易的不利影响，因而并没有减少或损害加拿大、欧共体或墨西哥在 GATT 中的利益。

专家组认为：一项法律措施对出口产品的数量造成微不足道的影响，因而不构成对 GATT 第 3 条第 2 款第一句话所赋予的利益的丧失或损害——这种论点暗示该条款的目的（即该条款赋予缔约方的利益）是为了保护对出口产品数量的期望值，然而这并不是该条款的本意。GATT 第 3 条第 2 款第一句话

---

❶ GATT Working Party Report, Border Tax Adjustments, BISD18S/9, adopted 2 December 1970.

要求缔约方提供给进口产品和国内产品同样的市场竞争条件。与其他条款不同，该条款并不涉及贸易影响问题，比如，在巴西国内税案❶（Brazilian—Internal Taxes）中，各方同意 GATT 第 3 条第 2 款第一句话"对从其他缔约方进口的产品无论数量巨大、微小或没有数量均适用"，"各缔约方均受 GATT 第 3 条约束，无论其是否承诺相关货物的关税减让"，总之表明 GATT 第 3 条所赋予的利益独立于有关市场准入预期的谈判。同时，实践中甚至还可能出现这样的情况：一个符合国民待遇原则的税（例如一个税率很高但非歧视的消费税）带来的不利"贸易影响"比一个违反该原则的税（例如一个税率很低但带有歧视性的税）更严重。

美国可以通过提高本国产品税率，降低进口产品税率，或重新制订一个对国内产品与进口产品税率一致的税来使自己的石油税与国民待遇原则的要求相符——以上每一种解决方案都会形成不同的贸易效果。因此，从逻辑上来说，现行税的"贸易影响"与符合国民待遇原则要求的税的"贸易影响"之间的差别基于现状是无法判定的，因而也难以判定什么样的"贸易影响"才算是违反了 GATT。

基于以上原因，GATT 第 3 条第 2 款第一句话不能被解释为对出口数量的期望的保护；它保护的是对本国产品与进口产品之间一种竞争关系的期望。任何一个与这种目的相左，改变这种竞争关系的措施都将被认为在事实上造成了对 GATT 利益的丧失和损害。

2. "贸易影响"与 GATT 第 23 条"利益丧失或受到损害"之间的联系

GATT 第 23 条规定，"如一缔约方认为，由于下列原因，它在本协定项下直接或间接获得的利益正在丧失或减损，或本协定任何目标的实现正在受到阻碍，（a）另一缔约方未能履行其在本协定项下的义务，或（b）另一缔约方实施任何措施，无论该措施是否与本协定的规定产生抵触，或（c）存在任何其他情况"就可向另一缔约方提出交涉，或将争端提交缔约方全体。

美国认为，它提到贸易影响问题，并非争辩"贸易效果与确定一项措施是否与 GATT 第 3 条一致有关"，而是适用于 GATT 第 23 条关于"利益正在丧失或减损"的程序进行反驳，因为在 GATT 实践中，即使一项措施被认为事实上构成了 GATT 第 23 条意义上的"正在丧失或减损"GATT 利益，被投诉的一方可予以反驳。美国认为自己所举出的证据已充分证明石油税对贸易影响甚微，因此能够反驳"正在丧失或减损利益"的指控，"如果被投诉方能够表明不存在贸易影响，专家组对此应当考虑"。

---

❶ GATT Working Party Report, Brazilian Internal Taxes, BISD II/181 (1952), adopted 30 June 1949.

加拿大、欧共体和墨西哥则针锋相对地指出，其在 GATT 项下获得的基本利益之一恰恰就是拥有一个契约性工具，使之得以事先了解缔约方将遵守的原则与规则，如果因为贸易影响不显著，就允许破坏这些原则和规则，会形成一个非常危险的先例，从而削弱 GATT。在本案中，GATT 项下的一项基本利益，即国内税与规章的国民待遇，已经遭到减损。

双方争执的焦点在于：究竟什么是 GATT 赋予缔约方的利益？是贸易效果，还是 GATT 原则和规则确定的贸易待遇？专家组在听取了申诉方与被申诉方多轮激烈论争之后，在报告中陈述了意见，归纳为以下几点。

（1）关于缔约方投诉的权利。根据 GATT 第 23 条的内容，如果缔约方认为 GATT 赋予它们的利益因其他缔约方的原因而丧失或受到损害，可以将争端提交缔约方全体。

（2）关于利益丧失或受到损害的证据。根据 1979 年达成的《关于争端解决规则与程序的谅解》（Understanding on Rules and Procedures Govening the Settlement of Disputes，DSU）附录中提及的已有 GATT 实践，对 GATT 规定义务的违反被认为是构成利益丧失或受到损害的有力证据。被诉方试图以一个违反国民待遇原则的法案"对贸易的影响很小，或对贸易没有影响"为理由的抗辩，并不足以证明条款赋予的利益没有丧失和受到损害。

（3）如果使用"对 GATT 规定义务的违反"作为"利益丧失或受到损害"的证据，是否可对该证据提出反驳？专家组认为，GATT 历史上处理的因"利益丧失或受到损害"提起的争端有很多起，但没有一个被诉方能够成功地反驳"对 GATT 义务的违反导致利益丧失或受到损害"这个推定。专家组认定如果缔约方没有明确认可"非法措施将导致利益丧失或受到损害"这一推定可以被反驳的话，则该推定在实践中将被视为不可反驳的推定。

3.《超级基金法》究竟有没有对于贸易的不利影响

美国坚称由于石油税对进口产品而言相当于每升 0.0007 美元，而对国内产品是每升 0.0005 美元。差别只是每升 0.0002 美元，相较于每天都在刷新的石油价格变化，几乎可以忽略不计。美国还向专家组提供了详细的统计数据，显示 1986 年 11 月间的石油现货与期货的价格每桶涨跌幅度分别是 3 美元与 2.63 美元，而石油税的差别不过每桶 3.5 美分。

加拿大、欧共体和墨西哥认为，即使以贸易影响而论，税的差别也已经造成了对于贸易的不利影响，如加拿大为此每年增加 9 万美元的财务负担，欧共体是每年 8.7 万美元，墨西哥每年 8 万美元，在商业上都不是小数目，尤其是对墨西哥这样急需外汇的发展中国家而言。三方最后强调："对于竞争激烈且价格敏感的石油市场而言，每桶 3.5 美分的价差将决定买家的购买取向，不论市场是否活跃多变，也不论石油总需求是否存在弹性，税的差别都会刺激买家购买国内产品。"何况，如果真像美国所说税的差别对于进口贸易没有影响的话，为什么还要差别征税呢？立即取消歧视待遇应该也没有经济困难。

所有第三方都表示了与加拿大、欧共体和墨西哥类似的观点，即美国违反了 GATT 第 3 条的义务，并且各方几乎都提出数据来表明美国的差别征税使其受到了实质上的利益损害。

专家组对于"《超级基金法》到底有没有不利贸易影响"的争执并未发表意见。由于在前两个问题当中，专家组已经澄清"贸易影响"与 GATT 第 3 条、第 23 条均无联系，美国的抗辩已经明显不能成立，此处事实争议的是非曲直也已经没有法律上的意义。

四、超级基金案评析

（一）从争端解决角度看超级基金案

总的来说，本案事由清楚，涉及的实体法律（GATT 第 3 条第 2 款第一句话）相对简单。该案法律意义上的贡献主要在于以下两个方面。

1. "最终用途标准"在辨别"相似产品"问题上的实际运用

该案在 GATT 历史上首次关注原油与精炼油相似性的问题，并认定因其在特定市场上的最终用途相同，属于 GATT 第 3 条第 2 款意义上的相似产品。从而继 1970 年边境税调整案工作组报告提出"相似性的三个标准"（即特定市场产品的最终用途，不同国家消费者的品位及习惯，产品的特性、性质和质量）之后，在争端解决实践中，再次肯定"相同或相似的最终用途"与"相似产品"间的法律联系。

2. 对于 GATT 第 23 条难点的澄清

GATT 第 23 条的法律结构较为复杂，投诉方基于第 23 条提请争端解决，有以下两种情况：（1）被诉方违反 GATT 使得 GATT 赋予的利益"丧失或受到损害"。（2）被诉方违反 GATT 使得 GATT 赋予的利益"不能得以实现"。由于第二种情况举证难度大，GATT 实践中，缔约方几乎都以"利益丧失或受到损害"为由投诉。

由于 GATT 本身并未对"什么是 GATT 赋予缔约方的利益""缔约方申诉的权利""对 GATT 规定义务的违反可否构成利益丧失或受到损害的证据"、如果使用"对 GATT 规定义务的违反"作为"利益丧失或受到损害"的证据，是否可对该证据提出反驳"等作出规定，致使 GATT 第 23 条的适用存有疑问，超级基金案专家组对于围绕 GATT 第 23 条的关键疑点——做了澄清。❶

---

❶ 黄东黎："从 Superfund 法案看 GATT 第二十三条"，载人民法院报 2002 年 7 月 22 日理论版。

(二) 从能源贸易角度看超级基金案

从能源贸易角度来看，本案的影响主要在于以下四个方面。

(1) 超级基金案是能源贸易争端第一次在多边贸易体制框架下寻求解决，也是GATT作为能源贸易活动规范在能源争端解决实践中的首次运用。多年以来，GATT受缔约方"君子协定"影响，对于能源贸易讳莫如深，超级基金案正式拉开了多边贸易体制与能源贸易之间互动的帷幕，其后，"能源产品"一度在乌拉圭回合当中成为热门谈判事项。同时，该案也向能源贸易利益国展示了能源贸易摩擦的又一种解决路径。

(2) 超级基金案充分表明，能源贸易的问题在任何时期都受到各国高度重视，无论是高油价时期，还是低油价时期。在低油价时期，各国尤其重视能源产品在进口市场的待遇。超级基金案本身并不复杂，却因为涉及石油产品在进口国的待遇而广为瞩目，当时缔约方中所有具有石油出口利益的国家（包括三个OPEC国家）都参加了进来，足见其已经牵动了石油出口国的整体利益，影响力颇为广泛。

(3) 在超级基金案中，GATT缔约方之间不同的能源贸易利益取向都有所呈现。

在能源进口国方面，由于时值国际油价下跌至历史低水平，美国歧视征税的背后实则是国内对于低价原油进口引发的竞争感到不安，《超级基金法》几经周折后方获得国会通过，正是因为法案本身被认为对美国本土石油企业有利——实际带有贸易保护主义色彩。此外，专家组报告通过之后，虽然美国在很短时间内表示接受关贸总协定的裁决，但直到1989年国际油价上扬之后，美国才真正统一了税率——不难想象美国维护本土石油生产企业竞争力的真实意图。

在能源出口国方面，本案第三方——石油生产大国科威特在本案中陈述的观点极具代表性，集中反映出石油生产国的利益诉求："反对工业化国家采取的所有对石油、石油产品以及石化产品有影响的税与其他措施。这些税对于贸易和发中国家都有负面效果，且从总体上减少了国际贸易量。"此外，另一第三方印度尼西亚则强调其支持《超级基金法修正案和重新授权法案》的环境目标，但是反对以违反GATT的方式筹集资金，尤其反对以违反GATT第3条的方式歧视性地有利于国内产品，而使发展中国家为一个工业化国家的环境保护付费。印度尼西亚的观点代表了发展中能源生产国对于发达能源消费国以环境保护为理由，对于能源产品设置贸易壁垒的担忧。

(4) 超级基金案预示了能源贸易当中越来越多的环境与贸易摩擦，以及GATT规则可能提供的救济方式。超级基金案表面上仍是解决产品的待遇问题，实质上则触及了日后渐成焦点的"贸易与环境"之间的关系问题，而这恰好又是能源安全、能源贸易愈来愈难以回避的关键事项之一。GATT 后期，能源主权敏感性稍稍削弱，"国家安全"等长期庇护能源贸易保护措施的理由开始显露出局促之态，而以环境保护名目出现的能源贸易措施却开始逐渐盛行。超级基金案使得能源、环境、贸易之间的碰撞，第一次呈现在多边贸易体制的平台上，引发了人们的思索。

小　结

　　GATT 的设计理念及其诞生之际的能源贸易格局直接影响多边贸易体制在最初形成之时对于能源贸易的态度。由于主导能源——石油资源在西方工业国的掌控之中，缔约方没有"能源安全"之虞，在设计 GATT 规范时也没能预见到日后国际能源市场的大变局，进而忽略了或者是有意摒弃了对于能源供需矛盾这一当今世界经济存续关键事项的有效调整。

　　虽然 GATT 并未明文排除对于能源贸易的适用，因此第一次在多边层面上为能源贸易活动提供了制度规范，但是在 GATT 前期，为回避能源产品的政治敏感性，多边贸易体制将它作为特殊商品来处理，基本上对各国过度干预能源贸易听之任之，使能源贸易"游离于多边贸易体制自由化原则之外"❶。

　　GATT 勉力支撑国际贸易秩序的数十年间，一边是多边贸易体制的成长壮大，一边是国际能源市场的风云跌宕。GATT 中后期，其争端解决机制受理了第一起能源贸易争端"超级基金案"，第一次展示了 GATT 作为能源贸易活动规范的实际效用，正式拉开了多边贸易体制与能源贸易之间互动的帷幕。此后一些缔约方开展了将能源贸易纳入多边贸易体制有效规制的种种努力，东京回合与乌拉圭回合谈判均涉及能源贸易事项，只是没有实质性的进展。直至 WTO 成立，仍未建立起强有力的能源贸易规则。

---

❶ 孙法柏、刘明明："能源贸易适用自由化原则之现状及发展趋向"，载《上海政法学院学报：法治论丛》2007 年第 1 期。

第三章 现行 WTO 规则适用于能源贸易的法律分析

在主导国际货物贸易秩序四十余年后，GATT 于 1995 年更新换代为 WTO 体制，成员由 GATT 初创时的 23 个增加至今天的 160 个❶，规制范围也由单纯的跨境货物贸易进一步扩展至服务贸易、知识产权以及环境、投资、金融等领域。其触角一再延伸，并佐以争端解决机制保驾护航，已经成为当今世界最为瞩目的经济合作组织。❷

如果说在缔约方共识或是在"君子协定"基础上，GATT 刻意回避能源贸易问题，那么 WTO 对这个问题则更像是"心有余而力不足"。随着能源市场的逐步开放以及能源安全观的转变，成员要求 WTO 规制能源贸易措施的呼声已经一再传递出来，然而 WTO 在这方面的表现依然是乏善可陈，能源贸易保护措施还是大行其道，进一步引起了人们对于 WTO 规则本身的深思。

第一节 GATT 1994 的基本原则与能源贸易

一、最惠国待遇原则

（一）最惠国待遇原则对能源贸易的基本要求

1. 最惠国待遇原则

GATT 第 1 条明确 WTO 成员首先必须遵循最惠国待遇原则："……一缔约方对原产于或运往其他国家的产品所给予的利益、优待、特权和豁免，应当立即无条件地给予原产于或运往所有其他缔约国的相似产品。"该条规定了 GATT 中最惠国待遇的性质、内容、范围和例外情况，使之成为 GATT 的核心

---

❶ http://www.wto.org/english/thewto_e/whatis_e/tif_e/org6_e.htm, last visit on Dec. 3, 2014.

❷ 余敏友、唐旗："略论石油贸易与 WTO 体制"，载《武汉大学学报》（哲学社会科学版）2008 年第 5 期。

原则。此外，GATT 的其他条款还载有相应的最惠国条款，分别适用于货物的过境、原产国标记、数量限制、援助经济发展的措施和为供应短缺而采取的措施等。虽然这些条款的措辞不尽一致，但均要求一缔约方给予另一缔约方的待遇不应低于它给予任何其他国家的待遇，即从根本上体现最惠国待遇的精神。

自此，这项 20 世纪以来国际经贸关系中最重要的法律原则，或谓"现代通商条约的柱石"得以首次嵌入多边国际贸易协定当中，并以 GATT 为起点，发展成为整个国际多边贸易体制的基石，对全球贸易产生了深远影响。

WTO 不仅在 GATT 1994 中延续了 GATT 1947 最惠国待遇原则的规定，还将之纳入 GATS、TRIMs、TRIPs 当中，使其扩展适用于服务贸易、与贸易有关的知识产权和与贸易有关的投资措施。❶

WTO/GATT 多边贸易体制中最惠国待遇原则有以下两个显著特点。（1）普遍性（或称多边性），有别于一般通商协定中的双边性，使得单方提供的优惠多边化，各个受益方不必直接互惠减让，避免了缔约方之间持续而复杂的双边谈判。（2）无条件性（或称自动性），即一成员给予其他所有 WTO 成员的最惠国待遇必须是无条件的、无补偿的、自动的（除非援引关税同盟与自由贸易贸易区例外，以及给予发展中国家的优惠待遇例外），而 WTO/GATT 框架之外的最惠国待遇有些是有条件的，例如缔约国中的一方现在或将来给予第三国的优惠，另一方必须满足某些条件或提供某种补偿，才能享受。

2. 对于能源贸易的基本要求

就能源贸易而言，最惠国待遇原则要求每一个 WTO 成员在其所有影响能源贸易的政策当中，既不能够依据其原产地的不同而对能源产品加以区别对待，也不能够依据目的地的不同而对能源产品加以区别对待，具体表现在以下几方面。

（1）能源产品只要是"相似"的，则不管其来源地或目的地如何，WTO 成员都必须一视同仁地加以对待，不能厚此薄彼。值得注意的是，在 GATT 框架下，利益、优待、特权和豁免等赋予的对象限于能源"产品"，这就排除了对外国商人、公司的各种权利与优惠内容（而传统的最惠国条款中有不少是以"人"作优惠对象的）。❷

（2）利益、优待、特权和豁免的范围包括以下几点。①一切与进出口能源商品有关的关税，如进口关税、出口关税、过境关税，即使是非约束性的，也必须一视同仁地对待所有缔约方。②一切与进出口能源商品有关的费用，

---

❶ WTO 各个协定当中的最惠国待遇原则精神相同，但在具体规定上有细微差异。本书主要探讨 GATT 中的最惠国待遇原则。

❷ 赵维田：《世贸组织（WTO）的法律制度》，吉林人民出版社 2000 年版，第 76 页。

如海关手续费、进出口附加费、质量检验费等。③就与进出口能源商品有关的国际支付转账所征收的关税和费用,如政府对进出口国际支付征收的一些税金或费用。④征收上述关税和费用的方法,例如征收关税或收取费用时对于进出口能源商品进行价值评估所采用的评估标准、程序和方法等。⑤有关能源商品进出口的规章与手续。⑥与进出口能源商品有关的国内税或其他国内规章的国民待遇。

(3) 这种一视同仁的对待必须是"立即的和无条件的",即一个WTO成员一旦给予其他国家的能源产品以利益、优待、特权和豁免,就必须毫不延迟地自动给予来自其他所有WTO成员的相似能源产品,并且不得附加任何条件,包括法律上的条件或事实上的条件。虽然关贸总协定最惠国待遇原则本身并没有强调事实上的违反,但从争端解决机制处理的1952年比利时家庭津贴案❶(Belgium—Family Allowances)、1998年印度尼西亚汽车措施案❷(Indonesia—Autos)、1998年加拿大汽车进口措施案❸(Canada—Autos) 等案例来看,确定某项措施是否构成歧视,不仅要从某项措施本身的规定上来判断,也要从措施实施的后果来评价。只要事实上造成了对相似产品的不同待遇,就可以认定为违背了最惠国待遇原则。❹

(二) 能源贸易实践中突出的法律问题

一般认为,最惠国待遇原则适用于现有WTO成员间的能源贸易,并无太大问题。(1) 主要的能源产品,如石油、天然气等大宗贸易已经在全球范围内形成了基本统一的技术标准、价格条件与贸易模式等,致使WTO成员在关税以外的政策上实行片面优惠待遇缺乏动力或运作空间。(2) 实践中仅有的少数对不同市场区别征收出口关税的能源出口国,目前都还不是WTO成员。只是,随着能源产品的多元化发展,能源贸易不再局限于几种大宗能源产品,最惠国待遇原则在能源领域的实施也面临新的情势。在WTO/GATT最惠国待遇原则一般性适用当中,第1条的措辞往往在理论与实践中引起争议,其中,"原产于""其他国家""相似产品"成为正确理解与运用最惠国待遇原则的关键。下文结合能源贸易的特点分析这几个术语引起的相关法律问题。

---

❶ GATT Panel Report, Belgiun Family Allowances, BISD 1S/59 (1953), adopted 7 November 1952.
❷ WTO Panel Report, Indonesia—Certain Measures Affecting the Automobile Industry, WT/DS54/R, WT/DS55/R, WT/DS59/R, WT/DS64/R, 1998, adopted 23 July 1998.
❸ GATT Panel Report, Canada—Certain Measures Affecting the Automotive Industry, WT/DS139/R, WT/DS142/R, 2000, adopted as modified by Appellate Body 19 June 2000; Appellate Body Report, WT/DS139/AB/R, WT/DS142/AB/R, 2000, adopted 19 June 2000.
❹ 李兰花:"GATT 1994最惠国待遇原则适用辨析——以我国的第一例被申诉案为例",载《石家庄学院学报》2007年第1期。

1. 关于"其他国家"

GATT 第 1 条第 1 款中出现的"其他国家"（any other country）一语，显然有别于通常所见的"其他缔约方"（any other party）。这里的"其他国家"，应当理解为不仅包括 WTO 成员，而且也包括非 WTO 成员。

因此，一方面，一个 WTO 成员如果给予另一个 WTO 成员的能源产品以利益、优待、特权和豁免，则必须同样地给予其他所有的 WTO 成员；而在另一方面，一个 WTO 成员如果给予非 WTO 成员的"其他国家"的能源产品以利益、优待、特权和豁免，也必须同样地给予其他所有的 WTO 成员。例如，我国给予美国某种优惠，由于其为 WTO 成员，当然必须给予其他所有 WTO 成员；而如果给予白俄罗斯优惠，尽管后者并非 WTO 成员，仍然必须同样给予其他所有 WTO 成员优惠。

可以看出，WTO 成员享受的最惠国待遇实际溢出 WTO 成员的范围，有扩大与拓宽的效果。不仅如此，这种拓宽甚至还有"权益外溢"的效果，表现在"一个国家与其主要的贸易伙伴国缔结了含有最惠国待遇条款的双边条约，而这些伙伴国是 GATT 的成员。该国在无须给予 GATT 其他成员国任何利益的情况下（因该国与这些成员国间没有双边贸易协定）就可以得到 GATT 的利益"❶。打个比方来说，中国、美国是 WTO 成员，而白俄罗斯、伊朗不是，假设中国与伊朗缔结了双边贸易协定并且在协定中订有最惠国待遇条款，而美国与白俄罗斯缔结了双边贸易协定并且在协定中订有最惠国待遇条款。根据 GATT 的最惠国待遇原则，中国给予伊朗这个"其他国家"的所有利益都要同样给予美国及其他 WTO 成员，同理，美国给白俄罗斯的利益同样要给予中国及其他 WTO 成员；而根据双边贸易协定的最惠国待遇条款，中国给予 WTO 成员的利益被视为中国给予双边贸易协定第三国的利益，必须同样给予伊朗，同理，美国给予 WTO 成员的利益，必须同样给白予俄罗斯——这样一来，白俄罗斯与伊朗虽然不是 WTO 成员，却享受到 WTO 成员所取得的利益。

因此，有学者认为权益外溢的效果使得非成员"只要与 WTO 成员中的主要贸易伙伴订有双边最惠国条款，就同加入总协定差不多"❷。但本书笔者认为这一提法值得进一步斟酌，"其他国家"一语，使最惠国待遇制度所带来的影响超出 WTO 成员之间贸易关系的范畴，但必须清楚地认识到，非缔约方因此所享受到的最惠国待遇并非 GATT 体制内的最惠国待遇。

当今而言，主要能源贸易国中尚有非 WTO 成员，因此，正确认识 WTO 第 1 条第 1 款最惠国待遇权益外溢效果极为重要，在实际的能源贸易中尤其

---

❶ 曾令良：《世界贸易组织法》，武汉大学出版社 1996 年版，第 144 页。
❷ 赵维田：《世贸组织（WTO）的法律制度》，吉林人民出版社 2000 年版，第 77 页。

应注意把握以下几点。

（1）WTO 成员与非 WTO 成员取得最惠国待遇的法律基础不同。结合上述例子，四个国家取得的实际待遇可能是一样的，也可能是不一样的。因为其利益取得的法律基础是有着实质区别的：中美之间依据的是 GATT 的最惠国待遇原则；而对白俄罗斯、伊朗来说，其利益取得的直接依据是双边贸易协定而非 WTO 协定。因而实践当中，后者所能够获得的利益取决于双边协定中最惠国条款的具体规定，包括其中有可能出现的例外规定，这种规定在措辞或用语的细节上可能是与 WTO 相去甚远的，最终导致白俄罗斯、伊朗获得的利益与中国、美国有差别。同理，与 WTO 成员中的主要贸易伙伴订有双边最惠国条款的非 WTO 成员之间，比如上例中的白俄罗斯与伊朗，虽然都取得了 WTO 成员中国、美国取得的利益，但因其依据的是各自与 WTO 成员分别订立的最惠国条款，其条款规定的不同可能也会导致实际取得待遇的差异。

（2）最惠国待遇争端的救济方式不同。如果身为 WTO 成员的中国执意要区别对待美国（另一 WTO 成员）与伊朗（非 WTO 成员），比如给伊朗更高的待遇，美国可以凭借其 WTO 成员身份，以中国违反 GATT 义务为由诉诸 WTO 争端解决机制。但假如中国给伊朗的待遇低于其给予美国的待遇，伊朗是不能诉诸 WTO 寻求救济的，而只能根据双边贸易协定中的争端解决安排来处理其争端。

（3）非 WTO 成员通过双边贸易协定享受到的最惠国待遇是有限的。比如，伊朗只能享受中国给予其他 WTO 成员的优惠待遇（因为双方之间订有双边最惠国待遇条款），而享受不到美国给予其他 WTO 成员的优惠待遇（因为伊朗与美国相互之间并没有最惠国待遇条款）。如果伊朗想要获得这些优惠待遇，要么必须与美国签订最惠国待遇条款，要么就加入 WTO。

2. 关于"原产于"

由于能源资源地理分布的不均衡性，能源转口贸易大量存在，澄清这个问题十分必要。"原产于"一词实际上限制了 GATT 最惠国待遇的产品适用范围，即 GATT 最惠国待遇是直接给予原产于（Originating in）各成员的产品，其目的是使各种优惠待遇只给予 WTO 成员生产或加工的产品，而不涉及非 WTO 成员的产品。

在这样的规定之下，一方面，凡属原产于 WTO 成员境内生产或加工（这里的加工必须达到一定标准）的能源产品，即使转经非成员边境进入另一 WTO 成员境内，仍然享受 GATT 规定的最惠国待遇；而在另一方面，若是非成员境内生产或加工的能源产品，即使通过另一 WTO 成员进入进口成员境内，还是享受不到最惠国待遇。

3. 关于"相似能源产品"

GATT 的最惠国待遇制度针对的对象是产品，因而对于"相似产品"（like product）的理解显得至关重要。

"相似产品"一语不仅在 GATT 第 1 条出现，在 GATT 其他条款以及其他多边货物贸易协定中也时有所见，仅在 GATT 条文中就出现了 16 次之多。由于 GATT 并未就"相似产品"作出明确定义，实践中因之而起的争端屡见不鲜。著名的案例有 1950 年澳大利亚补贴硫酸铵案[1]（Australia—Ammonium Sulphate）、1952 年挪威诉前联邦德国沙丁鱼进口待遇案[2]（Germany—Sardines）、1982 年西班牙咖啡案[3]（Spain—Unroasted Coffee）等，争端解决实践表明，GATT 第 1 条的"相似产品"概念与其他条款中的"相似产品"概念并无必然的内在联系，"相似产品"在不同的条文中具有不同的法律含义，适用于不同的贸易情势。在日本酒精案（Japan—Alcoholic Beverages）中，上诉机构曾作过一个精辟的比喻，"'相似'的概念只是相对的，令人联想起手风琴。'相似'手风琴在不同地方伸展或压缩，恰如《WTO 协定》不同条款的适用一般"，"随着相关案件事实和条款的不同，'相似产品'应该有不同的解释"[4]。

1970 年 GATT"边境税调整"（Border Tax Adjustments）工作组报告提出了解释"相似或相近产品"的基本方法，报告认为对于"相似或相近产品"一术语的解释应当在个案的基础上审查。这需要就个案公正评价"相似"产品的构成因素。建议考察的标准有：产品在特定市场的最终用途，消费者的口味与习惯；产品的特质，性质与质量等。[5]

此外，普遍认为有关争端国的海关税则及商品分类目录亦是重要的依据或参考文件。尤其是 GATT 第 1 条第 1 款，既然"为征关税而设，理应与关税分类表联系起来取意"[6] 这一办法实际可行，时常为专家组所采纳，如澳大利亚补贴硫酸铵案工作组主要是根据智利硝与硫酸铵两种化肥在关税税则中的

---

[1] GATT Working Party Report, The Australian Subsidy on Ammonium Sulphate, GATT/CP. 4/39, adopted 3 April 1950, BISD II/188.

[2] GATT Panel Report, Treatment by Germany of Imports of Sardines, G/26 – BISD 1S/53, adopted 31 October 1952.

[3] GATT Panel Report, Spain—Tariff Treatment of Unroasted Coffee, L/5135 – BISD 28S/102, adopted 11 June 1981.

[4] WTO Appellate Body Report, Japan—Alcoholic Beverages, WT/DS8/AB/R, adopted Nov. 1996, para 114.

[5] GATT GATT Working Party Report, Border Tax Adjustments, BISD18S/9, adopted 2 December 1970, para. 18.

[6] 赵维田：《世贸组织（WTO）的法律制度》，吉林人民出版社 2000 年版，第 78 页。

不同分类裁定其非"相似产品"。❶

在能源贸易当中,"相似产品"是一个较为突出的问题。例如,能源产品天然气、电、核能与煤等,最终用途基本相同,如果以最终用途论,似乎是"相似产品",然而以上面提到海关税则分类法论,显然又属于"非相似产品";再有,电的问题更为复杂,如果将电看成一种产品的话,则其生产方法不尽相同,有以核能发的电,以煤发的电或以水能发的电等,不同的生产方法带来迥异的环境影响,实践中可能有的国家在关税上予以区别对待。然而,使用可再生能源发的电与使用传统能源发的电之间不仅最终用途相同,关税分类一样,甚至物理特征都是一样的,从外观上根本无法区别——按照传统的"相似产品"甄别方法,不管以什么方法生产的电都是"相似产品",因此,任何区别待遇都违反了最惠国待遇原则。现实当中,在气候变暖日益影响各国决策的背景下,不少国家往往出于环境影响考虑,出台倾向于可再生能源的政策,由此引发的"相似能源产品"歧视待遇纠纷可能会频繁发生。

二、国民待遇原则

（一）国民待遇原则对能源贸易的基本要求

国民待遇原则是 GATT 的另一核心原则,与最惠国待遇原则一起构成非歧视原则——最惠国待遇原则要求 WTO 成员非歧视地对待"外国"相似产品,不能"厚此薄彼";而国民待遇原则要求的是非歧视地对待进口产品与国内相似产品,即不能"内外有别"。国民待遇原则的理念是,只有当所有的相似产品都取得同等的地位、条件与待遇,方能公平竞争,实现国际间贸易自由流动。

WTO/GATT 的国民待遇制度主要由第 3 条"国内税和国内法规的国民待遇"以及 GATT 附件一关于第 3 条的注释构成。根据国民待遇义务的要求,WTO 成员在国内税费以及其他各种国内规章❷方面,对进口能源产品的待遇不得低于对其国内相似能源产品的待遇。具体而言有以下几个方面。

---

❶ 曾有国家以关税细分的办法来规避最惠国待遇原则,如西班牙咖啡案中。西班牙在海关分类中把咖啡豆细分为五种,使得含较浓咖啡因的咖啡豆关税更高。巴西认为其出产的咖啡豆明显受到这种分类的不利影响,因而向 GATT 起诉西班牙。GATT 专家组认为未焙烤的咖啡豆都属于咖啡豆,没必要区别征收关税。至于地理来源不同引起的味道和香味上的差别,以及培植方法和加工方法不同都不导致咖啡豆之间的"不相似",西班牙的做法是违反 GATT 最惠国义务的。

❷ 国内税当属国内措施的范畴,第 3 条将两者区分开来,一种可能的原因是:两者歧视程度识别难易不同。前者可从市场分析或数据计算得出定量的结果,而后者主要靠主观分析、判断来得出结论,认定不如前者简单明了。

1. 在就能源产品开征的国内税[1]方面

(1) 不能只对进口能源产品征收某种国内税（如增值税、国内消费税、移转税等）和/或其他费用，而对国内相似能源产品则不适用或免于征收该种国内税和/或其他费用。(2) 在税种、税率、征收方法、征收程序和减免税优惠，对进口能源产品的待遇上不得低于国内相似产品。换言之，不得对前者采取更高的税率、收费标准，或设置更繁琐的征收程序与方法等。(3) 不得对进口能源产品间接加以歧视。例如，先不分内外统一征税，继而只对国内能源产品退税或部分退税。(4) 就待遇的基准而言，如果说最惠国待遇的基准是提供给其他进口能源产品的最好的待遇的话，国民待遇要求的基准则是提供给国内能源产品的最好的待遇——在这里，"超国民待遇"显然是被允许的，而"次国民待遇"则违反了 GATT 的国民待遇原则。成员对能源产品征收某种国内税费可以低于其对国内相似能源产品征收的该种国内税费，但是不能高于后者。

2. 在针对能源产品的国内规章方面

(1) 成员就能源产品的国内流通环节，包括销售、分销、购买、运输、分配或使用，如果没有对国内能源产品作出任何规定，则不能规定进口能源产品必须满足某些方面的要求，比如要求进口能源产品通过特别的环境影响测试、使用特定的销售渠道、运输与仓储方式等。

(2) 成员如果以法令、规章和条例等形式对能源产品的国内流通作出相关规定，那么这些规定不能导致进口产品的待遇低于国内能源产品。例如，政府对能源产品设定最低限价或规定计价方法、颁布涉及能源产品的环境标准、制订能源传输网络或仓储设施的使用收费规定、规范能源分销渠道，或者对特定群体给予能源价格补贴等，所有这些政府措施，都必须一视同仁地对待进口能源产品与本国能源产品，确保前者待遇不低于后者。

但是 GATT 第 3 条第 4 款同时也注明："该款的规定不得阻止国内差别运输费的实施，此类运输费仅根据运输工具的经济营运，而不根据产品的国别。"换言之，如果一项政府措施虽然规定对进口能源产品征收较高的运输收费，但不是因为产品来自外国，而是因为运输工具营运上的经济因素，比如，由于输油管道的距离长短，或外国能源产品对于运输工具的特殊要求引起的运费差异等，则并不违反国民待遇义务。

(3) 任何成员不能以直接或间接方法对能源产品的混合、加工或使用有特定数量或比例的国内数量要求。例如规定燃油掺混标准时，仅仅要求必须

---

[1] GATT 未明确界定"国内税"，据认为：GATT 国内税收可以定为——缔约国有关机构为国家财政收入的目的，通过法律规定的标准，强制地、无偿地对各种商品（不论其原产于何地）征收的税款。曾令良：《世界贸易组织法》，武汉大学出版社 1996 年版，第 162～163 页。

掺混一定比例的生物燃料,是与 GATT 第 3 条一致的;但如果进一步要求用作掺混的生物燃料或汽油必须有一定的比例(比如 20%)来自国产产品,则违反了国民待遇原则。

(4) 任何成员不能够维持与某种优势或优惠(补贴、进口权)相关的对能源产品的当地成分要求。因此,假如某项政府给予掺混燃料加工商的补贴,规定只给予使用全部或部分产自国内的生物燃料的厂商,即违反了国民待遇原则,因为该措施明显会刺激厂商购买国产生物燃料,影响进口生物燃料的竞争机会。

值得指出的是,GATT 国民待遇原则与最惠国待遇原则一样,亦包括有例外的规定,除了下文将要探讨的 GATT 第 20 条、第 21 条规定的一般例外与安全例外之外,GATT 第 3 条第 8 款自带有例外:(1) 不适用于政府机构的相关采购活动。这里的政府机构,不仅限于各缔约方的中央政府机构,也包括各级地方政府机构,以及经缔约方授权的代理机构。❶ 同时,这种采购必须是"供政府使用",不得用于"商业转售"或"用以生产供商业销售"的目的。(2) 国民待遇义务并不禁止单独支付给某种能源产品国内生产者的补贴,即一项补贴只给国内能源产品生产商(非国内能源产品),而不给任何国外生产商,即使国内供应商通过补贴取得比较竞争优势或价格优势,也并不违反国民待遇原则。有人担心这一例外会使国民待遇义务打折扣,但 WTO/GATT 争端解决实践实际上是对此做了严格的解释,英国诉意大利政府补贴国产农机案❷(Italy—Agricultural Machinery)表明,这种免于国民待遇义务的补助只是给国内产品生产商的,而不包括产品的国内购买商,也不包括产品加工商。❸ 此外,在补贴的提供方式上,对于以免税提供补贴和以支付提供补贴也做了区分,即允许前者,而对后者只能是先按国民待遇方式统一对国内、国外产品征收税费,再从收上来的税费中拨付部分款项补贴生产商。

(二) 能源贸易实践中突出的法律问题

作为 GATT 的核心原则,国民待遇义务在 GATT 当中并未止步于抽象、概括性的理念,而是能够在具体案件中得以直接适用的一种具体规范。有统计表明,在 WTO 受理的争端当中,涉及国民待遇的案件在所有各类型的案件中居于首位,尤其是有关 GATT 第 3 条第 2 款的案件颇多。❹ 这从另一个侧面反

---

❶ 曾令良:《世界贸易组织法》,武汉大学出版社 1996 年版,第 167 页。

❷ GATT Panel Report, Italian Discrimination Against Imported AgriculturalMachinery, L/833 – BISD 7S/60, adopted 23 October 1958.

❸ 意大利补贴国产农机案中,意大利曾引用第 3 条第 8 款(b)作辩护理由,但因其补贴是给"购买商"而不是"生产商"而被驳回。

❹ 朱榄叶:《世界贸易组织国际贸易纠纷案例评析 1995~2002》,法律出版社 2004 年版,第 930 页。

映出，国民待遇原则无论在理解上还是操作上，都不是易事。

从实践来看，国民待遇原则适用于能源贸易有以下几个比较突出的问题。

1. 能源进口国与能源出口国利益不对等

虽然同为 GATT 的基石，最惠国待遇原则与国民待遇原则在适用范围上却有着很大的区别。（1）最惠国待遇原则既适用于边境措施，又适用于国内措施，而国民待遇原则只是关于产品清关进口后的待遇。（2）就是前者同时适用于进口和出口，而从措辞来看，国民待遇原则仅适用进口，不适用于出口。

换言之，在国内税方面，能源出口国可以区别对待用于出口的能源产品与用于国内消费的相似能源产品，比如对前者征收更高的国内税，这也是实践中屡见不鲜的，因为能源产品国内税往往构成能源出口国的主要财政来源。与此同时，出口国也可以根据 GATT 第 6 条第 4 款对出口的能源产品与原料免征国内税。其结果是在国内税方面，能源出口国有极大的选择余地，攻守自如，显然与大多数能源进口国的利益不一致，也显得能源进口国与能源出口国的利益不对等。

2. "相似能源产品"和"直接竞争与替代能源产品"的认定问题

（1）"相似产品"范围的延伸。上文分析最惠国待遇原则时，已经提到"相似产品"一词在 GATT 不同条款中含义不尽相同，需要具体甄别。而到了国民待遇之中，"相似能源产品"的辨别问题更为复杂，与国民待遇有关的案件几乎都涉及"相似产品"，并且往往成为双方争执的热点和焦点，申诉方往往提出被诉方某项国内措施区别对待的两类产品系相似产品因而是歧视性的，而被诉方则辩称自己的措施所区别对待的系非相似的产品。

究其原因，不光是 GATT 第 3 条中涉及"相似产品"的款项有三处之多，同时第 3 条第 2 款的注释中还出现了"直接竞争或替代产品"这样的术语。

符合第 2 款第一句要求的国内税，只有在已税产品与未同样征税的直接竞争或替代产品之间存在竞争的情况下，方被视为与第二句的规定不一致。

GATT 起草之际，草稿中第 3 条第 2 款的表述本来是：

若本国基本不生产相似国内产品时，任何缔约方均不得为了给不作同样征税的直接竞争或替代产品提供保护的目的，而对其他缔约方境内产品征收新的国内税。

一般认为，GATT 缔造者的意图是国民待遇义务应扩展到"直接竞争或相互替代产品"。因此，虽然最终的 GATT 条文中未出现，附件九的注释却表述出了这层意思。

同相似产品一样，GATT 及 WTO/GATT 争端解决实践避免对"直接竞争与相互替代产品"明确定义，只能在实践中逐案辨识。曾在哈瓦那报告中出现的一个例子常常被援引为权威解释：

甲国从乙国获得橘子的约束关税率，乙国因本国不产橘子就任意提高对它的国内税，用以保护国产苹果。因为该国国内税使橘子价格高达无人购买的程度，使甲国所得到的橘子约束关税率失去作用。

除了上例中的橘子与苹果之外，起草者们还列举了其他一些"直接竞争或相互替代产品"的例子，如桐油与亚麻子油、电车与公共汽车等，其中就有能源产品——煤与燃料油。国民待遇义务适用范围的这种延伸对于能源产品而言，关系重大。

（2）"直接竞争与替代能源产品"之惑。从严格的"相似产品"角度，认为所有能源产品，比如煤与燃料油、天然气等是"相似产品"是很困难的，因为几者之间产品在特定市场的最终用途、消费者习惯，每一个国家都不相同；在产品的特质、性质与质量以及海关分类上也都有所不同，因此对这几种能源产品征收不同的税并不违反国民待遇原则。

然而，当国民待遇原则延伸至"直接竞争与相互替代产品"时，情形就大不一样了，除了上面列举的煤与燃料油的例子，其他能源也似乎都有"直接竞争"或"相互替代"的极大可能性。1999年韩国酒类饮料案（Korea—Taxes on Alcoholic Beverages）中，专家组报告认为"评价两种产品或一组产品是否具有直接竞争关系，要求证明消费者认为或能够认为这两种产品或一组产品在满足某一特定需要或口味方面，是可替代的选项"❶。同案的上诉机构确认两种产品间"潜在的竞争"也可能足以体现"直接竞争或相互替代"："'直接竞争或相互替代'这一术语本身不能只分析为仅仅当前消费者的偏好。我们的看法是，'相互替代'这个词表明所要求的关系可能存在于在某个特定时期，消费者认为还不是替代品，但在将来能够彼此替代的产品之间。"❷

按照上述解释，基础能源产品，包括新能源与传统能源似乎都可能被视为"直接竞争或相互替代产品"。如此一来，假如某一成员对煤征收两倍于天然气的国内税，而这个国家不生产煤，只生产天然气，显然是有保护国产天然气从而违反国民待遇原则之嫌。

此外，进口国为实现环境目标开征国内税时，基于能源产品技术基础而区别征税时有所见，比如区别对待新能源与传统能源，甚至区别对待可再生能源发的电与传统能源发的电。由于这些能源产品最终用途相同或可相互替代，即使难以认定为相似产品，则很可能也是"直接竞争与相互替代产品"。

---

❶ WTO Panel Report, Korea—Taxes on Alcoholic Beverages, WT/DS75R, adopted 17 September 1998, para. 10.40.

❷ WTO Appellate Body Report, Korea—Taxes on Alcoholic Beverages, WT/DS75/AB/R, adopted Feb. 1999, para. 114.

3. 与环境相联系的国内税问题

鉴于能源与环境的密切联系，能源进口国越来越多地以环境保护为理由，对能源产品开征国内税。这类税收引起了能源出口国的高度关注，认为进口国对石油产品征收的高额国内税损害了他们从自己的自然资源获取收入的能力。❶ GATT 时代的超级基金案（US—Superfund），以及众所周知的 WTO 第一案委内瑞拉诉美国汽油标准案（US—Gasoline）都是因此而起的争端。两案中被诉方最终均因措施中有对相似产品的歧视因素而败诉，如果这些税收是在非歧视基础上征收的，就不违背 GATT 的国民待遇义务。

除了直接对能源产品开征的环境税之外，其他的环境税也可能会对能源贸易产生间接影响，比如 WTO 曾经受理的欧盟诉美国汽车税案（US—Taxes on Automobiles），认定节能汽车与一般汽车不是相似产品，允许区别对待。能源出口国担心的是，此类措施的大量涌现可能损害到传统能源产品的市场占有率，将之视为能源贸易壁垒的新形式。

与环境相联系的国内税问题往往与上面提到的相似能源产品的问题交织在一起，出口国与进口国的理解相去甚远，各执一词，导致摩擦频发。

石油出口大国沙特阿拉伯已经向 WTO 递交了一份报告，陈述其对 OECD 国家就能源产品区别征税的不满，认为后者对于石油以及石油产品征收了比对天然气高得多的税，同时 OECD 所谓的环境理由也不充分，因为某些 OECD 国家对煤等污染更重的能源产品征收的税却比汽油产品低。沙特阿拉伯认为 OECD 在能源产品间差别征税的做法构成了歧视，要求其加以改变❷，显然，正是 WTO 国民待遇原则关于"相似产品"的现行规定为这一类纷争埋下了伏笔。

4. "最好的"还是"最坏的"国民待遇

国民待遇义务不仅适用于成员国中央政府，对地方政府也适用。由于能源产品地理分布的特殊性，即使在一国境内，不同区域间的能源资源禀赋差异也很大。从理论上说，某个地方政府采取的措施有可能对该地区以外的所有能源产品都不利，即只保护该地区的能源产品，却歧视地对待所有外国能源产品和该国其他地区的能源产品。这样一来，成员国境内不同地区的能源产品之间也有被区别对待的问题，即一国之内的待遇有好坏之分，那么其他成员的能源产品根据国民待遇原则有权要求的是"最好的"国民待遇，还是"最差的"国民待遇呢？

---

❶ Pierros, Exploring Certain Trade—Related Aspects of Energy under GATT/WTO, International Trade Law & Regulation, 1999, 5 (1). pp. 26 – 27.

❷ Sanam S. Haghighi, Energy Security—The External Legal Relations of the European Union with Major oil and Gas Supplying Countries, Modern Studies in European Law, Hart Publishing, 2007, pp. 245 – 246.

GATT 曾有两个专家组，即 1992 年美国诉加拿大关于某些酒精饮料的进口、分销和零售案❶（Canada—Provincial Liquor Boards（US）），以及同年的加拿大诉美国麦芽酒案❷（US—Malt Beverages）遇到过这个问题。专家组的意见是，外国产品的待遇应该是在那个特定地区范围内国产相似产品的"最好待遇"，而不是该进口国国内范围内国产产品的最好待遇。

三、关税减让与约束原则

（一）关税减让与约束原则的基本规定

关税减让与约束原则也是 GATT 法律框架中的核心原则之一，要求各 WTO 成员开展关税减让谈判，以削减关税并逐步消除关税壁垒，削减后的关税应受到约束，不得再行提高。GATT 第 2 条、第 28 条和第 28 条附加条款等对关税谈判、关税约束、总协定减让表及减让表的修改原则作出了规定。

关税谈判的结果，即减让的关税税率，依税号、商品名称、货物名称、实施税率，列明在各成员的关税减让表中作为 GATT 的组成部分。减让表中列出的约束税率是可以适用税率的最高上限，成员实际适用低于约束关税税率的关税是允许的，但不得自行提高约束关税税率，除非经其他有关规则允许（如反倾销税），或者其他成员重新谈判达成新的约束税率。

值得注意的是，在 GATT 框架下，仍然存在着"非约束"的关税项目，能源产品关税多为这种类型。换言之，非约束的能源关税并未被禁止，但是这类非约束的能源关税项目不得纳入减让表，同时还必须把非歧视原则适用于所有缔约方。

（二）能源贸易实践中突出的法律问题

1. 能源原料与产品进口关税的非约束性

由于乌拉圭回合关税谈判未涉及能源原料与能源产品的关税问题，能源产品进口关税目前多为非约束性的，尤其是未经加工的能源原料，如原油等。❸ 一般而言，能源产品和原料在出口市场上遇到的市场准入问题较少，因为能源关税通常反映的不是贸易政策而是能源政策，而能源进口国的能源政策的主要目的是保证能源供应安全，所以尽管大都是非约束性的，能源产品的关税总体而言处在较低的关税水平上。然而，从法律意义上看，非约束的能源

---

❶ GATT Panel Report, Canada—Import, Distribution and Sale of CertainAlcoholic Drinks by Provincial Marketing Agencies, DS17/R – BISD 39S/27, adopted 18 February 1992.

❷ GATT Panel Report, United States—Measures Affecting Alcoholic and Malt Beverages, S23/R, BISD 39S/206, adopted 19 June 1992.

❸ Yulia Selivanova, The WTO Rules and Agreements and their Relevance to the Energy Sector, at ICTSD Program on Trade and Environment, 2007, 08, p. 21.

进口关税带有不确定性，由于实施税率不受约束，能源进口国自行提高这类关税并不违反 WTO 规则，只要在关税实施方式上遵循 GATT 相关条款（如最惠国待遇、国民待遇等）即可。

2. 能源原料与产品出口关税的非约束性

总体上看，出口关税甚少为 WTO 成员关注。因为一方面，出口国提高出口关税有损本国出口商品的竞争力，故而出口关税税率大都很低，且几乎全部都是非约束性的。然而能源商品贸易的情形极为特殊——能源进口国乐于在低价基础上接受能源产品与原料，故而进口关税壁垒问题至少目前并不突出，而另一方面，能源出口国又将能源产品出口关税视为国家财政收入的重要来源，因而能源产品出口关税反而是各方关注的焦点。能源产品进口国因未约束的出口关税感到不安，视之为影响能源供应长期稳定性的不安全因素之一。

对于出口关税能否适用与进口关税同样的纪律——即能否同样就出口关税进行减让谈判并将其纳入减让表中，理论界存在争议，尚无定论。WTO 法权威学者 Jackson 认为由于 GATT 第 2 条关于减让表的表述围绕的都是"进口"，而根本未提及"出口"，因此即使成员间达成出口关税减让结果，也无法纳入减让表中成为约束关税，出口国可以对之加以调整甚至撤回。❶ 但另有学者认为 GATT 第 28 条之二"关税谈判"提及就降低"进口"与"出口"关税进行谈判❷，而 GATT 第 28 条本身是关于"减让表的修改"的，且 GATT 实践当中，也有过将出口约束税率列入减让表中的做法❸，因此 WTO 成员同样可以就出口关税减让进行谈判，并将特定产品出口关税列入减让表中，成为约束关税，而后成员如果自行修改其关税水平，就可能违反 GATT 第 2 条第 1 款第（a）项："每一缔约方对其他缔约方的贸易所给予的待遇不得低于本协定所附有关减让表中有关部分所规定的待遇。"❹

在某些能源丰富国加入 WTO 的谈判中，现有成员请求能源生产国将某些能源产品的出口关税加以"约束"，当中甚至有低至零税率的出口约束关

---

❶ Jackson 认为所达成的出口关税减让结果在法律性质上属双边协定，且依最惠国待遇原则适用于所有的成员。

❷ GATT 第 28 条之二措辞为：各缔约方认识到，关税经常对贸易构成严重障碍；因此，在互惠互利基础上进行谈判，以实质性削减进出口关税和其他费用的总体水平，特别是削减甚至阻碍最低数量进口的高关税，并在谈判中适当注意本协定的目标和各缔约方的不同需要，对于扩大国际贸易非常重要。因此，缔约方全体可时常发起此类谈判。

❸ 如马来西亚与新加波的关税减让表中，列入了锡矿的出口关税。

❹ 施文真："能源安全、GATT/WTO 与区域/自由贸易协定"，载《政大法学评论》2007 年 10 月第 88 期。

· 83 ·

税❶，比如沙特阿拉伯与阿曼"入世"时都对石油出口作出了"零关税"承诺。目前看来，实践当中能源产品出口关税适用关税减让与约束原则似乎是可行的，但上述理论上的疑点终归使其缺乏明确的法律依据，多少显露出"师出无名"的尴尬以及法律效力上的不确定。

四、一般禁止数量限制原则

（一）一般禁止数量限制原则对能源贸易的基本要求

数量限制是国际贸易中典型的非关税壁垒，表现为一国政府颁布法令来影响进出口数量，如规定在特定时期内，对某类产品进口（或出口）的数量或价值予以限定，通常表现为配额限制，进口许可证限制，或出口许可证限制等。

WTO/GATT 多边贸易体制一贯旗帜鲜明地主张通过关税保护本国的生产部门，而不应寻求其他保护手段——因为较之关税，诸如数量限制一类的措施对贸易更具扭曲性。在 GATT 文本当中关于数量限制的规则共涉及 5 个条款，即第 11 条（普遍取消数量限制）、第 12 条（保障国际收支的限制）、第 13 条（实施数量限制不得歧视）、第 14 条（不歧视原则的例外规定）和第 18 条第 2 节（对发展中国家的国际收支失衡例外的规则）。上述条文的基本精神是一般地禁止 WTO 成员实施数量限制的做法，同时也规定了例外情形。一般禁止数量限制原则的核心是第 11 条第 1 款的规定："任何成员除征收关税外，不得设立或维持配额、进出口许可证或其他措施以限制或禁止其他成员领土的产品的输出、或向其他成员领土输出或销售出口产品。"例外的情况则有以下几种：（1）保护农业、渔业产品市场而实施的限制。（2）为保护本国的国际收支而实施的限制。（3）为促进不发达国家成员经济发展而实施的限制。（4）为实施保障措施协定而规定的数量限制。

值得注意的是一般禁止数量限制原则与关税约束原则、国民待遇原则以及最惠国待遇原则之间的关系。几项原则之间最主要的差别是各自的适用对象不同。国民待遇原则如前所述只适用于国内市场措施，至于最惠国待遇原则，则是既适用于边境措施，又适用于国内市场措施❷，而一般禁止数量限制原则与关税约束原则两者都只适用于边境措施，且一般禁止数量限制原则可以视为关税约束原则的补充，两者共同构成 WTO 对于边境措施的基本要求。换言之，WTO 成员对于进出关境的产品不得采取数量限制措施，但是可以在

---

❶ Yulia Selivanova, The WTO Rules and Agreements and their Relevance to the Energy Sector, at ICTSD Program on Trade and Environment, Aug. 2007, p. 31.

❷ 一般而言，边境措施只针对进口产品采取。

不违背各自承担的约束关税义务的前提下，采取关税措施或其他税费措施。❶

因此，就能源贸易而言，除非能够满足上述例外或关贸总协定其他例外条款的要求，各成员政府采取诸如以下的限制进出口的数量限制措施，都是为 GATT 纪律所不允许的。(1) 能源产品进口配额与出口配额：如在一定时期内，对于电力或石油等能源产品的进出口数量或金额设定最高限制。(2) 进出口许可证：要求能源或能源产品进口商或出口商在进出口商品前，必须向政府有关当局提出申请，经审查批准后发给许可证，方可实施进出口。(3) 其他数量限制措施。

(二) 能源贸易实践中突出的法律问题

一般禁止数量限制原则与能源贸易的关联度是比较大的，实践当中，能源贸易利益国出于各种目的对能源产品实行数量限制的例子并不鲜见，最突出的就是 WTO 中的 OPEC 成员采取的石油限产措施，再有我国长期以来也维持着焦炭出口配额限制措施，虽然曾受到质疑或引起过纷争，但也都并没有导致这些数量限制措施被投诉至 WTO 争端解决机制，这当中政治外交因素固然起到关键作用，WTO/GATT 规则本身所留下的回旋空间应该说是同样重要的原因。换言之，能源是一个非常特殊的领域，WTO 成员即使确实采取了针对能源产品的数量限制措施，表面上违反了"取消数量限制"义务，在 WTO/GATT 框架下也往往能够寻求其他的规则（比如各种例外的规定，包括 GATT 第 11 条自带的例外与其他例外）得以开脱。因此，实践中，"普遍地"取消数量限制原则有可能恰恰取消不了能源领域的数量限制措施，或者说对此颇为力不从心。

1. 关于"其他数量限制措施"的宽泛解释

WTO/GATT 理论与实践中，倾向于对 GATT 第 11 条中的"其他数量限制措施"做宽泛的解释，"除非一项措施符合限制性例外条款要求，任何限制进口、出口或销售的措施都可能违背第 11 条"❷。

GATT 附件中的注释表明：在第 11 条、第 12 条、第 13 条、第 14 条和第 18 条中，"进口限制"或"出口限制"包括通过国营贸易经营实施的限制。

从争端解决实践来看，专家组已经澄清进出口最低限价也是数量限制的表现形式。所谓最低限价就是一国政府规定某种进出口商品的最低价格，凡进出口货价低于规定的最低价格则征收进出口附加税，或禁止进出口以达到

---

❶ 按照 GATT 第 2 条第 2 款的规定，"其他任何种类的税费"包括第 3 条中的国内税费、第 6 条中的反倾销反补贴税以及其他对服务的酬金。

❷ 孙法柏："环境保护与 WTO 自由贸易规则之冲突及其消解"，载《云南大学学报》（法学版）2005 年第 4 期。

限制低价商品进出口的目的。日本半导体贸易案❶（Japan—Semi-conductors）的专家组认为：政府如果允许出口但又制定最低价格，禁止低于此价格的产品出口，此行为即构成对 GATT 第 11 条的违反。在欧共体对按特定程序加工的水果和蔬菜的最低出口价格、许可和保证金案（EEC—Minimum Import Prices）中，欧共体理事会的一项规章规定，对于番茄浓缩汁发放许可证前提是，进口商缴纳一笔保证金以确保产品的边境交货价（free-at-frontier price）加上关税不低于最低限价。该案专家组报告认为，"这一体制是与欧共体在第 11 条下的义务不一致的"❷。

除此之外，实践当中其他的一些措施，也普遍被认为属于数量限制措施。（1）进出口禁止：如不允许进口或出口石油电力、天然气等能源产品。（2）进出口自动约束：迫于压力，成员"自动"规定在某一时期内进出口某种能源产品的最高数额。（3）进口押金制：进口商在进口某种能源产品时，必须预先按进口金额的一定比率和规定的时间，在国家指定的银行无息存入一笔现金，才能进口。

总之，在 WTO/GATT 制度体系中，除非一项措施符合限制性例外条款的要求，任何限制能源原料及产品进口、出口或销售的措施都可能违背 GATT 第 11 条。一定程度上，这增加了 WTO 成员以贸易限制手段实现某些政策目标的难度，比如为减少环境污染禁止或以某种方式限制煤、焦炭等能源产品的进口或出口，往往就有违背一般禁止数量限制原则之嫌。以我国实施的焦炭出口管制措施为例，即使改变当前的配额限制措施，但只要实施的效果起到了限制焦炭出口的作用，可能也会招致违反一般禁止数量限制原则的指控。

2. 自带"例外"与能源贸易的高度关联

如前所述，WTO/GATT 希望的是"一网打尽"各种名目的数量限制措施，但因为 WTO/GATT 当中的种种例外规定，对能源产品实施的数量限制恰恰可能成为"漏网之鱼"。

让能源进口国不无担心的是，普遍取消数量限制原则的例外规定尤为详细，其中与能源联系最密切的当属 GATT 第 11 条第 2 款第（a）项："为防止或减轻出口缔约方的粮食或其他必需品的严重短缺而临时实施的出口禁止或限制；"一般认为，"其他必需品"应理解为防止国家资源枯竭而必需保护的产品，化石能源应该归入此列。所谓"严重短缺"指的是因国外售价暴涨而引起的国内供货短缺，而"防止或减轻"意味着有关缔约国可以在"严重短

---

❶ GATT Panel Report, Japan—Trade in Semi-Conductors, BISD 35S/116（1989），adopted 4 May 1988.

❷ GATT Panel Report, EEC Programme of Minimum Import Prices, Licences and Surety Deposits for Certain Processed Fruits and Vegetables, BISD 25S/68（1979），adopted 18 October 1978, para. 105.

缺"之前采取出口限制措施，而不一定等到此等短缺实际发生之后。❶ 因此，能源出口国援引 GATT 第 11 条自带的例外来实施数量限制并非难事，例如当能源原料或产品处在供货短缺状态时，能源出口国便可以禁止作为"必需品"的能源产品出口，或对之实施出口配额管理。尽管只是"临时"性的限制措施，总归都会影响能源原料与产品进口国的利益。同时，还有第（b）项例外"为实施国际贸易中的商品归类、分级和销售标准或法规而必需实施的进出口禁止或限制"，当中的"商品"按附件九的解释，包括了矿业产品，从而为石油、天然气、煤炭等生产国实行能源原料或产品数量限制措施又开了方便之门。

3. OPEC 限产措施是否属于 GATT 第 11 条范畴的数量限制

OPEC 的石油生产配额制度（production quota）一向使得石油进口国如鲠在喉，随着 OPEC 成员相继加入 WTO，石油进口利益国自然希冀借助 WTO 规则的力量向其挑战。美国一名参议员曾在 2004 年直截了当地呼吁美国"提起对 OPEC 的 WTO 之诉"以终结 OPEC "卡特尔"❷，理由便是那些拥有 OPEC 成员与 WTO 成员双重身份的国家所采取的石油生产配额措施构成对于 GATT 第 11 条取消数量限制的违反。此事一度引起学界热议，有人发现，OPEC 这一措施尽管产生了对于石油出口及供应的影响，但细究起来其本质上是在限制石油"生产"，而非石油出口，因此以第 11 条质疑 OPEC 的限产行为多少有些"名不正"且"言不顺"，因为 GATT 第 11 条当中根本未提及过"生产"行为。英国学者 Desta 对此表示反对，他从日本半导体案确立的原则出发，试图论证 OPEC 的限产措施是出于阻止原油出口价格下跌至某一限度，应视为通过最低价格要求所形成的出口数量限制措施，并为 WTO/GATT 第 11 条所禁止❸。然而又有学者指出尽管 WTO/GATT 争端解决实践中一向对于出口限制措施作宽泛解释，但这里的 OPEC 措施针对的是"尚未开采出来的石油"，有别于"已经开采出来能够用以交易的石油"，后者才是 WTO/GATT 管制的对象，两者不能混为一谈，否则将引起严重的后果，导致任何影响任一产业实现最大产能的措施都可能构成数量限制。❹

总之，欲以 GATT 第 11 条取消数量限制原则质疑 OPEC 限产措施的合法性，难度不小。况且，这不过是 OPEC 的第一道防线而已。后面尚有 GATT 第 20 条"一般例外"，以及 GATT 第 21 条"安全例外"为其构筑多重的屏障。

---

❶ 曾令良：《世界贸易组织法》，武汉大学出版社 1996 年版，第 193 页。
❷ 黄进：《中国能源安全问题研究——法律与政策分析》，武汉大学出版社 2008 年版，第 55 页。
❸ Melaku Geboye Desta, OPEC, the WTO, Regionalism and Unilateralism, Journal of World Trade, Vol. 37, 2003, pp. 523 – 551.
❹ 黄进：《中国能源安全问题研究——法律与政策分析》，武汉大学出版社 2008 年版，第 57~58 页。

第二节　GATT 1994 其他规定与能源贸易

GATT 的其他规定中，与能源贸易相关度最高的当属第 5 条过境自由规则，以及以第 17 条为中心的国营贸易规则。

一、过境自由规则

（一）"过境自由"的内涵

在题为"过境自由"的 GATT 第 5 条当中，包含了如下几个方面的内容。

第一是引入了"过境运输"的定义，即 GATT 第 5 条第 1 款：货物（包括行李）及船舶和其他运输工具，如经过一缔约方领土的一段路程，无论有无转船、仓储、卸货或改变运输方式，仅为起点和终点均不在运输所经过的缔约方领土的全部路程的一部分，则应被视为经该缔约方领土过境。此种性质的运输在本条中定义为"过境运输"。因此，在 GATT 体系下，过境运输的特征表现为以下几点：（1）进行运输的是货物与行李、船舶和其他运输工具。（2）全程运输中的一段经过该缔约方。（3）全程运输的起点与终点都在该缔约方以外。（4）在该缔约方的一段路程中可转船、仓储、卸货或改变运输方式。

第二是确立了"运输自由原则"，即对于来自或前往其他缔约方的过境运输，不仅应允许其自由通过，同时还要允许其从"国际过境最方便的路线"通过。

第三是关于过境涉及的收费与手续。在费用方面，缔约方"应免除关税和所有过境税或对过境征收的其他费用，但运输费用或与过境所必需的管理费或提供服务的成本相当的费用除外"。换言之，WTO 成员不能够就过境征收关税，也不能征收其他过境费用，但是可以征收过境过程中所产生的运输费用、管理费用或其他转运服务费用，前提是这些费用与管理或服务成本相当。在手续方面（诸如安全要求、通知、许可证要求等），要求"应合理，并应注意运输的条件"，且不能导致过境"受到任何不必要的迟延或限制"。

第四是规定了对于过境的非歧视待遇——实际上就是双重最惠国待遇义务。一方面，WTO 成员对于所有过境必须给予同等待遇，"不得因船籍、原产地、始发地、入港、出港或目的地，或与货物、船舶或其他运输工具所有权有关的任何情况而有所区分。""对于有关过境的所有费用、法规和程序，每一缔约方对来自或前往其他任何缔约方领土的过境运输所给予的待遇不得低于对来自或前往任何第三国的过境运输所给予的待遇"；另一方面，WTO

成员给予经由其他任何缔约方领土过境的进口产品的待遇，也不得低于给予直接到达的进口产品的待遇。

（二）能源的过境问题

石油、天然气及电力等能源产品通常经由管道或传输网络进行运输，能源过境历来是跨境能源贸易的关键事项之一。随着能源消费中心的增长与变迁，以及一些内陆国，如中亚地区的哈萨克斯坦、乌兹别克斯坦和土库曼斯坦发展为能源生产者与供应者，大量能源产品将跨越更多的边界，从生产地区向消费市场传送，能源过境因而更加引人瞩目。2006～2007年，俄罗斯与白俄罗斯因石油、天然气传输而起的能源争端曾经闹得沸沸扬扬，且超越了双边关系范畴，牵连整个欧洲惴惴不安[1]——白俄罗斯是俄罗斯石油和天然气输往欧盟国家的重要过境国，争执当中俄方通过"友谊"输油管道经白俄罗斯领土向欧盟国家供应石油一度被人为中断，致使欧盟国家的能源供应安全受到威胁。两国当时均非WTO成员，然而此争端充分彰示了能源过境通道与能源安全之间的重大干系，引起了对于WTO/GATT过境自由规则适用于能源贸易的充分性的思考。

根据上述"运输自由原则"，WTO成员在最惠国待遇基础上享有在"通过国际过境最方便的路线、来自或前往其他缔约方领土的过境运输，应具有经过每一缔约方领土的过境自由"。迄今为止，WTO/GATT未曾受理过有关违反GATT第5条的争端。一方面，这是由于过境运输争端眼下更多地出现在非WTO成员当中，尤其是能源过境运输争端；另一方面，恐怕与该条内容上的疏漏也不无关系，对于严重依赖管网进行传输的能源贸易来说，更多的时候，现实当中真正实施阻挠过境的大多是控制运输管道的公司，并非国家，比如上述争端中的白俄罗斯石油化工公司与俄罗斯国家石油管道运输公司。即使上述俄罗斯与白俄罗斯两国都成为WTO成员，该条规定仍然奈何不了在传输路线上作梗的公司行为。因为按照GATT第5条的措辞，WTO成员并无义务保证其境内控制能源管道的公司遵循GATT第5条的规定。同时，GATT第5条的非歧视待遇也未包含国民待遇义务，因此这里的运输自由仍然是大打折扣的。

---

[1] 俄罗斯长期以来一直以非常优惠的价格向白俄罗斯提供能源。2006年俄方提出，在白俄罗斯境内利用俄罗斯石油加工生产的石油产品的出口税中，85%应归俄方，余下的15%归白方。白俄罗斯不同意这一分配比例，并最终导致俄方从2007年1月1日起对出口到白俄罗斯的石油征收出口税。此后，白俄罗斯宣布对俄罗斯过境石油征收关税进行报复。随着争端升级，俄方通过"友谊"输油管道经白俄罗斯领土向欧盟国家供应石油一度中断，演变成为一场备受关注的"能源争端"。经过艰苦谈判，双方最终妥协。

二、国营贸易规则

（一）国营贸易企业的界定

典型的 WTO 义务仅仅关注政府行为而不直接涉及企业行为，因而 GATT 1994 第 17 条及其注释和补充规定、解释谅解书等"国营贸易企业"规则在整个 WTO 规则体系中显得颇为独特。其视线越过了政府的歧视性措施，直接着眼于特殊企业——国营贸易企业的行为并将之纳入调整范畴。❶

国营贸易企业（State Trading Enterprise，STEs）有别于私营贸易企业（private trading enterprise）的最本质的特点在于其与政府的特殊关系：或由政府控制，或经政府授予垄断权或特殊权，"因而在特定市场上有着重大权力，可能扭曲贸易的形势，以此引起经济损害"❷。如不加以控制，国营贸易企业的经营方式既可相当于一种变相关税，又能形成独特的数量限制。❸

对于什么样的企业构成国营贸易企业，GATT 第 17 条并未作出明确规定，根据"关于解释 1994 年关税与贸易总协定第 17 条的谅解"中的工作定义：国营贸易企业是指"被授予包括法定或宪法权力在内的专有权、特殊权利或特权的政府和非政府企业，包括销售局，在行使这些权利时，它们通过其购买或销售影响进出口的水平或方向"。从中可以归纳出以下三个特征。

（1）国营贸易企业的核心标志并不在于企业的所有权，而在于其拥有经营方面的专有权。因此，判断一个企业是否为国营企业，并非依照国家对企业资产的所有关系来确定，也无关企业经营中国家所起的作用，而在于其是否拥有专有权或特权（exclusive or special privilege）。"一家企业或公司即使为私人所有，如果它从国家接受某种进出口特权，而这种特权不为本国其他的企业或公司所享有，它同样属于第 17 条第 1 款第（a）项的国营企业。"❹

（2）国营贸易企业拥有法定的专有权与特权。国营贸易企业的"专有权与特权"来源于合法的授权，即这种"专有权与特权"的产生有法律上的依

---

❶ 唐旗：《WTO 国营贸易规则研究》，武汉大学 2002 年硕士学位论文，第 19 页。

❷ WTO Secretariat, Why Regulate State Trading, avaiable http：//www.wto.org/trade topics/state trading enterprises/STR，last visit on July 6, 2013.

❸ 国营贸易企业由于与政府的特殊关系，加之所享有的垄断地位或支配地位，在某种程度上可能被政府用作实现其贸易政策的工具，导致企业行为以政府导向而非经济因素为依据。如此一来，WTO 诸多原则与规则可能通过国营贸易企业的种种限制性商业实践（restrictive business practices）被轻易规避，常见的是破坏市场准入义务。例如，拥有某一特定产品进口垄断权的国营贸易企业可通过将特定产品的再销售价格确定在一个极高的价位上，以此来抵消 WTO 关税减让计划表中的关税减让成果，以及破坏 GATT 第 2 条所设定的纪律，从而达到保护国内市场的目的，同时，该企业进口特定产品的数量则可构成实际上的数量限制。

❹ 曾令良：《世界贸易组织法》，武汉大学出版社 1998 年版，第 206 页。

据因而具有确定性和可预见性，授予权力的方式是多种多样的，有宪法、法律规定的，也有政府在职权范围内给予的。"专有权"意思接近于 GATT 第 2 条第 4 款里的"垄断权"（monopoly），"特权"一般指政府给予大于同行其他企业的权力，但尚未达到独占或垄断程度的地步。

以能源企业为例，GATT 第 17 条意义上的"专有权或特权"主要包括以下几种。①从事某些能源产品进出口贸易以及获取进口或出口许可证的权利。②加工特定能源产品用于出口，或加工进口能源产品用于国内消费的权利。③取得政府所赋予的控制某些能源产品价格与数量，以及分配进口能源产品的授权。④享受政府对于某些能源产品进口、出口、市场开拓或国内生产与分销发放的补贴的权利。⑤取得政府所赋予的通过购买、仓储、销售某些能源产品以稳定国内供应、需求和产品价格的授权。⑥取得政府所赋予的设立或改进某些产品标准与生产标准，包括检验、检疫标准的特权。

（3）特定国营贸易企业就其享有专有权的产品所从事的购买与销售活动在很大程度上可以左右该缔约方就该产品的进出口贸易数额或进出口方向（指向何地区或何国进口与出口）。❶

众所周知，能源领域历史上长期为垄断企业所盘踞，受传统能源安全观影响而盛行一时的看法是：出于保证能源可靠供应，避免消费者受到市场波动与高价格的影响，政府应对能源贸易施以强有力的控制，不能任其由市场力量支配，而国有垄断企业正是实现这种控制的有效手段甚至最佳方式，政府应通过对国有垄断企业的经营活动施以实质性的影响，利用这些企业来实现其政策目标，包括管理能源市场以及控制进口与出口的水平确保对于能源市场的掌控。唯其如此，能源安全才更有保障。纵使这种观念在最近 20 年间得以逐步修正，能源领域经历了种种变革，在 WTO 成员境内，仍有为数不少的能源企业满足 GATT 第 17 条国营贸易企业的特征，或为政府拥有，或为其控制，在能源产品运输交通、传输、分销体系、贮存等方面享有某些专有权或特权，并对能源产品国内国际贸易产生影响。❷ 值得注意的是，GATT 附件九在关于第 17 条第 1 款第（a）项的注释中规定了一项排除条件："为保证对外贸易活动中的质量标准和经营效率而实施的政府措施，或为开发国家自然资源而给予、但不授权政府对所涉企业的贸易活动进行控制的特权，不构成'专有权或特权'"。因此仅获得开发能源特权并不足以使能源公司成为国营贸易企业，而被政府赋予诸如控制能源运输网络或管理能源转运、分销、贮存、进出口等权利的能源公司则属于国营贸易企业。

---

❶ 唐旗：《WTO 国营贸易规则研究》，武汉大学 2002 年硕士学位论文，第 13~15 页。
❷ WTO 秘书处在 1995 年一份关于国营贸易企业的背景文件（G/STR/2）中提到：当国家选择这些企业作为管理产品的手段时，当然对该产品的国内与国际贸易均会带来影响。

（二）GATT 第 17 条对能源贸易的基本要求

WTO/GATT 多边贸易体制对于国营贸易企业的态度是，允许 WTO 成员在其境内维持国营贸易企业，但必须承担相应义务。因此，WTO 成员在境内设立或维持能源领域的国营贸易企业，并不违反 WTO 义务，但是该成员必须做到以下几点。

1. 保证其境内的能源国营贸易企业按非歧视待遇的一般原则行事❶

这是 WTO/GATT 框架下国营贸易企业的核心义务，包含以下两方面的要求。

（1）只以商业上的考虑进行购买或销售，包括价格、质量、货源情况、可推销性、运输及其他购销条件，即不应将其他非经济的目的掺杂在内。（2）给予其他成员的企业充分机会参与购销竞争。

理论与实践表明，GATT 第 17 条下非歧视原则只涉及最惠国待遇的要求❷，且不是严格意义上的"最惠国待遇"，因为它允许"一国营企业在不同市场以不同价格销售一产品，只要此类不同价格是出于商业原因，为适应出口市场中的供求条件而收取"（GATT 第 17 条的注释和补充规定），即最惠国待遇可能被"商业上的原因"淡化。

2. 不得阻止能源国营贸易企业依非歧视待遇与商业考虑行事

本项义务可视作对于前一项义务的保障，着眼于排除政府干预。因为任何企业如果只是单纯地作为一个商业实体，不被用于政府的政策工具，其从事贸易扭曲行为的机会将会大大地减少。

3. 通知义务

为了增加 WTO 成员国营贸易企业经营活动的透明度，成员应向货物贸易理事会通知以下事项。

（1）其境内所有从事进出口贸易的国营贸易企业，包括能源国营贸易企

---

❶ 值得注意的是，非歧视的义务虽然直接作用于企业，但确是由国家来保证。至于政府如何使得企业以符合非歧视待遇的一般原则行事，第 GATT 第 17.1 条并未明确，迄今涉及 GATT 第 17 条的几个专家组也没有对此加以澄清，但从专家组报告字里行间的语言表述以及涉案各方的普遍观点来看，"倾向性的结论似乎是：第 17 条没有对成员履行义务的方式作出要求的结论，也可以说是一种'结果的义务'"。参见纪文华："WTO 加拿大小麦案：如何管理国营贸易企业"，载《国际商报》2004 年 12 月 27 日第 4 版。

❷ 从 GATT 第 17 条本身条文措辞来看，有关国营贸易企业的非歧视待遇义务限于其进出口方面的"购买"与"销售"活动，由此可推定该项义务只涉及最惠国待遇的要求。1952 年专家组关于比利时家庭津贴案（Belgian Family Allowances）的报告称："GATT 第 17 条第 2 款的例外显示，它仅指本条第 1 款确立的原则，比如，按照商业考虑进行购买的义务，并不延伸至第 3 条（即国民待遇）涉及的事物。"WTO 官方网站在概括缔约方关于国营贸易的实体义务时措辞为：非歧视，通常指"最惠国待遇"（non-discrimination, commonly referred to as "most favoured nation"）。

业。(2) 这些国营贸易企业进口或出口的产品。❶

（三）能源贸易实践中突出的法律问题

1. 通知义务履行的尴尬状况

一直以来，无论从数量上，还是质量上看，WTO 成员履行国营贸易企业通知义务的总体情况，都显得极不理想。关于能源领域国营贸易企业的通知，亦不例外。比照上述国营贸易企业的定义，人们的一般感觉之中，能源似乎是国营贸易企业颇为集中的领域，然而通知义务履行当中反映出来的却是与固有印象相去甚远的情况。

以几个主要能源出口国成员为例，沙特阿拉伯、尼日利亚、卡塔尔、阿拉伯联合酋长国、委内瑞拉、印度尼西亚已向货物贸易理事会递交通知，科威特尚未递交。其中，沙特阿拉伯、尼日利亚、卡塔尔、阿拉伯联合酋长国、印度尼西亚在通知中均表示，在其境内不存在 WTO/GATT 意义上的国营贸易企业。仅有委内瑞拉通知其国有石油公司 PDVSA 为国营贸易企业，并陈述其维持这一国营贸易企业的理由为："鉴于石油工业对于委内瑞拉的重要性以及为了国家安全起见，石油工业保留为委内瑞拉国家所有……管理石化工业是委内瑞拉的国家事务。因此，石化产品的进口以及出口等活动由这一企业从事，私营企业仅在营销过程中扮演角色。"❷实际上这样的情况在上述其他几个能源出口国也都存在，但是后者并没有就类似的企业递交通知。

显然，WTO 成员是按照各自的理解来履行 GATT 第 17 条的通知义务的，而不同成员对于"国营贸易企业"这一术语的理解存在着诸多不一致的地方，其中一些能源出口国很可能误读了"国营贸易企业"的内涵与外延。例如，有学者研究发现，当今世界上最大的石油公司——沙特阿拉伯的国有石油公司沙特阿美也是"不折不扣地享有沙特原油生产和贸易的全权垄断"。沙特阿美不仅全权掌控沙特的原油出口水平与国内供应量，同时其出口能力与规模亦对国际原油市场发挥着决定性影响。它拥有全球 22% 的原油储量，13.5% 的原油实际生产与 16% 以上的原油出口，是业界公认的"调节市场均衡的生产者"。因此，沙特阿美完全具备国营贸易定义的三个要素❸，但沙特阿拉伯方面却不曾将沙特阿美视为国营贸易企业。

不尽如人意的通知状况与相关规则中定义本身的模棱两可有关，也与各成员对履行通知义务的重视程度有关。其结果便是，能源贸易利益攸关国递交的通知中所表明的其境内能源领域国营贸易企业的状况存疑，WTO 成员中

---

❶ 唐旗：《WTO 国营贸易规则研究》，武汉大学 2002 年硕士学位论文，第 18~23 页。

❷ Sanam S. Haghighi, Energy Security—The External Legal relations of the European Union with Major oil and Gas Supplying Countries, Modern Studies in European Law, Hart Publishing, 2007, pp. 263 - 264.

❸ 叶玉：《石油贸易措施的国际法规制》，复旦大学 2007 年博士学位论文，第 102~107 页。

能源国营贸易企业分布情况、这些企业与政府的关系、企业自身经营活动状况因此缺乏透明度与准确性，从而导致 WTO 成员彼此之间难于了解他方履行 GATT 第 17 条等国营贸易实体规则的情况，WTO 对能源国营贸易企业的监督也变得无从入手。

2. 能源国营贸易企业与传输网络有关的贸易扭曲实践

需要注意的是，WTO/GATT 国营贸易纪律并不限于 GATT 第 17 条。

首先，GATT 第 2 条"减让表"第 4 款规定："如任何缔约方形式上或事实上对本协定所附有关减让表中列明的任何产品的进口设立、维持或授权实行垄断，除非该减让表中有所规定或最初谈判减让的各方之间另有议定，否则此种垄断不得以提供平均超过该减让表所规定的保护水平的方式实施。本条的规定不得限制缔约方使用本协定其他规定所允许的、对本国生产者提供任何形式的援助。"此处的垄断也包括以国营贸易方式实行的垄断。因此，如果一个成员的电力行业由国营贸易企业垄断，则这个成员不能通过国营贸易企业向国内生产商提供超过关税的保护。例如，如果是其国营贸易企业进口电力产品，而后又在国内市场销售，则这一成员应保证这些国营贸易企业不以超出进口价加上关税的价格销售，除非加价属于合理的费用及盈利。这一规定显然旨在保障关税减让的效果不为通过国营贸易形成的变相关税相抵消。

其次，GATT 注释和补充规定中提到"在第 11 条、第 12 条、第 13 条、第 14 条和第 18 条各规定中，所称'进口限制'或'出口限制'包括通过国营贸易企业的活动所实施的限制"。也就是说，实践当中，尽管成员政府本身未实施违反 GATT 第 11 条的禁止数量限制的规定，但通过其国营贸易企业的内部歧视实践来实施。比如一个国营企业或进口垄断实施的天然气进口配额限制，或者一个国营企业有着电力、天然气等的进口及分销垄断权，其内部限制分销的规定也构成对进口的限制。因为，如果这个垄断企业拒绝分销进口电力，商品也就没有市场入口通道。这一类的内部歧视实践可能导致违反 GATT 第 11 条。

总之，WTO/GATT 国营贸易规则框架已经注意到国营贸易企业扭曲贸易的方式多样，并且完全可能存在于国内环节，而不仅仅出现在进口购买或出口销售活动当中。对于一般商品而言，以上两种情况当然是最为常见与最为严重的通过国营贸易实施的贸易扭曲行为，也是促使国营贸易一开始就在《哈瓦那宪章》与 GATT 起草过程中被摆上桌面，被视为影响"贸易自由化"实现的五大贸易壁垒之一的因素。❶ 因此，WTO 法对于上述两种可能通过国营贸易实施贸易扭曲的情形规范得较为明确，意图扼制成员通过国营贸易企

---

❶ 其他四大壁垒为关税、海关手续、数量限制、补贴。

业的国内销售活动来规避其 WTO/GATT 义务。

然而，就能源领域而言，国营贸易企业若试图扭曲贸易，除了国内销售活动以外，还另有一个途径，那就是在传输网络限制上做文章。由于能源贸易严重依赖传输网络，因此成员可能通过国营贸易企业操控其辖下的传输网络实现扭曲贸易的政策目标。比如一个拥有电力管网控制权或进口垄断权的国营企业，对不同成员的电力公司提供条件不同的网路准入权，而对于严重依赖传输网络的能源贸易而言，这正是参与竞争的主要条件，如此一来，便轻易抵消掉了进口环节的最惠国待遇。另一种可能是，这个企业索性对所有其他成员的电力销售者都开出苛刻的要价，使得关税减让的效果不复存在，或造成事实上的数量限制。

总之，现行的 WTO/GATT 国营贸易规则疏于规范能源国营贸易企业在传输活动中的行为。而鉴于能源贸易的特殊性以及能源领域国营贸易企业的相对密集性，GATT 对相关国营贸易企业利用网络扭曲贸易的现象缺乏规制，不能不说是其适用于能源贸易的一个重大不足。

第三节　GATT 1994 的例外条款与能源贸易

任何长久机制都富有一定的弹性。GATT 的设计者们深谙这一规律，因而在总协定法律框架当中嵌入了若干例外规定，以"绕开极为敏感的'主权权利'这个暗礁，使自由贸易原则得以顺畅的通行和运转"[1]。正因为如此，WTO/GATT 多边贸易规则体系素有"例外的迷宫"之称。[2] 众所周知，能源贸易之于普通商品贸易最大的区别，即在于其与国家主权权利的密切关联度，因而自由贸易原则一旦驶入能源领域，便容易搁浅在一系列"例外"的滩头。

一、一般例外与能源贸易

（一）GATT 第 20 条"一般例外"与能源贸易概述

GATT 第 20 条"一般例外"由两部分组成，第一部分是引言："在遵守关于此类措施的实施不在情形相同的国家之间构成任意或不合理歧视的手段或构成对国际贸易的变相限制的要求前提下，本协定的任何规定不得解释为阻止任何缔约方采取或实施以下措施："

紧接着，第二部分列出了 10 项例外情形：

---

[1] 赵维田：《世贸组织（WTO）的法律制度》，吉林人民出版社 2000 年版，第 325 页。
[2] 曾令良、陈卫东："论 WTO 的一般例外条款与我国应有的对策"，载《法学论坛》2001 年第 4 期。

（a）为保护公共道德所必需的措施；

（b）为保护人类、动物或植物的生命或健康所必需的措施；

（c）与黄金或白银进出口有关的措施；

（d）为保证与本协定规定不相抵触的法律或法规得到遵守所必需的措施，包括与海关执法、根据第2条第4款和第17条实行有关垄断、保护专利权、商标和版权以及防止欺诈行为有关的措施；

（e）与监狱囚犯产品有关的措施；

（f）为保护具有艺术、历史或考古价值的国宝所采取的措施；

（g）与保护可用尽的自然资源有关的措施，如此类措施与限制国内生产或消费一同实施；

（h）为履行任何政府间商品协定项下义务而实施的措施，该协定符合提交缔约方全体且缔约方全体不持异议的标准，或该协定本身提交缔约方全体且缔约方全体不持异议；

（i）在作为政府稳定计划的一部分将国内原料价格压至低于国际价格水平的时期内，为保证此类原料给予国内加工产业所必需的数量而涉及限制此种原料出口的措施；但是此类限制不得用于增加该国内产业的出口或增加对其提供的保护，也不得偏离本协定有关非歧视的规定；

（j）在普遍或局部供应短缺的情况下，为获取或分配产品所必需的措施；但是任何此类措施应符合以下原则：即所有缔约方在此类产品的国际供应中有权获得公平的份额，且任何此类与本协定其他规定不一致的措施，应在导致其实施的条件不复存在时即行停止。

一方面，GATT第20条"一般例外"允许WTO成员为维护本国的重大利益，偏离或背离GATT义务（如最惠国待遇义务、国民待遇义务等）；另一方面，GATT第20条设定了严格的条件，以维护WTO/GATT多边贸易体制的完整性、稳定性与可预见性。[1]

在WTO/GATT争端解决实践当中，援引GATT第20条的案例屡见不鲜，尤以近20年间为甚。从趋势上看，随着贸易与环境的关系受到越来越多的关注，对于GATT第20条的解释也逐渐由狭隘转向宽泛。

理论与实践表明，如欲成功地援引GATT第20条，有两个障碍需要逾越。（1）论证所采取的措施属于十项例外措施之一。（2）必须通过GATT第20条引言部分的三项检验，即措施的应用是否是任意性的歧视、是否构成不合理的歧视、是否属于进行贸易限制的借口。如在1996年美国汽油标准案当中，上诉机构尽管认同美国关于其所采取的措施属于第g款范畴的主张，但认定

---

[1] 曾令良、陈卫东："论WTO的一般例外条款与我国应有的对策"，载《法学论坛》2001年第4期。

该措施未能符合 GATT 第 20 条导言部分的要求，最终美国的主张不构成有效抗辩。

以与能源贸易的关联度而言，十项例外措施可大致归为以下几类：第一类是与能源贸易高度相关的措施，即第 b 款、第 g 款、第 d 款、第 i 款的措施；第二类是与能源贸易有一定关联的措施，即第 e 款、第 h 款、第 j 款；第三类是与能源贸易基本无关的措施，即第 a 款、第 c 款、第 f 款；等等。❶

（二）与能源贸易高度相关的例外措施

1. GATT 第 20 条第 b 款 "为保护人类、动物或植物的生命或健康所必需的措施"

GATT 第 20 条第 b 款清楚地表明，"健康"高于"贸易"，出于保护健康的需要，成员可偏离自由贸易原则而实施相应的贸易限制。由于能源与环境（也就是人类、动植物的生存处所）之间的密切关联，一些成员控制环境污染、保护生命健康的措施可能会表现为能源贸易限制措施；当然也有可能是，一些能源贸易限制措施借助了"控制环境污染，保护生命健康"的由头，掩盖其贸易保护的真实目的。迄今为止，只有两起争端直接涉及 GATT 第 20 条第 b 款，其中就有上文提到的 1996 年美国汽油标准案。

综合 WTO 理论与实践来看，WTO 成员以 GATT 第 20 条第 b 款为理由，采取能源贸易限制措施时，必须满足以下三个条件：（1）目标特定性，即为了保护人类、动物或植物的生命或健康；（2）方式必需性，即为实现上述目标，必须采取该项措施；（3）在前两个条件得到满足之后，通过前言的检验。

就第一个条件而言，如果贸易限制措施与健康无关，或对健康保护没有影响，就不能实施。就第二个条件而言，即使有正当的健康保护目标，在贸易限制方式的选择上，还要经得起"必需性"检验——在 1990 年泰国香烟案（Thailand—Cigarettes）中，专家组认为，泰国对香烟进口实施许可证管理，并课以若干税费限制香烟进口的做法，属于第 20 条第 b 款范畴；但是该项例外所要求的是保护人民健康所必需的措施；缔约方如果存在其他的、应合理期望使用的、与 GATT 无抵触的替代措施，来达到保护人民健康的目的，则采取的与 GATT 相抵触的措施，就不是所必需的措施；泰国实际上存在若干与 GATT 无抵触的措施来控制香烟的数量与质量，如调节香烟的供应量、价格、零售范围等。因此，专家组裁定，泰国允许本国香烟销售而不允许香烟进口的做法与 GATT 第 20 条第 b 款意义上的"所必需的"不符。❷

---

❶ Energy Charter Secretariat, Trade in Energy: WTO Rules Applying under the Energy Charter Treaty, 2002, p. 49.

❷ GATT Panel Report, Thailand—Restrictions on Importation of and Internal Taxes on Cigarettes, BISD 37S/200 (1991), adopted 7 November 1990, para. 76 – 81.

1996年美国汽油标准案也涉及 GATT 第 20 条第 b 款的能源贸易限制措施案件，专家组认为"要审查的不是政策目标的必要性，而是与 GATT 其他条款不符的措施对于实现该第 20 条中列举的目标的必需性，对于被诉方美国而言，如果存在合理获得的与 GATT 相一致的或较少不一致的措施，（系争措施）就不能满足'必需性'要求"❶。

因此，WTO 成员出于保护健康的目标，实施能源贸易限制措施时，首先应寻求采取某种与 GATT 相一致的措施（如谈判一个多边贸易协定以抑制空气污染、或者对燃料油开征非歧视的高税收等），如果这类措施仍不能实现健康保护目标，则应选择虽与 GATT 不一致，但是不一致程度较小的措施。举例来说，与其直接禁止进口某种化石燃料，可能采取在进口燃料或其他能源产品上加贴"绿色"标签更为妥当。

2. GATT 第 20 条第 g 款"与保护可穷竭的自然资源有关的措施"

要成功援引 GATT 第 20 条第 g 款，必须同时符合以下四个条件："实施的措施是为养护可穷竭的自然资源的政策；该措施是关于养护可穷竭的自然资源；该措施与对国内的生产或消费限制一道实施；实施该措施的方式符合第 20 条引言的要求"❷。其中关键性的事项包括以下几个方面。

（1）如何解读"可穷竭的自然资源"。仅从字面上看，"可穷竭的自然资源"这一表述已经使得 GATT 第 20 条第 g 款与能源贸易之间的关联显而易见。GATT 虽然未就"可穷竭的自然资源"明确定义，但是矿产品属于"可穷竭的自然资源"从未遭到任何质疑——像石油、煤炭这类的能源矿产品明显是供给有限的资源，由于人类的活动在某种情况下是可以耗尽的、穷竭并灭失的——甚至从某种意义上看，GATT 第 20 条第 g 款最初的设计目的便是为了允许成员对其矿产品实施出口限制❸，使得缔约方可以借此保护石油、煤等能源矿藏。美国虾与海龟案（US—Shrimp）中，上诉机构也曾提及"第 20 条的规定并不限于矿产资源的保护……生物资源和石油、铁矿石以及其他非生物资源一样，都是有限的"——言下之意，矿产属于可穷竭的自然资源原本是 GATT 第 20 条题中应有之意。因此，GATT 第 20 条第 g 款显然为这类能源产品的出口国实施出口贸易限制措施开了方便之门。以 Hussein Abdallah❹ 为代表的一些学者据此主张 OPEC 限产政策行为的合法性，认为限产的目的就是使石油资源的消耗程度维持在一个合理的水平上，或避免因油价过低而浪费

---

❶ 曾令良、陈卫东："论 WTO 的一般例外条款与我国应有的对策"，载《法学论坛》2001 年第 4 期。
❷ 曾令良、陈卫东："论 WTO 的一般例外条款与我国应有的对策"，载《法学论坛》2001 年第 4 期。
❸ Energy Charter Secretariat，Trade in Energy：WTO Rules Applying under the Energy Charter Treaty，2002，p. 54.
❹ Hussein Abdallah 为埃及石油部前高级次长，著名能源经济专家。

第三章 现行WTO规则适用于能源贸易的法律分析

石油资源，因而根据 GATT 第 20 条第 g 款是完全合理的。[1]

至于其他能源，如电力、核能等，是否也在"可穷竭的自然资源"之列，则有待进一步澄清。伴随着多边贸易体制的争端解决实践，对于"可穷竭的自然资源"的解释也在逐步发展，美国虾与海龟案的专家组注意到 GATT 第 20 条第 g 款中"自然资源"这一术语，在其内容或涉及事物方面，并非是"静止（static）的而是被进化式的界定。在这种思路指引之下，这一术语已延伸到生物与非生物资源，尤其是濒危的物种（如海龟等濒临灭绝的海洋生物），可再生资源与非可再生资源[2]，GATT 第 20 条第 g 款从而被进口国频频援引为环境措施的护身符。

由于近年间贸易与环境的关系受到高度关注，WTO 争端解决实践中与 GATT 第 20 条第 g 款相关的进口措施案件几乎都成为了经典案例，上文提到的汽油标准案便是其中之一，其被告方美国主要的抗辩理由便是 GATT 第 20 条第 g 款。汽油标准案起因于能源进口贸易限制措施，被告美国作为汽油进口国，所要保护的"可穷竭的资源"并非能源资源，而是洁净的空气。虽然最后美国败诉，但"洁净的空气"在专家组报告中得以明确属于 GATT 第 20 条第 g 款意义上的"可穷竭的自然资源"。自此，第 20 条第 g 款不再局限于为能源出口贸易限制措施保驾护航，一些能源进口贸易限制措施也与 GATT 第 20 条第 g 款扯上了关系。例如，WTO 成员可能会对进口能源产品实施高环保标准要求，凡不达标的能源产品不予进口，以保护动植物资源，或者洁净的空气等"可用尽的自然资源"免受或少受非环境友好型能源产品的不利影响。根据 GATT 第 3 条，这类措施原本在相似产品（国内绿色能源产品以及进口非绿色能源产品）间构成了歧视，从而违反了国民待遇义务。但在 GATT 第 20 条项下，这种违反可能被合法化，理由是该措施保护的不是国内的能源产品，而是可用尽的生物资源或洁净空气。

（2）是否允许"域外保护"。关于是否允许对可穷竭的自然资源进行"域外保护"存在争议。争端解决实践中，1991 年美国限制进口金枪鱼案[3]

---

[1] 黄进：《中国能源安全问题研究——法律与政策分析》，武汉大学出版社 2008 年版，第 60 页。

[2] 美国虾与海龟案的上诉机构认为"可再生资源"也可能被视为于"可用竭"的自然资源"："在文本上，第 20 条第（g）款并未限于保存'矿藏'或'非生物'性的自然资源。原告主要的论据根植于这一观念——'生物'资源是"可再生"的因此能被视为"可用竭"的自然资源。我们不认为"可用竭"自然资源与"可再生"自然资源完全相互排斥。现代生物科学使我们认识到许多生物物种，虽然在原则上是可繁殖的，也即在此意义上是"可再生的"，但在某种环境下由于人类频繁的活动，确实变得易于损耗、枯竭、灭绝。生物资源与石油、铁矿石及其他非生物资源一样是'有限的'"。WTO Appellate Body Report, WT/DS58/AB/R, adopted May 1998, para. 128.

[3] GATT Panel Report, United States—Restrictions on Imports of Tuna, DS21/R, 1991, BISD 39S/155 (1993), unadopted.

(US—Tuna)专家组提到过：一国只有在一种可穷竭的自然资源处于其管辖权范围内时，才能有效地控制该可穷竭自然资源的生产和消费。似乎对"域外保护"持否定态度，但是也并不是断然否定。近期的案例只是强调措施采取国和被保护的资源之间要有足够的关联（sufficient nexus）（如美国虾与海龟案❶）。通常而言，限制能源进口措施所保护的往往都是采取措施国的资源，如能源产品利用过程中所影响到的洁净空气或动植物等。但是在核能贸易中，进口国有可能会以保护核能生产国的资源为由限制进口核能产品或以核能生产的电力——实施限制措施的成员总是能够千方百计找出其管辖范围与核能产品之间的关联，比如核灾难对其境内动植物，或者对其国民呼吸的空气造成跨境影响等；在生物燃料贸易当中，也有类似的情况，一些立足于产品整个生命周期的规制措施，已经将规制对象延伸至域外的环节，当事国声称的理由多是基于对生态环境的影响，这些措施是否满足"足够的关联"要求，有待争端解决机制的个案澄清。

（3）相关性检验。与前述 GATT 第 20 条第 b 款相比，GATT 第 20 条第 g 款并没有要求"必需性检验"，因此检验没有那么严厉，只要与可用竭资源之间有关即可。WTO/GATT 争端解决实践表明，第 g 款的范畴不仅包括对养护可穷竭的自然资源"必需或至关重要的措施"，还包括了范围更为广泛的"有关措施"——只要这些措施的目的是保护可穷竭的自然资源，同时，措施与目的之间还应有实质性的或者说是"紧密的与真实的"关系，即措施对于实现目的是合理的和成比例的。下文将要剖析的汽油标准案是关于 GATT 第 20 条第 g 款相关性检验的经典案例，上诉机构与专家组给出了不同的解释。

（4）"与国内生产与消费措施一道实施"的理解问题。这一规定强调的是在以养护的名义实施对可穷竭的自然资源的生产或消费的限制时，应具备"公正性"。如果对国内生产的类似产品根本没有施加任何限制，所有的限制只施于进口产品，例如限制进口某些能源产品以保护清洁空气，同时对国内能源生产与消费不采取相应措施，则该措施明显是为了保护当地产品的歧视性措施。然而，需注意的是，在汽油标准案中，上诉机构认为，该款并不是要求对于国内生产与消费的措施与对进口产品的措施一样，只是要求公平实施（even-handedness）❷。

---

❶ 该案上诉机构报告认为："我们并不是要对第 20 条第 g 款中是否暗示了管辖权限制，如果有的话，这种限制的性质和程度这一问题发表意见。我们只是注意到在本案的特定情形下，在美国援引第 20 条第 g 款的目的与迁徙性的濒危海生动物之间具有充分的联系（a sufficient nexus）。"

❷ WTO Appellate Body Report, United States—Standards for Reformulated and Conventional Gasoline, WT/DS2/AB/R, 1996, adopted 20 May 1996, pp. 20–21.

3. GATT 第 20 条第 d 款 "为保证与本协定规定不相抵触的法律或法规得到遵守所必需的措施"

GATT 第 20 条第 d 款允许某些贸易限制——这类贸易限制本身可能偏离了 GATT 的规定,比如与最惠国待遇条款或国民待遇条款不一致,但是实施这些贸易限制的目的是实现其他与 GATT 一致的规定。举例来说,某项对假冒商品实施进口禁止的措施,可能违反了对相似产品给予国民待遇的义务,但这么做的目的是保护与 GATT 不相抵触的知识产权。

实践当中,GATT 第 20 条第 d 款与能源贸易关联最密切的,主要是根据 GATT 第 17 条实行的有关垄断措施。上文已提及为数不少的能源贸易企业属于 GATT 第 17 条意义上的"国营贸易企业"范畴,为了维持能源国营贸易企业的进出口垄断权——这个目的是与 GATT 不相抵触的,就必须要对其他能源贸易者实施进出口限制。

美国 337 条款案(US—Section 337)表明,援引 GATT 第 20 条第 d 款同样要经过"必需性检验",该案专家组已澄清,GATT 第 20 条第 b 款与第 d 款中的"所必需的"的含义相同。因此,与援引 GATT 第 20 条第 b 款一样,"如果存在合理获得的与 GATT 相一致的或较少不一致的措施,就不能满足'必要性'要求"❶。

4. 第 i 款 "作为政府稳定计划一部分的限制措施"

根据 GATT 第 20 条第 i 款,WTO 成员可以对能源产品,诸如石油、天然气、煤、电力等采取出口限制或出口配额,前提是能够表明这些限制全部满足以下要求:(1)实施该出口限制措施的目的是为了保证国内加工产业(使用能源作为生产或原料投入品)所必需的能源资源的基本数量;(2)该措施是政府价格稳定计划的一部分,用以保持国内能源及能源产品价格低于世界市场价格;(3)所实施的出口限制不是为了支持国内工业获得较低价格的能源资源投入品;(4)所实施的出口限制不是为了保护国内工业,(5)所实施的出口限制必须是在最惠国待遇的基础上采取的。

(三)与能源贸易有一定关联的例外措施

从理论上说,GATT 第 20 条第 e 款、第 h 款、第 j 款包含的三种措施也可能与能源贸易有一定的联系,但因为涉及的情形较特殊因而实践中并不常见。例如,依据第 e 款,如果石油或电力等能源产品生产过程中涉及监狱劳力,则进口缔约方可以实施与 GATT 第 6 条不一致的进口禁止或对以与国民待遇义务不一致的方式对之歧视征税。

---

❶ GATT Panel Report, United States—Section 337 of the Tariff Act of 1930, BISD 36S/402 (1990), adopted 7 November 1989, para. 5. 26.

GATT 第 20 条第 h 款涉及"任何政府间商品协定",主要是针对初级产品的商品协定。煤炭、原油等固然属于初级产品范畴,但是迄今为止没有任何一个"政府间商品协定"正式提交至 GATT/WTO 多边贸易体制,"缔约方全体且缔约方全体不持异议的标准"因而也尚未确立。该款在实践中仍然缺乏可行性。

至于 GATT 第 20 条第 j 款"在普遍或局部供应短缺的情况下,为获取或分配产品所必需的措施",最初放进 GATT 之中只是为了解决战后过渡时期的短缺,之后也仅仅是适用于自然灾难导致的短缺。不过在极端天气等气候灾害或地质灾害趋于频繁的当今世界,类似卡特里娜飓风造成的石油短缺会否更多地出现,也未可知。第 j 款因而也有可能会发挥更大的效用。采取 GATT 第 20 条第 j 款的措施时必须符合以下原则:所有缔约方均有权得到该产品的国际供应公平份额;任何此类措施凡不符合本协定其他规定者,一旦导致它们实施的条件不复存在时,应立即停止实施。❶

总之,从上述分析中可以得出的一个结论是,第 20 条一般例外涉及的一系列"主权权利暗礁",大都能成为能源贸易措施(包括刻意的能源贸易保护措施)的栖身之地,因而无论能源出口国,还是能源进口国,在采取各种与 WTO/GATT 不一致甚至相悖离的能源贸易措施之际,都有很好的机会援引第 20 条一般例外使之合法化,能源贸易也因而朝着自由贸易原则的反方向渐行渐远。

二、安全例外与能源贸易

(一) GATT 第 21 条的规定

"相对于经济利益来说,国家安全显然居于更为重要的位置。"❷ 出于对主权国家安全利益的考虑,GATT 在规定自由贸易原则的同时,以第 21 条"安全例外"规定了若干例外,以允许缔约方为了其安全需要,背离总协定的规则。换言之,缔约方在 GATT 第 21 条所列范围内采取的行动不受 GATT 义务的约束。

GATT 第 21 条规定:

本协定的任何规定不得被解释为:

(a) 要求任何缔约方提供其根据国家基本安全利益认为不能公布的资料;

(b) 阻止任何缔约方采取其认为对保护其基本国家安全利益所必需的任

---

❶ 欧福永:"论 WTO 的一般例外与安全例外制度",载《世贸组织(WTO)的法律制度——兼论中国"入世"后的应对措施》,中国方正出版社 2003 年版,北大法律信息网,http://article.chinalawinfo.com/Article_ Detail.asp? ArticleID =23003,2013 年 9 月 3 日最后访问。

❷ 赵维田:《世贸组织(WTO)的法律制度》,吉林人民出版社 2000 年版,第 344 页。

何行动：

（ⅰ）与裂变和聚变物质或衍生这些物质的物质有关的行动；

（ⅱ）与武器、弹药和作战物资的贸易有关的行动，及与此类贸易所运输的直接或间接供应军事机关的其他货物或物资有关的行动；

（ⅲ）在战时或国际关系中的其他紧急情况下采取的行动；或

（c）阻止任何缔约方为履行其在《联合国宪章》项下的维护国际和平与安全的义务而采取的任何行动。

能源贸易与国家安全向来有着密不可分的联系，因此 GATT 第 21 条对于能源贸易的意义亦非同小可，尤其是 GATT 第 21 条第 b 款与能源有着极大的关联。

（二）与能源相关的"安全例外"措施范围

1. GATT 第 21 条第 b 款所涉及的能源措施

GATT 第 21 条第 b 款前两项涉及为保障平时"基本国家安全利益"的措施，后一项则关乎战时或紧急状态下的"基本国家安全利益"保障措施，从其措辞来看，不少能源贸易措施都大有机会进入 GATT 第 21 条第 b 款的范畴。

如第（1）项"与裂变和聚变物质或衍生这些物质的物质有关的行动"即涉及核能产品，WTO 成员可以直接据此对核能实施出口限制或进口限制。而石油等能源物资归入第（2）项的"与作战物资贸易有关的"或"直接或间接供应军事机关的其他货物或物资"的行列似乎也不难，因此 WTO 成员可以据此力争其在特定情形下的石油贸易措施，主要是出口限制措施的合法性。

至于第（3）项则使得战时或国际关系中的其他紧急情况下，各国采取的能源贸易限制措施合法化。此处的"国际关系中的其他紧急情况"在 WTO/GATT 规则体系中找不到任何界定或解释，国际能源危机或是政治外交危机很可能都在此列。

2. GATT 第 21 条第 c 款涉及的能源措施

在 GATT 第 21 条第 c 款的情形下，如果联合国安理会对某个国家实施石油禁运，则缔约方可以采取禁止从该国进口石油的措施，或者禁止对该国出口石油的措施，这些措施尽管与 GATT 第 6 条一般地取消数量限制义务不符，但依据 GATT 第 21 条第 c 款都能够合法化。

换言之，正因为能源一向被视作基本的国家安全物资，在很多场合（战时、平时、紧急状况、集体安全行动），能源贸易限制措施都有援引 GATT 第 21 条作为挡箭牌的可能性。

（三）WTO 成员的自由裁量权

当然，进入 GATT 第 21 条第 b 款、第 c 款范畴的能源贸易措施，还必须满足"为保护基本国家安全利益所必需"的条件。然而在这里，是否"为保护基本国家安全利益所必需"的裁量权应该为当事方所拥有，因为条款当中明确是"其认为"，也就是交由采取措施的缔约方自行判断。这与GATT成立之际力图避免贸易问题政治化，不愿使之蒙上政治色彩的观念不无关系。

在GATT实践当中，争端解决机构对三起援引GATT第21条安全例外的争端表现得极其谨慎，认为由于第21条列举的例外情况具有高度政治敏感性而非纯经济性，对于系争措施是否属于第21条范畴，以及该措施的合法性等问题，争端解决机构无权作出评价，以致援引GATT第21条的缔约方成为有关问题的唯一裁判官。❶ WTO成立以来，尚未出现援引该条的案例。

上文已经谈到，GATT前期，能源作为"国家安全物资"被屏蔽于自由贸易体制之外，除了观念上的禁忌之外，或许GATT第21条"安全例外"也还是提供了基本的法律依据。虽然时过境迁，能源商品也逐步朝着常态商品回归，但可以想见，相关国家如果刻意寻找机会就特定能源贸易措施援引该例外，胜算依然不小。

三、发展中国家例外

（一）"发展中国家例外"的规定

GATT有一系列规定专门针对发展中国家成员的待遇问题。包括第18条"政府对经济发展的援助"、第四部分"贸易与发展"以及东京回合于1979年通过的《区别和更优惠的待遇，互惠和发展中国家更充分的参与》的决议（通称"授权条款"，Enabling Clause）。这些规定的精神是为发展中国家保护国内市场以及进入国外市场提供优惠待遇，并使这些"特殊与差别待遇"作为"非歧视的最惠国待遇"以及其他GATT义务的例外而得以合法化。

GATT第18条明确：发展中国家成员"为实施旨在提高人民总体生活水平的经济发展计划和政策"，"可能有必要采取影响进口的保护措施或其他措施"，只要措施能够便利GATT目标实现，即为合理的。第18条还具体规定了发展中国家成员在履行总协定义务方面所享有的例外或"额外的便利"，主要包括以下几个方面：（1）关税结构方面的灵活性：为提高人民生活水平、加速某一特定工业的建立或重建可能修改、撤销或提高关税减让表中的某项固定税率。（2）为国际收支目的而实施进口数量限制。（3）为向某一特定工业提供政府援助的需要，实施其他进口限制。❷ 第四部分"贸易与发展"主要肯定了发展中国家与发达国家贸易关系中的非互惠原则，如该部分第36条

---

❶ 欧福永："论WTO的一般例外与安全例外制度"，载《世贸组织（WTO）的法律制度——兼论中国"入世"后的应对措施》，中国方正出版社2003年版，北大法律信息网，http://article.chinalawinfo.com/Article_Detail.asp?ArticleID=23003，2013年9月3日最后访问。

❷ 黄志雄：《WTO体制内的发展问题与国际发展法研究》，武汉大学出版社2005年版，第59页。

第 8 款规定："发达成员对它们在贸易谈判中对发展中成员的贸易所承诺的减少或撤除关税和非关税壁垒的义务，不能指望得到互惠。"❶ 而 1979 年授权条款，主要解决的是发达国家给予发展中国家普惠制关税安排、非关税措施优惠，以及发展中国家相互给予的关税与非关税优惠安排在 GATT 框架下的合法性问题。

WTO/GATT 未对发展中国家给出明确定义，而是以个案的形式确立某一成员在某一具体条款或情况下的"发展中国家"资格❷，为数不少的能源资源丰富国应该都有机会主张自己的发展中国家身份。问题在于，上述规定实质内容抽象空洞且程序要求繁琐，发展中的能源资源丰富国真正能够得到的优惠待遇是极为有限的。

（二）能源贸易实践中突出的法律问题

1. "尽最大可能"的模糊性

上文提到能源出口国普遍担心能源进口国开征的各种能源国内税影响到能源产品的出口收入，而 GATT 第四部分第 37 条承诺发达国家应尽最大可能避免采取"严重阻碍或正在严重阻碍全部或主要在欠发达缔约方领土内生产的、处于未加工形态和已加工形态初级产品的消费"的新的财政措施，似乎发展中能源出口国有机会据此挑战发达国家的能源国内税。然而条款之中的"尽最大可能"一语实际上已使得该项义务模糊化，几乎不具有法律意义上的强制力。

2. 普遍优惠制的单边倾向

当前 WTO 框架下最具影响力的发展中国家例外的具体表现形式当属普遍优惠制（GSP）❸ 安排。而普惠制常常是以有条件和歧视性的方式来实施的，即仅是发达国家根据其"自愿选择"而采取的一种临时措施，受惠对象和受惠产品范围都由施惠国自行决定。❹ 因此，在能源、环境以及贸易间的互动日趋升级的背景之下，由于"环境友好型"与"非环境友好型"能源产品在 GATT 制度体系内"相似与否"的问题一时难有明确结论，而援引 GATT 第 20 条"一般例外"（该款亦有"环保例外"之称，在环境与贸易之争中频繁成为相关措施采取国的抗辩理由）又胜算难料，一些西方国家的学者已经开始探讨将生态标识、环境标准等与普惠制待遇挂起钩来。例如，发达缔约方

---

❶ GATT 第四部分只允许缔约方以个案方式申请例外或豁免，影响甚广的"普遍优惠制"的法律基础正源于此。

❷ 发展中国家资格通常由成员自行主张，如果其他成员对此不提出挑战，则其地位成立。

❸ 普遍优惠制（Generalized System of Prefferences），简称普惠制（GSP），是发达国家给予发展中国家出口制成品和半制成品（包括某些初级产品）普遍的、非歧视的、非互惠的一种关税优惠制度。

❹ 黄志雄：《WTO 体制内的发展问题与国际发展法研究》，武汉大学出版社 2005 年版，第 65 页。

依照自己的环境标准列一个清单，仅选择"绿色"能源产品甚至具有"绿色生产工艺与过程"的能源产品作为受惠对象，❶ 这样一来，发达国家便可以借助"发展中国家例外"来推行自身的环境与能源政策，通过单边措施对能源贸易产生影响。

四、区域安排例外

GATT 第 24 条是又一重要的例外条款，针对各种区域安排——主要是边境贸易安排、自由贸易区安排和关税同盟。区域安排的本质是背离 GATT 最惠国待遇义务以及其他义务。GATT 第 24 条为 WTO/GATT 框架下的区域安排设定了标准和条件，只有满足要件的区域贸易安排方能构成 GATT 义务的例外。❷

由于近年来各国纷纷寻求以区域合作模式解决能源安全问题，区域安排例外对于能源贸易的意义亦随之彰显。究其具体影响，须从以下两个问题入手。

（一）哪些国家间能源贸易安排构成 GATT 第 24 条意义上的区域安排

根据 GATT 第 24 条第 8 款第（a）项，"关税同盟"必须满足以下两个条件：

（1）对于同盟成员领土之间的实质上所有贸易或至少对于产于此类领土产品的实质上所有贸易，取消关税和其他限制性贸易法规（如必要，GATT 第 11 条、第 12 条、第 13 条、第 14 条、第 15 条和第 20 条下允许的关税和其他限制性贸易法规除外）。

（2）在遵守 GATT 第 24 条第 9 款规定的前提下，同盟每一成员对同盟以外领土的贸易实施实质相同的关税或其他贸易法规。

根据 GATT 第 24 条第 8 款第（b）项，自由贸易区只要具备上述第 1 个条件就行了。

如何理解上述条件中"实质上所有贸易"这一表述，素来存在争议。土耳其对纺织品和服装进口的限制案（Turkey—Textiles）中，上诉机构也只是模棱两可地提到"'实质上所有贸易'不同于'所有贸易'，同样，'实质上所有贸易'也大大多于仅仅是一些贸易"❸。从上诉机构这番玄妙的解释来看，关税同盟或自由贸易区应该是一些综合性的贸易安排——不一定要覆盖其成员间的所有贸易，但应当覆盖绝大部分贸易。因此，同为能源区域安排，

---

❶ WWF International, Sustainability Standards for Bioenergy, 2006.

❷ 曾令良：《世界贸易组织法》，武汉大学出版社 1996 年版，第 155 页。

❸ Appellate Body Report, Turkey—Restrictions on Imports of Textile and Clothing Products, WT/DS34/AB/R, 1999, adopted 19 November 1999, para. 48.

ECT、OPEC 这类能源专门协定显然难以主张"区域安排例外"，因为其成员间显然绝不仅仅只有能源贸易往来，能源贸易不能代表其相互之间"实质上所有贸易"；而综合性的 NAFTA 则应当是第 21 条意义上的区域安排。

（二）何种与 GATT 不一致的措施得以援引 GATT 第 24 条例外？

在土耳其对纺织品和服装进口的限制案中，上述机构认为，一项贸易措施援引 GATT 第 24 条有以下两个前提：（1）此种贸易措施必须在符合标准的关税同盟或自由贸易区成立之际即已采取。（2）如果不采取该措施，将阻碍关税同盟或自由贸易区形成。

因此，一方面，只有在关税同盟或自由贸易区成立之前已经采取或成立之际开始生效的措施可能援引第 24 条例外，成立之后新设置的措施一概没有机会。

另一方面，并非所有成立之际已采取的措施都能够援引第 24 条，只有对于形成关税同盟或自由贸易区必不可少的那些才能够。举例来说，假设一个 WTO 成员对来自区域安排外的能源产品维持 20% 的关税，但在区域安排内部对于相似能源产品实行零关税——这样的关税措施安排为的是使同盟内部的能源贸易自由化，因而是形成关税同盟或自由贸易区所必需的，因此，可以援引 GATT 第 24 条使这种违反最惠国待遇的措施得以合法化。然而，如果该成员对来自同盟以外成员的能源产品设置配额等数量限制，为的是防止第三方的能源产品进入该国市场后，便能自由地进入该成员其他区域伙伴的市场，从而规避其区域伙伴对第三方进口能源产品的贸易限制。虽然这里的贸易措施实施效果与区域贸易安排的初衷非常吻合，但是这样的效果通过采取原产地安排措施也能实现。❶ 由于还存在着与 GATT 一致的措施可供选择，此处配额数量措施就不是形成关税同盟或自由贸易区所必需的，因而也无法援引 GATT 第 24 条例外。

总之，从上面的分析看出，能够满足 GATT 第 24 条构成要件的能源区域安排，以及符合援引例外前提条件的能源贸易措施，实践当中并不多见，上文提到的 NAFTA 本身没有规定任何优先安排机制，自然也不存在援引 GATT 第 24 条"区域安排例外的问题"。

---

❶ 比如允许第三方的能源产品进入该成员市场，但是从该成员市场无限制地进入其区域伙伴市场的，就只能是原产自该成员的能源产品。

第四节 其他多边贸易协定与能源贸易

一、其他多边货物贸易协定

除 GATT 以外，WTO 其他的多边货物协定也都适用于能源贸易，并且或多或少呈现出一些因能源特殊性而起的问题，下文主要探讨与能源关联度较高的几个协定及其相关问题。

（一）《补贴与反补贴措施协议》（SCM 协议）与能源贸易

1. 能源补贴与 SCM 补贴纪律

补贴作为公共经济政策的重要组成部分，为各国广泛采用。对于补贴，WTO 并非一概加以制止，其相关规则的思路着眼于防范贸易扭曲，禁止或不鼓励政府使用那些对其他成员的贸易造成不利影响的补贴。《补贴与反补贴措施协议》（Agreement on Subsidies and Counterailing Measures，以下简称 SCM 协议）细化了 GATT 第 16 条关于补贴的规定，主要由两部分构成：补贴的法律定义、补贴的法律分类及其法律后果。

能源补贴普遍存在，只是程度和方式因各国能源目标而异，理由则林林总总，不一而足，有的是用来提高能源产量或促进能源形式多元化，从而保障能源供应安全；有的是希望用来增强可再生能源企业的竞争力，以落实环境目标；有的则旨在降低燃料价格，造福消费者。联合国 2008 年的一份报告指出世界各国每年用于能源补贴的资金总额高达 3000 亿美元，而国际能源机构 2005 年统计数据显示能源补贴金额列前三位的分别是俄罗斯、伊朗和中国。[1]

巨额能源补贴引出其在 WTO 框架下的合法性问题，因此有必要放在 SCM 协议纪律下面来审视。SCM 协议采取红、绿、黄色三种"交通灯"式分类法，把补贴分为禁止性补贴（"红灯"），不可诉补贴（"绿灯"）以及可诉补贴（"黄灯"）三种基本类型。禁止性补贴分为以下两类，任何 WTO 成员不得实施或维持此类补贴。（1）出口补贴，即在法律上或事实上与出口实绩相联系的补贴。（2）国内含量补贴，即补贴只与使用国产货物相联系，而对进口货物不给补贴。SCM 协议附件一中专门列出了禁止使用的出口补贴清单。

禁止性补贴的法律救济，一种是通过世界贸易组织的争端解决程序经授

---

[1] 常驻联合国代表团发展组："联合国环境署质疑能源补贴有利于贫困人口的传统观点"，载 www. undg. mofcom. gov. cn/aarticleddfgwaimao/2，访问日期：2013 年 9 月 3 日。

权采取反措施，另一种是进口成员根据反补贴调查征收反补贴税。目前常见的能源补贴一般不在禁止性补贴的范畴。

不可诉补贴亦分为以下两类。（1）不具有专向性的补贴。（2）符合特定要求的专向性补贴，包括研究和开发补贴，贫困地区补贴，环保补贴。

由于不可诉补贴的规定只是临时适用5年（1995年1月1日至1999年12月31日）；曾经的不可诉补贴当前已归入可诉补贴之中。

所谓可诉补贴，是指一定范围内允许实施但又不能自动免于质疑的补贴。如果这类补贴"在实施进程中对其他成员的经济贸易利益产生了不利影响，因这类补贴措施而导致不利影响的成员便可以向使用这类补贴措施的成员提出反对意见和提起申诉"❶。依照SCM协议，可诉补贴的构成要件包括以下几个：（1）满足补贴的构成要件：政府或公共机构的财务支持；行业或企业取得了利益。（2）补贴具有专向性（specificity），即成员政府有选择或有差别地向某些企业、产业或地区提供补贴。（3）非与"出口实绩"或"国内含量"相联系。❷

成员国传统的能源补贴（给予能源生产商和下游工业的补贴），双轨定价以及近年来为实现环境政策目标采取的措施（边境调节税、可再生能源支持）都牵扯到SCM协议的可诉补贴纪律。突出的问题在于，各国给予可再生能源厂商的补贴，因具备"专向性"要素，往往成了可诉补贴；而传统的能源补贴，由于能源应用于所有产业的特点，虽然事实上只是让能源密集型产业（如化肥、金属等）集中受益，却很难认定其带有"专向性"。

2. 能源贸易实践中突出的法律问题

在SCM框架下，有以下两个受到广泛关注的能源补贴问题。

（1）可再生能源补贴的专向性问题。不少国家目前使用补贴来促进可再生能源发展，由于接受者表现为特定的企业或行业，因此具备"专向性"要素，往往成了可诉补贴，使得相关国家为鼓励环保所作出的努力遭遇尴尬。有国外学者建议，依据SCM协议第2条第b款"如授予机关或其运作所根据的立法制定适用于获得补贴资格和补贴数量的客观标准或条件，则不存在专向性，只要该资格为自动的，且此类标准和条件得到严格遵守。标准或条件必须在法律、法规或其他官方文件中明确说明，以便能够进行核实"的思路，在设计可再生能源补贴项目时通过立法使之与清晰透明的标准联系起来，符

---

❶ 曹建明、贺小勇：《世界贸易组织》，法律出版社1999年版，第206页。
❷ 乌拉圭回合引入了"专向性补贴"的概念，被认为是多边贸易体制补贴与反补贴制度的重大发展。

合标准的企业都有自动获得补贴的资格,以此来回避专向性的问题[1]但实际上,SCM 框架下不仅包括"法律上的专向性",还包括"事实上的专向性"。依据 SCM 协议第 2 条第 c 款,即使一些可再生能源补贴因为适用第 2 条第 b 款表现为非专向性补贴,但是根据其他一些因素——有限数量的某些企业使用补贴计划、某些企业主要使用补贴、给予某些企业不成比例的大量补贴……仍有理由认为这些补贴可能事实上属专向性补贴。

(2) 能源出口国的双轨定价——隐性可诉补贴。至于一向为能源进口国所诟病的双轨定价问题,自乌拉圭回合起便被美国指称为"隐性补贴"(hidden subsidy),从而出现在补贴小组的谈判中,之后又相继伴随沙特阿拉伯、俄罗斯等能源大国的"入世"谈判,至今仍然纠结不清。[2] 以沙特阿拉伯为例,其政府主导天然气定价,如果天然气用于国内生产,则价格从优,如果天然气用于出口则价格订得更高一些。沙特阿拉伯以天然气为主要生产原料的石化业(乙烷、烯烃、塑料、化肥、甲醇和燃料添加剂等)因此受益,在国际市场上极具竞争力。美国与欧洲的竞争厂家认为沙特阿拉伯对天然气实行的"双轨定价"实际上构成了对于沙特阿拉伯境内能源密集的石化产业的出口补贴,使其不必按市场价格支付天然气原料价格,从而对其他成员境内的石化产品造成了不利影响。这个问题一度成为沙特阿拉伯入世谈判焦点,后被搁置起来方才扫清沙特阿拉伯入世障碍。其他的能源出口国多有类似的情形,即对同样的能源原料或产品,用于本国消费的价格与用于出口的价格不一致,前者从优。

实际上双轨定价的所谓隐性补贴很难以现行的 SCM 协议来挑战。(1) 定价本身与"出口实绩"或"国内含量"没有联系,不属于禁止性补贴。(2) 石油、天然气等"能源投入品"面对的是所有的企业与所有的行业,并不只针对集中受益的石化行业,专向性难于成立。尤其是加拿大软木案(Canada—softwood lumber)中,专家组曾经提到:"不认为以自然资源形态提供的货物(比如石油、天然气、水等),在某些情况下由于仅被有限的行业使用,而自动具有专向性。"[3] 双轨定价涉及的石油、天然气显然正是这一类自然资源形

---

[1] Yulia Selivanova, The WTO Rules and Agreements and their Relevance to the Energy Sector, at ICTSD Program on Trade and Environment, Aug. 2007, p. 35.

[2] 在沙特阿拉伯"入世"过程中,欧盟与沙特阿拉伯进行双边市场准入谈判中,欧盟要求沙特阿拉伯"放弃一系列国际贸易障碍,比如对于天然气产品的双轨定价",经艰难交涉未果后欧盟放弃这一努力并与沙特阿拉伯签订了准入协定。Sanam S. Haghighi, Energy Security—The External Legal Relations of the European Union with Major oil and Gas Supplying Countries, Modern Studies in European Law, Hart Publishing, 2007, pp. 275–276.

[3] Yulia Selivanova, The WTO Rules and Agreements and their Relevance to the Energy Sector, at ICTSD Program on Trade and Environment, Aug. 2007, p. 37.

态货物的代表，尽管其价格在能源密集型产品的成本中占了更大的比例，但它也是其他很多行业的必要投入品，使用的部门几乎贯穿整个经济，因而不大可能成为可诉补贴。

（二）《技术性贸易壁垒协议》（TBT 协议）与能源贸易

《技术性贸易壁垒协议》（Agreement on Technical Barrier to Trade，以下简称 TBT 协议）的核心内容是规范名目繁多的技术规章、标准以及合格评定程序，旨在消除借"技术"之名，行"保护"之实的贸易技术壁垒。TBT 协议要求成员应遵守国民待遇原则与最惠国待遇原则，并应避免技术措施对贸易造成不必要的障碍；成员拟订技术规章应有"合法目标"，且以国际标准为基础，除非这些国际标准不足以或不适合有关的合法目标；成员应保持技术措施的透明度，及时予以公布，便于其他相关利益方了解。

在 TBT 协议框架下，上述"合法目标"指国家安全需要；保护人类健康或安全、动物或植物的生命健康，或保护环境等。[1] 这些目标与能源之间的牵涉自不待言，尤其是环境保护目标，近年来与能源的关系愈来愈密切，几乎贯穿了整个能源产业链，与能源生产、运输、贸易的各个环节都有交织，各国为保护环境而出台的能源技术规章与标准亦有越来越多的趋势。

1. 两类"PPM"的问题

值得注意的是，TBT 协议调整的技术规章与标准涉及"产品特征"与"生产过程与生产方法"（Processes and Production Methods，PPM）两个方面。换言之，其管辖权不只局限于 GATT 管辖下的产品，而是进一步延伸到了产品的生产过程——然而这里的生产过程和生产方法，仅限"与产品特征有关的 PPM"，"与产品特征无关的 PPM"仍然不在协议范围之内。

因此，如果生产方法与生产过程影响到某些能源产品的特征，WTO 成员就可以对这样的 PPM 采取技术措施。比如天然气的炼制技术不同可能导致生产出来的天然气纯度不一样，其燃烧过程中释放的污染物也不同，因此这里的 PPM 就影响最终产品的成分，WTO 成员可以要求进口天然气必须采取与国内天然气同样的某种炼制技术，以保证其达到一定的纯度，从而实现保护进口国环境这一"合法目标"，对于生产过程中未使用所要求的炼制技术的天然气产品，则限制其进口——只要这样的措施符合 TBT 协议的规定，就是合法的。

然而，如果生产方法与生产过程直接对环境产生影响，但与最终产品的特征与性能无关，则 TBT 协议不支持针对这类 PPM 的技术措施。最明显的例子便是以可再生燃料发的电与用化石燃料发的电，最终产品性能别无二致，

---

[1] 曾令良：《世界贸易组织法》，武汉大学出版社 1996 年版，第 266 页。

但生产过程或生产方法对于环境的影响却有天壤之别,如果 WTO 成员采取针对这种生产过程或生产方法的技术措施,比如限制以化石燃料生产的电力产品的进口,就属于"与产品无关的 PPM"措施,被排除在 TBT 协议技术措施与标准的范围之外。换言之,其合法性与否与 TBT 协议无关,只能回到 GATT 框架下去探讨——实际上是使得其合法性成立的胜算更小,因为 GATT 根本未提到基于 PPM(不管是与产品有关的,还是无关的)区别对待产品这个层次。只要 WTO 成员对相似产品提供不同待遇,即构成歧视,除非能够成功援引例外条款。

2. WTO 成员对于 PPM 的不同态度

现行的 TBT 协议引发了能源出口国与能源进口国各自围绕能源安全的一些担忧。由于 TBT 协议肯定了基于"产品特征"以及"与产品特征有关的 PPM"技术措施,大量相关的能源技术措施正在源源不断地出台,包括不少针对能源生产过程的技术措施。传统能源出口国担心近期这些技术规章与标准会影响到其出口能源产品的竞争力,以及进口市场的准入,而长远来看,替代能源产品将会加速出现,传统能源产品市场将会缩小,直接影响到其能源出口安全。

而一些能源进口国成员,主要是发达成员,则出于环境影响方面的考虑(如出于履行《京都议定书》义务的需要),认为 TBT 协议止步于"与产品特征有关的 PPM"还不够,主张其应纳入"与产品特征无关的 PPM"技术措施,以便区别对待使用可再生燃料生产的产品与使用不可再生燃料生产的产品,切实实现加入了环境维度的能源安全。

(三)《反倾销协议》与能源贸易

《关于执行 1994 年关贸总协定第六条的协议》(Agreement on Implementation of Article VI of GATT 1994,以下简称《反倾销协议》)与 GATT 第 6 条一道构成 WTO 反倾销规则,包括倾销与损害的确定、倾销调查、反倾销措施等规范。

《反倾销协议》将倾销定义为"一项产品的出口价格低于其在正常贸易中出口国供其国内消费的相似产品的可比价格,即以低于正常价值的价格进入另一国市场"。采取反倾销措施的前提是:存在倾销,产业总体上出现了损害,且倾销与损害之间有因果关系。

能源丰富国家出口的一些能源产品,尤其是下游产品,因价格往往低于进口国相似产品,难免受到倾销的指控。如 1999 年,美国曾有一个由独立石油生产商组成的名为"拯救国内石油"(SDO)的团体向美国商务部递交请求,主张伊拉克、墨西哥、沙特阿拉伯与委内瑞拉输往美国的石油构成了倾销，且倾销的用意在于使小生产商出局。❶ 商务部最后以本行业内对于该请求"反对多于支持"为由，拒绝开展倾销调查。实际上，即便当时请求得到足够多的支持，倾销也难于成立，因为石油在出口国国内也有销售，其国内价格并没有高于出口价格的问题（相反倒是低于出口价格）。

如果说这类倾销指控不过是无风起浪，并不构成真正的威胁的话，那些针对高附加值的石化产品的反倾销调查，已经成为能源出口国成员所面临的现实麻烦。尤其是那些在国内市场抑制能源投入品价格的国家，所出口的下游产品（如化肥等）经常成为反倾销的目标，而调查当局通常认为这种政策性的价格抑制、扭曲了出口国相似产品的市场价格，因此依据《反倾销协议》不考虑这些出口国国内市场价格成本，而采用第三国的"未扭曲的数据"（即"正常价格"）来确定倾销与否以及倾销的幅度。❷ 然而事实上，由于资源禀赋的不同状况，第三国相似产品的生产成本往往明显高于能源出口国的生产成本，由此得出的结果显然不利于能源出口国。

（四）《与贸易有关的投资措施协议》（TRIMs）与能源贸易

世界各国都存在关于保护、鼓励或限制外国投资的法律和行政措施。作为第一个具有全球性的有关国际直接投资措施方面的协议，《与贸易有关的投资措施协议》（Agreement on Trade-Related Investment Measures，TRIMs）适用范围狭窄，只涉及与投资商进出口产品待遇有关的投资措施，对与服务贸易和知识产权贸易有关的投资措施，或者任何其他投资措施，则不予管制。其核心的实体义务是取消与国民待遇和一般禁止数量限制不符的政府投资措施，如当地成分要求以及与一些外汇相联系的要求等，主要是有关经营要求方面的措施❸，基本上不涉及投资激励措施（如国内税减让、关税减让、补贴、投资转让等）。同时，出口实绩要求、制造要求、生产授权要求、技术转移要求、当地股权要求等经营措施亦未被 TRIMs 协议所涵盖。从这个意义上讲，TRIMs 协议并未创设 GATT 纪律以外的新义务。

能源属于资本密集型产业，能源投资——尤其是油田投资和天然气管道投资一向是外国直接投资中的重头戏。由于能源产业的战略意义，各国更是普遍通过立法对外国公司投资本国能源产业加以控制，比如采取当地成分、当地股权、出口与技术转让要求、产品指令、生产实绩等投资措施。TRIMs 协议并未特别处理能源投资政策，对于上述能源产业常见的投资措施多未触

---

❶ Sanam S. Haghighi, Energy Security—The External Legal relations of the European Union with Major oil and Gas Supplying Countries, Modern Studies in European Law, Hart Publishing, 2007, pp. 290.

❷ Yulia Selivanova, The WTO Rules and Agreements and their Relevance to the Energy Sector, at ICTSD Program on Trade and Environment, Aug. 2007, p. 37.

❸ 一些国家在谈判当中提议将技术转让要求、生产实绩纳入 TRIMs 规制范畴，终未成功。

及，加之以商业存在方式出现的能源投资问题不在 TRIMs 调整之列，TRIMs 对于能源投资的调整作用十分有限，换言之，站在能源投资来源国的角度上，TRIMs 协议尚不足以保障东道国为能源投资提供良好的法律环境，因而被普遍视为能源安全关键组成部分的能源投资安全问题在 WTO 多边贸易体制框架下并没有得到较好的解决。

二、《服务贸易总协定》(GATS)

GATS 为国际服务贸易提供了第一套多边法律规范，由框架协定（规定了服务贸易逐步自由化原则和纪律）、针对特殊服务部门的附件以及成员具体减让承诺表三个部分组成，成员对于其承担的服务贸易自由化的义务以及条件，如承诺开放的部门、市场准入与国民待遇的条件或限制等都在承诺表中详细列明。

能源产业早期多为国家垂直一体化经营的公用事业，具有可交易性和竞争性的经营环节并不多，❶ 能源货物贸易与服务贸易因而并无明确的界限。民营化与自由化进程兴起以来，能源服务贸易迅速发展，从上游的勘探、开采，到中游的加工、提炼、运输，再到下游的分销、贮存与营销，能源服务涵盖了整个能源产业链，近年来还涌现出能源信息、能源经纪、减排交易等新兴服务部门。

按照 GATS 对服务贸易的界定，国际能源服务主要通过商业存在、跨境贸易以及自然人移动三种方式来提供。WTO《服务部门分类清单》（W/120）并没有为能源服务设定单独、完整的条目，仅有三个直接与能源相关的分部门，即与采矿业有关的服务、与能源分销有关的服务以及通过管道进行的燃料运输服务。此外能源所涉及的一些并非为能源产业独有的服务活动，如建筑、咨询、贸易服务及工程服务则分散于 W120 其他服务部门中。由于缺乏清楚、准确的分类表推动 GATS 能源服务具体承诺，❷ WTO 成员在能源相关服务部门仅做了有限的承诺，详见附录一。

能源服务贸易遭遇的壁垒与其他服务贸易大体相同，主要还是市场准入与国民待遇方面的限制，包括国籍与居留要求、专有权与垄断的存在、开展商业活动的法律形式限制、许可要求、法规不透明，甚至对于相关设备出入境的限制等。能源服务贸易多依赖传输网络，而贮存设施及运输和分销网络往往由能源公司而非政府掌握，因此垄断和专营者以及限制性商业实践是能源服务业最为突出的贸易障碍。GATS 第 8 条与第 9 条设定了相关纪律，要求

---

❶ WTO Secretariat, Energy Service Background Note, S/C/W/52, 1998. Para. 3.
❷ WTO 服务贸易理事会 2001 年 3 月通过"服务贸易总协定下具体减让指南"规定，WTO 成员在 GATS 下所做的减让依据《服务部门分类清单》（W/120）中服务分类及次分类进行。

成员在就某一服务部门作出具体承诺后保证该部门垄断和专营者不滥用其市场强势地位。同时，如服务提供者采取的限制性商业实践抑制竞争，应其他成员请求，该成员应与对方磋商。问题在于，现行纪律本身显得含糊无力，难以真正消除能源服务贸易的关键障碍。

三、《与贸易有关的知识产权协定》(TRIPs 协定)

TRIPs 协定不仅明确了知识产权的范围，还设定了成员知识产权最低保护水平，其本身不失为一个高标准的知识产权保护文件，问世以来被视为知识产权国际保护的一个重要发展。

TRIPs 协定明确了知识产权最低保护水平与知识产权的范围，与 GATT 和 GATS 一样，非歧视的特征贯穿于整个 TRIPs 协定，最惠国待遇原则与国民待遇原则成为 TRIPs 协定的基本原则。但除此之外还有一项重要原则：知识产权保护应促进技术革新、技术转让和社会发展。TRIPs 协定第 7 条规定："知识产权的保护和实施应有助于促进技术革新及技术转让和传播，有助于技术知识的创造者和使用者的相互利益，并有助于社会和经济福利及权利与义务的平衡。"序言中还特别提到：各成员承认最不发达成员特别需要在国内实施法律和规章方面最大程度的灵活性，以便这些国家能创建坚实和可行的技术基础。第 66 条第 2 款进一步要求发达国家提供动力，促使国内公司向最不发达国家转让技术："发达国家成员应鼓励其领土内的企业和组织，促进和鼓励向最不发达国家成员转让技术，以使这些成员创立一个良好和可行的技术基础。"

作为发达国家与发展中国家间妥协的产物，TRIPs 协定虽然力图反映"保护知识产权"与"促进技术革新、技术转让和社会发展"并重的目标，但从 TRIPs 协定具体条文来看，仍是"过分偏重于对知识产权的保护。它没有很好地考虑对知识产权拥有者应尽的社会责任，对发达国家在贸易中滥用其技术垄断地位及知识产权，几乎没有作出有效的约束规定，如对强制许可的限制过多和对许可证合同中的限制竞争条款规定过于空泛，对于如何促进发达国家成员向发展中国家成员转让技术以及提供技术援助则只字未提"[1]。

在能源需求迅猛增长以及气候变暖日趋严重的双重压力下，新能源技术的开发与应用愈发关键。天平的一端，发展中国家希望发达国家在进行新能源技术转让方面提供优惠的条件，使发展中国家买得起，用得上，而另一端，发达国家强调清洁能源技术系投入大量研发资金的高科技成果，相关知识产权的保护格外重要。事实上，以法律平台来促进两者之间的平衡才是解决全

---

[1] 曹建明、贺小勇：《世界贸易组织》，法律出版社 1999 年版，第 288 页。

球能源问题的有效途径。从现行的 TRIPs 协定来看，显然向后者的倾斜较为明显，这实际上不利于清洁能源技术的传播与全球社会的整体安排——全球可持续能源安全的实现也因而缺乏范围更广的技术支撑。

第五节 WTO 受理的能源贸易争端——汽油标准案

WTO 争端解决机制被誉为"皇冠上的明珠"，在很大程度上，正是得益于这颗明珠的耀眼光芒，WTO 规则体系发挥着历久弥新的强大影响力。WTO 成立当年便受理了第一桩案件——美国精炼汽油和常规汽油标准案❶（United States—Standards for Reformulated and Conventional Gasoline）❷，简称汽油标准案（US—Gasoline），而这一争端恰好是因为能源贸易而起。

一、汽油标准案的背景

1990 年美国颁布《清洁空气法》修正案，以期减少美国国内的空气污染。该修正案规定在空气污染严重的区域，只能向消费者出售"精炼汽油"，而在其他地区所出售的汽油也不得超出其 1990 年出售汽油（常规汽油）的标准。为执行修正案，美国环境保护署（EPA）于 1993 年 12 月 15 日出台了关于汽油成分及排放效果的"汽油规则"，"汽油规则"适用于美国所有的汽油炼油厂商、混合加工商和进口商，要求其所经营汽油的化学成分以年度平均值计算必须达到一定的水平。"汽油规则"以及与之配套的非退化细则（the non-degradation requirements）在汽油标准的问题上表现出不同的处理办法：一种是自定标准，针对 1990 年至少经营 6 个月以上的国内炼油厂商，要求这部分厂商以其在 1990 年的汽油品质为依据，自行确立各自的炼油基准；另一种是法定标准，由环境保护署根据 1990 年出售汽油品质的平均水平来确立，适用于 1990 年当年经营未满 6 个月的炼油厂商，以及汽油进口商和混合商。巧合的是，"汽油规则"恰于 WTO 成立之日（1995 年 1 月 1 日）生效。

在另一方面，美国进口汽油来源国之一的委内瑞拉一向视石油开采与出口为其经济支柱，因此对于美国颁布的新汽油标准颇为不满。根据新标准，美国进口商要求委内瑞拉销往美国的汽油必须将烯烃（一种产生烟雾的化学

---

❶ 余敏友：《世界贸易组织争端解决机制法律与实践》，武汉大学出版社 1998 年版，第 194～208 页。

❷ WTO Panel Report, United States—Standards for Reformulated and Conventional Gasoline, WT/DS2/R, 1996, adopted as modified by Appellate Body 20 May 1996; Appellate Body Report, WT/DS2/AB/R, 1996, adopted 20 May 1996. 3.

物质）含量控制在 9.2% 以内，而委内瑞拉方面仅愿意将之控制在 29.9% 以内。委内瑞拉最大的石油国营贸易公司 PDVSA 测算出新标准带给它的直接损失达 1.5 亿美元之巨，严重影响自身的经济利益，认为美国是以环境措施来取得不公平与歧视性的贸易优势。

二、汽油标准案的过程

1995 年 1 月 23 日，WTO 及其新的争端解决机构成立伊始，委内瑞拉以美国精炼汽油和常规汽油新标准对进口汽油构成歧视待遇为由，要求根据 GATT 1994 第 22 条、TBF 协议第 11 条第 1 款和《争端解决规则及程序的谅解》第 1 条，在 WTO 争端解决机制框架下与美国进行双边磋商。而后进行的双边磋商未能达成令双方满意的解决办法，1995 年 3 月 25 日，委内瑞拉致函 WTO 争端解决机构，请求设立专家组审理该争端。1995 年 4 月 28 日，汽油标准案专家组成立。

1995 年 4 月 30 日，巴西要求与美国就同样的问题进行磋商，磋商失败后巴西亦要求设立专家组。由于系争措施重合，稍后召开的争端解决机构会议经征得美国与委内瑞拉同意，决定授权委内瑞拉——美国争端的专家组一并处理巴西对美国的投诉。加拿大、挪威和欧盟的代表提出作为第三方参与该专家组程序。

一年之后，1996 年 1 月 29 日，专家组完成最终报告，认为美国采取的基准建立方法（以下简称"汽油标准"）违反了 GATT 1994 第 3 条第 4 款的规定，且不能援引 GATT 第 20 条第 b 款、第 d 款、第 g 款例外来证明其合法性。

美国随后上诉，1996 年 4 月 22 日，WTO 常设上诉机构完成报告，支持专家组的结论，仅对专家组报告中的一些法律解释作出了修改，争端解决机构于 1996 年 5 月 20 日通过上诉机构的报告。美国与委内瑞拉此后花了 6 个月的时间就美国执行专家组和上诉机构建议的合理期限进行磋商并达成一致，美国同意在上诉报告完成 15 个月（1996 年 5 月 20 日至 1997 年 8 月）后修改"汽油规则"。争端解决机构对其执行情况进行了监督。

1997 年 8 月 26 日美国向争端解决机构报告，新的"汽油规则"已于 1997 年 8 月 19 日颁布。至此，备受瞩目的汽油标准案落下帷幕。

三、汽油标准案涉及的焦点法律问题

（一）汽油标准违法与否

关于这个问题，各方的辩论以及专家组的分析主要围绕"汽油标准"是否违反 GATT 第 3 条第 4 款的规定展开。该款规定："任何缔约方领土的产品进口至任何其他缔约方领土时，在有关影响其国内销售、标价出售、购买、运输、分销或使用的所有法律、法规和规定方面，所享受的待遇不得低于同类国内产品所享受的待遇……"

投诉方认为，由于"汽油标准"的设定，使得面向美国出口汽油的"外国炼油商"只能有两种选择：（1）追加投资改变炼油设施以使所生产的汽油达到美国的"法定标准"；（2）以低价出售汽油给进口商，进口商经营这些"未达标汽油"的同时亦经营其他超过"法定标准"的汽油，以年度平均值来满足要求。无论采取上述哪一种做法，进口汽油的贸易条件与竞争地位都将受到不利影响，而美国环保署使美国本土炼油商"自定标准"，也正是为了后者能够避免这些不利影响，因此，美国以与GATT第3条不一致的方式提供了贸易保护。

美国辩称进口"汽油规则"适用于进口汽油，而非"外国炼油商"，"汽油标准"根本无意规制外国公司或海外实体的行为，只是通过规范进口商的行为来控制进口汽油的质量。"汽油规则"所追求的环境目标旨在规范美国市场销售汽油的总体质量，数据显示，美国本国厂商汽油自定的标准，约有一半高于法定标准，其余的低于法定标准，因此适用法定标准的进口汽油实际获得的待遇，如果与"自定低标准"者相比，待遇较低一些，而与"自定高标准"者相比，反而优惠些，从总体上说，进口汽油获得的待遇不低于国产汽油。

专家组认为评价被诉方是否违反上述GATT第3条第4款，需从以下两个问题入手。其一，有没有一个"影响其国内销售、标价出售、购买、运输、分销或使用"的法律、规则或要求存在？其二，这个法律、规则或要求对进口产品提供的待遇是否低于本国"相似"产品？专家组随后就此展开了分析，对于第一个问题，专家组同意投诉方的观点，即"汽油规则"确实属于影响其国内销售、标价出售、购买、运输、分销或使用"的法律、规则或要求，对于第二个问题，专家组首先确认"由于进口汽油与国产汽油化学成分相同，两者属于相似产品"，其后对美国所辩称的"两者总体上待遇相同，即为待遇平等"进行了反驳，认为从GATT争端解决机制实践来看，GATT第3条第4款所指的"不低于优惠待遇"，必须被理解为可适用于每种进口产品的具体情形，即不能从总体上将进口产品的"较低待遇"与另一些情形下的"较优惠待遇"相抵消。专家组最终认定"汽油标准"对进口汽油提供的待遇低于本国汽油，系争措施因而违反了WTO规则。

（二）GATT第20条"一般例外"能否使"汽油标准"合法化

争端处理过程中，美国从环境保护的角度出发，主张"汽油标准"的目的不是出于贸易保护或任何歧视性的目的，而是为了洁净美国的空气，减少交通工具排放所造成的空气污染，因此系争措施即使违反了GATT第3条等的义务，也得以援引 GATT 第 20 条第 b 款、第 d 款、第 g 款的例外事项，从而合法化。

对此，专家组逐一分析了 GATT 第 20 条第 b 款、第 d 款、第 g 款，指出就系争措施而言，首先，并不属于 GATT 第 20 条第 b 款"为保护人类、动物或植物的生命或健康所必需的措施"，因为"所必需者"意味着"除了采取该措施之外，没有其他与 GATT 一致的措施或抵触更少的替代选项"，而设立两套汽油基准区别对待进口汽油与国产汽油显然不是实现其所宣称的目的所必需的；其次，也不属于 GATT 第 20 条第 d 款"为保证与本协定规定不相抵触的法律或法规得到遵守所必需的措施"，美国辩称"汽油标准"是为了保证遵守非退化细则（the non-degradation requirements），而后者正是与 GATT 协定规定不相抵触的法律或法规，对此，专家组认为"汽油标准"本身并不是一种强制实施机制，而仅仅是确定各个单独基准的规则，不属于 GATT 第 20 条第 d 款所关注的"措施"范畴；最后，关于 GATT 第 20 条第 g 款"与保护可用尽的自然资源有关的措施，如此类措施与限制国内生产或消费一同实施"，美国辩称"汽油标准"正是为了保护"洁净的空气"这样一种"可用尽的自然资源"，且符合 GATT 第 20 条第 g 款其他要求，专家组认同了"洁净的空气属可用尽自然资源"一说，但认为"有关"一语意味着措施的首要目的必须是保护天然资源，而"汽油标准"的首要目的并非如此。

上诉机构报告支持了专家组针对本案就第 20 条第 b 款与第 d 款的解释，但却就第 g 款的解释做了修改，认为"汽油标准"属于第 g 款范围，"无论是自定的还是法定的汽油技术标准，都是为了保证对汽油提炼商、进口商的监督检查，使之符合品质的等级要求……这些措施在限制国内生产和消费上确有成效"❶，即"汽油标准"确与保护可用尽的自然资源——洁净的空气有关，且也是与国内生产或消费限制一同实施的，问题只是在于，"汽油标准"在其适用时会造成"不合理的歧视"以及"对于国际贸易的变相限制"，因而不能满足 GATT 第 20 条的引言部分的要求：采取措施应"在遵守关于此类措施的实施不在情形相同的国家之间构成任意或不合理歧视的手段或构成对国际贸易的变相限制的要求前提下"，因此，从总体上看，"汽油标准"不能以 GATT 第 20 条"一般例外"的条文来证明其合法性。

四、汽油标准案评析

（一）从争端解决角度看汽油标准案的意义

作为 WTO 受理的第一桩案件，汽油标准案无疑是 WTO 争端解决机制的

---

❶ WTO Appellate Body Report, United States—Standards for Reformulated and Conventional Gasoline, WT/DS2/AB/R, 1996, adopted 20 May 1996. pp. 22.

试金石。早前 GATT 时代的争端解决机制，虽然总体上说仍然是"一个十分成功的国际法律制度"❶，但因其倚重于"协商"这一外交手段来运转，权威性有限，素有"没有牙齿的老虎"一说。WTO 的成立标志着多边贸易体制争端解决机制升级版的问世，这是一个融 WTO 成员意志与 GATT 几十年争端解决实践的智慧与经验于一体的产物，其设计思路朝着"规则取向"以及"司法独立"的方向大胆迈进，巧妙地将外交手段与"准司法"手段有机结合起来，构建了一整套完整有序的内在结构与规则。

WTO 争端解决机制的权威性、独特性与有效性通过汽油标准案得以证实与彰显，争端的解决过程走完了《关于争端解决规则和程序的谅解协定》中的所有程序：双边磋商、专家组、中期评审、上诉、监督与执行，成为 WTO 争端解决的第一个成功范例，充分彰示了 WTO 争端解决机制的强大力量，意义非同小可。正如当事方之一的巴西所指出的，在本案中，所有各方都是赢家，因为世界贸易组织争端解决机制得到了加强。

（二）从能源贸易角度看汽油标准案的意义

（1）这是一起由 OPEC 国家在 WTO 框架下发起的案件，委内瑞拉具有 OPEC 与 WTO 双重身份，在争端当中面对的是美国这样一个超级经济大国，如果仅仅依靠外交途径或经济手段（如出口商集体抵制）等来解决其能源产品的地位问题，很难说会有什么样的结果，弄不好两败俱伤。规则导向的 WTO 为委内瑞拉提供了一个以法律手段解决争端的平台，而委内瑞拉作出了明智的选择并且成功地维护了自己的利益，一定程度上为其他 WTO 能源出口国成员以及其他能源贸易利益国成员诉诸 WTO 体制解决能源贸易争端起到了示范作用；与此同时，也向 WTO 体制之外的能源出口国传递出一个信号，那就是加入 WTO 将在维护其能源贸易利益方面体现出意义与价值。

（2）汽油标准案继超级基金案之后，再度揭示了能源、贸易、环境的高度相关性，并将焦点汇聚到对 GATT 第 20 条的解读上。专家组的报告以及上诉机构的报告澄清了第 20 条"一般例外"与能源贸易之间的一些联系，解释了该条序言与具体例外事项的关系，明确援引该条要经过两个步骤，一是通过具体例外事项条款的检验，二是在证实系争措施属于具体例外事项范畴之后，通过序言的检验，即系争措施适用时不会造成"不合理的歧视"以及"对于国际贸易的变相限制"。在这一问题上，该案特别澄清了"清洁空气"属于 GATT 第 20 条第 g 款意义上的"可用尽的资源"，意味着能源贸易利益国今后仍有可能以保持"清洁空气"为名偏离 GATT 义务，对于能源产品施

---

❶ 此系美国著名学者休德克的评价，转引自赵维田：《世贸组织（WTO）的法律制度》，吉林人民出版社 2000 年版，第 457 页。

行进口、出口、转运等方面的贸易限制。

（3）在争端解决程序当中，能源企业的利益受到了关注，如委内瑞拉石油巨头 PDVSA 的名字在专家组的报告中出现了 10 次之多。

（4）本案是 WTO 争端解决机制处理的第一个能源贸易争端，代表了能源贸易摩擦非政治化解决的努力，奠定了 WTO 处理能源贸易争端的基础，并展示出 WTO 多边贸易体制在调整一向敏感的能源贸易问题上的发展潜力。

小　结

WTO 成立之后的实践表明，多边贸易体制调整能源事项已经没有太多观念上的障碍，其之所以在这方面仍然碌碌无为，致使 WTO 框架内扭曲能源贸易的各种保护措施大行其道，主要还是在于 WTO 规则本身的局限性。

一方面，现行 WTO 规则对于能源贸易特殊性的把握不足或以偏概全，决定了其调整能源贸易关系的局限性。就 WTO 涉及能源贸易的规则来看，其最初源于 GATT 的设计固然是立足于当初成员的情况以及当时的国际能源市场格局，但其后国际能源市场历经一系列的变迁，主要能源出口国亦争相融入多边贸易体制，而 WTO 与能源贸易相关的规则体系仍原地踏步，以致基本与现实格局脱节，在调整能源关系的问题上当然是力不从心。

另一方面，国际能源贸易当前的发展形势以及各国对于能源安全的关注，已经彰显了 WTO 加强能源贸易纪律的意义。多边贸易体制的基石——自由贸易原则，实际代表了能源贸易未来发展的应有方向。若能通过 WTO 规则的改进，将能源切实纳入世界自由贸易的范畴，让市场充分发挥资源配置作用，则有望实现能源在世界范围内的最优配置，以及可持续能源安全的目标；[1] 同时，规则导向的多边体制，强而有力的争端解决机制，将为能源贸易有序发展以及全球能源安全提供有力保障。

---

[1] 孙法柏、刘明明："能源贸易适用自由化原则之现状及发展趋向"，载《上海政法学院学报：法治论丛》2007 年第 1 期。

第四章　WTO 能源贸易规则的重构方略

WTO 能否在能源贸易国际机制的未来发展中，扮演一个更为积极与重要的角色，引导国际能源贸易健康有序地发展？这实际上取决于 WTO 体制能否在其能源贸易制度安排上实现有益的调整，真正构建起能够有效调整国际能源贸易关系的法律规则。

第一节　重构 WTO 能源贸易规则的推动因素与制约因素

一、重构 WTO 能源贸易规则的法律基础

在 WTO 框架下探讨能源贸易制度安排的重构，其法律基础源自于以下三个方面。

（一）WTO 多边贸易体制的动态性

动态性是 GATT/WTO 多边贸易体制的一个鲜明的特色，正因为多边贸易体制充满活力的动态发展，才使得 GATT 体制以关税减让为起点，逐步建立起一整套有关商品贸易关税和非关税措施的国际贸易规则体系。WTO 多边贸易体制的动态性主要表现在以下几个方面：（1）贸易回合与时俱进。根据国际贸易形势的发展，每隔几年发起一轮多边贸易谈判，即通常所说的贸易回合，这是 GATT 时代的传统，WTO 沿袭了这一制度。每一轮回合的谈判当中，WTO 成员一来可就新的贸易领域或新的贸易事项议定新的规则与制度，二来可以根据实际运行情况对上一个回合中达成的法律文本进行审议与修订。（2）部长级会议适当改进。WTO 定期召开部长会议，以发表部长宣言和决议的形式完善现行法，宣示应有法。（3）常设机构及时跟进。在回合之间和部长会议闭会期间，根据现行规则、部长宣言或决定的委托，WTO 的常设机构具体从事法律规则的制定与修正工作。"虽然多边谈判与协商是协定国际法制定的基本方式，但是像 GATT/WTO 这样每隔几年发起一轮多边贸易谈判来制

定规则的基本方式,在其他国际体制或国际法分支中实属少见。"❶

WTO 动态性的特征使得在现有体系之中构建更适于调整国际能源贸易关系的规范成为可能;同时,富于活力的 WTO 体制也使得其制度更有弹性,"WTO 的规则是有生命力的,能够适应不断变化的现实"❷——WTO 规则随着贸易格局的发展而发展,这也暗合了不断发展之中的能源概念与变革之中的能源市场。

(二) WTO 的包容性

"WTO 已形成具有无限包容性和开放性的伞状结构,成为驾驭和协调经济全球化的最重要的法律中介。"❸ "伞形结构的功能使之能够纳入现行的全部相关协议与今后可能达成的协议,具有包容性"❹——正因为如此,WTO 的触角一再延伸,其所调整的范围也由单纯的跨境货物贸易进一步扩展至服务贸易、知识产权以及投资、金融等领域。WTO 的谈判领域仍在不断丰富当中,涉及当今国际经济贸易领域的诸多前沿问题,如环境、劳工、竞争政策等。可想而知,与贸易有关的能源安全事项也未必没有机会进入 WTO 的视野。

此外,从产品的角度来看,实际上没有任何一种产品是被排除在 WTO 体系之外的,能源亦不例外——WTO 规则并没有将能源作为特别的部门来对待。因此,对于所有贸易都适用的基本规则也能够适用于能源货物贸易和能源服务贸易。❺ "只是因为各种因素的影响,才导致能源贸易在 WTO 体制下不同于其他货物贸易,偏离或游离于贸易自由化的轨道。"❻ 然而,偏离或游离多边贸易体制自由化轨道的并非只有能源贸易,农产品贸易、纺织品贸易也都曾是货物贸易的主要例外部门,它们长期游离于多边贸易规则之外,直到乌拉圭回合才上演"游子归家"。有了这样的先例可循,能源贸易真正融入多边贸易体制也同样值得期待。

---

❶ 曾令良:《二十一世纪初的国际法与中国》,武汉大学出版社 2005 年版,第 119 页。

❷ Pascal Lamy, Doha Round will Benefit EnergyTrade, speech at the 20th World Energy Congress on 15 November 2007, available at http://www.wto.org/english/news_e/sppl_e/sppl80_e.htm, last visit on Mar. 2013.

❸ 陈小君:"挑战与回应——WTO 与中国民商法",载《法商研究》2002 年第 2 期。

❹ 张乃根:"反思 WTO:全球化与中国入世",载《世界贸易组织动态与研究:上海对外贸易学院学报》2002 年第 4 期。

❺ Pascal Lamy, Doha Round will Benefit EnergyTrade, speech at the 20th World Energy Congress on 15 November 2007, available at http://www.wto.org/english/news_e/sppl_e/sppl80_e.htm, last visit on Mar. 2012.

❻ 孙法柏、刘明明:"能源贸易适用自由化原则之现状及发展趋向",载《上海政法学院学报:法治论丛》2007 年第 1 期。

(三) WTO 的广泛性

能源贸易一向处在国家的高度规制之中，各国出自不同考虑，围绕能源贸易出台与实施了形形色色的贸易政策措施（关税与各种非关税措施）、投资政策措施、产业政策措施等，牵涉安全、技术、金融、环境等方方面面的事项，纷繁复杂，可谓是国内贸易规制措施的集大成者。

而 WTO 多边贸易体制广泛地涵盖了当代国际经贸活动的方方面面：货物贸易、服务贸易、知识产权、投资，并以《建立世界贸易组织协定》为核心，产生了由近 30 个协议的条约群体组成的宏大规则体系，其实体规范的管辖范围已经碰触到当今各国国内几乎全部的贸易政策与规制措施。

不仅如此，WTO 成员的广泛性还使得具有不同能源贸易利益的成员能够在这一体制平台上集中表达其利益诉求，解释其能源政策，寻求对话、协调与合作的机会，也得以用"不同的政策内涵进行利益交换"❶。

WTO 的广泛性实际上已经为调整错综复杂的能源贸易问题奠定了一个良好的基础。正如我国台湾学者施文真所表达的："WTO 几乎是目前唯一一个包含所有（能源利益国）类型与（能源）政策内涵的全球性组织。"❷ 从某种程度上讲，当今世界，也只有 WTO 这样一个广泛全面的国际经济组织具备全方位有效调整国际能源贸易事项的能力。

二、重构 WTO 能源贸易规则的现实动力

WTO 是成员驱动的国际组织，WTO 的谈判日程安排是由各成员基于其经济和政治的优先需要并达成明确共识而决定的。因此重构能源贸易规则的议题，能否真正纳入 WTO 议程，完全取决于 WTO 成员的意愿。本书认为，这样的一种动力当前正日益聚积，表现为以下几个方面。

(1) 步入新世纪以来，能源安全渐为举世瞩目，"能源焦虑"全球蔓延，开展全球性能源合作与对话的呼声高涨，作为当今世界最有力的全球性经济组织，WTO 不能不对此有所回应。

(2) 气候变暖深刻影响各国政策，不少成员为实现自身的环境目标，或履行《京都议定书》等环境条约的义务实施能源效率标准、能源税或补贴、环境友好技术、生态标志，以及政府"绿色采购"政策措施，对能源贸易产生了不同程度的影响。其中一些政策措施与现行 WTO 规则有着潜在冲突，或提出一些现行规则体系尚未触及的新问题，碳减排交易也可能制造新的能源

---

❶ 施文真："能源安全、GATT/WTO 与区域/自由贸易协定"，载《政大法学评论》2007 年 10 月第 88 期。

❷ 施文真："能源安全、GATT/WTO 与区域/自由贸易协定"，载《政大法学评论》2007 年 10 月第 88 期。

服务贸易机会，WTO 现行规则的相应调整（包括创设新的纪律、界定一些关键事项，澄清 WTO 与多边环境条约的关系）势在必行。

（3）一批能源丰富国家如沙特阿拉伯（等 OPEC 国家）或俄罗斯等相继加入或正在申请加入 WTO，使得多边贸易体制框架下的能源问题更加突出，将能源纳入 WTO 有效规制也更加富有实际意义。

（4）十多年的能源自由化与全球化进程，逐步侵蚀了早前笼罩能源部门的政治铁幕，各国针对能源的国内规制逐渐放松并形成了一些全球通行的规则，为全球性谈判的开展奠定了现实基础。

（5）能源安全理念在世界范围内朝着合作与对话、可持续安全的方向发展，同时多哈回合以来的能源贸易谈判以及多边贸易体制处理的能源争端加深了世人对 WTO 规制能源贸易的认同度，这些都增加了 WTO 成员达成共识的机会。

来自发达国家方面的谈判愿望尤为迫切，欧盟前贸易委员曼德尔森自 2006 年 6 月起已三度呼吁建立 WTO 能源新规则，以将"能源贸易和投资纳入世界贸易组织的规则及执行程序"之中。因为"能源交易处在国际法真空状态，可能导致其成为地缘政治紧张的原因"，而"更加清晰的双边、区域或国际规则将改善能源输送和供应的可预见性，为生产国和消费国相互在对方投资敞开门户，从而加深彼此依存和稳定，并有助于引导国内外资本投向开采和提炼产业"[1]。

现任 WTO 总干事拉米亦呼吁成员国推动 WTO 为复杂的能源棋局作出重要贡献，因为"更具可预见性与透明度的贸易规则将使能源进口国、出口国、从事能源贸易的公司、消费者等所有人获益"。拉米 2007 年 11 月 15 日在罗马第 20 届世界能源大会发言时强调："一个强有力的世贸组织将在规划一个可持续的、公正的能源未来中发挥积极作用"，在 WTO 框架中"确定专门的能源贸易规则越来越重要。"[2]

三、重构 WTO 能源贸易规则的制约因素

（一）能源贸易性质的桎梏

马丁·沃尔夫认为"世界经济是全球的，但世界政治却是国家的。简言

---

[1] Marc Champion, Juliane Von Reppert-Bismark："曼德尔森表示欧盟寻求建立 WTO 能源新规则"，载《华尔街日报》中文网 2006 年 6 月 23 日，http://chinese.wsj.com/，访问日期：2011 年 6 月 25 日。

[2] Pascal Lamy, Doha Round will Benefit Energy Trade, speech at the 20th World Energy Congress on 15 November 2007, available at http://www.wto.org/english/news_e/sppl_e/sppl80_e.htm, last visit on Mar. 2012.

之,这就是全球治理的两难困境"❶。

时至今日,能源已不单纯是一个国家的经济问题,而成为带有全球性的经济、政治、外交乃至军事问题,它关系各国的经济命脉和民生大计,对维护世界和平稳定,促进各国共同发展和繁荣至关重要。能源因而无可回避地成为全球治理的关键事项之一,同时也将全球治理的"两难困境"表现得淋漓尽致。一方面,日益全球化的能源市场呼唤全球性的能源规则与能源秩序;另一方面,能源又是系"战略资源、领土主权、国家安全"于一身的高级国家政治的重要内容,在国内政治考虑的重压之下,各国往往对于建设全球性规则谨慎有加,进而裹足不前。

(二)多边贸易体制的发展瓶颈

有学者认为WTO多哈回合的曲折多舛,"或许确实是时机不当,但更本质上的原因,是其遭遇了全球贸易自由化的限度约束"❷。有三重限制共同构成这一限度。第一重限制是"边际效用递减",即在数轮谈判之后,贸易自由化的边际效用已然递减,各个谈判国不得不付出更多的成本方能取得同样的甚至是更少的收益,放弃便成为最佳选择。第二重限制为"世界权力分散",在前几轮谈判当中,美国作为当仁不让的权力中心,尚可以其霸主地位一呼百应,或震慑或利诱地左右其他成员的价值判断与最终决策,从而达成一致,但多极时代的到来使得美国"号令天下"的风光不复存在。第三重限制是"国家主权硬核",尽管全球化时代主权思维有所转变,但主权至上的"硬核"仍在,贸易自由化与这一硬核相撞则极易破碎。由此,该学者推断,即使多哈回合经多方努力修成正果,日后的全球性多边贸易谈判也将格外艰辛,因其所面临的限度更加不可逾越。❸

事实上也的确如此,伴随一轮又一轮贸易回合的结束与发动,多边贸易体制谈判不断朝着纵深发展,新回合的议题往往触发以往回合中"求同存异"积淀下来的敏感性问题,要么就是带有高度不确定性的前沿性问题,利益冲突更集中,矛盾更尖锐,分歧也更加难以弥合,达成新成果的高难度可想而知。

---

❶ 马丁·沃尔夫:"全球治理的两难困境",载 FT 中文网 2007 年 1 月 30 日,http://www.ftchinese.com,访问日期:2011 年 2 月 1 日。

❷ 宋国友:"自由贸易的边界",载《东方早报》2008 年 7 月 31 日电子版,http://epaper.dfdaily.com dfzb html/2008-07/31/content_ 73251.htm,访问日期:2011 年 5 月 1 日。

❸ 宋国友:"自由贸易的边界",载《东方早报》2008 年 7 月 31 日电子版,http://epaper.dfdaily.com dfzb html/2008-07/31/content_ 73251.htm,访问日期:2012 年 5 月 1 日。

第二节 WTO 能源贸易规则重构的设想

WTO 能源贸易规则重构，本质上是在对 WTO 成员能源贸易利益协调的基础上，对现有规则更新换代，使之能够反映出现阶段能源贸易活动的现实。

一、WTO 成员就能源贸易的主要利益诉求

WTO 多边贸易体制成员众多、结构复杂、矛盾尖锐。一方面，将能源纳入 WTO 有效规制的主张正在 WTO 成员当中渐渐渗透，为越来越多的国家所关注甚至逐步认同。而在另一方面，要想真正重构能源贸易制度安排，首先必须正视 WTO 成员间能源贸易利益诉求迥异的现实。

应该说，每个 WTO 成员在能源资源与技术条件、能源贸易定位以及能源政策价值取向上都有各自的具体情况或特殊考量，可谓千差万别。我国台湾学者施文真从能源贸易利益的角度，将 WTO 150 多个成员大体分为四个利益群体：能源矿物资源丰富的发展中国家、能源技术先进的发达国家、能源矿物资源进口国、欲发展国内可再生能源的国家。[1] 本书以为，这样的分类固然有欠严谨或不够全面，因为显然四个利益群体成员之间互有交织，或许也还不能以此覆盖全部的 WTO 成员，但这样的分类确实与多边贸易体制历史上能源相关谈判的实际情况相吻合。换言之，迄今为止的 WTO 相关谈判与讨论之中，规则改革的推动力量基本上都是来自这样的四个方向。因此，本书在此借鉴这样的分类，将其表达的基本立场与主张大致归纳为以下几点。

（一）能源矿物资源丰富的发展中国家（能源出口国）

从目前全球的能源技术与使用来看，矿物资源还是多数国家主要的能源生产来源。矿物资源出口赚取的利润成为能源矿物资源丰富的发展中国家（如 OPEC 国家）主要的收入来源。对这些国家来说，首要是确保能源矿物资源主权以及持续稳定地获得能源矿物资源出口利益。它们所关注的事项，一是确保初级能源产品（如原油、煤）以及加工产品在其他国家的市场准入机会；二是扶植国内能源加工业的发展，以避免国家经济对于初级能源原料及产品的出口依赖；三是引进必要的资金与技术，进行能源矿物资源开采与实现产业升级。因此，这一类国家的利益主张往往针对能源进口国的以下贸易措施，希望相关纪律得到加强。

---

[1] 施文真："能源安全、GATT/WTO 与区域/自由贸易协定"，载《政大法学评论》2007 年 10 月第 88 期。

1. 边境措施

（1）进口关税。总体上能源进口关税税额并不高，但使能源出口国缺乏安全感的因素在于以下两点。一是原油、成品油、石化产品之间的关税呈递增特征，❶ 不利于出口国产业结构的升级换代；二是重要进口国石油进口关税大都为非约束性关税。美国与日本就是典型的例子，其对原油虽然征收的关税不高，但却将其排除在约束性关税之外，这一做法被其他各国纷纷效仿。从理论上说，这些国家可以随时将其提高到任意水平。❷ 能源进口关税因此缺乏稳定性与可预见性。

（2）数量限制。数量限制曾是能源贸易实践中突出的壁垒之一。如1973年之前美国曾实行石油进口配额制长达24年之久，❸ 有效地遏制了石油进口，保护了国内产业的增长。而IEA成立初期的政策取向亦带有浓郁的进口石油数量限制色彩。比如1977年《关于集团目标与能源政策原则的部长决定》（简称《1977年能源政策原则》）明确规定，1985年时各成员国石油进口总额须控制在每天2600万桶之内，这一总额限制随后被换算为各国限额。尽管这些数量限制措施已成为历史，仍然是能源出口国心头的阴影。

2. 国内措施

（1）替代产品补贴。为了减少对石油进口的依赖，IEA国家20世纪70年代曾经广泛采取支持煤炭生产的各种措施，如煤炭补贴等。近年来，虽然燃煤生产补贴呈退出之势，但清洁技术生产支持、可再生能源补贴却又纷纷出场。站在石油出口国立场上，这些替代产品补贴可能危及其石油市场准入安全。

（2）国内税。能源出口国最为不满的就是进口国开征的高额国内税，认为这些税收削减了出口国从自己的自然资源获取收入的能力。其中最主要的是燃油税。以汽油为例，2006年第2季度OECD绝大多数国家实施的燃油税均在50%以上，以英国为最高，达到67.8%。2003年，德国、日本、英国、美国、法国、意大利以及加拿大这七大OECD国家所征收的燃油税（正常的增值税除外）一项便高达2230亿美元。这一巨大的数字意味着消费国政府从

---

❶ 欧盟对原油进口历来免税，对成品油按来源地实施免税或5%以下的进口税。日本在最惠国体制下，对原油进口征收每千升（kilolitre）215日元的从量税；原油衍生品进口则视用途和数量受制于不同程度的进口关税，比如，作为石化工业原料进口的石油产品进口仅需交纳每千升12日元的关税，而各类燃油进口关税则为每千升570~3410日元不等。美国对美国石油协会（American Petroleum Institute，API）标准25度以下及以上的原油所征关税分别为每桶5.25美分与每桶10.5美分，对成品油则征收每桶10.5~84美分不等的进口关税。

❷ 叶玉：《石油贸易措施的国际法规制》，复旦大学2007年博士学位论文，第126页。

❸ 1959年美国总统艾森豪威尔以3279号令实施的强制石油进口计划（在1973~1979年之间则取消绝对数量限制，而改为征进口费用）。

石油资源中所获取的利益常常高于生产国政府作为资源的所有者所获取的利润，油价的上涨给生产者带来的好处仍然抵不上消费国政府从这些税收之中获得的好处；❶ 此外还有环境税，鉴于能源与环境的密切联系，进口国越来越多地以环境保护为理由，对石油与石油产品、煤炭等化石燃料开征以环境名义实施的国内税，只要这些税收是在非歧视基础上征收的，就不违背 GATT。能源出口国在 WTO/GATT 框架下提起的两起争端，皆因此而起，尽管两起都胜诉，仍然难以打消能源出口国的隐忧。

（二）能源矿物资源进口国

这一类国家所追求的，首先是能源供应的稳定性，以及此目标衍生出来的能源来源多样化与多元化、能源运输过程中的安全与过境自由等；此外，能源使用中的生态环境安全性，近年来也愈发引起重视。这一类国家的利益主张往往针对能源出口国的以下措施，希望通过 WTO 框架下的规则调整取消或限制这些措施。

1. 能源生产配额制度

最为突出的当属 OPEC 的限产保价措施，历来使得能源进口国如鲠在喉。虽然"终结卡特尔：对 OPEC 提起 WTO 诉讼"一类的呼声时有耳闻，终归是雷声大雨点小，迄今为止，WTO 未曾受理过此类案件，其中固然有当事国政治上的考虑，但 WTO/GATT 现行规则的内在缺陷不能不说是一个更为直接的原因。修改 WTO 规则以抑制这类措施成为能源进口国所追求的重要目标之一。

2. 双轨定价

石油出口国政府往往采取价格控制措施，促使石油及制品以较低价格供应国内市场，却以较高的价格为出口的石油及石油制品定价。如前所述，有 GATT 第 20 条第 i 款为保障，此做法也一直通行无阻，只要内外双重价格措施是"政府稳定计划的一部分"，且未用来作为保护国内工业的手段，双轨定价并不为 WTO 所制止。能源进口国对此颇为不满。

3. 投入品"补贴"

此与双轨定价有着密切联系。能源进口国中盛行的看法是，由于石油等能源资源是很多工业制成品的投入品，当能源出口国以低于出口价格的石油及石油制品作为工业原料投入下游产品生产领域，就构成了投入品补贴。投入品补贴很难以现行 WTO 补贴规则来挑战，因为即使构成"补贴"，也是国内行业普遍适用而缺乏专向性的补贴。

---

❶ 叶玉：《石油贸易措施的国际法规制》，复旦大学 2007 年博士学位论文，第 131 页。

4. 能源出口国国内税

现行的 WTO/GATT 规则为能源出口国国内税留出了极大的空间。实践之中，石油出口国常常区别对待用于出口的石油与用于国内消费的石油，比如对前者征收更高的国内税，以获取更多的石油收入；另一方面，也可以对出口的石油与石油产品免征国内税。而这些措施在现行 WTO/GATT 规则框架下都是有据可循，难以挑战的。

5. 出口关税

出口关税目前大都是非约束性的，石油出口国自然可以随心所欲地运用这种政策工具。

6. 亚洲加价

所谓亚洲加价是指亚洲国家石油进口商自中东进口原油比欧美平均多支付的价格。亚洲加价公认每桶 1~1.5 美元，年加价总额可达上百亿美元。亚洲加价本质上是中东国家石油公司对不同目的地原油进口商征收不同价格，构成通过国营贸易实施的价格歧视。❶ 包括中国在内的亚洲石油进口国希望通过 WTO 国营贸易纪律的加强消除这类歧视性贸易实践。

（三）技术先进的发达国家

这些成员希望将自己在技术方面的领先优势转化为国际市场上的竞争力，因此并不满足于能源产业链终端产品的贸易活动，而是希望以服务提供的方式进入技术欠发达国家的国内能源市场，广泛参与其能源产业链上析出的各种能源活动，将能源贸易延伸到能源生产、运输、转换、储存、分配的各个环节。换言之，这些国家力促 WTO 成员间能源服务贸易市场的自由化与国际化。具体的主张则围绕以下几个方面。

1. 扩大市场准入与国民待遇

希望推动 WTO 成员作出更广泛的能源服务贸易开放承诺，以改变迄今为止 WTO 成员在能源部门只作出了相当有限的具体承诺的局面，并借此促进国际能源服务市场的发展壮大。

2. 构建能源部门国内规制纪律

要求根据能源服务贸易市场的特点构建统一的国内规制纪律框架，比如议定一份类似《基础电信参考文件》的法律文件来约束国内规制，以避免减让承诺为各种服务贸易壁垒或限制性商业实践所抵消。

3. 打造公平竞争平台

一些技术先进国家担心其率先为实现相关环境目标作出政策调整，很可能引起现实利益的牺牲，使相关工业在国际上失去比较竞争力。比方说：一

---

❶ 叶玉："WTO 体制下亚洲加价的非法性"，载《国际经济法学刊》2007 年第 4 期。

国如果单独对其能源工业施以环保方面的严厉规制并课以税赋（如二氧化碳），将会增加该行业的负担，致使该工业，以及能耗密集性产品在全球市场上竞争力被大大削弱。欧盟工业专员费尔霍伊根就曾声称："我们必须承认……我们在环境方面的带头作用，可能严重影响一些欧洲能源密集型产业的国际竞争力，并使全球环境状况恶化，原因是我们将生产转移至环境标准较低的世界其他地区。"❶ 这些国家试图通过 WTO 框架下的具稳定性与可预见性的规则，推动搭建"公平竞技平台"。

（四）欲发展国内可再生能源的国家

这一类成员当中，既有欧美等发达国家，也有巴西、东南亚各国等发展中国家，这些国家要么在可再生能源的开发中先行一步，在可再生能源技术、经营等方面拔得先机，要么在其境内拥有丰富的可再生能源资源（比如生物燃料原料），因而在贸易中具有比较优势。这些国家的希望或关注包括：大力发展本国的可再生能源产业，强化国内可再生能源产业的竞争优势，减少对于进口能源的依赖，实现能源供应来源多元化；提升国内可再生能源技术的研发水平，并以开发国内的可再生资源为重点；扶植、保护国内新兴的可再生能源产业；以产品或技术打入其他 WTO 成员的可再生能源市场，参与其生产活动。

这些成员在 WTO 框架下的主张集中于以下几个方面。争取将本国具有竞争力的可再生能源产品列入多哈回合"环境产品"名目之中，以取得更优惠的待遇；削减可再生能源产品的关税以获得更好的市场准入条件；澄清可再生能源在 WTO 的法律地位；打造统一的纪律，规制可再生能源补贴与可再生能源技术标准。

二、WTO 能源贸易规则的重构思路

ICTSD "贸易和可持续能源系列"研究项目 2007 年 8 月议题论文 1 号《WTO 与能源：与能源部门相关的 WTO 规则与协定》指出："能应对一些能源贸易相关议题的多边规则是符合人心的，因为它们会创造一个透明的和可预期的框架。"

同时，该文也提到：鉴于先前贸易谈判回合中创建能源特别规则的尝试并不成功，以及当前谈判中的局势，要在 WTO 中创造新的关于能源的规则在近期内似乎还不可行。看起来，在近期内很可能的结果是现有原则在能源部门中的应用，主要依赖于争端解决专家组在个案基础上的处理决定。

---

❶ "欧盟工业专员警告称气候政策将损害自身竞争力"载 FT 中文网 2006 年 11 月 24 日，http://www.ftchinese.com，访问日期：2011 年 11 月 24 日。

事实上，WTO框架下能源贸易制度安排的重构关系到成员内部的战略部门，需顾及经济、安全、环境等方方面面的角度，谈判的难度与复杂性可想而知。加之应有法状态的能源贸易规则既要从总体上站在全球层面可持续发展的高度，又必须在具体条文上平衡各个利益群体的利益诉求，显然不可能是一蹴而就的。本书以为，重构WTO能源贸易规则，应遵循以下主要思路。

（一）在重构的节奏上，不易急于求成，当以递进的方式逐步推进

从能源贸易现实状况来看，近期内显然不可能达成系统的能源贸易特别协定，分阶段推进则更具可行性。在当前阶段，配合多哈回合谈判进程，第一步主要针对能源服务贸易构建切实可行的规范，比如达成一份能源服务参考文件，实现突破；下一步则考虑将WTO成员普遍关注的生物燃料等可再生能源问题切实纳入谈判议题，并围绕谈判中的焦点事项产生行之有效的规则。至于能源货物贸易相关规则的改进，由于很可能导致尖锐的利益冲突，不妨暂时搁置，权宜之计是通过争端解决机构个案澄清现行WTO规则适用于能源部门的具体问题，待日后时机成熟时再逐步考虑。最终则是单独就能源部门议定更全面更连贯的整套规则，既能体现WTO多边贸易体制核心的自由化原则——最惠国待遇原则、国民待遇原则、透明度原则、关税减让原则等，又能兼顾能源部门的特殊性——供给安全的问题、公共服务义务、环境与发展的目标、传输网络的便利等，使能源这一长期徘徊于多边贸易体制之外的特殊部门真正和谐融入WTO体制。

瑞士世界贸易研究院2009年5月出炉的一份报告建议，未来的单独WTO能源协定应当是一个涵盖能源货物贸易与能源服务贸易在内的框架性协定，其中的具体规范可以同WTO其他协定的内容相链接，特别是转引GATT等多边贸易规则，GATS、TRIPs、政府采购协定等协定的相关条文，甚至纳入WTO框架以外的一些协定的内容（如同TRIPs对于《保护工业产权巴黎公约》（Paris Convention on the Protection of Industrial Property，以下简称《巴黎公约》）和《保护文学和艺术作品伯尔尼公约》（Berne Convention for the Protection of Literary and Artistic Works，以下简称《伯尔尼公约》）做法一样），或者仅在条文中提示某些国际协定的义务，如联合国"气候变化框架公约"（UNFCCC）或京都议定书，以切实打造一个全面与连贯的WTO能源协定。[1]这一观点颇具建设性，有可取之处。

---

[1] Thomas Cottier, Garba Malumfshi, Energy in WTO Law and Policy, available at www.nccr-trade.org/.../IP6_ synthesis_ report_ with% 20biblio. pdf, 2009, last visit on Aug. 2, 2013, p. 8.

（二）重构应将新能源安全观贯穿在相关规则的谈判之中，并以之作为新规则的指导思想

WTO 现行规则框架的宗旨或指导思想之中，并未包含对于能源安全的考量，但既然是探讨构建有效调整当代能源贸易关系的法律规则，则不能不将能源安全的要义融入其中——从某种意义上讲，保障能源安全是重构 WTO 能源贸易规则最直接的动力与最主要的意义。

如前所述，新能源安全观摒弃了片面能源安全观的狭隘，超越了合作能源安全观的局限，把开展全球能源对话与合作作为实现全球能源安全的根本措施。

当代的国际能源贸易关系日益复杂化、综合化、全球化，且正处在新旧体制交替、新旧矛盾交错、新旧思想观念相互交织的时期。在 WTO 谈判之中，各种能源安全观亦是杂糅重叠，从某种程度上导致 WTO 能源贸易规则谈判进展缓慢或是停滞不前。一方面，WTO 160 个成员的能源利益诉求与谈判立场大相径庭，甚至尖锐对立，只有当谈判各方都能以新能源安全观的全新视角来看待能源安全问题，跨越狭窄的能源生产国与消费国的界限，着眼于人类的共同利益，将能源视为国际市场中自由流动的要素，才有可能在错综复杂的能源问题上取得一致，将能源问题切实纳入世界自由贸易的范畴，在 WTO 框架下达成新的多边能源贸易规则。另一方面，新的能源贸易规则或协定只有以新能源安全观为指导，才能以能源贸易关系为切入点，真正成为全方位、多层次、多领域的能源安全合作机制，融 WTO 游戏规则与能源贸易特殊性为一体，让市场充分发挥资源配置作用，从而实现能源在世界范围内的最优配置，并借助多边贸易体制平台的强大辐射力，实现世界范围内可持续安全的目标。

（三）在规则的具体改进或构建上，不妨创造性地借鉴现有能源国际机制，特别是 NAFTA 与 ECT 的一些成功经验

从某种意义上说，现有区域能源机制可以看作是全球性能源机制的试验田，有关规则在区域层面经过国际能源贸易实践的检验，其在区域能源安全保障中的作用与不足已经呈现。在 WTO 能源新规则建设中，汲取区域性能源机制的经验并创造性地加以发展，将使未来 WTO 能源贸易纪律更具可行性、可操作性与完备性。尤其是 NAFTA 与 ECT 的能源贸易制度，本身与 WTO/GATT 规则有着渊源关系，其缔造者对于当今国际经济秩序又有极大的影响力，更加有必要深入考察、研究、借鉴。

1. NAFTA 与 ECT 对于 WTO/GATT 能源贸易制度的发展

（1）NAFTA、ECT、WTO/GATT 能源贸易制度安排比较。NAFTA 与 ECT 被认为是区域能源安全保障机制中的代表者与佼佼者。耐人寻味的是，NAF-

TA 与 ECT 的贸易制度安排，俨然都是脱胎于 WTO/GATT 多边贸易体制。比如，NAFTA 第六章"能源与基本石化制品"中的能源货物贸易制度有"超 GATT 规则"（GATT plus）之说，即整套规则是在对 GATT 加以解释与补充的基础上建立起来的。NAFTA 在出口数量限制、进出口税以及进出口价格方面对于 GATT 相关规定或作出严格的解释，或进行了补充，延伸出一系列新义务，以抑制能源出口国常用的一些歧视性出口管制措施，如双轨定价等。此外，NAFTA 对于援引 GATT "一般例外""安全例外"，也作出了严格的限制，使得缔约方不致轻易绕开条约实体义务。而 ECT 的能源货物贸易与能源过境规范亦是以 GATT 为蓝本，在直接援引 GATT 规则的同时做了一些修正与例外，使之"比 GATT 更为周延而详细"。❶

换言之，NAFTA 与 ECT 的能源贸易规范源自对于 WTO 贸易规范（主要是 GATT 规范）的借鉴，并针对能源贸易活动的特点以及区域特点有所发展。表 4-1 大致体现了几者之间的一部分差异：

表 4-1　GATT、NAFTA、ECT 能源贸易规范比较

	GATT 1994	NAFTA	ECT
能源产品的界定	没有特别界定能源产品	就能源产品设有专章；明确界定能源产品与基础石化品	条约本身即针对能源产品，明确界定能源原料与产品
出口关税	可开展出口关税谈判并将结果列入关税减让表，但是否受 GATT 第 2 条约束税率规范调整存在争议	无明确规定	进口税率、出口税率和其他收费都必须列表通知秘书处，缔约方应避免增加出口关税，不得高于通知秘书处的水平或者列入相关附件的最低水平
出口数量限制	原则上禁止成员制或禁止出口，包括订立最低出口价格	同 GATT/WTO 之数量限制禁止原则，但额外规定：禁止最高与最低出口价格；出口税必须遵守国民待遇原则	同 GATT/WTO

---

❶ 施文真："能源安全、GATT/WTO 与区域/自由贸易协定"，载《政大法学评论》2007 年 10 月第 88 期。

续表

	GATT 1994	NAFTA	ECT
出口管制的例外	为出口国所必需的产品；与保护可用竭的自然资源有关；国家安全例外	可依据 GATT 下的例外规定（包括第 11 条第 2 项与第 20 条），但援引例外须满足三项要件	同 GATT/WTO
过境	GATT 第 5 条，规范可能不及于国营或垄断企业	无明确规定	过境相关规范必须遵守国民待遇原则、将私人实体亦纳入规范中、争端处理过程中流通不被中断

资料来源：参考《能源安全、GATT/WTO 与区域/自由贸易协定》一文整理。

NAFTA、ECT 同 WTO/GATT 规范的渊源关系，一方面印证了 WTO/GATT 规则框架在调整能源贸易关系以及保障成员能源安全方面的基本价值；另一方面则为 WTO 能源贸易纪律重构提供了某种启示与借鉴。

（2）NAFTA 对于 WTO/GATT 规范的发展。NAFTA 对于 WTO/GATT 规范的发展主要在体现在以下几点上。

第一，设立能源专章。与 WTO 类似，NAFTA 是一个综合性的贸易协定，只不过前者是全球层面的，而后者只在区域范围内有效。NAFTA 在基本规范之外，辟有一个"能源专章"，主要针对能源法律关系的特殊性加以调整，这在类似的贸易协定中算是首开先河。这一章的适用范围被明确为：与原产于缔约方境内的能源及基础石化品货物贸易相关的措施，以及与之相关联的投资措施和跨境服务贸易措施。

第二，明确界定"能源与基础石化品"。NAFTA 第 602 条对于"能源与基础石化品"的范围依据海关协调制度（HS）的税则号作出了界定，所涉及的税则号包括：27.01—27.06，27.08—27.16，以及子目 2612.10，2707.99，2844.10—2844.50，2845.10，2901.10。大致包括了煤、原油、石油、天然气等矿物燃料以及天然铀及其化合物等产品。

第三，将 GATT 规则延伸为更为严格的出口措施纪律。NAFTA 第 603 条，一方面规定缔约方就能源与基本石化产品的贸易禁止或限制，应适用 GATT 规范，另一方面则延伸出"禁止在任何情况下实行任何形式的数量限制，最低或最高出口价格的要求，除非当执行反补贴和反倾销命令时，禁止实行最低或最高进口要求"。NAFTA 第 604 条规定"缔约方不得针对出口至其他缔约方的能源或基础石化品征收税赋或其他费用，除非该项税赋或收费同时针对出口至所有缔约国以及国内消费的相关产品收取"等义务。这些条款旨在抑制常为能源丰富国使用的"出口限价"与"双轨定价"等贸易保护措施。

第四，限制了例外条款的适用空间。NAFTA 第 605 条与第 607 条分别对 GATT 的"一般例外"与"安全例外"规定作出了严格解释。NAFTA 第 605 条"其他出口措施"规定，缔约方如依据 GATT 第 11 条第 2 款第（a）项以及第 20 条第 g 款、第 i 款、第 j 款制订能源产品与基础石化品进出口的限制措施，则必须符合以下三个要件。①不得低于基准期出口水平要求："以限制措施实行之日前 36 个月可取得的资料为基准期，此一限制不得使特定能源产品出口至另一缔约国的比例占限制国就该产品的总供给的比例，低于基准期间的出口比例"。②非歧视要求："缔约方不得通过许可证、规费、税收以及最低价格要求等措施，就出口至另一缔约国的能源产品，课征高于其本国国内消费的价格，但此一规定不适用于为符合前项规范而限制出口数量的较高价格要求"。③不干扰要求："此一限制不会干扰供给至另一缔约方的正常管道或供应另一缔约方的特定能源产品的正常比例（例如原油与加工产品之间的比例）"，这就使得 NAFTA 中例外规定的适用范围受到一定的限制，不致滥用，为保障能源供应的稳定性设置了安全阀。

NAFTA 第 607 条"国家安全措施"则规定了四个前提条件："除非下列情形所必须，任意一方不得以 GATT 第 21 条或本协定第 2102 条（国家安全）为由，维持或引入措施，限制来自（或输往）另一方的能源商品进口（或出口）：①供应一方军事基地或履行一方重要防御协议；②应对与实施措施一方相关的武装冲突形势；③实施与核武器或其他核爆炸设施相关的国家政策或国际协议；④应对防卫所需核材料供应中断的直接威胁。""NAFTA 舍弃了'关键安全利益'与'国际关系紧急情况'这样的抽象标准，将安全措施的目标具体化了。同时，NAFTA 虽未明确谁具有最终决定权，但相比于 GATT 明确将此种权力交给成员国自己，体现了明显的克制倾向。"[1]

NAFTA 上述条款的规定，使得能源出口国对"例外"条款的援引受到较为严格的约束。

（3）ECT 对于 WTO/GATT 规范的发展。ECT 对于 WTO/GATT 规范的修正主要体现在以下几点上。

第一，对于"能源原料与产品""能源部门的经济活动"给出了明确定义。根据 ECT 第 1 条第 4 款及附件 EM、ECT 框架下的"能源原料与产品"分为三大类：核能类；煤、天然气、石油与石油产品、电力能源；其他能源。ECT 第 1 条第 5 款则将"能源部门的经济活动"定义为"与能源原料与产品，除附件 NI 所列者外，相关的勘探、开采、冶炼、生产、储存、陆上运输、传输、分配、贸易、经销或销售。此外，ECT 还将贸易规则扩大适用于与能源

---

[1] 叶玉：《石油贸易措施的国际法规制》，复旦大学 2007 年博士学位论文，第 140 页。

有关的设备、原料和产品。

第二，明确了能源出口关税的约束性。ECT 第 29 条要求签约方：①将税率清单及其变动通知缔约方："应于其签署或加入之日，就能源原料与产品以及能源相关设备与进口或出口有关的所有关税与其他任何收费，向秘书处提交一份所有相关税率的清单，且后续任何变动都应通知秘书处，并由其通知各缔约方"；②约束关税水平："应尽量避免增加与出口或进口有关的任何关税或收费"，"不得高于通知秘书处的水平或者列入相关附件的最低水平"。

GATT 的关税约束原则着重在进口关税上，而 ECT 则进出口能源关税并重，较为均衡与全面；同时，出口关税在能源贸易中非常突出，而 WTO/GATT 框架下出口关税税率是否具有约束性并不明确，ECT 第 29 条将这方面的规定清晰化，加强了出口关税的约束性。

第三，对于能源过境规范的发展。ECT 第 7 条"过境"针对能源原料与产品的转运过境订立了基本规范，包括以下几个方面。①缔约方依据过境自由以及不歧视原则，应采取必要措施以协助能源原料与产品过境，并且不造成不合理的延误、限制或收费。②邀请缔约方鼓励其相关实体就能源运输设施现代化、跨境能源运输设施发展与运作、减轻能源物资与产品供应中断所造成的影响，以及协助能源运输设施的联结四个方面开展合作。③要求缔约方承诺与运输相关的规范必须遵守国民待遇原则。④要求缔约方在缺乏过境运输基础设施、现有运输能力不能够满足商业条件下的能源运输等情况下，不得阻止创建新的运输能力。⑤当有关过境争端发生时，缔约方不得于争端解决程序完成之前，中断或减少通过其国内领域之的能源原料与产品，也不应允许其所控制的任何实体、或要求于其管辖权下的任何实体进行中断或降低的行为。

ECT 的上述规定弥补了 GATT 第 5 条针对能源过境规范不足的缺陷，特别是将私人实体纳入规范之中，以及确立"争端处理过程中流通不被中断"的原则与新运输能力创建的规定，对于能源过境安全提供了重要的保障。同时，由于能源过境是欧洲能源贸易中的一个突出的问题，ECT 缔约方认为在第 7 条之外，还有必要制订一份单独的"过境议定书"，就"其他具有实际重要性的议题（例如过境费用的规范）"进行更为详细周全的规制，以纳入网络准入条件，转运关税标准等更多细节❶。

2. NAFTA 与 ECT 当中其他可资借鉴的制度

（1）ECT 与能源贸易相关的制度安排。ECT 中有相当一部分条款虽未名列能源贸易制度项下，但实际上是与能源贸易密不可分的规则。诸如投资规

---

❶ "过境议定书"谈判当前因各方分歧难于弥合而暂被搁置。

则、竞争规则、透明度规则、技术转让规则，能源效率分享规则等。

在投资方面，ECT 主要目的是确保公平竞争平台以及各国投资政策的连续性，ECT 禁止缔约方采取与 GATT 第 3 条（国民待遇原则）及第 11 条（普遍取消数量限制原则）不一致的与贸易有关的投资措施。同时，ECT 要求缔约方在管理、维护、使用、员工雇用甚至后投资阶段外资处分方面提供国民待遇。此外，ECT 规则还致力于降低与能源投资有关的非商业风险，引入了在直接或间接征用时以及违约时保护投资者的条款；在国家间仲裁以及投资者——国家争端解决方面则加强了对于投资者的保护。

在竞争规则方面，ECT 要求各国尽力消除市场扭曲和竞争障碍，并实施"必要的和适当的法律以阻止单方的以及多方的反竞争行为"，同时也考虑到转型经济国家的现实状况，不仅作出了相应的过渡性安排，还要求有经验的国家尽量向其他缔约方提供"开发和实施竞争规则的技术援助"。

在透明度规则方面，ECT 除要求关税与税费透明外，第 20 条还要求缔约方公布与申报其境内相关的"法律、法规、法庭决议和管理条例"以及缔约方间生效的、对 ECT 调整事项有影响的条约。

在技术转让规则方面，ECT 第 8 条规定缔约方在遵守知识产权法的前提下，以商业条件无歧视地"促进能源技术的准入和转让，以协助能源原料和投资方面的有效贸易"，并为此目的，消除现存的、且不制造新的服务贸易障碍。[1]

在能源效率分享方面，《能源效率与环保问题议定书》要求缔约方制定明确的政策目标以提高能源效率与降低能源对于环境的负面影响，同时对缔约方国家能源效率战略给出具体建议。

（2）NAFTA 与能源贸易相关的制度安排。就 NAFTA 而言，如前所述，其在技术贸易壁垒、政府采购、知识产权、服务贸易、与贸易有关的投资措施、公平贸易等方面的纪律，或与 WTO 一揽子协定内容相似，或比前者更加严格。此外，在投资政策、环境合作等方面，NAFTA 贡献了一些新的发展。

NAFTA 的环境条款，被誉为具有"里程碑"式的意义。NAFTA 并没有"环境专章"，相关规定散见于整个协定当中，其最重要的成就是首次在贸易协定中尝试直面贸易条约与环境条约的潜在冲突问题，而这正是 WTO 迄今为止尚未正面回答的疑难事项之一。贸易与环境的关系极其复杂，一方面，国家采取措施保护环境的正当权利必须维护，另一方面国家借环境之名行贸易保护之实的贸易扭曲行为又应当制止；再者，如果环境措施过于严格，有可

---

[1] 周冠：《〈能源宪章条约〉能源贸易法律制度研究》，武汉大学 2009 年硕士学位论文，第 14～21 页。

能阻碍贸易流通,而环境措施过于松弛,又可能成为投资者的污染避风港(pollution haven),引起不公平的投资与贸易竞争。NAFTA 的环境条款试图追求贸易自由化与环境保护之间的平衡,且非常明确地规定:如 NAFTA 与特定国际环境协定中的贸易义务不一致时,以后者优先。NAFTA 的这一条款,被认为对于与环境密切相关的能源贸易意义重大,引领了可持续的发展方向。

3. NAFTA 与 ECT 对于 WTO 能源新规则建设的启示

总之,无论是 NAFTA 的能源专章,还是 ECT 的规范,都是一方面转引 WTO/GATT 规则作为基本的贸易规范,在另一方面却对其做了修正或发展,使之在适用时具有更多的弹性,也更能契合能源贸易的法律特征。在 WTO/GATT 规则体系在调整能源贸易关系方面力不从心或失之有效的一些问题上,如能源的界定、出口管制纪律弱化、例外宽泛,以及过境纪律乏力等,NAFTA 或 ECT 的处理方式,体现了立法技术上的建设性,其有效性在区域实践中也得到证实。在 WTO 能源贸易规则的重构中,不妨以为借鉴。而 ECT 与 NAFTA 当中与能源贸易有关的其他制度,也为日后构建全面的 WTO 能源贸易机制提供了一些有益的思路。

小　结

WTO 现行规则在调整能源贸易事项上力不从心的现状,以及国际社会对其在全球能源安全保障中有所作为的期待,引发出对于 WTO 能源贸易制度安排重构的思考。本书认为,当此之时,重构 WTO 能源贸易规则已经具备必要的法律基础与日益充足的现实动力,虽然也面临能源贸易性质桎梏,多边贸易体制发展瓶颈等不利因素,但终归是大势所趋。新的 WTO 能源贸易规则应当在协调 WTO 成员各自能源贸易利益的基础上,反映现阶段能源贸易活动的现实。因此既要从总体上站在全球性可持续发展的高度,又必须在条文上平衡各个利益方的诉求。重构的谈判过程必然复杂艰难,不易急于求成,可递进式地逐步推进;重构应以新能源安全观为指导,并在规则的具体改进上创造性地借鉴现有能源国际机制,尤其是富有成效的区域性能源机制 NAFTA 与 ECT 的成功经验。

第五章　多哈回合中关于能源贸易的谈判

WTO 能源贸易规则重构并不只是停留在理论探讨之中，当前悬而未决的多哈回合已经在逐步开展与能源相关的谈判。多哈发展议程的谈判授权并未明确将能源贸易自由化作为单独的谈判议题。但从相关议题的内容，以及谈判的实际开展情况来看，与能源贸易相关的谈判已经切实地成为多哈回合的一部分。

第一节　多哈发展议程与能源贸易概述

一、与能源贸易相关的谈判授权

WTO 第四次部长级会议于 2001 年 11 月 8～14 日在卡塔尔首都多哈举行，大会通过了《多哈部长宣言》《与实施 WTO 协定有关的问题与关注的决定》《关于 TRIPs 协定与公共健康的宣言》等 5 项文件。与会的 142 个成员一致同意自 2002 年 1 月 31 日起启动新一轮多边贸易谈判，命名为"多哈发展议程"，又称为多哈回合。

最初的多哈发展议程工作计划目标宏伟，范围广泛，涉及以下五类议题。第一类是 WTO 生效以来出现的问题，主要包括 WTO 协定的实施与执行、关于非农产品的市场准入、小型经济体成员的参与等。第二类是乌拉圭回合遗留的 WTO 协定后续谈判，主要包括农产品自由化、服务贸易自由化、与贸易有关的知识产权以及贸易与环境等。第三类是关于 WTO 规则改进的谈判，主要包括反倾销与反补贴规则、WTO 与区域贸易规则、争端解决谅解。第四类是关于发展中国家成员的差别待遇的谈判。[1] 第五类是新议题的谈判，即欧盟与美国所倡导的竞争、投资、政府采购中的透明度、贸易便利等四个所谓的

---

[1] 薛荣久、樊瑛：《WTO 多哈回合与中国》，对外经济贸易大学出版社 2004 年版，第 50 页。

"新加坡议题"。❶ 其中，与能源贸易高度关联的议题主要包括以下几个方面。

（一）服务业议题

《多哈部长宣言》第 15 条就服务业的谈判授权：开展服务贸易谈判应以促进所有贸易伙伴的经济增长和发展中国家以及最不发达国家的发展为目的；承认 2000 年开始的服务贸易谈判将成为多哈谈判的一部分，并以服务贸易理事会 2001 年 3 月通过的谈判指南和程序作为进行谈判的方式。

自 20 世纪 90 年代起，在全球化的冲击之下，能源业在世界范围内出现了前所未有的变革，各国纷纷对早前垂直一体化的能源部门进行分拆、松绑，推动了能源服务业的兴起与发展。由于各国改革进程不一，一些率先行动并在能源服务技术水平上领先一筹的国家，迫切需要在海外市场上寻找进一步发展的空间。由于乌拉圭回合谈判中能源服务业仍在萌动之中，WTO 成员仅作出相当有限的市场开放承诺。多哈宣言对于服务业的谈判授权，成为相关成员追求其能源服务贸易利益的依据。

（二）非农产品市场准入议题

《多哈部长宣言》第 16 条将非农产品市场准入列入新回合多边贸易谈判的议题之一。谈判的主要目的是削减或在适当时取消关税，包括削减或取消关税高峰、高关税、关税升级以及非关税壁垒，特别是针对那些发展中国家具有出口利益的产品。谈判本身还涉及关税减让的基础、非关税措施的具体内容、谈判的产品范围、谈判的方式等问题。

能源产品大多被视为非农产品，其在出口市场上极少遇到市场准入问题，"能源关税通常反映的不是贸易政策而是能源政策，而各国能源政策的主要目的是保证能源安全"❷，因此进口关税通常很低，乌拉圭回合关税谈判未涉及能源原料与能源产品的关税。原油等能源进口关税目前多是非约束性的，从理论上说非约束的关税始终带有不确定性，进口国自行提高这类关税并不违反 WTO 规则。石油出口国希望在非农产品的框架下，寻求原油进口关税约束，并进一步抑制石油产品与石化产品的关税升级。

此外，有学者指出，WTO 成员同样可以就出口关税减让进行谈判，并将特定产品出口关税列入减让表中，成为约束关税，❸ 这也意味着能源进口国或

---

❶ 根据多哈部长级会议的决定，新加坡议题并不自动纳入本次谈判，而是留待以后的部长级会议决定是否发起新的谈判。2004 年 8 月 1 日多哈回合框架协议达成之后，"新加坡议题"仅有贸易便利化保留下来。

❷ Yulia Selivanova, WTO rules and Sustainable Energy Policies, Nov 2006, avaiable at http://www.trade－environment.orgpageictsd/Bridges_ Monthly/energy_ 11_ 06. pdf, last visit on 15 July 2013.

❸ 施文真："能源安全、GATT/WTO 与区域/自由贸易协定"，载《政大法学评论》2007 年 10 月第 88 期。

许有机会在贸易谈判中寻求对能源出口关税加以约束。

(三) 反补贴议题

《多哈部长宣言》在第 28 条中规定了反补贴议题谈判的框架，即在确定的工作范围内，澄清和改进协议的相关规范，同时应兼顾发展中成员的特殊要求，谈判的重点之一是渔业补贴问题。

能源出口国的双轨定价机制，一直为能源进口国所诟病，乌拉圭回合时期曾一度成为补贴与反补贴规则谈判的焦点话题，多哈回合的反补贴议题使得能源进口国谋求抑制能源出口国双轨定价实践的努力得以延续。另一方面，《与实施 WTO 协定有关的问题与关注的决定》指示成员可讨论将发展中国家在实施规则过程中为实现合法发展目标，比如生产多元化或生产发展采取的措施视为不可诉补贴，能源出口国也可能利用这一规定，寻求利用其自然禀赋实现发展多元化经济、减少对石油等能源资源出口依赖的目标。

(四) 反倾销议题

《多哈部长宣言》在第 28 条中同时还规定了反倾销议题谈判的内容，即在确定的工作范围内，澄清和改进《反倾销协定》的相关规范，同时应兼顾发展中成员的特殊要求；谈判分两个阶段，初期侧重于确定待讨论的协议条款，后期则寻求对条文澄清和改进的方案。

此外，与反倾销规则谈判相关的文件还包括 2001 年 WTO 总理事会反倾销委员会的《关于执行〈反倾销协议〉的决议》，其主要内容有：经过反倾销调查不成立的案件，在一年内若被再次提出调查申请，主管机关的处理方式；有关发展中成员优惠待遇的落实方案；免于反倾销调查的微量进口的认定期限；反倾销审议的指导原则等。❶ 这些内容将对多哈回合反倾销规则的谈判范围起到一定的指导作用。

前文提及对于能源丰富国家能源下游产品进行反倾销调查的 WTO 成员通常采用第三国的"未扭曲的数据"（即"正常价格"）判断出口国产品倾销与否，然而由于资源禀赋不同状况，第三国成本往往明显高于出口国成本，因此所谓的正常价格对于能源丰富国有失公平——这些问题可在多哈回合的谈判中寻求解决。

(五) 贸易与环境议题

《多哈部长宣言》第 31 条、第 32 条、第 33 条授权就现行 WTO 条款与多边环境协议中有关条款的关系举行谈判，并削减或消除环境产品和服务的关税与非关税壁垒。宣言要求贸易与环境委员会（CTE）特别关注环境措施对

---

❶ 薛荣久、樊瑛：《WTO 多哈回合与中国》，对外经济贸易大学出版社 2004 年版，第 231 页。

市场准入的影响，尤其是对于发展中国家的影响，以及为环境保护目的的标识要求。

能源与环境的密切关系无需赘述，最具号召力的环境条约《京都议定书》虽未直接包含贸易条款，但对能源贸易必定会产生深远而广泛的影响，而这些影响都将在国际贸易层面反映出来。一些国家为实施《京都议定书》所采取的措施可能与现行 WTO 规则不符，比如与《补贴与反补贴协议》《政府采购协定》或《技术壁垒协定》冲突。此外，《京都议定书》等环境条约的实施还制造出新的产品（如可再生能源产品、能源效率产品）或新的服务（碳排放服务）贸易机会。总之，环境问题对能源进口国与能源出口国均有直接利害关系，贸易与环境议题与能源贸易关联度甚高，各方得以据此在 WTO 的平台上寻求实现其利益诉求。

（六）贸易与技术转让议题

经过发展中成员积极争取，《多哈部长宣言》在第 37 条授权建立贸易与技术转让工作组，对贸易与技术转让的关系以及 WTO 在其权限内能采取的任何可能措施的建议予以审查，从而促进技术向发展中国家流动。

能源活动日益向技术密集型方向发展，清洁能源技术、节能技术在世界范围内的传播还受到许多限制，此议题显然是发展中能源生产国的兴趣所在。

（七）农产品议题

《多哈部长宣言》第 13 条、第 14 条承诺就农产品进行广泛的谈判，其目的是：大幅度提高农产品市场准入机会，逐步降低并最终取消农业出口补贴；大幅度削减贸易扭曲的国内支持措施；发展中国家可以采取特殊措施和得到区别对待。

生物燃料贸易的长足发展，使得能源产品不再局限于非农产品的范畴，粮食乙醇等目前仍处在高关税水平上，有着粮食乙醇国际竞争力以及出口利益的国家，如巴西等寻求通过农产品谈判的突破，实现粮食乙醇关税削减，解决市场准入问题，同时也希望借此澄清与粮食乙醇有关的补贴纪律。

（八）贸易便利化议题

1996 年 12 月在新加坡召开的 WTO 首届部长级会议上，贸易便利化同贸易与投资、贸易与竞争政策、政府采购的透明度一起作为"新加坡议题"被列为新一轮谈判的预备议题。《多哈部长宣言》第 27 条"认识到进一步加速货物（包括运输中货物）的移动、发送和清关，以及有必要在该领域提高技术援助和能力建设，同意在第五届部长级会议之后在就谈判模式达成一致的基础上举行谈判。"2004 年 8 月 1 日多哈回合框架协议达成之后，四个"新加坡议题"仅有贸易便利化保留下来。框架协议附件 D 对今后贸易便利化议题谈判的开展做了原则规定。根据附件 D，该议题谈判的目的在于：(1) 澄清和改善 GATT 1994 第 5 条第 8 款和第 10 条的相关内容，进一步加快货物（包括运输中货物）的移动、发送和清关；(2) 提高在该领域中的技术援助和能力建设的援助；(3) 就在海关或其他行政机构间在贸易便利化和与海关有关的问题上开展有效合作制定条款。

能源过境运输历来是跨境能源贸易的关键事项，GATT 1994 第 5 条"过境自由"规则被纳入多哈回合谈判，对于受油气及电等产品过境运输障碍困扰的成员来说，不能不说是寻求澄清及改进相关纪律的有利契机。

二、能源贸易相关谈判的基本情况

多哈回合谈判是 WTO 成立以来的第一轮多边贸易谈判，也是 WTO 主持下参加方最多、议题最广的一轮谈判。自 2001 年年底以来，多哈回合坎坷多舛，步履维艰，如今已迈进第十三个年头，各方分歧仍然难于协调，谈判结束的期限也一再往后推迟，其前景至今扑朔迷离。

（一）多哈回合能源贸易谈判的总体进展情况

在多哈回合当中，能源远未像农业以及非农产品市场准入一样成为谈判焦点或是关键性的问题。关于能源贸易的谈判分散在上述各个谈判议题中进行，因而并没有引起更多的关注。

然而，冰山的一角已经悄然显现。"能源在乌拉圭回合中没有被以任何综合方式列入议程"[1]，只是在一些谈判中投石问路般地触及一些零星的能源贸易事项（出口国能源政策、双轨定价、能源出口限制与能源出口税等）。而这一次却有一些不同，能源贸易谈判的推动方显然是有备而来，在相关方面的努力之下，多哈回合当中，能源在多边贸易体制内第一次被作为专门领域对待。[2] 能源贸易自由化谈判的可视度大大增加，其进展情况大体如下。

(1) 能源服务贸易。服务贸易谈判率先将能源贸易事项明确列入议程，成员第一次将能源服务作为一个单独的服务部门进行讨论。

(2) 能源补贴。在补贴与反补贴规则谈判当中，低价能源产品尤其是天然气的补贴问题，已经反复引起 WTO 成员的激烈争论并成为持续讨论的一个部分。

(3) 能源过境。"运输管道之类的固定设施过境问题"在贸易便利化谈判当中被提出来讨论。

---

[1] Pascal Lamy, Doha Round will Benefit Energy Trade, speech at the 20th World Energy Congress on 15 November 2007, available at http://www.wto.org/english/news_e/sppl_e/sppl80_e.htm, last visit on Mar. 2013.

[2] 同上。

(4) 能源货物。在环境货物关税与非关税壁垒削减谈判中,力涡轮、太阳能电池板、热能传感器、燃料电池等可再生能源产品被一些国家提议作为环境货物对待,以促进能源效率的提高,控制污染。

(5) 能源环境服务。在环境服务谈判中,减少废气排放以提高空气质量的自然与环境保护服务和矿区复原服务被一些国家提议为环境服务。

(6) 生物燃料。生物燃料被提议纳入关税减让谈判、环境谈判、农业谈判等议题当中。

(7) 能源出口措施。有谈判提议要求讨论能源产品及其他原材料出口税与出口限制问题。

总体而言,能源贸易相关利益方所关切的一些焦点问题,在此次多哈回合的谈判中大多已经涵盖。在已经展开的讨论当中,前述乌拉圭回合中涉及的能源贸易事项多被旧话重提,但仍未形成突破性解决方案。此外,能源服务、能源与环境、生物燃料等一些新问题被提至谈判日程,其中能源服务贸易自由化首开能源部门被"以综合性地方式纳入议程"的先河,谈判开展较为深入,并已取得了一些实质性的进展,而生物燃料的问题亦曾一度引起各方关注。

本书将在以下两节就多哈回合中较为引人瞩目的能源服务贸易谈判情况与生物燃料贸易谈判情况及其所涉及的焦点事项试做详细的分析。

(二) 新一轮能源贸易规则构建的特点

新一轮能源贸易规则的构建,仍然是分散在多个议题当中分头进行。谈判涉及的内容与以往相比,范围已经大大增加,虽说不上全面铺开,但一些关键性的事项都已经提到谈判桌前,并且一些新的能源贸易事项也在不断加入,例如生物燃料发展过程出现的补贴、标准纪律等问题。

从谈判的实际开展来看,大致上是沿着传统能源贸易事项、能源服务贸易、可再生能源贸易(主要是生物燃料贸易)三条主线展开。本轮能源贸易谈判的系统性、针对性都有所增强,尤其是能源服务部门的谈判,得益于相关利益方的积极推动与精心策划,不仅以综合性的方式出现,进展过程也是井然有序,显示了能源贸易规则新一轮构建的良好开端。

从参与方的理念来看,由于谈判时间跨度大,参与各方的谈判指导思想随着形势的发展不断转换,从谈判伊始更多地关注能源货物或服务的市场准入,到以后渗入能源安全保障的需求并受到新旧能源安全观念交叠的影响。反映在利益诉求及对规则设计的具体要求上,也是各种思想掺杂,追求自身能源安全保障的愿望强于追求全球性能源安全保障愿望,因此各方分歧较大,加大了谈判达成一致的难度。不过总体上还是体现出搁置争议,求同存异的务实观念,即着重关注分歧较小的事项,借此寻求突破,带动能源贸易纪律的全面重构。

从规则的发展方向来看，与以往能源贸易规范混同于一般性贸易规范不同，此次谈判中，能源作为常态商品的一些特点，如传输网络依赖性、与环境联系密切等受到了充分重视。因此，以能源服务规则为起点，新的能源贸易规则已经开始朝着专门性规则的方向发展。虽然何时能够达成专门的《能源贸易协定》尚不得知，至少这样一种"专门化能源贸易规则"的思路倾向会延续下去。

第二节 能源服务贸易规则谈判

一、能源服务贸易规则谈判背景

（一）能源服务贸易的兴起与发展

1. 市场变革引领能源服务业的兴起

"能源服务贸易"这一事物，只是在近20年间才逐渐进入国际贸易法的视野。

众所周知，在整个20世纪相当长的时间里，能源产业整体上属于垂直整合的国营公用事业范畴。从生产、购买或进口、储存、运送及交货至最终用户，能源业所有的功能往往由同一公用事业实体提供——要么是国有垄断企业，要么是享有特许权的私营公司，这些企业大多为集能源产品的生产、运输、分销功能为一身的纵向一体化实体，同时这些实体有时也通过相互间参股、控股兼有横向一体化的特征。换言之，在能源领域占据主导地位的能源公司往往都是合纵连横的庞大实体，坐拥能源生产与经营的垄断权或特许权，控制着整条能源价值链或价值链上的多个环节，几乎没有给基于能源产业链的贸易或是竞争留下空间。在这样的市场安排下，传统意义上的能源贸易绝大多数时候只是终端产品的交易——国内交易以及跨境交易都是如此，其特征是"在长期合同基础上进行，价格相对稳定，但能源价值链缺少透明度，尤其对于天然气和电力的消费者来说，基本上没有选择供应商的余地"[1]。因此，整个能源行业就像一块铁板，现在所探讨的一些能源服务功能，如能源的开采、运输、配送、分销等，在当时主要由各个能源企业内部的部门来承担或实现，市场意义上的能源服务贸易活动基本上无从开展。

自20世纪80年代起，全球范围内经济、政治形势急剧嬗变，科学技术

---

[1] Peter C., Liberalizing Global Trade in Energy Services, AEI Press, 2002, p. 5.

突飞猛进，私营化、自由化两股力量在能源领域潜流涌动、引领变革，国营垄断能源的坚冰被逐渐打破。20世纪90年代末期，发达国家普遍开始了能源部门的重构，新的市场规则被设计出来，旨在提高能源供应链上的竞争以及以更大的灵活度来适应能源消费者的各种需求。一方面，随着全球能源需求持续增长且向多元化发展，能源市场更加开放与更具竞争性，能源服务的作用也得到提升，一部分重要的能源服务活动，如能源运输与分销，逐渐从能源价值链中分离出来成为独立的部门；而另一方面，私营化与自由化进程为在竞争基础上外包能源服务创造了动力，垂直一体化的大型石油与电力公司开始购买和出售专项服务功能。

进入21世纪之后，随着全球化与自由化以不可逆转之势向纵深发展，各国逐渐兴起拆分能源公用事业的浪潮，纷纷放松对于能源产业的管制，推进民营化与自由化改革，曾经高度一体化的能源产业逐步分解为若干独立的能源经济活动，在能源产业链的上游（能源资源的勘探、开采）、中游（能源产品的运输与配送）和下游（将能源供应给最终用户）都出现了可供能源产品价值增值的环节，也就是能源服务贸易发展的空间。

2. 能源产业涉及的服务活动

根据WTO秘书处1998年的一份背景文件，不同能源产业上、中、下游部门均涉及种类繁多的服务活动，主要包括以下几个方面。

（1）煤炭。煤炭产业部门涉及的能源服务活动包括：各种煤炭（硬煤、褐煤、泥煤）的采掘；水洗、碾碎、筛选及分级等一系列选矿过程中的附加服务；大宗煤炭的铁路运输（经由铁路干线或铁路专线）；少量煤炭的公路或专用运输系统运输（如泥浆管线及输送带运输）；配送；分销。

（2）石油。石油产业涉及的服务活动主要包括：原油的勘探、萃取、钻井、油井工程与配置装备等服务活动；石油产品（汽油、煤油、蒸馏燃料油、蒸余燃料油、润滑油等）的炼制；成品油分销（零售及批发）。

（3）电力。电力供应涉及多项服务活动，包括：发电环节中的购置燃料、兴建电厂、发电；输电环节（将电力自发电厂经由高压线路输送至配电公司及工业大用户）中的输电网络与配电网络的改建与扩建、运转及维修、大宗电力交易的运作；配电环节（将电力经由低压线路传送至最终消费者，包括家庭用户）中的供电装置及计量装置安装；抄表；计算并出具账单的电费缴付系统作业。

此外，在高度开放的电力市场，发电商、配电商及消费者均可进入电力网络，因而出现了一个单独的商业功能——采购商功能（supply or merchant function）。与实际的发电、输电及配电活动不同，采购商从发电商处购入大宗电力及输配服务，再出售给消费者并产生增值。

（4）天然气。天然气产业的能源服务活动既包括天然气勘探开采中的附加服务，也包括传输、配送、储存和销售等相关服务。天然气的开发和生产与石油开发和生产密切关联，但天然气输送及配销部门的特点与石油差异甚大，与电力较为相似。其输送活动包括：天然气供货商与生产商订立长期合同购买大量天然气，经由高压高容量管线自购买点运送天然气至主要需求地区；基于策略及负载平衡考量储存天然气；不经由输送商，将天然气直接售予配售商，或直接售予工业或电业大用户。配售活动则涉及经由本地低压管线运送天然气至商业及工业部门的最终消费者；与配售相关的活动包括读表、开发票及管理会计。

（5）核能。核能产业链的具体环节主要有：自露天矿场或用地下采矿方式生产铀原料；转换氧化铀为六氟化铀（占燃料总成本3%），使具备所需化学纯度以供浓缩制造；用气体扩散及离心分离法浓缩（占燃料总成本25%）；用浓缩铀制造核子反应炉中所用的燃料（占燃料总成本11%）；经由核子反应炉产生次级能源；使用过燃料的储存（处理）与再加工。其中，核燃料及相关次级能源的生产似应属于货物产品的范畴，但转换、浓缩、制造、再加工与处理通常由不同厂商提供服务，因此整个核原料的转化过程可归类于服务的范畴。

（6）可再生能源。作为新兴产业，可再生能源（水能源、生物质能、地热能、风能、太阳能、海洋能源等）在研究与开发过程中涉及大量的研究、咨询服务，这类服务活动的提供不限于大型能源公司内部部门，大学、政府资助的研究机构以及私人研究机构往往也扮演着重要角色；在生产环节，大型可再生能源供应厂商往往需要工程设计与工程建设服务；而在消费环节，则涉及向最终消费者（小型企业或居民）提供的维护服务。[1]

3. 能源服务业的发展态势

从能源服务活动开展的现实图景来看，由于各国能源市场化进程不一，加之资源条件、能源政策和技术水平上的差异，能源服务业在世界范围内并未得到均衡发展，即使在一国之内，不同能源产业之间的能源服务活跃程度也有差异，但总体上表现出上升势头，至少以下几类服务活动已经在能源市场上渐成气候，且呈现出国际化发展的态势。

（1）油气田相关服务。油气田开发与运作涉及大量服务活动，如物探勘察服务、钻井服务、油井技术服务、枯竭油田处置服务，以及要求更专业化的海上油气田专门服务等。油气领域的大跨国公司或国有公司当前争相外包油气田相关服务，使得这一市场得以迅速发展与繁荣，尤其在发达国家，不

---

[1] WTO Secretariat, Energy Service Background Note by the Secretariat, S/C/W/52, 1998, para. 15–28.

同规模的服务提供者踊跃加入,服务类型与形式亦不断创新。以美国为例,仅在美国南达科他州收入与规制部(Department of Revenue & Regulation)2007年2月公布的油气田服务销售与使用税收项目清单(Tax Facts)中,就列出了50多种油气田服务项目❶。根据有关机构截至2014年9月的统计数据,目前美国有5900家公司涉足油气田服务领域,收入达700亿美元($70 billion),大公司主要提供综合性与一站式服务,小公司则借助地理优势与专业化优势加入市场角逐。❷ 其他国家纷纷效仿,全球范围内已有成千上万的油气田服务公司,总收入达到1600亿美元($160 billion)。

(2)独立发电商相关服务。20世纪90年代以来,世界主要国家先后加快电力行业管理体制改革步伐,重点是建立竞争性电力市场,打破传统的一体化的行业组织结构,以产业链为基础将发电、输电、配电和售电分解成四个独立的业务环节,在发电和售电环节引入竞争机制,建立市场竞争规则和市场交易制度。❸ 市场变革的直接效果是一大批独立电力生产商(Independent Power Producer,简称IPP)如雨后春笋般纷纷涌现❹,迅速发展。各种规模的独立发电商在开发、建设以及运营过程中涉及大量服务贸易,如开发过程中的选址、电力需求预测、环境影响评估、项目法律构架及财务构架服务等,建设过程中的设计、工程施工和项目管理服务(由于建设周期较长,项目管理服务持续数年),而在运营过程中,则涉及日常运作管理、燃料采购、预防性以及定期维护、旧厂改建与翻新等❺。

(3)能源中介服务。油气产业与电力产业垄断的逐步分拆,大大增加了油气产品与电力产品在公开市场上进行交易的机会。产品贸易的大量增长使得买卖双方对于促成或便利交易的中介服务产生了需求,为这一类服务贸易的发展制造了新的机会,以下三类中介服务在市场上颇受欢迎。①能源经纪。在佣金的基础上,为能源产品购买批发商或销售批发商提供诸如交易信息、交易策划、价格决定或账单结算之类的服务,促成能源交易的达成。②能源咨询。在收取费用的基础上,为不同层面的客户提供关于能源生产、输送、

---

❶ South Dakota Department of Revenue & Regulation, United States, Oil & gas field services tax facts # 232, 2007, available at www.state.sd.us/drr2/businesstax/publications/taxfacts/oilgas.pdf, last visit on April 23, 2013.

❷ Hoovers, Industry Oview: Oil and Gas Field Services, available at http://www.hoovers.com/oil-and-gas-field-services-/-ID 217-/free-ind-fr-profile-basic.xhtml, last visit on Dec. 3, 2014.

❸ 输电和配电环节作为天然垄断领域,政府往往进行有力的干预与监管。

❹ 以美国为例,1987年,独立电厂只有3000万千瓦,仅占全国装机容量的4.18%。1987~1991年,美国全国新增装机4193.8万千瓦,独立电厂容量占47.8%。1992年起,新投产独立电容量超过全国投产容量的50%,预计1992~2000年全国新增容量7855万千瓦,独立电厂容量将超过54%。

❺ 由于电厂位置的价值,旧的电厂很少被放弃,往往在改建与翻新之后重新利用起来。

销售的技术咨询、管理咨询以及商务咨询。传统能源产业以及新能源产业对于能源咨询服务都有大量需求。③能源经销。与上述两类服务提供者不同的是，能源经销商在能源市场上有着实际的位置，通常拥有一定的能源资产，包括油气储存设施、管道设施、甚至油气田等，主要从其他提供者手中购买能源产品而后转售给有着不同需求的消费者——既能在长期合同的基础上对于固定客户持续稳定地供货，也能在紧急情况下满足临时客户的不时之需，还有可能服务于市场改革之前无暇顾及的客户偏好。例如提供以新能源而不是化石燃料或核燃料生产的"绿色电力"。能源经销商主要通过其管理实货、"纸货"价格风险的能力实现能源产品的价值增值。

（4）运输与管网服务。世界能源需求的迅猛增长为能源运输与管网服务及其配套服务带来无限商机。能源货物产品的贸易能力在某种程度上受制于能源运输服务与管网服务，如世界石油贸易严重依赖油轮业提供的运输服务，这就使得油轮市场上或长期或短期的运输服务交易非常活跃。与其类似，煤炭的国际贸易也少不了海洋运输或陆路运输这个重要环节，因而这部分服务交易量也较大。天然气与电力通常经由管线网路在邻近国家间运送及交易，主要管线网路分别横跨北美，联结欧洲至北非，以及联结欧洲至前苏联国家。一些国家开放网路，允许第三方准入的政策打开了管网配套服务的市场——管道及传输线本身依赖其他许多服务，包括运营、维护、修理、安装与升级换代，以及客户计量、账单核算与收取、相关市场分析等。此外，长距离的天然气贸易，因建造管线网路的成本及技术障碍太高，通常采用液化天然气形式，以位于远东地区的天然气主要消费大户日本、韩国及中国台湾地区为例，与主要生产国印度尼西亚、马来西亚及澳洲间因海洋相隔，均以液化天然气形式进行贸易，这又带动了天然气的液化程序与海运，以及接收端的还原程序等一系列服务。

（5）合同能源管理。合同能源管理（Energy Management Contract，EMC）是20世纪70年代受能源危机刺激，于西方发达国家兴起的一种基于市场运作的全新的节能新机制。合同能源管理采取商业运作模式，通过与客户签订节能服务合同，为客户提供包括能源审计、项目设计、项目融资、设备采购、工程施工、设备安装调试、人员培训、节能量确认和保证等一整套的节能服务，并从客户进行节能改造后获得的节能效益中收回投资和取得利润。

合同能源管理提供的能源服务不同于单纯的能源供给服务，它是根据最终用户（多为工业用户）对能源利用（工业蒸汽、采暖、制冷、照明、动力等）的要求，借助于供给的合理分配、转换及利用环节，提供尽可能有利于环境的、经济实惠的、完整的、一揽子的解决途径。EMC业务不是一般意义上的推销产品、设备或技术，而是通过合同能源管理机制为客户提供集成化的节能服务和完整的节能解决方案,其服务类型包括以下几个方面。①节能效益保障型。客户委托诊断、检测,提出改造方案,协助客户进行投资改造,从而保证节能效益。②节能效益承包型。客户委托诊断、检测,提出改造方案,受客户委托完成改造工程,并由客户支付相应费用。③节能投资效益分享型。客户委托诊断、检测,提出改造方案,投入全部改造资金,合同期内节能收益双方共享,期满后的节能收益归客户所有。④能源费用长期托管型。接受委托管理客户全部能源费用,承担节能设备长期的管理、维护、更新、改造再投入,与客户按比例长期分享节能收益。

EMC 服务的意义在于:节省大量能源费用开支,降低成本;推动节能环保;为用户降低或规避资金、技术和工程不正当交易等风险。其有效开展需具备一定的前提条件,比如能源市场甚少为国家干预,允许自由竞争,市场所有参与者机会均等,价格和市场参与者信息透明;此外,还需要一些外部条件,如透明的项目程序、环保要求、技术标准,成本定价原则,健全的长期资本投融资市场等。

基于合同能源管理机制运作、以赢利为直接目的的专业化"节能服务公司"(Energy Service Company,在国外简称 ESCO,国内称为 EMC)近 20 年间的发展十分迅速,尤其是在美国、加拿大和欧洲,ESCO 已发展为一种新兴的节能产业。ESCO 的繁荣发展,带动和促进了北美、欧洲等国家全社会节能项目的加速普遍实施。

除此之外,随互联网技术发展起来的在线能源贸易平台服务,以及《京都议定书》清洁发展机制(CDM)所催生的碳减排交易服务也正在世界范围内逐步兴起。

能源服务贸易的广泛开展产生了诸如节约能源、降低价格、活跃市场、促进就业、提高收入等重要影响力。可以预见,随着全球性能源需求持续增长,以及市场更加开放与富于竞争性,能源服务贸易在总体上呈现日益繁荣的趋势。[1]

(二)跨境能源服务贸易的提供与准入

1. 跨境能源服务贸易提供方式

迄今为止已经开展的跨境能源服务商业化活动,涉及 GATS 所定义的四种服务提供方式中的三种。

(1)模式一:跨境交付。如能源经纪服务、能源咨询服务或在线能源贸

---

[1] 联合国能源机制 2005 年发布题为《达成千年发展目标所面临的能源挑战》的报告,文中表示能源服务,如照明设备、供暖装置、动力装置、机械能、交通及电讯设施等,由于能促进就业和提高收入、产生社会效益,因而对于社会经济发展起着至关重要的作用。

易平台服务等，其中一部分表现为服务提供者在一成员领土内向另一成员领土内的消费者提供服务。

（2）模式三：商业存在。如独立发电商相关服务、合同能源管理、油气田相关服务等，往往涉及一成员的服务提供者，在另一成员领土内设立各种形式的商业机构或专业机构，为后者领土内的消费者提供服务。

（3）模式四：自然人流动。如电力管网等能源基础设施的维护、改造和升级服务，可能要求技术人员以及熟练与半熟练工人以自然人的身份进入另一成员的领土提供服务。

至于模式二境外消费，目前在能源服务商业化活动中基本上未涉及，但从市场发展趋势来看，能源管道运输的一些环节，如贮存、中转等也可能发展为潜在的境外消费模式。

2. 能源服务市场准入状况

总体来说，世界各国能源服务业对外开放的步伐不一致，领先能源自由化进程的美欧等发达国家开放的程度普遍高于发展中国家。按 GATS 的要求，每一 WTO 成员应在各自的承诺表❶中详细列明其承担的服务贸易自由化义务及条件，包括其具体承诺开放的服务部门，承担市场准入的内容限制与条件，国民待遇的条件和要求，各项承诺实施的时间框架等。

WTO 秘书处 1998 年 9 月曾对当时各成员国能源服务业自由化情况做过一个统计，认为各国在能源服务方面的具体承诺有限且分散，主要是就三个能源分部门（运输服务分部门项下的"燃料的管道运输"，以及其他服务部门项下的"能源分销附带服务"及"矿业附带服务"）所作的承诺，此外在别的服务部门（如分销、建筑、研发、相关科技咨询服务、管理咨询服务及人事服务等部门）所作的承诺当中，也有一些涉及能源服务，大体的情形如下。

（1）三个能源服务分部门。燃料的管道运输方面，仅有 3 个 WTO 成员作出了具体承诺，其中有 2 个成员说明其具体承诺的范围是"经由原油、石油炼制品、石油产品及天然气的管道运输"。能源分销附带服务方面，有 8 个成员作出了具体承诺，其中有 3 个成员明确说明该具体承诺仅包含能源分销附带的咨询服务，对分销主体服务及传输服务则不作承诺，其他 5 个成员并未明确说明具体承诺适用的范围。矿业附带服务方面，共有 33 个成员作出了具体承诺。联合国中心产品分类（Central Product Classification，CPC）中对于矿业附带服务的定义为"在收费或合约的基础上，提供油气田服务，如钻探服务、井架搭建、维修及拆卸服务、油气井套管连接服务"。有 11 个成员说明其具体承诺限于顾问或咨询服务；有 17 个成员对市场准入及国民待遇无限

---

❶ 各成员的具体承诺表作为 GATS 的附件构成 GATS 的组成部分。

制，但就模式四注明"除水平承诺中内容外，不予承诺"；有3个成员对模式一和模式二不作具体承诺，理由是其缺乏技术可行性；其他成员仅列出了少部分限制。

（2）其他涉及能源服务的部门。在成员就其他部门所作的具体承诺中，也涉及一些能源服务活动。

W/120下的"建筑部门"对应于CPC513的"建筑工程施工"，后者还包含下列子部门：长距离管线、通讯及电线（缆）（5134）及地方性管线及电缆、辅助工作（5135），共有46个WTO成员对此部门作出了具体承诺。

CPC将批发及零售贸易定义为包括下列各子部门：固体、液体及气体燃料及相关产品的批发贸易（62271）、燃料油、瓶装天然气、煤炭与木材零售（63297）。共有34个成员对批发贸易服务作出了具体承诺，有33个成员对零售贸易服务作出了具体承诺，有4个成员将某些能源产品（石油产品、固体及气体燃料）从其批发承诺中排除，4个成员将类似产品从其零售承诺中排除。❶ 上述具体的承诺情况详见附录一列表。

以上基本上是WTO成立时国际能源服务业自由化图景，在此之后陆续加入WTO的成员，亦相应作出了各自的开放承诺。如我国加入时，承诺在2005年年底全面开放成品油零售市场，2006年12月11日前全面开放原油、成品油批发市场。而我国台湾地区在石油部门方面，上中下游产业皆已开放；天然气部门方面，除上中游的进口、批发、存储业务及下游桶装气零售业务等已开放。

（三）国际能源服务贸易壁垒

1. 能源服务贸易壁垒的主要表现形式

能源服务的增长与能源市场自由化程度高度相关。由于能源领域的战略性地位，能源服务业对于国家政治经济的干系非同一般，世界各国在促进能源服务贸易自由化的同时，必然要考虑对外开放能源服务业门户之于本国国家安全的影响——能源部门事关重大，一旦为外国控制和垄断，不仅经济安全会受到极大影响，导致"依附经济"的产生，甚至可能威胁到国家政治安全与军事安全。无论是对发达国家还是对于发展中国家而言，能源服务贸易自由化都有可能是一把双刃剑，因此各国相关的"政策取向都无一例外地需要在国家利益、国家安全利益与服务贸易利益三者间进行权衡或抉择，而这种权衡或抉择一般来自竞争力的考量"❷。换言之，不同发展程度的国家由于

---

❶ WTO secretariat, Energy ServiceBackground Note by the Secretariat, S/C/W/52, 1998, http://www.wto.org/english/, last visit on April 23, 2013, para. 72 – 76.

❷ 林珊："国际服务贸易壁垒研究"，载《亚太经济》2007年第5期。

自身竞争优势不同，开放能源服务贸易对国家利益的影响将有很大的差别，因此其对能源服务贸易所采取的政策取向也有很大区别，致使能源服务生产者（提供者）在国际层面遭遇花样繁多的贸易壁垒——也就是各国采取的对能源服务提供或销售有障碍作用的政策措施。

这些措施大体上可分为两类：一是直接为限制国外能源服务企业进入国内能源服务领域而颁布的政策与法律；另一种是为了国内其他政治、经济目标而颁布的政策与法规，这些政策与法律在实施过程中，间接地限制了国际能源服务贸易。

构成国际能源服务贸易壁垒的政策措施所阻碍或限制的是能源服务贸易的要素（人员、资本、物资、信息等）在国际市场上流动。与其他服务业一样，国际能源服务贸易遭遇的壁垒大体包括以下几种。

（1）开业权壁垒。这是能源服务贸易中最为常见，通常也是影响最大的壁垒。比如国有控股公司垄断某些能源行业，不允许民营企业或外资企业介入；外国能源服务提供商被禁止进入某些能源行业（比如电力公用事业）、某些部门（比如能源业上游采掘部门，或中游传输部门等）、某些地区提供服务。值得注意的是，随着服务贸易自由化的逐步推进，以开业权限制等为表现形式的绝对进入壁垒正面临越来越大的国际压力。

（2）歧视性待遇。比如对于外国能源服务提供者征收歧视性的国内税费；倾斜给予本国能源服务提供者优惠的待遇，如财政资助、政策支持等；对同类能源服务的外国服务提供者适用比本国提供者更为繁杂的许可程序；在公共义务承担方面，使外国服务提供者受制于与本国提供者不同的条件，或加诸额外的条件，如要求外国能源服务企业承担某些公共服务义务，而对本国提供同类服务的企业却没有要求或要求较低。

（3）数量限制。为保护本国的能源服务业或者服务者的生存与发展，限制某类外国能源服务提供者的数量、限制其能源服务交易数量、限制其雇佣外国自然人的数量，以及限制外资股权参与的比例等。

（4）经营限制。主要是通过对外国能源服务实体在本国的活动权限进行规定，以限制其经营范围、经营方式，甚至干预其具体的经营决策等。这一种壁垒形式目前比较通行，主要因其灵活性较强，不似开业权壁垒般生硬突兀，既体现了适度的对外开放，又能够针对性地抑制外国服务经营者的竞争力。并且这种壁垒还具有"可调性"，即具体经营限制的内容与程度可视形势的发展与变化相应调整。❶

（5）政府采购政策。要求政府或其代表机构的能源服务采购活动仅限于

---

❶ 闫实强："国际服务贸易壁垒管窥"，载《国际商报》2004年5月24日第7版。

由本国能源服务者提供。例如，规定只能购买由本国节能服务公司（ESCO）提供的节能服务。

（6）物资移动壁垒。油气田相关服务或能源合同管理服务涉及大量的专业设备与专门工具，并借此来实现相关服务提供，而实践中这些设备与工具进口常常受到数量限制、当地成分或本地要求、歧视性技术标准、税收制度，或滞后的知识产权保护体系等方面的阻碍。

（7）人员流动壁垒。各类能源服务提供常常都依赖专业人士、技术人员或管理人员来完成，而人员流动过程中常常遭遇移民限制、逗留期间的限制、繁琐手续、工作许可、执业资格要求、专业测试要求等人员流动壁垒。

除了上述一般性国际服务贸易壁垒之外，跨境能源服务贸易在开展过程中，还面临一些与能源行业的特殊性相关的特别阻碍或限制，主要是因市场安排中的垄断及专营服务提供、网管控制等因素而形成的特殊性贸易壁垒。

UNCTAD秘书处的一份文件，将能源服务贸易提供的三种形式可能遭遇的能源服务贸易壁垒归纳如表5-1。显然表5-1中概括性的列举并未穷尽所有的能源服务贸易壁垒，但已经勾勒出当前国际能源贸易增长的制约因素。

表5-1 能源服务贸易壁垒概览

能源服务提供方式	一般性壁垒	特殊性壁垒
方式一：跨境交付	要求具有当地法律、工程和咨询执业资格	限制进入能源传输管网，限制转运权，不公平或不透明的传输费用，以商业存在为前提进行能源跨境交易，对能源交易相关资本的转移限制
方式二：商业存在	限制外商持股比例，对高管和/或大部分董事的国籍要求，对争议发生时外方寻求法院救济的限制；对相关设施或土地中外国所有权的限制，对当地企业的优惠安排，政府采购规则，不透明、歧视性以及任意性的技术规章与其他要求	由于先前存在专有权和垄断权，或一体化安排，以致按竞争性价格取得传输及分销网络进入权的困难度；新建萃取、发电及运输设施时不透明、歧视性以及任意性的授权和招标程序

续表

能源服务提供方式	一般性壁垒	特殊性壁垒
方式三：自然人流动	取得签证与工作许可的困难，不承认国外取得的专业资格，对外国专家到场工作时间的限制，经济需求测试等	

资料来源：联合国贸发会议秘书处。❶

2. 国际能源服务贸易壁垒的特点

总的来说国际服务贸易壁垒有以下几个突出的特点。

第一，能源特许经营与垄断根深蒂固，影响深远，其形成的市场准入限制（形式上的以及实质上的）短时间内难以消除。可以说这是迄今为止国际能源服务贸易广泛开展最大的障碍。许多能源服务提供以在外国设立商业存在为最有效与最富竞争力的方式，如油气田服务、合同能源管理服务等。但各国市场结构改革步伐不一，一些国家的石油、电力、天然气市场仍处在垄断（包括行政垄断与自然垄断）安排之中，或者仅允许有限竞争，也有的是市场安排在形式上已经放开竞争，但某些实体长期垄断形成的市场优势地位（如对资源、基础设施、传输管网与经营网点的盘踞等）及其限制性商业实践足以阻挡或削减实际的竞争情势❷。同时，外国能源服务提供者往往面临更多的限制，市场的一些部门可能不允许外国公司参与或只能以合资形式进入（如一些国家限制或禁止外国石油公司进入下游零售市场），外国公司股权比例或并购活动受限等。此外，在线能源交易平台等跨境交付的服务也取决于市场自由化程度。

第二，能源传输与分销网络准入问题成为突出矛盾。大量的能源服务贸易严重依赖传输网络与分销系统，尤其是电力与天然气相关服务、成品油销售、节能服务等，服务的提供者因而需要传输管网与分销系统的非歧视准入权，或者是对合格用户的销售权，或者两者兼而有之——这些要求本身即对于传统上垂直整合的能源行业构成挑战，或是对市场改革形成压力。虽然能源公用事业的民营化、自由化及市场分拆与松绑已然成为世界范围内的大趋势，但各国进程不一，此外对于允许外国服务提供者准入，或者说是非歧视

---

❶ UNCTND, Managing "Request-Offer" Negotiations under the GATS：the Case of Energy Servises，UNCTND/DITC/TNCD/2003/5 June 4，2003，available at http：//www.unctad.org/，last visit on Aug. 25，2012.

❷ 例如，日本 LNG 市场虽已开放，但事实上由 23 个终端供应商垄断，这些供应商控制着96%的天然气供应，同时阻止其他竞争者进入终端、贮气池、再气化设备等基础设施，新的竞争者难以进入市场。

准入还并未形成主流。

第三，市场、规则、信息透明度有限。长期一体化公用事业安排带来的另一个影响是能源行业总体上透明度的缺乏。不透明的或歧视性的管理决策可能使外国供应商处于不利处境，尤其对涉及广泛资质要求、许可或执照的许多能源服务提供者而言。基础设施与管网费用、交易程序（如招投标程序）等的不透明，同样制约了外国供应商的服务竞争力。而能源价格信息、统计数据的不易取得、贸易壁垒与歧视性实践的成本不易计算，则使得外国能源经纪商、咨询商或在线交易平台等服务提供受到阻碍。

第四，国际能源服务贸易壁垒设置程度因国而异。各国资源禀赋、技术条件、市场改革进程以及政策价值取向的不一致导致能源服务贸易壁垒的设置在各国差异较大。一般而言，技术实力越强、市场开放程度越高的国家，壁垒越少。但即使在条件相当的国家之间，差异也仍然存在。例如在欧洲，尽管统一市场的努力一直在持续，但法国公司基本上能够自由地进入英国与德国天然气与电力零售市场，而反过来却不行——这是因为虽有欧盟指令，一些国家如芬兰、德国、瑞典、英国等完全开放零售市场，而法国等却仅满足指令的最低市场开放比例要求。美国与加拿大的情形也较类似，美国对加拿大开放跨境服务提供市场的程度显然高于加拿大对美国开放的程度。

二、能源服务贸易谈判进程与走势

（一）能源服务谈判进程

2001年多哈回合一启动，能源服务贸易谈判的活动随即开始。[1] 迄今为止，WTO框架下关于能源服务贸易的谈判大致经历了以下三个阶段。

1. 启动阶段：谈判建议的提出及相关讨论

2001~2003年，美国、加拿大、智利、古巴、欧盟、日本、挪威、委内瑞拉等八个成员相继向服务贸易理事会特别会议递交能源服务谈判建议，就能源服务谈判的意义、服务承诺的范围、国内规制权、减让表等事项阐述了各自的见解与主张。

此后，服务贸易理事会特别会议数次讨论能源服务贸易问题，基本达成的共识包括以下几点。（1）承诺的范围应基于《联合国中心产品分类系统》能源服务部门所有的活动，涵盖所有的服务提供方式。（2）自然资源问题不在谈判之列。（3）承认国内规制权，以确保能源可靠供应，保护消费者与环境。（4）WTO分类表（W/120）缺少能源服务部门不应妨碍成员作出减让，

---

[1] GATS第19条"具体承诺义务的谈判"，系GATS自带的服务贸易谈判授权，多哈回合开始后，WTO成员间有关具体承诺的谈判自动并入多哈回合议程当中。

因为 GATS 特定服务承诺指南 S/L/92 提供了足够的灵活性，此外一些成员也提出了"能源服务减让表指南"（JOB（03）/89）以帮助成员制作减让表。❶

2. 进展阶段：从双边"请求—报价"到复边"联合请求"

依照《多哈部长宣言》通过的服务谈判指南与程序，"请求与报价"模式成为服务市场准入谈判的主要方式，且初步请求与初步报价应分别在 2002 年 6 月与 2003 年 3 月 31 日前完成。除发达国家成员外，大多数成员未能如期提交"请求"。某几个发达国家将能源服务纳入"请求"当中，其中一些就请求对象国分别提出不同"请求"，另一些则对所有请求对象国（除最不发达国家外）提出相同请求。仅有美国、澳大利亚等回应了初步报价。

美国、加拿大、欧盟、日本、挪威等一些国家组成能源非正式团体"能源之友"（Friends of Energy），开展了一系列推动 WTO 能源服务贸易谈判的活动。在该团体主持下，2005 年 7 月美国、加拿大、欧盟、日本、挪威、澳大利亚、中国台湾地区发表"能源服务自由化声明"（Statement on Liberalization of Energy Service），阐述能源自由化的意义；2005 年 12 月，加拿大、欧盟、韩国、日本、挪威、美国、中国台湾地区等共同提出"能源服务部门共同利益声明"，除再次强调能源对经济成长的关联性与重要性、能源服务业自由化谈判将尊重各国（地区）政策目标及发展程度，还提出了能源供应链上的必要能源服务活动清单，以作为进一步市场开放谈判的共同基础（common basis）。

2005 年底通过的 WTO 香港部长宣言明确服务贸易谈判模式除了原有"请求与报价"的双边模式外，将另增加复边谈判模式。香港部长会议宣言同时要求成员应于 2006 年 2 月月底前，正式向其目标成员提出服务部门进一步自由化的共同要求清单。

2006 年 2 月，美国、欧盟、沙特、澳大利亚、挪威等 11 个国家正式通过 WTO 向包括中国在内的众多发展中国家（巴西等 7 个拉美国家，委内瑞拉以外的 7 个 OPEC 国家，以及印度、南非等）递交"联合请求"，要求其报价开放能源服务市场。"联合请求"基于"能源之友"所提出的能源服务活动清单向其目标成员提出了能源服务业市场开放要求。

3. 停滞阶段：原地踏步，等待突破

2006 年 7 月多哈回合谈判中止，所有议题（包括服务贸易）谈判小组均暂停运作。原定于 2006 年 7 月底前成员必须提交第二次修正响应清单，却因谈判暂停而无任何成员提交第二次修正响应清单。

---

❶ WTO website, Service: sector by sector-energy services, available at http://www.wto.org/english/, last visit on May 23, 2013.

2007年2月多哈回合谈判重启，服务部门各项议题讨论陆续恢复，并在服务贸易周期间举办服务贸易理事会例会与特别会议、双边会谈以及各谈判小组非正式会议，这其中包含了"能源之友"与"能源服务部门复边请求"会议。

由于多哈回合整体僵局目前似仍无突破迹象，能源服务贸易谈判能否取得最终成果仍须拭目以待。

（二）成员国谈判建议综述

1. 谈判建议国别概述

加拿大谈判建议❶要点有以下几点。

（1）谈判背景。油气服务全球市场发展迅速，提高这一部门的市场准入将给发达国家与发展中国家带来众多益处。

（2）能源服务范围。建议涉及的能源服务活动主要集中在石油与天然气的上游环节，主要包括以下几点。

①油气田建设服务。主要有钻井服务，井架的竖立、修理与拆除。

②开采油气所需的服务。主要有油井的勘探、黏结、抽取和堵塞以及专门灭火服务。

上述服务活动横跨了W/120号文件中的采矿附带服务、不动产服务、租赁服务、能源配销附带服务、相关的科学与技术咨询服务、营建与工程服务等部门。

（3）准入谈判。WTO成员应在能源服务提供的所有模式中，拓宽并增加其自由化承诺，以提高能源服务商的外国市场准入度；建议市场准入谈判中使用一份对照单（check-list）以帮助谈判者识别能源服务部门的活动，并据此请求报价；强调在油气领域的障碍当中，最主要的就是专业人员与器材的进入与停留问题，因此寻求专业人员及其所需设备的临时进入承诺非常重要。

（4）自然资源主权。不涉及自然资源所有权问题。

（5）国内规制权。不寻求"撤除规制"（Deregulation），承认GATS框架下成员有权对服务进行规制以实现其国家政策目标，能源服务贸易自由化与良好规制实践的发展是一致的，且规制对自由化起到支持作用；GATS不能解释为要求政府使服务部门私营化或"撤除规制"（Deregulation）。

（6）对中小企业的关注。技术进步使得中小企业有机会与大公司一道步入能源国际贸易领域，市场准入谈判中应关注中小企业的利益，如加强透明度与规制的可预见性，因为小企业难以像大公司一样迅速应对规制变化。

---

❶ WTO，Communication from Canada—in Initial Negotiating Proposal on Oil and Gas Services，S/CSS/W/58，March 4，2001.

(7) 环境友好技术。能源服务市场进一步的开放应有利于环境友好技术的使用与传播，比如通过合资与合作实现这一目标。

(8) 关注发展中国家。渐进自由化应尊重单个国家的发展水平，尤其应更多地关注发展中国家，特别是最不发达国家的利益。

智利谈判建议❶要点：

(1) 递交建议的理由。当前的区域、双边协定基本未涉及能源服务，仅在乌拉圭回合中 WTO 成员作出过少量承诺，其原由在于大多数国家长期以来对能源部门实行国营垂直一体化垄断。然而随着不少国家立法与规制升级，能源市场已在重塑之中，私有化与国际化受到鼓励，导致竞争性极大提高。法律框架改革成为当前趋势，并可能持续下去。更多国家将在未来谈判中加入能源议题——不只在 WTO，也会在区域与双边谈判当中。

智利开放能源进口，且实际上高度依赖能源进口；有兴趣通过多边谈判保证有效率、可承担的能源市场准入，也有兴趣吸引外国投资，以及为智利投资者与专业服务提供商打开外国能源市场；希望通过 WTO 谈判，促进开放而有竞争性的能源服务国际市场；寻求所有成员营造清楚、稳定、非歧视的能源市场；尊重国内规制，特别是与环境和社会政策有关的规制；希望通过多边谈判加强区域一体化。

(2) 能源服务范围。应就能源服务展开广泛谈判；能源服务磋商清单应当包括能源服务的全部领域，包括电力生产、运输、配销相关的服务，以及能源碳氢化合物及其衍生物产品相关的服务。

(3) 能源部门的补贴❷。智利希望在服务谈判中审查补贴是如何阻碍不同服务部门的竞争的，能源部门补贴也应在审查之列；智利并不要求在此阶段消除能源补贴，只是希望通过信息交流提高补贴的透明度，比如了解补贴的类型、数量及其受益人。

欧盟及其成员谈判建议❸要点：

(1) 谈判的背景。乌拉圭回合以来能源市场及能源服务活动嬗变，国家层面能源部门自由化的经验以及第三国提供油气服务的经验逐步积累。

(2) 能源服务范围。在来源中立的基础上列出能源服务活动服务清单，以构成 GATS 能源服务部门谈判范围。其建议的部门清单包括特定种类的煤、电力、天然气、热、油、可再生能源，以及特定条件的核能，涉及以下几种

---

❶ WTO, Communication from Chile—the Negotiations on Trade in Services, S/CSS/W/88, May 2001.

❷ 补贴事项在其他的谈判建议中也有涉及，但能源谈判上下文中唯有智利的谈判建议触及能源部门的补贴事项。

❸ WTO, Communication from the European Communities and their Member States—GATS 2000: Energy Services, /CSS/W/60, March 2001.

服务活动。

①勘探及生产相关服务。

②建造能源设备有关服务：建造、安装、维护、修理。

③传输网络相关服务：运送/输配营运、连接服务、辅助服务。

④仓储服务。

⑤能源供应服务：能源产品批发、能源产品零售、贸易、经纪。

⑥最终使用服务：能源审核、能源管理、测量、广告。

⑦退役（decommissioning）相关服务。

⑧其他相关服务：能源设备安装、维修。

（3）能源来源中立。不同形式的能源在开放方面的差异可由GATS特定承诺来反映。但从提高透明度与一致性的角度，允许所有形式的能源公平竞争很重要。

（4）削减贸易壁垒。成员应致力于削减各种能源服务贸易壁垒，包括但不限于以下一些类型：独占权与垄断权、对于业务开展的法律形式的限制、外国投资限制、不清楚的许可与批准要求、不明确的经济需求测试、居留与国籍要求等。

（5）关于提供模式。成员基于不同能源部门的组织特点，就四种服务提供模式中的跨境交付、国外消费、商业存在作出承诺；就第四种方式尤其应便利自然人流动。

日本谈判建议[1]要点：

（1）能源纳入谈判的重要性。能源服务伴随市场自由化发展已日益重要，但很多国家能源服务规制框架欠缺效率与透明度，降低了贸易的可预见性，引发对于潜在贸易壁垒的担心以及对市场信心的减损。因而建立多边促进竞争框架，提高能源服务规制透明度，符合所有国家利益。

（2）保证能源安全。由于能源对于现代经济的支撑作用，促进规制改革的同时应致力于确保能源安全与供应可靠性。

（3）环境政策协调。全球性环境问题要求所有国家一起努力协调能源政策与环境政策，采取环境措施的国家不应在能源服务贸易中处于不利地位。

（4）国内规制权。出于能源安全、供应可靠性、环境保护、普遍服务与公共安全等公共利益需要，国家保留采取透明的、竞争中立与不过分负担的规制措施的权利，因而反映在减让表上的差异是合法的。GATS相关规则应认可基于成员各自能源服务历史以及现有工业框架而形成的国内规制多元化。

---

[1] WTO，Communication from Japan—Negotiation Proposal on Energy Services Supplement，S/CSS/W/42/Suppl. 3，October 2001.

(5) 自然资源主权。自然资源的公共所有权应排除在谈判之外。

(6) 能源来源中立。对于能源服务活动的规制应基于能源中立，不涉及能源来源，但核能相关的能源服务涉及和平用途、防御措施及核能安全等事项，可另当别论。

(7) 能源的分类问题。应区分核心（core）能源服务与非核心（non-core）能源服务，以简化协商程序并避免重复。

(8) 市场准入与国民待遇。所有成员在考虑公共利益的同时，最大程度提供市场准入与国民待遇；中央政府应确保地方政府改善市场机会及策略，避免对国外投资者造成贸易障碍；消除能源服务所需的特定材料/设备准入障碍或短期技术人员停留等贸易障碍。

(9) 规制框架。各国能源市场改革都在尝试当中，没有尽善尽美的规制框架模式，成员应着眼于提高规制框架效率、营造竞争性环境，考虑非歧视、公平与透明的网络使用。

挪威谈判建议❶要点：

(1) 能源谈判的意义。能源服务是 GATS 最重要的"新"谈判领域。能源服务迅速发展，成为经济增长的关键因素之一，应坚定地纳入 GATS 框架，以确保有成本效率的能源服务使所有人受益。

(2) 谈判范围。应涵盖所有能源服务，即在整个能源产业链上，所有涉及能源、能源产品和燃料的勘探、开发、采掘、生产、发电、运输、输电、配电、营销和消费的服务。

(3) 磋商清单。能源服务业之模式或清单应为协商的重要工具，挪威同时起草了一份能源服务初步"磋商清单"，将现有服务分类表 W/120 中，其认为能源服务涉及的部门及分部门详尽列举出来，以协助成员谈判及制作减让表。该清单将工程服务、计算机及相关服务、研发服务、管理咨询服务、批发贸易服务和环境服务等尽皆纳入。

(4) 自然资源主权。自然资源公共所有权问题不纳入本次协商议题中。

(5) 国内规制权。尊重国家政策目标与国内规制权，成员处在规制演进的不同阶段，减让水平因此会有差异。

(6) 参考文件。建议参照基础电信部门开发一份关于国内规制事项的参考文件，重点就透明度、歧视管网准入、防止反竞争实践予以规范。

美国谈判建议❷要点：

(1) 谈判背景。竞争性地提供能源服务有助于确保能源消费者获得有效

---

❶ WTO, Communication from Norway—the Negotiations on Trade in Services, S/CSS/W/59, March 2001.

❷ WTO, Communication from the United States—Energy Services, S/CSS/W/24, December 2000.

生产、市场定价的可靠能源。乌拉圭回合服务谈判主要关注业已成熟、贸易显著、自由化兴趣强烈的服务部门,对当时垂直一体化的能源部门甚少涉及。市场条件的变化使得能源部门自由化提上谈判日程。

(2) 能源服务范围。能源服务是指涉及能源、能源产品和燃料的勘探、开发、采掘、生产、发电、运输、传输、分销、营销、消费、管理以及效率的服务。

(3) 市场准入与国民待遇。GATS 市场准入与国民待遇纪律同样适于能源部门;可在向私营开放的能源服务领域寻求市场准入、国民待遇的承诺以及允许竞争的国内规制纪律;承认成员间不同的竞争水平导致减让水平的差异;在与公共利益目标一致的前提下,就索引中列出的能源子部门开展尽可能广泛的市场准入与国民待遇承诺谈判。

(4) 自然资源所有权的议题不列入磋商。

(5) 能源服务分类索引。美国起草了一份能源服务索引,将现有服务分类表 W/120,以及对应的 CPC 所有包含能源服务、或与能源相关的服务部门与子部门全部列出。该索引将专业服务、计算机与相关服务、研发服务、租赁服务(不含操作者)、其他商业服务业、营建与有关工程服务业、配销服务业、教育服务业、环境服务业、金融服务业等尽收囊中。❶ 以第一项专业服务为例,索引格式如表 5-2 所示。

表 5-2 美国建议的能源服务索引

W/120 分类		临时中央产品分类 (Prov. CPC) 号码	临时中央产品分类 (Prov. CPC) 标题
1. A	专业服务	8612, 8619	在准司法、委员会程序中的法律咨询与代表服务等;以及其他法律咨询与信息服务
		8671	建筑设计服务
		8672	工程服务
……	……	……	……

资料来源:WTO 文件(S/CSS/W/59)。

(6) 减让谈判的原则。技术中立性;允许贸易设备/工具的临时性进入;允许商业人员与专业人员的临时性进入;电子信息与交易的非限制性移动。

(7) 参考文件。建议参照基础电信部门开发一份关于国内规制事项的参

---

❶ 美国谈判建议中涉及的"临时中央产品分类"号(Prov. CPC)有:8612, 8619, 8671, 8672.84, 851, 83107, 83109, 865, 866, 8676, 884, 884, 885, 887, 8675, 886, 8790, 511, 512, 513, 515, 516, 518, 621, 622, 632, 6111, 6113, 6121, 613, 924, 929, 940, 8112, 8113, 81199, 8132, 81339, 7112, 7123, 713。

考文件，重点规范以下事项：相关规则、法规和技术标准形成、公布和实施的透明化；在由政府实体或占优势供货商所控制的地方，对于第三者的进入和能源网络与网络的相互联结应提供无差别待遇；独立的法律规制必须与任何能源供货商分开，并且不应对其负任何责任；能源的运输与输送目标和程序应实行无差别待遇；各缔约方保持适当的措施以防止在能源部门中的反竞争实践。

委内瑞拉谈判建议❶要点：

（1）谈判背景。技术进步使得竞争以经济上可行的方式进入早先垄断的领域成为可能；包括发展中国家在内的大多数国家，改变了规制与法律框架，引入竞争以实现国家的发展战略，并提高服务部门的经济效率。当前在能源服务部门谈判已具有可行性。发展中国家关注的不只是贸易方面，还希望结果有助于提高国内企业能力、发展技术、并保护环境和自然资源。

（2）谈判目标。使尽可能多的人以及工商业获得能源服务，以提高生活水平与促进经济发展；提高所有成员的能源供应水平；帮助发展中国家提高技术，促进发展，实现经济多元化。

（3）国内规制与公共服务。保证成员，尤其是发展中国家为实现其国家政策目标对其境内能源服务进行规制的权利；政府有权决定市场准入条件，以及设定公共服务义务。

（4）发展中国家。需包含执行 GATS 第 4 条相关机制之定义，尤其是技术的取得及最不发达国家问题的处理；尊重发展中国家的实际情况，依 GATS 第 19 条给予其在开放方面适当的灵活性。

（5）与 GATS 其他方面的协调。需特别注意协调与 GATS 相关的项目，尤其是紧急保障条款政策、政府采购及补贴问题。

（6）促进能源服务设备临时准入许可证的取得。

（7）自然资源的使用权及所有权的取得不列入协商中。

（8）能源服务范围。包括核心与非核心能源服务，其中核心服务分为上游与下游服务。上游主要是开发能源资源的技术服务，包含地质探勘、钻探、数据输送、油井测试及线路设施服务、完工及后续服务、生产服务等活动；下游是关于设计、建筑施工、操作及维护能源设备与管线的技术服务，包含设计、建设关于能源生产、运输及供应的设备及管线；操作、管理及维护能源设施；操作、管理及维护包含能源运送、传输、配销的能源网络；核能退

---

❶ WTO, Communication from Venezuela—Negotiating Proposal on Energy Service, S/CSS/W/69, March 2001; Communication from Venezuela—Negotiating Proposal on Energy Services Addendum, S/CSS/W/69/Add.1, October 2001; Communication from Venezuela—Energy Service, S/CSS/W/69/Add.2, June 2003.

役、废弃物管理、环境保护及废弃物管理处置相关活动；能源供应批发；能源供应零售等活动。

（9）能源服务清单。委内瑞拉在与递交谈判建议的其他七国谈判后，提出一份"能源服务及能源相关服务商业现实清单"，以帮助成员准确作出承诺。此清单注意到发展中国家成员的需求，涵盖所有能源类型的所有服务——既包括能源业要求的服务，也包括能源业提供的服务。换言之，覆盖了整个能源服务市场。清单格式如表5-3所示。

表5-3 委内瑞拉建议的能源服务清单格式

能源服务及能源相关服务商业现实清单				最终草稿
上游				
仅包括经常外包的活动		CPC对应项目		
	命名	代码	部分	评价
发现与开发能源资源服务				
1. 地质勘探				
1.1 开发管理服务		86601-86609		
1.2 制图服务	工程相关科学与技术咨询服务	8675		
……	……	……	……	……
2. 钻井与油田和气井完工				
2.1 陆上矿址准备与井架安装		883		
……	……	……	……	
3.1 增油服务（压裂与酸化）（泵压）		883		
……	……	……	……	……
下游				
能源设施（不包括网路）设计、建设、运营与维修服务				
5. 能源设施（不包括网路）运营与维修服务				
5.1 应用于油气与煤田的管理与工程服务				一些活动可能超出了GATS范围

续表

能源服务及能源相关服务商业现实清单				最终草稿
……	……	……	……	……
6. 能源网路运营与管理				
6.1 电力传输与分销				
……		……	……	……
7. 能源设备与设施的维护服务，包括网路				
7.1 工厂与设备评估，损害鉴定、修理分析	管理咨询服务 管理咨询相关服务 工程服务 技术测试与分析	865 866 8672 8676	部分 部分 部分 部分	
……	……	……	……	……
8. 为能源工业提供的与环境相关的服务				
8.1 能源设施与网路除役	垃圾及污物处置，卫生及其他环境保护服务	940		
……	……	……	……	……
能源商业化服务				
9. 能源批发供应				
9.1 能源、能源产品、燃料批发活动		62271		
……	……	……	……	……
10. 能源零售活动				
10.1 能源、能源产品、燃料零售活动		63297		
……	……	……	……	……
其他能源服务				
11. 能源咨询服务				
11.1 能源效率与节约咨询与工程服务	管理咨询服务 工程服务	865 8672		
……	……	……	……	……

资料来源：WTO 文件（S/CSS/W/69/Add. 2）。

古巴谈判建议[1]要点：

（1）谈判背景。技术发展、贸易增长使得发展中国家将服务作为发展战略工具。鉴于能源服务对于成员，尤其是发展中国家的战略重要性，谈判应关注发展中国家的技术取得以及与此相联系的技术能力提高，同时促进环境的可持续性。

（2）不涉及自然资源准入权与使用权。

（3）发展中国家。保证发展中国家在其境内规制与处理能源供应的权利，以实现发展中国家国内政策目标，提高发展中国家能力，促进发展中国家在国际能源服务贸易中的份额和更多的参与。

（4）政府规制与公共服务。能源战略特征使得政府决定准入条件的权利、确立公共服务义务的权利不能被削减。

（5）发展中国家开放服务部门的灵活性。开放应增强所有成员，尤其是发展中国家能源服务提供能力，使更多人获得能源，提高生活水平，促进发展中国家经济增长。

（6）技术准入。提高发展中国家竞争力，使之能以有利市场条件获得技术。

（7）能源分类。W/120不能准确反映能源部门现有服务，应分类讨论并提出具体定义；确保乌拉圭回合已作出的承诺不因为新的分类而减损。

2. 谈判建议总体评析

就能源服务谈判建议的总体情况来看，贡献提议的8个国家当中，既有发达国家，亦有发展中国家，既有能源资源丰富国家，也有能源资源短缺国家。能源服务谈判建议递交国概览如表5-4所示。

表5-4 能源服务谈判建议递交国概览

能源禀赋 \ 发展水平	发达国家	发展中国家
能源资源丰富国与较丰富国	加拿大、挪威、欧盟、美国	委内瑞拉
能源资源短缺国	日本	智利、古巴

资料来源：作者整理。

因此管中窥豹，这些谈判建议所体现的立场与主张具有一定的代表性，从不同侧面大致反映出WTO成员中不同利益群体关于能源服务谈判的一些基本诉求。首先，8份建议中有一些共同的认识或主张，主要包括以下几个

---

[1] WTO, Communication from Cuba—Negotiating Proposal on Energy Service, S/CSS/W/144, March 2002.

方面。

（1）能源服务贸易谈判的必要性。每份建议都提及能源市场框架的变化使得能源服务贸易迅速发展，因而在 GATS 框架下开展能源服务贸易谈判势在必行。

（2）能源服务贸易自由化的益处。各建议都认同提高能源服务部门的市场准入将使所有国家获益。

（3）能源服务的界定与分类。W/120 中没有单独列出能源服务，而能源服务涉及的部门非常广泛，多数提议提出应首先澄清有关能源服务的分类问题。

（4）自然资源主权问题不予涉及。几乎所有提议都强调自然资源主权问题不在讨论范畴。

（5）承认适当国内规制。各提议均从保证能源供应安全与公共目标出发，认可适当国内规制的重要性。

（6）承诺的差异化。各提议都认识到国家处在不同规制演进阶段，其承诺应与市场改革的现有水平一致，因此承诺的差异化应被允许。

同时，8 份建议各有侧重，呈现出一些不同的特色，如表 5-5 所示。

表 5-5 能源服务谈判建议概览

国家	谈判/自由化范围	竞争规则	能源来源	技术	其他因素
加拿大	石油与天然气服务				加强规制透明度；便利能源货物贸易
智利	范围广泛				补贴
古巴	根据发展需要开放特定单元的灵活度			技术准入	对所有成员的贸易机会；提高发展中国家竞争力
欧盟	范围广泛	国内促进竞争框架	能源中立		便利自然人流动
日本	范围广泛	多边促进竞争框架	能源中立		加强规制透明度；便利能源服务设备准入
挪威	范围广泛	参考文件	能源中立		对于所有成员的贸易机会
美国	范围广泛	参考文件		技术中立	便利能源服务设备准入、商业人员的暂时进入，以及电子信息与交易信息的流动

续表

国家	谈判/自由化范围	竞争规则	能源来源	技术	其他因素
委内瑞拉	基于能源来源开放的灵活性；发展阶段；"核心"与"非核心"服务				对于所有成员的贸易机会；加强发展中国家服务提供者的能力

资料来源：联合国贸发会议秘书处。❶

其中，以下一些事项尤为值得关注，极有可能对未来的能源服务贸易谈判产生较大影响。

其一，发展中国家的特殊性需求。身为发展中国家的智利、古巴、委内瑞拉均在谈判建议中特别指出应考虑发展中国家的特殊需要，如提高发展中国家能源服务提供商的竞争力，以及以有利商业条件获得技术。

其二，参考文件。在国内规制权的问题上，挪威与美国进一步建议，WTO成员应根据一份"参考文件"（类似基础电信谈判小组参考文件），额外承诺在规制方面遵循一些共同规则，如规范透明，网络准入非歧视，独立规制体系，防止反竞争行为等；日本与欧盟虽未明确提到参考文件，但也建议构建关于国内规制的多边框架以确保竞争环境以及非歧视、公平与透明的网络准入。

其三，能源来源中立。美国、日本、欧盟认为不同来源的部门服务谈判的差异可由GATS特定承诺来反映。但从提高透明度与一致性的角度，允许所有形式的能源公平竞争很重要。

其四，能源服务活动清单。美国建议发展能源活动分类索引，以判别W/120与CPC之下的能源服务类别，建议以这个分类来谈判尽可能广泛的自由化承诺；挪威起草的一份能源服务初步"磋商清单"与美国的提议遥相呼应，将现有服务分类表W/120中其认为涉及能源服务的部门及子部门详尽列举出来，以协助成员谈判及制作减让表；而委托瑞拉在递交的补充谈判建议中，提出了一份旨在帮助成员准确作出承诺的"能源服务及能源相关服务商业现实清单"，也可谓与前两者异曲同工。

（三）能源服务减让谈判述评

1. 双边"请求—报价"评析

2003年前根据"请求—报价"谈判方式提出能源服务减让"请求"的都是发达国家，具体项目虽不尽相同，但大都体现了推动能源服务市场自由化

---

❶ UNCTND, Managing "Request-offer" Negotiations under the GATS: the Case of Energy Servises, June 6. 2003, available at http://www.unctad.org/, last visit on Aug. 25, 2013.

的迫切愿望与雄心壮志，请求中的一些内容系由此前谈判建议中表达的利益与主张转化而来，主要表现出以下特点。

（1）所有的请求都希望目标国能源服务部门能够实现广泛的自由化，请求范围则覆盖了以 GATS 服务提供模式一、三、四提供的能源服务。

（2）一些请求引入了"技术中立""能源来源中立"等概念，在某种意义上扩展了 GATS 的范围。比如"技术中立"，是曾在基础电信谈判中出现的概念，用意在于扩大承诺的范围，从效果来看，影响了 WTO 成员开放能源市场的灵活性，妨碍其根据所使用的技术来限制承诺范围；而"能源来源中立"，同样会限制国家根据其战略考虑开放市场的灵活度。

（3）一些请求提及能源部门的额外承诺，比如建立独立的规制体系——独立于能源服务提供商或者有能源利益的政府机构；建立非歧视、中立与及时的规制程序，以调整能源运输与传输等。

（4）有些请求出于要求广泛能源服务自由化的考虑，范围超出了 W/120 关于能源的三个分部门，将其单方面认为与能源服务相关的部门也一并请求目标成员作出承诺。

2."能源服务联合请求"（Collective request in energy services）述评

"能源服务联合请求"（以下简称"联合请求"）的请求方（Demandeurs）共包括 11 个 WTO 成员，被请求的目标集团（Target Group）一共有 23 个 WTO 成员，详情如表 5 – 6 所示。

表 5 – 6　能源服务联合请求资料一

协调人：欧共体

请求成员（11 个）	目标成员（23 个）
澳大利亚、欧共体、日本、挪威、韩国、中国台湾特别关税区、新加坡、美国、冰岛、沙特、加拿大	阿根廷、巴西、文莱、智利、中国、哥伦比亚、厄瓜多尔、埃及、印度、印度尼西亚、科威特、马来西亚、墨西哥、尼日利亚、阿曼、巴基斯坦、秘鲁、菲律宾、卡塔尔、南非、泰国、土耳其、阿联酋

资料来源：WTO 部分成员能源服务联合请求。

"联合请求"（又称复边请求）以参加联合请求的所有成员名义，逐个递交给被请求成员。每份请求当中只列出请求成员的全部名单以及单个被请求成员名称，而没有目标成员的全部名单，仅提及另有 22 个成员收到同样的请求。

"联合请求"由四个部分组成，请求的内容覆盖了所有服务提供模式。

（1）引言部分。参加"联合请求"的所有成员名称，以及单个的被请求成员名称；请求依据（香港部长宣言附件 C 第 7 段）；声明"联合请求"并非取代双边"请求—报价"谈判,而是补充与细化双边"请求",请求内容与请求成员名单可进一步修改。

(2) 能源服务请求的总体目标主要包括以下几点。

①以环境友好方式提供能源服务,促进能源效率。

②对于能源技术及来源保持中立。

③承认成员有权依据国家政策目标对能源服务加以规制。

④对于国家及其授权的从事自然资源生产的实体间的关系不予过问。

(3) 部门范围。请求的部门范围主要基于"能源之友"提出的能源服务活动清单,具体如表5-7所示。

表5-7 能源服务联合请求资料二

W/120	CPC	描述
1. A. e-f	8672-8673	工程及整合工程服务 Engineering and integrated engineering services
1. F. c-d	865-866	管理咨询服务及管理咨询相关服务 Management consulting services and services related to management consulting
1. F. e	8676(部分)	技术测试与分析服务(不包括与医疗器械、食品及食品生产相关的服务) Technical testing and analysis services (excluding services related to medical devices, food and food products)
1. F. h	883 5115	采矿附带服务 Services incidental to mining 采矿准备服务 Site preparation work for mining
1. F. m	8675(部分)	相关科学与技术咨询服务 Related scientific and technical consulting services
1. F. n	8861-8866 (部分)	金属制品、机器设备、电子机械维护与修理(不包括海事船舶、航空器或其他运输设备) Maintenance and repair of: fabricated metal products, machinery and equipment, and electrical machinery (excluding maritime vessels, aircraft or other transport equipment)
3. B	5134-5136	远程管线、地方管线、矿产所需土木工程建设工作 Construction work for civil engineering: for long distance pipelines, for local pipelines, for constructions for mining

续表

W/120	CPC	描述
3. E	518	与建筑建设、拆除或土木工程相关的设备租赁服务 Renting services related to equipment for construction or demolition of buildings or civil engineering works with operator
4. B	62271	固体、液体与气体燃料以及相关产品的批发服务（电力与城镇供气） Wholesale trade services of solid, liquid and gaseous fuels and related products (excluding electricity and town gas)
4. C	63297	燃料油、瓶装气、煤与木材的零售服务 Retailing services of fuel oil, bottled gas, coal, and woods

资料来源：WTO部分成员能源服务联合请求。

（4）特别承诺。请求目标成员为促进能源服务实现更高程度的自由化，就各服务提供模式分别承诺如下所示。

模式一：减少市场准入限制、消除现有的关于商业存在的要求。

模式二：一旦技术可行，即进行承诺。

模式三：取消对于外国所有权的限制；实质性地取消对外国服务提供者的合资或合作限制要求；取消经济需求测试；取消歧视性许可程序。

模式四：以香港部长宣言附件C（D）的方式承诺；在模式四的水平承诺中不就能源服务做一般性排除。❶

总的来说，请求所覆盖的能源服务部门非常广泛，"包括了油气生产、加工与分销的所有核心活动。从地图制作，钻井到零售，一应俱全"❷。其中不乏对国家安全与发展重心产生重大影响的部门。至于特别承诺部分，更是向国家经济主权及规制灵活度提出了进一步的挑战，直接影响到国家发展政策、外资政策、就业机会创造、新技术转让以及经济活动多元化。

三、焦点事项的法律分析

能源服务贸易谈判是伴随着多哈回合的启动而出现的新的谈判领域，此前的贸易谈判回合当中几乎未曾触及能源服务。服务业一向被视为与一国经济发展进程息息相关，服务业的"对外开放"关乎国家主权、安全等极其敏感的领域和问题——更何况这次探讨的是"能源"服务业开放问题，任何国

---

❶ WTO, Communication from the European Communities—Review of Progress in Energy Services, JOB (07) /208, December 2007.

❷ Victor Menotti: The other Oil war: Halliburton's Agenda at the WTO, June 2006, available at http://www.ifg.org/reports/WTO-energy-services.htm, last visit on 6 June 2012.

家都会对此慎之又慎,三思而行。谈判中出现的以下一些焦点事项,值得深思。

(一) 能源技术中立与来源中立

所谓的技术中立,是指管制者不倾向于某项技术,而应当鼓励不同技术和行业部门间的竞争。政府和监管部门的职责就是努力创造一种环境,促进不同技术和行业部门之间的竞争,以加速创新和高级业务的发展,但又不影响用户的业务使用。例如,对技术标准的选择采取不干预的立场,让市场"自由选择"。

技术中立的概念最早在1996年达成的GATS《关于电信服务的附件》中出现,以防止成员政府对于不同的电信技术(比如电缆技术与无线技术)"厚此薄彼"。此番被发达成员延伸到能源的问题上,意图仍是限制成员政府对于技术措施的决定权。

曾有经济学家提出:从经济学的角度来看,技术从来都是中性的,既无国界,也无边界,同时技术又有外部性和外溢性,谁发明都会使技术使用者受益。但是,技术是人们辛勤劳动的结晶,不管是谁发明的技术都不会是"免费的午餐",掌握知识产权的人是要求回报的。[1] 常见的方式就是技术的拥有者——往往是发达国家的跨国公司,将技术转化为专利,进而使专利转化为标准,通过专利与标准的紧密结合与精心运作,达到推行产业控制、实现市场垄断的目的。

各国经济技术发展水平不同,技术标准和知识产权基本被以美国为首的发达国家或者国家集团所垄断,这是不争的事实。以美国为首的发达国家一向是技术中立的积极倡导者,这是因为美国的企业在核心技术、专利、其他知识产权方面占有绝对优势。"对于发达国家来说,他们极力主张技术中立,却回避技术垄断的基本事实。"[2] 在表面公允的"中立"背后,实质是向发达国家技术优势倾斜,"技术中立"的驱动力实为经济利益。换言之,技术中立的后果之一往往使得发展中国家的自主技术受到扼制。

除此之外,在能源服务业,"技术中立"还带来一个较为突出的问题,这就是清洁能源技术与非清洁能源技术的取向问题。如果任由市场选择,很难说市场一定会选择对于环境有利的清洁能源技术。另一方面,一些成员政府为了实现环境目标或为实施京都议定书而采取的环境政策,比如中国出于环保目的鼓励清洁煤技术的政策,倒有可能因为未体现"技术中立"而在WTO

---

[1] 李进良:"欧美3G'技术中立论'的双重标准",载《第一财经日报》2006年12月21日第C05版。

[2] 周光斌:"也谈技术中立",载《电信软科学研究》2004年第9期。

受到质疑。

"能源来源中立"则更是一个新概念，因而多少有一些脱离能源活动的现实状况。表面上"对于能源来源不加区分，允许所有形式的能源公平竞争"的确冠冕堂皇，但却经不起推敲。首先，其与环境保护政策之间的协调显然就是个难题，因为如此一来，许多国家为减少碳排放而控制化石燃料的努力有可能涉嫌违反 WTO 义务；其次，某些能源来源，比如石油，现阶段具有高度的政治与战略敏感性，且这一特点多在国家的法律政策中反映出来，再比如核能，在国家政策视野中可能更具特殊性，如果能源来源一概"中立"，国家的战略取向与市场开放的灵活度将会受到限制。"来源中立"的问题还牵涉一些 WTO 立法技术问题，诸如分类表/对照表中是否应就能源来源作出区分？或者交由成员在减让程序中自行判断？如果没有清楚说明，是否理解为某项能源服务承诺涵盖所有形式的能源？❶ 这些技术性问题将使得能源服务承诺更加复杂化。

（二）国内规制权与参考文件

在各国的谈判建议以及上述请求报价当中，成员的"国内规制权"均得到明确承认——这实际上是重申了 GATS 序言当中的内容，即"认识到各成员为实现国家政策目标，有权对其领土内的服务提供进行管理和采用新的法规，同时认识到由于不同国家服务法规发展程度方面存在的不平衡，发展中国家特别需要行使此权利"。

但"国内规制权"的问题并未止步于此。硬币的另一面，是对"国内规制权"的制约要求。首先，有人认为，WTO 服务贸易第一案美墨电信服务案（Mexico—Telecoms）❷ 已然表明，国内规制权"仅延伸至不影响国家通过 GATS 赋予的贸易权限度内"❸；其次，在一些谈判建议以及后来的联合请求当中，都明确提到了对"国内规制权"应加以某种限制，如联合请求当中"强调规制措施应清楚地界定、透明，并且非歧视"，而一旦某一国内规制措施在 WTO 受到挑战，专家组可能会从这几个方面去审视该措施的"合法性"，比如，专家组可能会认为一项措施关于"基本燃料普遍服务"的目标并未清楚界定，或者认为"透明度"意味着一项规章实施之前外国公司有权参与评议或讨论，而"非歧视"要求则可能涉及一些并非有意而为的差别效果，如一些促进环保的措施可能使得外国能源服务提供者处在不利地位，最后，从

---

❶ WTO, Energy Services—Information Note by the Secretariat, JOB (05) /204, September 2005.

❷ WTO Panel Report, Mexico—Measures Affecting Telecommunications Services, WT/DS204/R, 2004, adopted 1 June 2004.

❸ Victor Menotti: The Other Oil War: Halliburton's Agenda at the WTO, June 2006, available at http://www.ifg.org/reports/WTO-energy-services.htm, last visit on 6 June 2012.

GATS 关于国内规章纪律的谈判情况来看，[1] 未来的纪律很可能对"国内规制权"加诸更多的限制，从而使得关于能源服务的国内规制必须面对更多束缚，成员政府难以真正自主，例如以下情况都有可能构成对 GATS 义务的违反。

（1）不必要的负担许可要求，如某项许可系以向贫困或农村人口提供能源服务为条件。

（2）不合理的或与提供的能源服务并非严格相关的许可要求，诸如要求提供环境影响评估报告。

（3）地方政府层面规章差异化给外国公司带来的"不必要的"适应性负担。

（4）收费限制，诸如为了抑制能源收费过高而采取的限价措施。

（5）导致能源服务许可不能及时发放的许可程序。[2]

换言之，同样倡导"国内规制权"的不同成员对于这一权利的涵义有着不同的认识与解读，"国内规制权"最终可能受到诸多限制，规制灵活度也将大打折扣。

美国与挪威的建议，则更进一步，他们主张就能源服务国内规制方面的一些限制事项制订一份参考文件。其依据是 GATS 第 18 条"附加承诺"："各成员可就影响服务贸易、但根据第 16 条或第 17 条不需列入减让表的措施，包括有关资格、标准或许可事项的措施，谈判承诺。此类承诺应列入一成员减让表。"

这一主张显然是受到 WTO 基础电信谈判的启发，WTO 成员各方曾制定了一份《关于电信规制准则的参考文件》，作为基础电信减让表中的一项"附加承诺"。这一文件规定了各成员政府和其有关当局规制其基础电信市场的一些基本原则。该"参考文件"每一款都是针对电信规制的，共包括前言和 6 部分内容。成员如果在附加承诺中选择将"参考文件"内容的全部或部分纳入减让表，则受其约束。参考文件的目的是防止电信业的反竞争行为，保证电信网络的互联互通，创造一个公平竞争的市场法制环境。文件中规定了以下几个原则：公平竞争原则、互联互通原则、普遍服务原则、许可证条件的公开可用性原则、独立监管机构的原则、稀有资源分配和使用的原则。

能源服务与基础电信服务有一定的相似之处。比如，对于网络的依赖性、普遍服务的必要性、市场的高度管制、经济垄断与自然垄断的大量存在等。但是两者之间也有着本质上的不同——能源服务牵涉的层面更多、更广，经济效率的目标、供应安全的保障、环境影响的考量，甚至政治外交的筹码等，

---

[1] GATS 关于国内规章纪律的谈判与请求——报价谈判平行开展。

[2] Victor Menotti：The Other Oil War：Halliburton's Agenda at the WTO，June 2006，available at http：//www.ifg.org/reports/WTO-energy-services.htm，last visit on 6 June 2012.

错综复杂，势必导致更为繁复周密的规制体系。有西方学者认为，拟议中的"能源服务参考文件"，应该重点关注以下几点内容。

1. 基础设施第三方准入保障

对于网络依赖型产业而言，公平进入网络是最重要的竞争保障，电信业如此，能源服务业亦如此。然而基础电信的互联互通原则对于能源服务业而言还显得不够充分，因为能源服务提供者的服务能力不仅受限于难以进入传输网络，而且受限于难以进入其他能源基础设施。比如，天然气贮存设施、液化天然气终端、石油管道、石油贮存设施等。同时，准入应在及时、费用合理（反映设施成本）的基础上提供。

2. 透明度

GATS 第 3 条关于透明度的义务主要是程序性的，涉及即时公布相关措施、向服务贸易理事会报告措施的修订情况、设立咨询点以及时回应其他成员的规制信息要求等方面。

电信参考文件及附件的透明度纪律则扩展至法律规章的草拟阶段，要求合理地通知并留出讨论时间，使其他成员享有"先行磋商权"。鉴于许可在能源业所扮演的重要角色，能源服务参考文件中这部分内容同样必不可少。

不仅如此，能源服务参考文件还应建立市场透明度的纪律，鼓励政府采取前期措施以确保实时信息的自由流动，同时建立适用于整个行业的技术标准，以保障市场参与者及时获得价格、传输能力、网管拥堵、计划容量，以及其他与公平有效交易有关的信息。官方的、透明的信息渠道将会大大提高市场效率、减少交易成本与市场扭曲，以及防止腐败。

3. 独立规制

过去 20 年中，网络型产业的私有化和开放浪潮成为独立规制的直接动因，大多数发达国家和少量发展中国家在网络型产业的规制中采取了独立规制的模式。所谓"独立"的理想状态与惯常模式，是指规制机构既与被规制企业、消费者等利益相关者保持一定的距离，又与政府行政部门保持一定的距离。[1]

能源业的特性使其易受政治干预，规制者在公共压力与政治权宜之下，往往操纵价格、扭曲市场，OECD 与世界银行建议政治功能与规制功能应当分开，规制程序（充分沟通、规制依据、听证程序）应当加强。在改革的实践当中，独立规制被认为是有效降低政治干预的必由之路。

基础电信参考文件中的独立规制原则，只是要求规制机构独立于供应者，而并未要求其独立于政府行政部门——该美国学者认为，对于能源服务业来

---

[1] 马骏："独立规制：含义、实践及中国的选择"，载《调查研究报告》2003 年第 47 期。

说，后者似应一并考虑。

4. 竞争保障

基础电信参考文件当中，列举出的反竞争行为特别包括：（1）参与反竞争的交叉补贴；（2）为反竞争的结果，运用从竞争者获得的信息；（3）没有向其他服务供应者及时公布关于基本设施的技术信息和对其提供服务必要的商业上的相关信息。文件要求采取适当手段，达到防止供应者（单独或联合）作为主要供应者参与或进行反竞争行为的目的。能源市场同样存在市场支配力量滥用优势地位单独或联合反竞争的情况，即使在自由化大潮流大趋势中，市场份额往往还是高度集中。能源服务参考文件肯定要借鉴基础电信的上述原则，但是类似"适当的手段"等模棱两可的表述则有待进一步明确化。❶

目前为止，关于参考文件的主张并未获得其他成员的积极响应。本书以为，"参考文件"将会是一把双刃剑，一方面有助于将国内规制带来的不确定因素减至最低，极大地推动能源服务贸易的开展；另一方面，则可能使得成员在追求各自能源政策目标之际束手束脚，捉襟见肘。

（三）能源服务的界定与分类问题

这是谈判当中首先受到关注的问题，牵涉以下三个方面。

1. 能源货物与能源服务的区分

一项与能源相关的活动，究竟属于能源货物还是能源服务，直接关系到它在 WTO 框架中的法律地位，进而影响到其所适用的纪律。如属能源货物，适用以 GATT 为中心的多边货物贸易协定，如属能源服务，则由 GATS 调整。

（1）一些能源产品的货物与能源服务属性不易辨别，如电力，即可认为是货物，也可认为是服务。❷ 在 ECT 当中，电力被归为货物范畴，WTO 框架下似也应对其属性予以明确澄清。

（2）能源生产带来的疑问，一般认为能源生产不属于 GATS 范畴，而是与货物贸易相关的制造活动，这一点上没有什么争议——问题在于，能源生产以及能源生产相关服务究竟该在哪里划界。比如石油冶炼、石油的液化与气化——到底是能源生产，还是能源生产相关服务呢？在 WTO 具体承诺委员会（Committee on Specific Commitments）会议中，WTO 曾就此问题进行过讨论，虽未达成一致意见，但注意到联合国中心产品分类（CPC）将一部分"在收费或合同基础上进行的生产"（manufacturing on a fee or contract basis）归为服务，条件是这部分"收费"的生产者本身不拥有原材料。❸ 也就是说

---

❶ Peter C. Evans, Liberalizing Global Trade in Energy Services, AEI Press, 2002, pp. 43–53.
❷ WTO secretariat, Energy Service Background Note by the Secretariat, S/C/W/52, 1998, para. 8.
❸ WTO, Report of the Meeting held on 11 July—Note by the Secretariat, S/CSC/M/1611, 2000.

自行承担的货物生产。比如，一个拥有原油的实体进行的冶炼、石油的液化与气化生产活动应该不在 GATS 范畴，但如果上述生产活动是由另一实体"在收费或合同基础"上进行的，则又另当别论。问题在于，GATS 本身并没有对服务加以界定，而 CPC 并不是 GATS 框架下具有法律约束力的文件。

（3）贮存是否能够构成单独的能源活动。一个代表团认为，至少油气上游生产中贮存不能视为单独的能源服务，而是生产活动的组成部分，至于下游贮存的性质则有待进一步讨论。

谈判当中，有一些代表团认为上述关于能源货物与能源服务的区分问题已经触及 GATT 与 GATS 的基本关系，WTO 对此应作出一般性的规定而不是逐个部门界定。也有人建议必要时可在具体减让表当中做出相关说明。❶

2. GATS "服务部门分类清单"是否应将能源单列为一个服务门类

或许由于 W/120 起草之际，能源服务部门仍在萌动当中，远未形成如今这般蒸蒸日上的势头。当前的 GATS "服务部门分类清单"（W/120）当中，能源并不是一个独立的服务部门，只有三个与之相关的分部门。（1）原油或精炼油以及石油产品与天然气通过管道进行的运输（transportation via pipeline of crude or refined petroleum and petroleum products and of natural gas），列在运输服务部门。（2）在收费或合同基础上进行的油气田开采附加服务（services incidental to mining, rendered on a fee or contract basis at oil and gas fields），列在其他商业服务部门。（3）能源分销附加服务（services incidental to energy distribution），列在其他商业服务部门。其他并不专属于能源领域的服务，如工程建设、咨询、传输、配送等则分散在各个服务门类当中。

由于 W/120 中没有一个专门的能源服务部门，在现有的 GATS 服务格局当中能源服务若隐若现，"可视度"较低。有人发现，一些能源相关服务在 W/120 找不到入口，比如，电力、城镇供气、蒸气与热水的批发与零售在 W/120 和 CPC 的分类中都找不到。❷ 再有，W/120 也不包括发动机燃料零售（CPC613）；同时，三个能源相关分部门的范围也不清楚，"油气田开采附带服务"有没有将煤田等包括进来、能源分销附加服务（CPC 883）是否指计表与账单结算以及是否包括电力的传输与分销等，都存在疑问。

谈判初期，有代表团提出将上述三个关于能源的分部门合并在一起，在"服务部门分类清单"中加入一个新的"能源服务部门"。这样一来，一些未在 W/120 找到对应入口的能源服务便可以纳入其中。具体承诺委员会会议为

---

❶ WTO, Energy Services—Information Note by the Secretariat, JOB (05) /204, September 2005.

❷ 修订后的 CPC 版本（1.0 版）当中，就"电力、城镇供气、蒸气与热水的批发与零售"增加了一个单独的部分"69"，一些代表团建议以 CPC1.0 版作为能源服务分类依据，但其他代表团对于使用 CPC 不同版本持谨慎态度。

此展开了讨论，但大多数代表团对此持谨慎态度。一些代表团认为 W/120 的确不能反映能源服务市场的现实状况，"服务部门清单"应当予以更新，但是任何修订"都不应减损现有承诺的法律确定性，并且应当保留 W/120 列举的服务部门相互独立的性质"。另一些成员则认为既无必要创设新的能源服务部门，也无必要对 W/120 加以改变，因为一来实际上相关的能源服务都已经包含在 W/120 当中，尤其是油气田附带服务，二来减让指南（Scheduling Guidelines, S/L/92）已为成员提供了足够的灵活性来安排能源服务部门的承诺，若是强调单独的能源服务部门，则有可能导致部门排列失衡（imbalance vis-à-vis）的风险。

3. "核心"与"非核心"能源服务的问题

从谈判建议中可以看出，WTO 成员眼中的能源服务部门涉及面极其广泛。为便利谈判，有代表团提出区分"核心能源服务"与"非核心能源服务"，且建议 WTO 成员为此议定一份文件。至于区分的标准，则主要看一项服务活动是不是某个领域供应链上不可或缺的服务，假如少了这一个服务活动整个供应链就不能有效运作，那么这项服务属于"核心"的范畴。"非核心"的服务则不具备"不可或缺性"，只是对产业链提供支持，并与产业链相关过程密切相关而已。关于"核心"与"非核心"服务的讨论，不单单出现在能源服务谈判当中，多哈回合"环境服务"谈判也涉及这一讨论。一些代表团对此有顾虑，主要是认为区分标准主观性太强。

能源部门分类的问题曾一度受到极大关注，其他一些分类提议中出现过另一些分类模式，如按上游、中游、下游划分，或按能源类型划分等。有人认为详细的分类有助于成员、特别是发展中成员根据其能源服务活动以及进出口状况作出安排，但另一些人则担心分类过细可能引起 W/120 失衡，因为别的服务部门没有分这么细。

事实上，谈判进行了一段时间之后，多数代表团意识到能源的界定与分类问题相当复杂，讨论继续下去意义不大。在这一问题上基本形成两点共识：（1）W/120 中虽缺少专门的能源服务部门，却并不妨碍成员作出减让安排，因为"减让表指南"（Scheduling Guidelines, S/L/92）提供了足够的灵活性；（2）可以就能源服务门类开发出某种工具性质的对照表或索引与指南，供成员参照使用以促进谈判。

为此，谈判代表基本搁置了在 GATS 框架下创设专门的能源服务部门的议题，而将注意力放在索引工具的设计上，希望通过这样的一个工具，使现有服务分类表 W/120、联合国中心产品分类 CPC，以及能源服务之间的对应关系能够清楚地呈现出来，一目了然。目前，一些代表团已经为此目的拿出一份"能源服务减让表指南"（Scheduling Guide for Energy Services, JOB（03）/89）供 WTO 成员"按图索骥"，用以作出减让安排。这个办法虽是权宜之计，倒也不失为明智之举——即使能源服务未能单独列入服务部门清单,或者无法清楚界定,至少成员对于 GATS 服务部门格局中能源服务的分布情况能够大致心中有数,具体减让承诺也得以有章可循。

(四) 发展中国家的参与问题

1. 发展中国家参与能源服务谈判的意义

能源服务部门自由化与发展之间的关系在谈判中受到关注。对于发展中国家而言,能源服务部门自由化显然是既有利又有弊,好处在于以下几个方面。(1) 能源服务贸易的总体增加将制造更多参与贸易的机会。(2) 能源服务出口商在世界范围内扩散其知识与技术力量、为发展中国家的能源产业注入外部资金,将带动发展中国家自身能源服务提供能力的提高。(3) 能源服务市场竞争性的增强,使得发展中国家进口商能以更少的成本获得更广泛的能源服务。(4) 能源服务属于基础设施服务,自由化将加强整体经济效率与竞争性。至于弊端,亦十分明显,不少发展中国家能源市场结构改革刚刚起步,能源服务提供能力与发达国家间的差距甚为悬殊,在市场竞争中缺乏比较优势,可能会引起发达国家能源服务提供商长驱直入作为本国经济要害的能源部门,损害国内同类产业的发展。

发展中国家的态度对于能源服务部门的谈判结果将会产生至关重要的影响。预测分析表明,1997~2020 年能源需求增长的 2/3 将出现在发展中国家。可以推断,发展中地区将成为能源服务,尤其是传统能源服务(如油气田服务、油气井与管道建设、钻探、井架搭建与拆卸)的重要购买者,并且在能源服务输出方面的上升潜力也不容小视。一些发展中国家的能源企业,如委内瑞拉的 PDVSA 等已经成为油田附带服务领域的国际供应商。从总体上看,当前发展中国家仅就能源服务贸易作出极少的承诺,在能源部门仍维持着与其能源政策目标相适应的政策灵活度。

有学者提出,能源服务部门的谈判其实就是南北谈判,应该鼓励发展中国家更多参与,由 OECD 国家主导是个错误。鉴于能源贸易增长是大趋势,更强大的多边贸易规则不仅有利于发展中国家与发达国家的贸易,更有利于发展中国家之间的贸易。❶

2. 如何增加发展中国家参与的问题

关于增加发展中国家成员的参与问题,GATS 当中已有相关规定,GATS 承认发达国家成员与发展中国家成员之间服务业发展的不平衡性,在题为"发展中国家的更多参与"的 GATS 第 4 条当中,明确发达国家成员应采取具体措施,加强发展中国家成员服务部门的竞争力,使发展中国家成员有效进

---

❶ Peter C. Evans, Liberalizing Global Trade in Energy Services, AEI Press, 2002, p. 53.

入发达国家的服务市场。这些措施包括：通过在商业基础上获得技术来增强发展中成员国服务能力、效率和竞争力；改善发展中国家进入分销渠道和利用信息网络的机会；在其具有出口利益的部门及服务提供方式上实现市场准入的自由化。此外，GATS 第 19 条第 2 款进一步规定，发展中国家成员具有灵活性，不仅开放部门较少、开放交易种类较少，而且根据其发展情况逐步扩大市场准入程度，还可对外国服务提供者市场准入的时间附加条件。

上述规定实际上赋予了发展中国家一项权利，允许其将减让水平与发展水平结合起来，渐进式延伸其市场准入承诺，对于促进发展中国家成员的参与有着积极意义。但是，"有关规定还是不明确、不具体，执行起来没有相应的硬性判断标准"❶。因此，关于能源服务部门是否应在 GATS 第 4 条与第 19 条之外，对促进发展中国家参与作出额外的安排有不同的看法。

反对这种做法的人认为，GATS 已经为发展中成员提供了很高的灵活性。在 GATS 框架下，WTO 任何成员都可以就市场准入进行限制，只需在减让表中列出；并且只有在明确承诺时才为外国服务商提供国民待遇；除此之外，发展中国家还拥有上述 GATS 第 4 条与第 19 条赋予的有力武器，能够根据自身的政策目标采取一些旨在加强其服务能力的措施。❷

而另一种观点则认为，为了反映能源服务部门的特征，以及增强发展中国家的能源服务竞争力，开放承诺有必要附加一些条件，比如公共服务义务、技术准入、管网准入与信息获取等，这些附加条件或额外安排可以在参考文件中体现出来，或者放在其他附件当中。这么做的目的是确保发展中国家获得更多的利益，因为这些条件往往是在双边谈判或者具体的投资谈判中面对强大的贸易伙伴发展中国家难以获得的。❸

第三节 生物燃料贸易谈判

近些年来，生物燃料一直处在是非纷扰的风口浪尖，从风光一时的"替代能源明星"到千夫所指的"粮食危机祸端"❹——由于牵涉"能源安全"

---

❶ 曹建明、贺小勇：《世界贸易组织》，法律出版社 1999 年版，第 254 页。
❷ Peter C. Evans, Liberalizing Global Trade in Energy Services, AEI Press, 2002, p. 56.
❸ Simonetta Zarrilli, International Trade in Energy Services and the Developing Countries, in Energy and environmental services: negotiating objectives and development priorities, UNCTAD, June, 2003.
❹ 2008 年年初，联合国报告员齐格勒、国际货币基金组织总干事卡恩分别发表谈话称："生物燃料生产急剧增长是造成世界粮价上涨的重要原因"，"用粮食生产生物柴油已成为真正的道德问题，是对人类的犯罪"。

"粮食安全"甚至"生态安全"等诸多世界性难题，生物燃料不可避免地成为国际社会瞩目的焦点，而一向在能源贸易领域寂寂无为的WTO多边贸易体制，这一次亦不再置身事外。在各种争议与探讨之中，WTO多边贸易纪律、多哈回合谈判，经常与生物燃料扑朔迷离的未来联系在了一起。

一、生物燃料贸易谈判背景

（一）WTO体制与生物燃料之间的关系

生物燃料，又称生物质燃料、生物质能源等[1]，泛指各种可直接用作燃料的生物质（biomass）本身和由生物质加工制成的用于汽油或柴油发动机的燃料，广义上包括初级（未经加工的）和高级（经过加工的）生物燃料。本书主要针对高级生物燃料的相关问题进行探讨，下文中的生物燃料均指高级生物燃料。目前已开发出来的生物燃料包括燃料乙醇、生物柴油、生物气体、生物甲醇、生物二甲醇等，其中燃料乙醇和生物柴油最为常见。第一代生物燃料多以传统的粮食作物（玉米、大豆、高粱、木薯等）或经济作物（甘蔗、甜菜等）为生产原料。为避开"与人争粮"，第二代生物燃料，转向以麦秆、草和木材等农林废弃物为主要原料，采用生物纤维素转化或木质素降解利用生成。第三代燃料则主要是藻类生物柴油和通过合成生物学制造的产品。生物燃料的生命周期如图5-1所示。

资源	原料	生物燃料	最终利用
· 土地 · 水 · 劳动力 · 种子 · 能源	· 甘蔗、甜菜 · 玉米、小麦 · 油菜籽、棕榈油 · 麻风树、柳树、柳枝稷 ······	· 燃料乙醇 · 生物柴油 · 生物气体 · 生物甲醇 · 生物二甲醇	· 运输 · 热 · 电 ······

资料来源：联合国粮农组织。[2]

图5-1　生物燃料的生命周期图

生物燃料最初的规模生产始于20世纪70年代初（如巴西在1975年推出PROALCOOL生物乙醇计划），但直至近5年间，才成为各国替代化石燃料的重要选项。国际粮食与农业贸易政策理事会（IPC）的一份报告列举了一串风向标，从中可以领略到近年来生物燃料风生水起的景象。

---

[1]《中华人民共和国可再生能源法》第32条规定："生物质能，是指利用自然界的植物、粪便以及城乡有机废物转化成的能源。能源作物，是指经专门种植，用以提供能源原料的草本和木本植物。生物液体燃料，是指利用生物质资源生产的甲醇、乙醇和生物柴油等液体燃料。"

[2] 联合国粮农组织：《2008年粮食及农业状况报告》，2008年。

（1）以美欧为首的发达国家政府纷纷出台生物燃料激励政策与措施，如补贴、惠及生物燃料的指令等。

（2）在美、欧及其他国家，私人投资在生物燃料生产领域急剧增加（主要源于政府支持性措施的刺激）。

（3）在亚洲国家中，生物燃料的原料生产大量增加。

（4）在最不发达国家中，政府开始启动生物燃料支持计划（主要针对因地制宜生产原料及生物燃料的研发）。❶

由于生物燃料的开发利用，有望带来诸如减少二氧化碳排放、促进能源供应多元化、增加农村就业机会和收入渠道等多重效益，兼之有石油价格不断攀升、《京都议定书》设定减排义务等各种契机的推动，不少WTO成员均将生物燃料的发展（特别是美国、巴西、欧盟等）列入政策议程，围绕加强能源安全、促进交通运输燃料无碳化进程、减少温室体排放、提高土地利用率、减轻贫困、减少财政支出等目标出台了各种针对性的政策措施。

生物燃料的生产与贸易也因而表现出迅速发展的强劲势头，从最初主要满足国内消费为主，到商业规模的贸易日益溢出国界，目前用于国际贸易的份额已占到生物燃料产量总产量的10%。主要进出口商包括美国、欧盟、日本等发达国家和地区，以及中国、南非、沙特阿拉伯、哥斯达黎加、韩国、尼日利亚、印度等发展中国家。❷ 具体情况如表5-8，图5-2所示。

表5-8 2007年各国生物燃料产量

国家/国家集团	乙　醇		生物柴油		总　量	
	（百万升）	（百万吨油当量）	（百万升）	（百万吨油当量）	（百万升）	（百万吨油当量）
巴　西	19000	10.44	227	0.17	19277	10.60
加拿大	1000	0.55	97	0.07	1097	0.62
中　国	1840	1.10	114	0.08	1945	1.09
印　度	400	0.22	45	0.03	445	0.25
印度尼西亚	0	0	409	0.30	409	0.30
马来西亚	0	0	330	0.24	330	0.24
美　国	26500	14.55	1688	1.25	28188	15.80
欧　盟	2253	1.24	6109	4.25	8361	5.76

---

❶ IPC, WTO Disciplines and Biofuels: Opportunities and Constraints in the creation of a Global Marketplace. 2006.

❷ Doaa Abdel Motaal, The Biofuels Landscape: Is there a Role for the WTO? Journal of World Trade, Vol. 42, 2008.

续表

国家/国家集团	乙　醇		生物柴油		总　量	
	（百万升）	（百万吨油当量）	（百万升）	（百万吨油当量）	（百万升）	（百万吨油当量）
其他国家	1017	0.56	1186	0.88	2203	1.44
全世界	52009	28.57	10204	7.56	62213	36.12

资料来源：联合国粮农组织 Aglink-Cosimo 数据库。

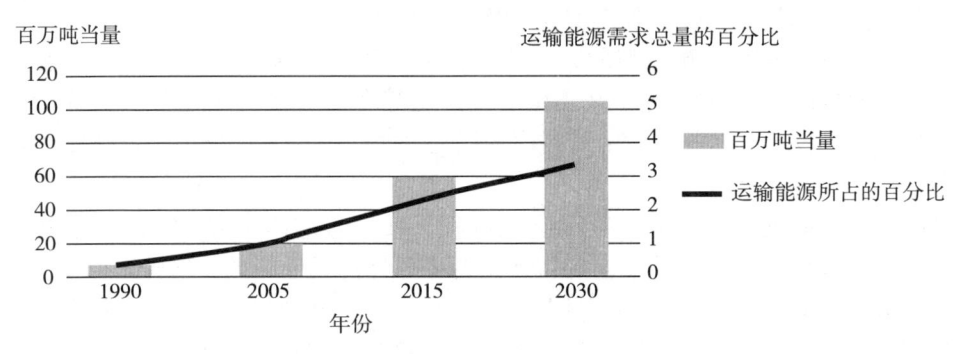

资料来源：国际能源机构。❶

图 5-2　运输用生物燃料的消费趋势

随着全球性的生物燃料市场悄然兴起，与之相关的各种问题也初露端倪。在经济全球化的大背景下，单单依靠各国"划地而治"的国内规制显然难以有效地解决问题，对于诸如环境影响标准、粮食安全、市场准入等关键性事项，必须放到国际层面加以解决，即依靠粮食组织、环境组织、贸易组织提供的议事论坛或机制达成各国间的共识或共同理念，进而形成全球性的制度安排。为此，作为当今世界最为瞩目的经济合作组织，WTO 亦被寄予厚望。发达国家与发展中国家，以及许多非政府组织均主张充分利用多边贸易体制这个平台，规范与推进生物燃料的发展。如欧盟和巴西提出 WTO 应就生物燃料补贴、准入等问题展开谈判，并表示近期可能就生物燃料贸易摩擦向 WTO 投诉。

致力于欧洲和非洲生物燃料和生物能源合作的非政府组织（BIOPACT）认为：WTO 可以扮演非常重要的角色，以使生物能源的全球贸易不致被贪婪及短视的保护主义所破坏。而国际粮食与农业贸易政策理事会（IPC）与可再生能源与国际法（REIL）则指出，围绕生物燃料的一系列政府措施均与 WTO 管辖权有关，包括：税收减免政策、要求生产达到特定规模的指令、生物燃料与传统燃料强制掺混比例、政府有关采购指令、对于消费的补贴、环境要求等。

---

❶ 参见联合国粮农组织：《2008 年粮食及农业状况报告》，2008 年。

值得注意的是，由于多边贸易体制的最初设计理念、能源牵扯的政治敏感性等历史原因或现实障碍，WTO/GATT 多边贸易体制在能源领域一向影响甚微。凭借"国家安全物资"名头的屏蔽，能源曾长期游离于多边贸易体制之外，只是随着能源市场的逐步开放以及能源安全观的变迁，WTO 才逐渐将触角伸至能源部门，但远未对其实现有效规制。然而，身为潜在的引领能源未来发展的生物燃料，在当前国际贸易份额相较于传统能源（石油、天然气等）仍显得微不足道之际，选择在 WTO 框架下寻求解决其贸易问题已成为主流的认识，这在一定程度上反映出 WTO/GATT 多边贸易体制在当今经济全球化时代的号召力与影响力。换言之，多边贸易体制尽管也面临着诸多自身问题，但长达 60 余年的风雨历练、更新换代，已经使多边贸易规制的意识深入人心。WTO 成员在把握各自政策取向的同时，很大程度上会自觉置身 WTO 规则框架之下来考虑问题。应该说，WTO 成员逐步形成了这样的共识——至少在新能源领域，各国政策的空间应受制于 WTO 多边贸易纪律。

因此，WTO 与生物燃料发展之间的关系实际上已经清晰可见：WTO 成员试图将各方认同的生物燃料国际贸易政策纳入 WTO 纪律之中，由 WTO 纪律来决定各成员生物燃料贸易的政策空间，以此来影响生物燃料的国际贸易，而国际贸易的开展必将对生物燃料的发展起到决定性的影响。

（二）影响生物燃料贸易的政策措施

生物燃料一路走来，离不开各国国内政策措施的强力扶持和农业、能源、交通、环境与贸易政策以及宏观政策的影响。"没有一个国家不是依靠政府干预来推行生物燃料计划的"，甚至于"在很多情况下，如果没有政府的各种支持性政策，生物燃料的生产就不具有经济可行性"[1]。各国影响生物燃料贸易的政策繁多，较为典型的有以下几种。

1. 财务补贴

政府出面对于生物燃料研发、生产、储存、运输的投资，以及使用和消费进行补贴；经合组织成员国在 2006 年对生物柴油和乙醇的支持总计在 110 ~ 120 亿美元之间。按每升计算，支持量在 0.20 ~ 1.00 美元之间。

2. 税赋优惠

针对新能源设备生产及消费给予税额减免或扣减优惠，可以极大地影响生物燃料的竞争力及其商业活力。美国在《1978 年能源税法案》中即引入了燃料中掺混酒精即可免除消费税的待遇，成为第一个实施生物燃料减免税的发达国家，2004 年又以生产者所得税抵扣额度取代之。其他国家也相继实施

---

[1] Jerry Hagstrom, Long Ignored By WTO, Biofuels Might Receive Attention. Energy Congress Daily, October 27, 2006. available at http：//nationaljournal.com/pubs/congressdaily/, last visit on Sep. 3, 2013.

了不同形式的优惠安排。

3. 政府采购

要求政府运输工具使用生物燃料、针对生物燃料或其副产品实施政府采购优惠或发布购买指令。如美国规定政府机关车辆每年必须以 2250 加仑的生物柴油（B20）替代原有燃料。

4. 关税措施

使用生物燃料关税来保护本国生物燃料产业，支持国内生物燃料价格，并为国内生产提供激励。除巴西外，主要的乙醇生产国都设定了很高的最惠国关税。

5. 技术措施

为强化生物燃料的环境效益采取多种技术标准与技术措施，下文第三部分将详细述及。

6. 市场保证

越来越多的国家开始强制实施燃料混合措施，如发布要求生物燃料生产达到特定规模的指令，以确立或保证其地位与发展。瑞典 2005 年颁布法案，规定从 2006 年 4 月 1 日起，所有的加油站一旦销售汽油或柴油数量达到 3000 立方（可再生燃料销售触发点），则必须提供至少一种可再生燃料（生物柴油或乙醇），这一触发点从 2006 年 4 月 1 日到 2009 年 12 月 31 日期间每年递减 500~1000 立方，从 2010 年 1 月 1 日起及以后的年份，仅为 1000 立方。美国 2005 年颁布可再生燃料标准，要求燃料商提高生物燃料的年混合使用量，2012 年燃料混合达到 280 亿升。英国 2008 年运输再生能源规定（RTFO）要求，供应商必须确保汽车燃料中掺混 2.5% 的生物燃料，到 2010 年这一比例将提高到 5%。欧盟各成员国和美国，以及其他许多国家如巴西、加拿大、哥伦比亚、马来西亚、印度、菲律宾和泰国等也都颁布了燃料混合法令。

总的来说，当前各国以补贴和生物燃料与化石燃料的强制掺混为主要政策干预，可持续标准等技术措施则呈现大量增多的势头。基本政策动因则源自三个方面：确保本国能源供应与能源安全的考虑、对于气候变化的关切、支持农业领域发展与增加农民收入的考虑。此外，也有的政策是出自保护本国生物能源产品在本国市场以及国际市场上竞争力的目的。

目前，生物燃料政策的制定一般是在国家框架之内进行的，生物燃料政策措施呈现出高度支持和保护的特征，"很少顾及在国家和国际层面上可能发生的意外后果"[1]。生物燃料产量、消费当前走势以及国内贸易格局，都受到现有政策的很大影响，特别是欧盟和美国实施的政策。在全球层面，"既不利

---

[1] FAO, Biofuels: Prospects, Rrisks and Opportunities, 2008.

于发展中国家的参与，也不利于形成高效的国际生物燃料格局"。❶

这种状况反映出生物燃料现阶段发展中的困惑。一方面因为生物燃料仍处在发展初期，离开了政府的扶持则面临夭折的可能，而在另一方面，受到扶持的国内企业可能在国际市场上具有非正常的竞争力或在国内市场上具有非正常的进口替代竞争能力，从而对别国的生物燃料发展造成损害，在全球层面上扭曲了生物燃料的贸易秩序。从这个意义上说，现阶段生物燃料的政策措施无异面临进退两难的尴尬局面，需要多边贸易体制层面的引导。

二、生物燃料贸易谈判进程与走势

OECD 有一份报告形象地道出生物燃料与多哈回合之间的关系：直到 2003 年，才有人第一次将"乙醇"与"贸易政策"联系在一起，因为注意到关税对国内厂商的保护。现在两者间的联系被频繁地使用于各种场合，服务于不同的目的。而在 2006 年 7 月中旬之后，生物燃料随同多哈回合谈判，主要因为农业谈判僵局出现在人们的视野中，甚至一度被视为多哈回合的救生绳，或者是重启多哈回合的钥匙。❷

作为乙醇生产大国，巴西一直力促多哈回合就生物燃料展开谈判，以实际削弱关税与非关税壁垒，巴西糖业协会在一项声明中指出："我们期待的是乙醇融入全球贸易。乙醇不应被区别对待"，强调"WTO 是为所有产品发展而来的，包括乙醇，因此那种认为特定商品应该单列在外的观念并不存在。"

多哈回合贸易谈判的议程中没有明确生物燃料的贸易壁垒问题，与生物燃料相关的多哈回合谈判授权主要体现在以下几个方面。

（1）农业谈判：出口竞争、国内支持和市场准入三个方面，俗称"三大支柱"。（2）非农产品市场准入谈判：主要涉及关税和非关税壁垒，其中关税部分包括削减和取消关税高峰、高关税和关税升级的谈判。（3）环境产品与服务自由化：主要任务便是界定环境产品以及确定识别标准。

WTO 成员有权在上述三个议题下开展生物燃料贸易谈判。关于生物燃料的谈判主要集中在以下几个方面，迄今均无实质性的成效。

（一）生物燃料是否为环境产品的问题

各方对此分歧很大。2005 年巴西向环境谈判小组提案要求将生物柴油及乙醇列入环境产品清单，2007 年巴西再度要求环境谈判应包括生物燃料，美国及其他 OECD 成员国表示反对，美国和欧盟坚持环境产品的概念系为非农产品设计，认为乙醇已经纳入《农业协定》（Agreement on Agriculture）规制，

---

❶ FAO, Biofuels: Prospects, Rrisks and Opportunities, 2008.
❷ OECD discussion paper, Subsidies: The Distorted Economics of Biofuels, 2007.

不能再被认为是环境产品。

加拿大、新西兰提名生物柴油为环境产品，亦受到许多国家以其属于"化工产品并且关税已经很低"为理由的反对，此外新西兰提议将甲醇纳入谈判，卡塔尔提议将 GLT 甲醇纳入谈判。

（二）关税问题

由于下文将要探讨的差异化法律地位问题，导致乙醇关税削减在农产品框架下进行，而生物柴油关税削减在非农产品框架下进行。

目前生物柴油平均关税只有 6.5% 左右，因此削减关税壁垒的焦点集中在乙醇上，以 2005 年的统计为例，乙醇的主要进口商包括美国、韩国、日本、印度、欧盟、中国以及加拿大，全年总进口额超过 7500 万美元，这些国家的适用关税基本都与约束关税水平相当，美国和欧盟更分别高达 46.5% 与 43%。唯一例外的是巴西，其约束关税为 35%，而适用关税为 20%。高关税使得生产没有在最经济或环境最适宜的地方开展。除巴西要求削减乙醇进口关税外，欧盟也在 2008 年 7 月 25 日 WTO 谈判中提出削减乙醇进口关税，以使"欧盟国家处于萌芽期的乙醇工业在与巴西低成本进口产品的对抗中更具竞争力"。由于农产品谈判失败，乙醇的关税壁垒问题自然也就没有得到解决。为此，巴西甘蔗行业协会已经着手咨询与调查美国高关税与 WTO 规则的一致性问题，并谋求通过 WTO 争端解决机构获得突破。

（三）补贴等非关税壁垒问题

生物燃料补贴、技术措施等生物燃料非关税壁垒问题，也在三个议题的讨论中出现。如生物燃料补贴问题，成为农业立法保护争论的一部分。[1] 当各方为农业补贴争论不休之际，联合国基金会创始人特纳在 2006 年 WTO 公众论坛倡议将农业补贴转化为生物燃料补贴，以走出农业谈判僵局，这一设想曾经引起各方关注。随着农产品谈判最终失败，生物燃料的补贴问题亦没有下文。

三、焦点事项的法律分析

生物燃料贸易溢出国界，并呈迅速发展之势，从 WTO 纪律的角度重新审视各国形形色色贸易措施的合法性，抑或是从生物燃料贸易发展的角度审视 WTO 规则的完备性，就变得十分必要了。然而，问题的复杂之处在于：体现在 WTO 现行规则中的贸易纪律毕竟是在生物燃料生产与贸易形成商业规模之

---

[1] 在 2006 年 7 月的多哈谈判中，对农产品立法保护成为主要讨论的问题，焦点是发展中国家要求发达国家（主要是美国、欧盟）削减农业补贴，发达国家则要求发展中国家相应开放其他领域，降低进口其产品和服务的贸易壁垒。

前所设定的，将之适用于生物燃料贸易这一新兴领域，或多或少面临新的法律问题。以下将要探讨的一些法律问题已经或正在成为相关谈判中的焦点事项。

（一）生物燃料的法律地位问题

WTO 框架下的贸易产品，分为贸易与服务两大类别，分别由货物贸易法（以 GATT 为核心的多边货物贸易规则）与服务贸易法（以 GATS 为核心的多边服务贸易规则）加以规制。对于货物产品当中较为特殊的农产品与纺织品，WTO 还分别以单项协定《农产品贸易协定》《纺织品贸易协定》设定了专门的贸易纪律。同时，WTO 法就多边货物贸易规则确立的冲突原则是：（在冲突时）各单项协定的规定优于 GATT 1994。

从某种意义上说，WTO 协定的主要内容即是关于"给予什么样的产品什么待遇的问题"，因此，生物燃料的 WTO 法律地位问题，实际上也就是生物燃料在 WTO 框架下的产品类别归属问题。这是一个必须首先澄清及明确的问题，因其直接关系到生物燃料所适用的贸易纪律与待遇。

就货物贸易而言，在 WTO 框架下，生物燃料究竟归属于哪一类货物，是因"生物"而落入农产品的范畴，还是因"燃料"归进工业品的类别，抑或有可能因为其"环境效应"直接成为多哈谈判议程中的"环境产品"？[1] 这个问题引起了广泛争议，迄今没有定论。

贸易实践中的做法同样令人困惑，同为生物燃料，按照各自的化学成分，生物柴油列在目前通行的世界海关组织《商品名称及编码协调制度》（以下简称 HS 税则）[2] 中列在第 38 章，而乙醇列在第 22 章。由于《农产品贸易协定》附件 A 中规定该协定适用 HS 税则第 1 章至第 24 章的产品（鱼及鱼产品除外），乙醇因此归入其中成为"农产品"，而生物柴油则是"非农产品"。

换言之，目前在 WTO 框架下，生物燃料没有统一的法律地位，不同的生物燃料因其海关编码的不同受制于不同的关税纪律、补贴纪律、国内规章纪律等。巴西等国指出这是不正常的现象，显然无益于生物燃料贸易朝着健康有序的方向发展，应予纠正。

此外，在探讨生物燃料归类问题上，如果将生物燃料原料的问题考虑进来，情形就更加复杂，因为充作生物燃料原料的产品和用作他用的同一种产品，在进出关境时是无法从物理形态或化学成分上加以区分的，唯一的区别只在于它们的最终用途。对此，有学者建议将生物燃料（包括其原料）单独

---

[1] Victor Mosoti, Recent Trends in Bioenergy Production Promotion and Use. FAO legal papers on line # 68, Sept. 2007, available at http://www.fao.org/Legal/prs-ol/lpo68.pdf, last visit on Sept. 3 2013.

[2] HS 编码共有 22 大类 98 章。国际通行的 HS 编码由 2 位码、4 位码及 6 位码组成。

归类，设定专门纪律加以规制。

(二)"相似产品"问题

"相似产品"在 WTO 体制中是一个举足轻重的概念，不仅在 GATT 条款中反复出现（如关于国民待遇的第 3 条，关于反倾销、反补贴税的第 6 条、关于取消数量限制的第 11 条、关于保障条款的第 19 条等），在不少的单项协定诸如《反倾销协议》《反补贴协议》条文中也可以看到这个术语。而在 WTO 争端解决实践中，相似产品的识别往往成为判断某项贸易措施合法与否的关键所系。

在 GATT 不同条款中，以及在不同的单项协定中。相似产品的含义不尽相同。如第 3 条国民待遇中的相似产品不仅包括一般意义的相似产品，还包括直接竞争和可替代的产品，范围更大。对于相似产品的解释，没有统一标准，必须结合具体条文以及具体的案情加以解释。DSB 的争端解决实践中，专家组在判别"相似产品"时，通常会参看如下一些条件：产品在特定市场的最终用途、消费者口味、习惯、产品的物理特征、产品的关税分类等。

围绕生物燃料的"相似产品"争议主要集中在以下两个问题上。

1. "工艺过程与生产方法（PPM）"不同的生物燃料是否为相似产品

"工艺过程与生产方法（PPM）"被认为是贸易法历史上最有争议的一个术语——争议的实质则关乎贸易规则与环境需求之间的关系。生物燃料贸易的迅速发展，使得这种争论再度升温。

一方面，当前生物燃料所受到的质疑，很大程度上正是由于可能伴随其生产过程的"环境污点"而起（破坏森林、破坏生物多样性、占用土地、引起粮食短缺、水资源短缺等）。研究表明，生物燃料的不同原料及生产方法产生的环境效应大相径庭，欧洲环境机构（European Environmental Agency）甚至断言生物燃料的生产与利用"要么减少 90% 的碳排放，要么增加 20% 的碳排放"。言下之意，从环境保护的角度来看，生产方法至关重要，直接决定生物燃料的生产与利用是利大于弊，还是弊大于利。不少环境组织因而强烈呼吁采取措施停止以"不可持续方式"生产生物燃料。由于燃料对于环境可持续性的影响非一般产品所能比拟，其环境效应关系重大，这样一种呼吁正逐渐成为一种主流或共识。

另一方面，将生产方法作为区别产品的标准之一会对贸易体系带来一定的困难。例如，它可能给各国政府企图不公平地对付外国竞争、保护自己的产业提供更多机会——"因受经济利益而不是环境利益的驱动，政府可能会把国内产业使用的环保型 PPM 列一个清单，并制订新规则惩罚那些不使用这些 PPM 的制造商（也就是外国生产商）"❶。

　　换言之，由于生物燃料兴起的环境动因及其生产过程中的不同环境效应，国际社会中越来越多的声音主张不同"工艺过程与生产方法（PPM）"的生物燃料应作为"非相似产品"适用不同的待遇，以促进"可持续"生物燃料的发展，并扼制"不可持续"的生物燃料。但是这种主张向多边贸易体制提出了新的挑战，因为从 WTO/GATT 争端解决机构通过其受理的案例对于现行规则做出的阐释来看，多边贸易体制对此一向持否定的态度。

　　1982 年的西班牙咖啡案（Spain—Unroasted coffee）❷ 是关于"相似产品认定"的典型案例之一。西班牙在海关分类中把咖啡再细分为几种，仅对其中三种提高关税，其中涉及来自巴西的咖啡。巴西起诉西班牙违反"相似产品"相同待遇的 GATT 义务，西班牙则认为其区别待遇的依据是生产方式的不同。专家组裁决指出"咖啡豆产地、品种、栽培方式和生产过程等因素，因为皆属于产品的自然因素，不影响咖啡豆是否为不同种类产品的判断，且因本案的批发商出售给消费者的产品大多为混合不同口感的咖啡豆，消费者不可能从混合的咖啡豆中辨识出不同种类的咖啡豆，因此西班牙消费者的消费决定与生产方法无关，消费者的爱好也无法作为咖啡豆产品的分类依据"，较为明确地否定了生产方法与相似产品间的联系。但是也有学者指出，专家组的裁决并非没有给以生产方法区分相似产品留有余地，因为其中提到了与本案中生产方法与消费决策无关，也就是说专家组承认在相似产品的认定中，消费者的决策亦是一个重要考量因素。❸ 在生物燃料领域，生产方法可能直接影响到消费者的决策。例如，关心环保人士很可能认为以"不可持续方式"生产的生物燃料有别于以"可持续方式"生产的生物燃料。

　　WTO 成立之后所受理的第一桩案件——1996 年汽油标准案也涉及"相似产品问题"，专家组认为：GATT 第 3 条第 4 款所涉及的是相似产品的待遇，不允许因生产的特点及其所持数据的性质而给予较差的待遇。换言之，"工艺过程与生产方法"并不导致非"相似产品"。

　　总之，从现行规则的条文及争端解决实践来看，想要论证生物燃料的"相似与否"取决于其"工艺过程与生产方法（PPM）"，仍然是十分困难的。

---

　　❶ 联合国环境规划署编著：《环境与贸易手册》，国冬梅译，学苑出版社 2002 年版，第 49 页。
　　❷ GATT Panel Report, Spain-Tarriff Treatment of Unroasted Coffees, BISD28S/102, adopted 11 June 1981.
　　❸ 林伊君："GATS '同类服务与服务供给者'要件之研究"，载 www.lcs.com.tw/tw/images/GATS，访问日期：2013 年 9 月 5 日。

2. 用途不同的原料作物是否为相似产品

产品的最终用途，一直是"相似产品"认定中专家组经常考查的一个因素，如1996年日本酒精案（Japan—Alcoholic Beverages）❶，欧盟和日本都试图从最终用途的角度去支持己方的主张，而上诉机构则在报告中指出：特定市场上，是否有替代弹性所表现出的共同最终用途是确定是否为直接竞争的决定因素，从而在产品间的"相似与否"以及"相互替代的最终用途"间建立起一定的联系。

从生物燃料的原料作物的情形来看，原料作物如大豆、玉米等既可作生物燃料生产之用，亦可以作粮食之用，两者之间在物理性质上别无二致，但是最终用途可以说是大相径庭——能否依其不同用途视之为非相似产品，从而适用不同的关税待遇及其他待遇，亦是目前争论的问题之一。

提倡者认为，两者之间市场、消费群均不相同，理应作为非相似产品给予不同待遇。对于实践中的具体操作困难，则提出了对原料作物染色以示区别，或者先采取同一待遇，再以其他措施（如退税等）加以区分等种种办法。

反对者认为，WTO和世界海关组织迄今的实践当中，都是根据货物的物理特征对货物进行分类，争端解决实践也只将"最终用途"作为"相似产品"的考查因素之一，未曾支持仅因最终用途的不同而在同类货物之间推行不同的关税待遇或其他待遇。

联合国粮食及农业组织（Food and Agriculture Organization of the United Nations，FAO）从市场的角度出发，强调生物燃料贸易的规模开展业已强化了农产品市场和化石燃料与生物燃料市场之间的联动性，若"厚此薄彼"地区别对待，则可能引起两个市场失衡。如果对用作生物燃料的原料作物给予更优惠的待遇，将使资源向生物燃料市场倾斜，直接加剧粮食危机。反之则可能导致生物燃料原料的不足。因此，"无论用于生物燃料生产，还是用于传统领域（如用作食品或饲料），均不应当对同样的农产品给予区别对待"❷。

目前，美国已经在关税实践中对作燃料之用的乙醇，以及作为酒类原料的乙醇从税目上加以了细分，以对前者加增"第二次"关税。❸ 这一做法尚未招致出口国的挑战，或许主要因为目前而言乙醇贸易量还十分有限的原故。

---

❶ WTO Panel Report as Modified by the Appellate Body Report, Japan—Taxes on Alcoholic Beverages, WT/DS8/R, WTDS10R, WTDS11R, adopted 1 November 1996; Appellate Body Report, WT/DS8/AB/R, WTDS10AB/R, WTDS11AB/R, adopted 1 November 1996.

❷ FAO, Biofuels: Prospects, Rrisks and Opportunities, 2008.

❸ Doaa Abdel Motaal, The Biofuels Landscape: Is there a Role for the WTO? Journal of World Trade, 2008, Vol. 42, Iss. 1, p. 61.

(三) 生物燃料的"补贴"问题

1. 相关背景

在现代国际贸易关系中,补贴与反补贴一直是颇有争议的重要问题之一。虽然"补贴"这一概念尚无统一的法律定义,但是"一般说来,凡是一国政府对某一国内产品的生产与销售,给予特殊的扶持并带来益处,无论该产品是用于出口还是内销,均属补贴行为"[1]。补贴是一种政府行为,其形式不拘一格,既可以是某项立法,也可以是行政手段;既可以是现金直接支付,亦可能表现为减免税、优惠贷款等间接方式。

因此,除政府对于生物燃料给予的直接财政资助之外,其他如现金支付、税务抵扣、贷款保证、长期贷款、贴息贷款等政策措施均属于"补贴"的范畴。从这个意义上讲,在迄今为止的生物燃料工业发展过程中,补贴措施运用的密度与力度都是非常大的,有人形容其如"潮水般地涌现"并不为过。无论是发达的OECD国家,新兴工业化国家,还是其他的发展中国家,纷纷围绕生物燃料出台了形形色色的补贴,涵盖了从研发、原料、生产到消费的整个生物燃料产业链。

(1) 研发环节的补贴。生产国政府大都对生物燃料从农艺到燃烧整个过程的研究、开发与创新给予财政支持,目前侧重资助的是第二代生物燃料的研发。代表性的如2007年加拿大农业生物产品创新计划(1.45亿加元),美国2006年生物燃料启动计划(旨在加速纤维素乙醇的研发,以使之在2012年具商业竞争力),以及欧盟第六框架计划与第七框架计划中的一部分。

(2) 对于原料及其他生产要素的补贴。为了扶持新兴的生物燃料工业,各国政府一方面补贴原料作物种植,另一方面则对于关键性的生产要素,诸如劳动力、土地、资金、水及其消耗的能源加以补贴。例如:巴西国内乙醇计划(Proalcool)长期低息贷款给相关企业;欧盟2003年"能源作物计划"向种植能源作物的非休耕土地提供每公顷45欧元的补贴,此外农民还可在休耕地上种相关生物燃料作物并有资格获得按公顷提供的补助款;美国《2005年能源法案》第1512节授权资助纤维素乙醇种植,金额为2006年1亿美元,2008年4亿美元;澳大利亚年2004"生物燃料资助计划"以3760万美元资助建设3个乙醇工厂、4个生物柴油工厂。

(3) 生产环节的补贴。政府对于生产环节的补贴包括对生物燃料生产的补贴以及对于其副产品(如甘油)生产的补贴,目前主要是对于前者。如英国规定每生产1升柴油补贴36分,丹麦亦有相似的政策。美国则为推广生物燃料生产出台了B99项目,规定生产商如果用99%的生物柴油掺混1%的矿

---

[1] 曾令良:《世界贸易组织》,武汉大学出版社1996年版,第298页。

石柴油，就可以申请到高达 1 美元/加仑的补贴。

（4）对于销售环节的补贴。生物燃料总体上具有易受潮易腐蚀等特性，其贮存、运输、分销等需要特定的设施。美国政府 2004 年起出台了从量式乙醇消费税抵扣政策（VEETC），为混合商和零售商提供每加仑乙醇 51 美分的税收抵扣额（2008 年美国国会《2007 年农业法案》将玉米乙醇抵扣额降至 45 美分，纤维素乙醇加至 1.01 美元），并有一些州政府出面补贴销售设施。联邦政府 2006 年发起乙醇分销计划（EDP），其中 1.72 千万澳元用于支持分销设施更新换代，余下金额则用于支持销售；一些欧盟国家（英国、法国等）对于生物燃料加油设施进行了补助；瑞典则于 2005 年颁布法案，规定从 2006 年 4 月 1 日起对于可再生能源分销的投资，可取得投资额 30% 的补贴。

（5）对于消费环节的补贴。乙醇、生物柴油与汽油、柴油等燃油性能相似，但其区别也显著存在。OECD 国家 70 年代以后生产的车辆均可使用混合 10%（甚至 20%）乙醇的燃料。然而只有经过特别设计的"灵活燃油车"（Flexible-Fuel Vehicles，FFVs）才能使用混合更高比例生物燃料的燃油。因此美国以及欧盟部分国家（法国、爱尔兰以及瑞典）均提供各种税收激励（减免注册费、道路费、停车费）以刺激消费者购买"灵活燃油车"。据瑞典能源机构测算，瑞典"灵活燃油车"车主每年可以得到的各种法定优惠累计 3200 美元。

2. 生物燃料补贴涉及的法律问题

以 WTO 角度审视之，关于生物燃料的补贴主要涉及以下几个问题。

（1）补贴纪律的适用问题。WTO 框架下，服务贸易的补贴纪律包含在 GATS 之中，而货物贸易的补贴规则主要由以下三部分组成。

①GATT 1994 第 6 条"反倾销税与反补贴税"与第 16 条"补贴"（包括 A 节"一般补贴"和 B 节"对出口补贴的附加规定"）。

②SCM 协议

③《农业协定》中对农业补贴的特殊规定。

生物燃料补贴可能涉及的适用问题，主要有以下两个。

①生物燃料不同法律地位引起的适用问题。如前所述，在现行 WTO 框架下，生物柴油被归入工业品范畴，针对生物柴油的补贴应适用 GATT 1994 的相关条文与 SCM 协议。而乙醇则作为农产品另当别论，主要适用相对宽松的《农业协定》中的相关规定。换言之，两者分别适用不同的补贴纪律。对此，以巴西为代表的一些国家认为其"消极意义"显著，因为各国在这两种主要类型的生物燃料上的比较优势不尽相同，同为生物燃料，纪律却宽严有别，形成了事实上的不公平。

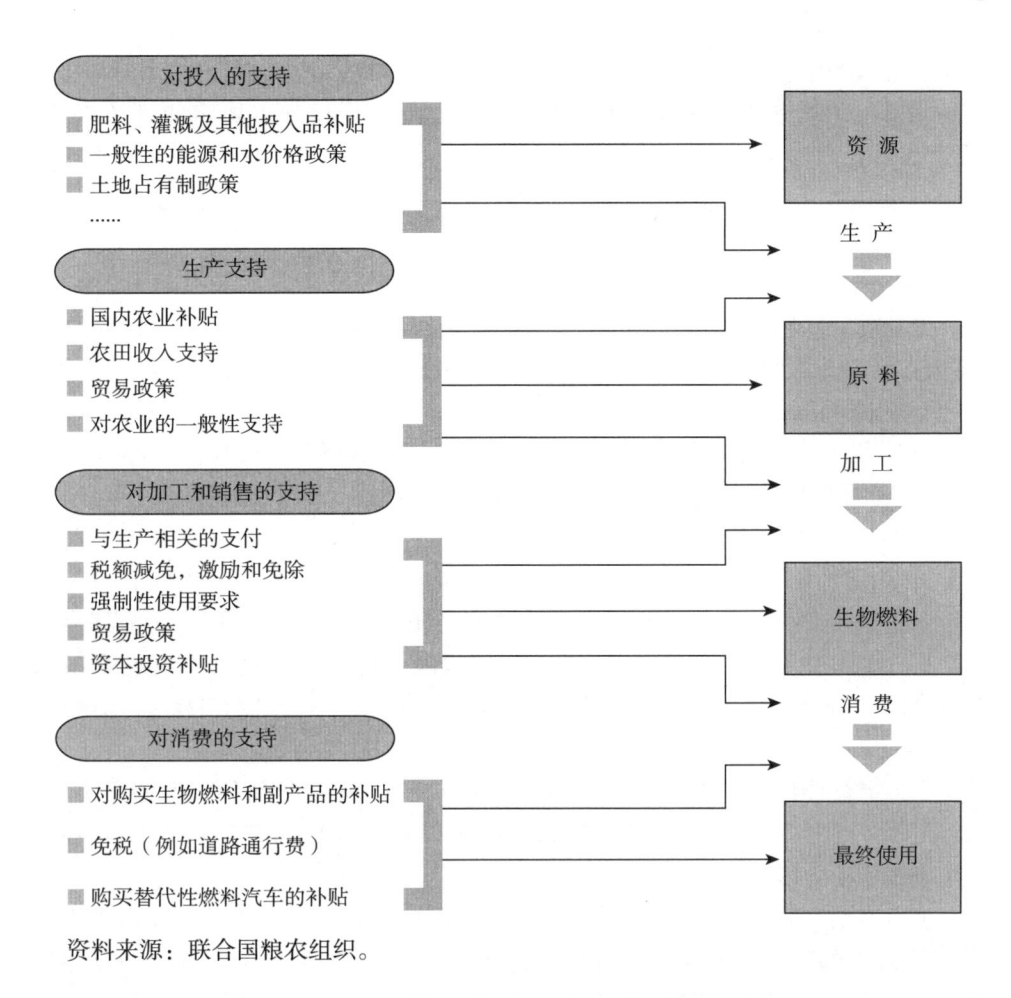

对投入的支持
- 肥料、灌溉及其他投入品补贴
- 一般性的能源和水价格政策
- 土地占有制政策
- ……

生产支持
- 国内农业补贴
- 农田收入支持
- 贸易政策
- 对农业的一般性支持

对加工和销售的支持
- 与生产相关的支付
- 税额减免，激励和免除
- 强制性使用要求
- 贸易政策
- 资本投资补贴

对消费的支持
- 对购买生物燃料和副产品的补贴
- 免税（例如道路通行费）
- 购买替代性燃料汽车的补贴

资源 → 生产 → 原料 → 加工 → 生物燃料 → 消费 → 最终使用

资料来源：联合国粮农组织。

图 5-3　在生物燃料供应链不同阶段提供的补贴

②归入农产品范畴的生物燃料是否仅受制于《农业协定》中的补贴规则。这个问题实际涉及不同 WTO 协定规则之间的相互关系，也是一个历来富有争议的话题。在 1997 年欧盟香蕉进口机制争端案（EC—Bananas）❶ 及 2002 年美国巴西高地棉花案（US—Upland Cotton）❷ 中均可以看到类似争执的轨迹，其中专家组的相关阐述无疑有助于我们对于这个问题的理解。欧盟香蕉进口

---

❶ WTO Appellate Body Report, European Communities-Regime for the Importation, Sale and Distribution of Bananas, WTDS27AB/R, adopted 25 September 1997.

❷ WTO Panel Report as modified by the Appellate Body report, United States—Subsidies on Upland Cotton, WT/DS267/R and Corr. 1, Add. 2 and Add. 3, adopted 21 March 2005; Appellate Body Report, WT/DS267/AB/R, adopted 21 March 2005.

机制争端案❶中,欧盟认为:《农业协定》第21条规定GATT 1994和WTO协定附件1A的其他多边贸易协定等的条款的适用,得遵守本协定的各项规定,意味着《农业协定》对SCM协议的适用作了限定,即如果符合《农业协定》相关规定,则不适用SCM协议。在美国巴西高地棉花案中,美国也提出了类似的观点。

欧盟香蕉进口机制争端案专家组和上诉机构报告主要涉及GATT 1994与《农业协定》之间的关系:其一,《农业协定》与GATT 1994是特别法与一般法的关系,二者如发生抵触,《农业协定》优先;如《农业协定》没有规定,GATT 1994则应予适用。

美国巴西高地棉花案中,专家组则具针对性地解释了SCM协议与《农业协定》之间的关系:原则上SCM协议适用于农产品,SCM协议的义务与《农业协定》应予并行不悖地遵守,仅在双方规定有冲突的情形下,以《农业协定》的规定优先。WTO协定应作为一个整体承诺对待,同一个措施有可能受制于不止一项WTO义务。此外,还以注解的形式——然而是醒目的措辞表明《农业协定》并不必然包括SCM协议削减国内支持措施的效果,或表明SCM协议纪律不适用于有关农产品的国内支持,即冲突并不会自动发生。

因此,基本明确的结论是:归入农产品范畴的生物燃料并非仅受制于《农业协定》中的补贴规则,自《农业协定》的"和平条款"❷于2003年12月31日终止之后,GATT 1994和SCM协议以及《农业协定》中对农业补贴的特殊规定同时适用于农产品。

(2)现行WTO框架下,如何认定生物燃料补贴的法律性质。补贴作为公共经济政策的重要组成部分为各国广泛采用。对于补贴,WTO并非一概加以制止,其相关规则的思路只是禁止或不鼓励政府使用那些对其他成员的贸易造成不利影响的补贴。SCM协议纪律主要由两部分构成:补贴的法律定义、补贴的法律分类及其法律后果。以下结合SCM协议纪律探讨生物燃料补贴的法律性质问题。

①生物燃料补贴是否属于SCM协议规制的"补贴"。

如前所述,生物燃料补贴不仅数额巨大,种类也繁多,因此这个问题不能一概而论,必须针对个案进行分析。

在WTO体系之内,认定"补贴"的主要法律依据为SCM协议第1条

---

❶ 余敏友:"美国等五国向WTO诉欧共体香蕉进口体制案",载《国际商报》2000年11月12日第5版;2000年11月19日;2000年1月19日第5版。

❷《农业协定》为减少出现有关农产品国内支持和补贴方面的争端和问题,避免成员之间单方面采取报复或反报复措施,特别在第13条规定了各成员的克制义务,即在某成员采取有关的国内支持措施时,其他成员应保持适当的克制,所以也被称为"和平条款"。该条款已于2003年12月31日终止。

"补贴的定义",该条款从主体、形式和效果三个方面对补贴进行了界定。根据该条款,补贴的构成要件包括以下三个。a. 主体为政府或公共机构,包括中央和地方政府,也包括政府委托或授权的私人机构。b. 形式上,政府提供了财政资助或任何形式的收入或价格支持。财政资助包括:政府直接提供资金(如赠款、贷款和资本注入)、潜在的资金或债务的直接转移(如政府为企业提供贷款担保)、政府应征税收的减免、政府提供除一般基础设施之外的货物或服务,或者购买货物。收入或价格支持则指以法律限定某一种产品的最低价格,或为维持物价实行物资储备制度。c. 效果是使产业或企业得到了利益。

从前两个构成要件上看,该定义涵盖性很强,几乎包含了政府及具有政府职能的公共机构的所有通常意义上的与补贴行为有关的所有政府行为。"补贴"主体实际上非常宽泛,并不一定是"政府"或"公共机构",即使是任意一种"筹资机构"或"私营机构",只要是替代政府履行了一定的属于政府职能的行为,也可能被视为"补贴"的主体。从形式上,则将"明的、暗的乃至转弯抹角的财政资助或投资,税收债务减免、价格控制……"❶尽皆收入网中。

结合上一节的描述,生物燃料补贴尽管花样繁多,以上两个构成要件仍然普遍满足。

对于第三个构成要件,SCM 协议未对"利益"作出明确定义,有学者认为"这种利益应该是受补贴方从某项政府补贴计划中取得了某些它从市场上不能取得的价值,往往表现为企业收入增多、成本减少或税金减免等"❷。另一些人则认为"实践中'利益'的具体确定",完全有赖于一国主管机构的分析判断。❸

总之,利益的衡量在事实上有一定的难度,SCM 协议第 14 条规定了利益计算的方法和应遵循的原则。在加拿大飞机措施案(Canada—Aircraft)❹ 中,专家组认为,为了确定财政资助是否给予了"利益",必须确定财政资助是否使接受者处于比没有资助时更有利益的地位,利益是一个相比较而言的概念,这个比较的基础是市场,只有财政资助的条件比接受者从市场上可以得到的条件优越,才可能给予"利益"。WTO 上诉机构审查加拿大诉美国对来自加拿大的软木材征收反补贴税一案(US—Softwood Lumber,以下简称美国软木案)

---

❶ 郭双焦:"WTO 架构下反补贴与竞争的关联与冲突",载《国际经贸探索》2007 年第 2 期。
❷ 曹建明、贺小勇:《世界贸易组织》,法律出版社 1999 年版,第 205 页。
❸ 郭双焦:"WTO 架构下反补贴与竞争的关联与冲突",载《国际经贸探索》2007 年第 2 期。
❹ WTO Appellate Body Report, Canada—Measures Affecting the Export of Civilian Aircraft, WTDS27AB/R, adopted 20 August 1999.

时承认，在普遍存在政府干预市场的情况下，准确地识别"利益"及其是否存在是非常复杂的事情。❶

在生物燃料市场，各种形态的政府干预广泛存在，供应、需求、价格都是在各种干预措施综合作用下形成的。因此，识别某项生物燃料补贴是否构成 SCM 协议意义上的"补贴"，首先面临着是否有可行的市场衡量基准的难题。

当然这个障碍也并非不可逾越，如美国软木案的专家组所采取的便是一种现实有效的解决方法，即以"当地市场标准"确定"利益"存在与否："SCM 协议第 16 条明确规定政府收取的费用是否充分应根据货物提供国（出口国）的市场情形而定"，"出口国的市场是在该国中实际存在的、财政资助的接受者实际面对的市场，反补贴税的调查当局只能使用货物供应国（出口国）存在的市场标准，没有别的选择"❷。换言之，这个"实际的出口国市场"是在政府干预下形成的，还是自由经济意义上的市场，不在考虑之列。

与此同时，依据 SCM 协议第 25 条，成员有每年向补贴与反补贴委员会通报其境内补贴措施的义务。若一成员认为其境内的支持措施，并非 SCM 协议中定义的"补贴"措施或该等补贴措施不具"专向性"，则实施该等措施的成员仍有通报补贴措施及解释的义务。然而，迄今为止仅有欧盟和美国就生物燃料补贴作出通知——这使得认定"补贴"的难度进一步加大。

总之，能否将生物燃料补贴切实纳入 SCM 协议的规制，可能比想象的要复杂。

②若生物燃料"补贴"的性质能够得到确认，其类型如何。

SCM 协议采取了用红、绿、黄色三种"交通灯"式分类法，把补贴分为禁止性补贴（"红灯"），不起诉补贴（"绿灯"）以及可诉补贴（"黄灯"）三种基本类型。

就禁止性补贴而言，通过巴西飞机案（Brazil—Aircraft，WT/DS46）、美国外销售公司案（US—FSC，WT/DS108）、加拿大飞机措施案（Canada—Aircraft，WT/DS70）、加拿大汽车案（Canada—Autos，WF/DS139，142）等案例，WTO 已建立起较为明确、完备的禁止性补贴纪律。❸ 目前的生物燃料补贴当中，明显属于两类禁止性补贴的似乎还没有看到。

---

❶ International Food & Agricultural Trade (IPC) and Renewable Energy and International Law (REIL), WTO Disciplines and Biofuels: Opportunities and Constraints in the creation of a Global Marketplace, 2006.

❷ International Food & Agricultural Policy Council (IPC) and Renewable Energy and International Law (REIL), WTO Disciplines and Biofuels: Opportunities and Constraints in the creation of a Global Marketplace, 2006.

❸ 蒋成华："WTO 的可诉补贴纪律——兼评巴西诉美国陆地棉补贴案"，载《国际贸易》2005 年第 8 期。

就不可诉补贴而言，由于 2000 年 WTO 成员在对不可诉补贴是否进行延长的问题上没能达成一致意见，在法律意义上不可诉补贴不复存在，其中具有专向性的原属"不可诉补贴"范围内的补贴措施已经归入了"可诉补贴"的范畴。

然而，值得注意的是，由于 SCM 协议中可诉补贴规则的复杂性，加之原"不可诉补贴"规则意识的根深蒂固，尤其是研发补贴、环保补贴等在社会经济生活中发挥着重大作用，各国在实践中仍然大力鼓励使用这些补贴，迄今为止也没有发生针对这些补贴使用不合理性的任何质疑或争端。因此有一种观点认为：SCM 协议中原有的"不可诉补贴"虽然在法律上已经不存在了，但在实践中却仍然发挥着不可诉补贴的功能。[1] "余间绕梁"的"不可诉补贴"，在生物燃料领域不在少数。

至于目前大量的生物燃料补贴是否有可诉补贴的性质，这是一个较为复杂的问题，本书将在下文专门加以探讨。

③生物燃料补贴"可诉与否"。

依照 SCM 协议可诉补贴的构成要件包括以下几种。

a. 满足补贴的构成要件：即政府或公共机构的财务支持；行业或企业取得了利益。b. 补贴具有专向性（specificity）。c. 与"出口实绩"或"国内含量"无关。

乌拉圭回合引入了"专向性补贴"的概念，被认为是多边贸易体制补贴与反补贴制度的重大发展。专向性补贴是指成员政府有选择或有差别地向某些企业、产业或地区提供的补贴。SCM 协议第 2 条为识别专向性补贴确定了以下原则。a. 当补贴授予当局确定或根据立法规定某项补贴只限于某些企业时，该项补贴即为专向性补贴，又称产业专向性补贴。b. 在指定的地理区域内只供当地企业使用的补贴，又称地区专向性补贴。c. 补贴授予当局或法律虽然确立了取得补贴的资格与金额的客观标准或条件，但即使严格遵守这些条件或标准却不能自动取得给予补贴的资格。d. 事实上存在的专向性补贴，如只有有限的某些企业使用补贴，大量的补贴不成比例地给予了某些企业，授予当局批准补贴时有任意裁量权。e. 禁止性的补贴应被认定为专向性补贴。

比照生物燃料补贴的情形大致看来，"政府的财政资助"非常明显；"利益"的证明虽有一定难度或障碍，但即使以"出口国市场标准"这一保守的标准衡量，各国生物燃料大多仍处在初期发展阶段，少了政府的资助甚至基本不具备存在或发展的"财务可行性"，因此接受补贴的生物燃料企业"处于比没有资助时更有利益的地位"十分突出；再者，补贴的受益者大致上就是

---

[1] 高翔："国家支持船舶工业发展的措施及其法律性质分析"，载《中国海事》2006 年第 11 期。

生物燃料这个产业,"形式上的专向性或法律上的专向性"也似乎普遍成立（尤以直接赋予生物燃料生产企业的补贴最为典型）。也就是说,三个构成要件兼而有之者为数不少,因而"疑似"可诉补贴者居多。当然要真正确立其性质,则需要结合个案具体分析作出判断。

一项具体的生物燃料补贴措施如被确立为可诉补贴,并不意味着其他成员可以当然地采取救济行动❶。为此,挑战"可诉补贴"的一方还必须证明该补贴措施对己方造成了"不利影响"。所谓"不利影响"是指三种情况:一是对另一成员的国内产业造成损害;二是使其他成员丧失或减损根据GATT 1994所获得的利益;三是严重侵害另一成员的利益。

目前,美国向生物燃料制造商提供补贴的B99项目已经受到来自欧盟的挑战。2008年4月,代表欧盟生物柴油生产商利益的欧洲生物柴油委员会就美国输欧生物柴油问题向欧盟委员会同时提起反倾销和反补贴两项申诉,指控美国的生物柴油补贴制度导致其对欧盟的出口量急剧增加（直接导致大约100万吨B99生物柴油涌入欧盟,其中大约10%的生物柴油由产自东南亚的棕榈油生产,然后在美国掺混,销往欧盟）,从而损害了欧盟生物柴油生产商的利益,阻碍了欧盟生物柴油产业的发展。欧盟委员会2008年6月决定,对美国出口到欧盟的生物柴油展开反倾销和反补贴两项调查。2009年3月12日,欧盟对此案作出肯定性初裁,2009年7月10日作出终裁决定,从即日起对欧盟决定对产地为美国的生物柴油征收每吨68.6~198欧元的反倾销税,以及每吨211.2~237欧元的反补贴税,为期5年。

(3) 生物燃料领域的上下游补贴与交叉补贴的问题。"上下游补贴"或者"交叉补贴"并非WTO框架下的概念,而是出自西方国家的立法（如美国反补贴税法有关于上游补贴的规定）及司法实践,不过在WTO争端解决实践中,已经反映出类似观念的渗透。

美国《1984年贸易与关税法》规定,构成"上游补贴"的条件有三个:①补贴给予用来在同一国家生产与制造最终产品乙的产品甲;②补贴造成竞争优势,产品乙的生产者购买产品甲的价格比其他购买者付的价格要低;③补贴对最终产品乙的价格有重大影响,因为政府通过原料供应者的补贴间接地补贴了最终产品生产者。

由此,进而衍生出"下游补贴"（由某产品的上游产品接受补贴而对某产品形成的补贴）及"交叉补贴"（由某产品的副产品接受补贴而对某产品形成的补贴,或由某副产品的主产品接受补贴而对某副产品形成的补贴）的概

---

❶ WTO允许的救济方式,一是通过世界贸易组织的争端解决程序经授权采取反措施,另一种是进口成员根据反补贴调查征收反补贴税。

念等。总之，这几类补贴有一个共同的特征，就是政府资助的接受者与利益的接受者分属相互关联（同在一个产业链或交叉产业链上）的两种产品生产者。

WTO 争端解决实践中，尚未明确出现上述提法，但已经清楚表明"WTO 法不要求资助的对象以及利益的获得者是一致的"[1]，实际上是把上述几种情形视为间接补贴来处理。如在美国软木案中，上诉机构阐明"财务资助与竞争利益尽管不是为同一企业甚至同一产业所接受，也有可能形成可诉补贴"，但是"不能简单地推断，下游产业成本削减能够带给上游产业投入成本减少的利益——必须就个案举出事实证明这种利益的存在"[2]。在美国对加拿大猪肉征收反补贴税案（US—Canadian Pork）中，加拿大政府对生猪生产商提供了补贴，加拿大猪肉加工商购买了接受过补贴的生猪。但美国没有证据证明加拿大的猪肉加工商使用的接受补贴的加拿大生猪价格低于从其他供应来源的生猪价格，因此专家组裁定加拿大猪肉加工商不是补贴的间接接受者。

在生物燃料的上下文中，间接补贴的问题应该是比较突出的。结合上文中对于生物燃料补贴的描述，生产环节以外的补贴，如果着眼于单个的每一个环节，"补贴"的成立还是有一定的难度，例如对于原料或间接投入的补贴，如果是广泛的支持计划的一部分，专向性不是很明确；对于分销环节的补贴，应适用服务贸易补贴纪律，而纪律本身比较模糊；对于消费补贴，典型的例子如欧盟成员国根据欧盟 2003 年生物燃料指令对生物燃料购买者的汽油税减免优惠（指令同时规定，减免以能够"抵销使用生物燃料比之使用汽油产生的额外费用"为限），这类补贴实际上整个经济都在使用，利益也较难判断。然而如果把对于原料或间接投入的补贴、分销环节的补贴、消费补贴等视为对于生物燃料产品的间接补贴，证明"利益""专向性"存在的可能性就大了很多。

（4）归属农产品的生物燃料的补贴性质问题。《农业协定》的补贴纪律相对于 SCM 协议宽松得多，成员不仅可以在削减承诺的前提下维持出口补贴，其余补贴也都不在绝对禁止之列，而是分为以下三类。①"绿箱"措施，是指由政府提供的、其费用不转嫁给消费者，且对生产者不具有价格支持作用的政府服务计划。其成员无须承担约束和削减义务，"绿箱"措施主要包括：一般农业服务支出，如农业科研、病虫害控制、培训、推广和咨询服务、检验服务、农产品市场促销服务、农业基础设施建设等；粮食安全储备补贴；

---

[1] International Food & Agricultural Policy Council (IPC) and Renewable Energy and International Law (REIL), WTO Disciplines and Biofuels: Opportunities and Constraints in the Creation of a Global Marketplace, 2006.

[2] International Food & Agricultural Policy Council (IPC) and Renewable Energy and International Law (REIL), WTO Disciplines and Biofuels: Opportunities and Constraints in the Creation of a Global Marketplace, 2006.

粮食援助补贴;与生产不挂钩的收入补贴;收入保险计划;自然灾害救济补贴;农业生产者退休或转业补贴;农业资源储备补贴;农业结构调整投资补贴;农业环境保护补贴;落后地区援助补贴等。②"黄箱"措施,是指政府对农产品的直接价格干预和补贴,成员必须承担约束和削减义务,包括对种子、肥料、灌溉等农业投入品的补贴,对农产品营销贷款的补贴等。③"蓝箱"措施,与农产品限产计划有关的补贴,成员不须承担削减义务,包括休耕补贴、控制牲畜量补贴等。❶

对于乙醇等列入农产品行列的生物燃料,同时受制于《农业协定》的补贴纪律。按照条文冲突时,《农业协定》优先的原则,依照SCM协议已经处于可诉补贴状态的科学研究补贴等,有可能凭借《农业协定》"绿箱"措施的规定而通行无阻。此外,有人认为给予利用休耕地种植生物燃料原料作物的补贴,也可能构成"蓝箱"措施。

总之,归属农产品的生物燃料补贴的性质,仍然是需要针对个案作出具体分析。值得关注的是,2007年,加拿大和巴西指称美国在过去8年时间内超过191亿美元($19.1 billion)的农业补贴限额,其中包括给予生物能源原料(玉米和大豆)的补贴。应其要求,WTO争端解决机构2007年年底设立专家组,调查美国的国内农业补贴做法是否违反贸易规则,其中对于乙醇的补贴也在审查之列,该案案号为DS357。同样具有生物燃料利益的WTO成员阿根廷、澳大利亚、智利、中国、欧盟、印度、日本、墨西哥、新西兰、尼加拉瓜、南非、中国台北、泰国、土耳其、乌拉圭悉数保留作为第三方参加争端解决程序的权利。这是WTO第一次受理有关生物燃料补贴的争端,本有助于澄清WTO纪律在生物燃料领域的运用,但本案目前已搁置。

(四)生物燃料标准、技术规章与WTO纪律

1. 生物燃料技术措施概述

在生物燃料跨境贸易中,形形色色的标准发挥着越来越强大的影响力。这些标准与规章名目繁多,大致可分为以下三种类型。

(1)动植物检疫措施。由于生物燃料原料的生物性能,生物燃料、其原料以及相关的运输工具在跨境时经常需要面对动植物检验检疫(SPS)措施及相关技术规章,如一些国家对于残留农药的限制规定等。这类措施的目的本是针对食品与酒类安全,对于燃料似乎并无必要,但是海关要么无法判断产品最终用途,只能一概例行检查;要么因为规定本身没有依用途对商品作出区分,因而只能照章办事。生物燃料产品(往往是来自发展中国家的产品)有时会因不达标而被拒绝入境。

---

❶ 薛荣久:《世界贸易组织教程》,对外经济贸易大学出版社2003年版,第199~200页。

(2) 关于产品性能的技术规章。在 WTO 语境下，技术规章通常指 SPS 措施以外的强制性要求。对生物燃料而言，主要包括对于最终产品的化学及物理性能的要求、生物燃料与传统燃油掺混的限制，以及对于生物燃料或其原料生产加工方法的规定。各国大都确立有这样的规范，目的是为了确保燃料的使用安全，以及燃油引擎不被损害。

跨境贸易实践中，针对性能的技术规章对于乙醇产品的影响相对较小，因为乙醇是简化合物。但对于化学成分与物理性能复杂的生物柴油而言，不同的原料及制造工艺对于生物柴油性能有着直接影响，因此不同的标准与技术规章往往成为潜在的贸易壁垒。例如在欧盟市场上，依照欧盟的生物柴油性能标准与规章，欧盟国家可以出产最多的以油菜籽为原料的生物柴油，但来自其他国家的以大豆、棕榈树为原料的生物柴油将被限制使用。

(3) 可持续标准与规章。伴随生物燃料是非之争的日渐升温，可持续标准与规章正在源源不断地涌现。这类标准与规章旨在衡量与控制某种生物燃料在其生产过程（甚至在其整个生命周期）中对经济、社会和环境可持续性的影响，如生物燃料对于减缓气候变化和促进农村发展的影响，开发生物燃料与保护土地和劳工权利的关系，生物燃料对于生物多样性、土壤污染、水资源以及粮食安全的影响等。这当中主要包括以下几个方面。

①民间机构制定的标准，即由非政府力量，如制造商、消费者、行业协会、国际国内非政府机构制订的指导性、自愿性标准，如美国 ITAP（农业与贸易政策研究所）的《可持续生物质生产原则与实践》，以及可持续生物燃料圆桌会议正致力于推动的《可持续性的生物燃料的国际标准》❶。这类标准往往与一些生态认证、标识相联系，其对于贸易的影响力或大或小，视参与制定者的市场份额、标准的复杂性、业界的认同度以及政府的重视程度而定。

②政府制定的自愿性标准，即政府牵头制定的起指导作用的标准，通常被视为强制性措施出台的前奏。目前还没有已经实施的例子，但荷兰以及欧洲其他一些国家声称出于保证"发展生物燃料不能破坏环境或者释放出更多的温室气体"的考虑，已经着手这项工作。

③与税收减免及补贴相关的标准及规范。例如政府强制性规定，达到特定标准，方能享受政府补贴。如 2004 年年底，作为国家生物柴油计划的一部分，巴西发布第 5297 号和第 5298 号法令，启动"巴西社会燃料封印"(Brazil's Social Fuel Seal) 认证，主要考核生物柴油原料生产过程的社会效应

---

❶ 可持续生物燃料圆桌会议指导委员会 2008 年 8 月 13 日宣布，一份有关如何定义和衡量具有可持续性的生物燃料的国际标准草案已经出台。可持续生物燃料圆桌会议是一个旨在汇集各方力量确保生物燃料的可持续发展的国际倡议。圆桌会议指导委员会成员包括来自联合国环境规划署、瑞士洛桑联邦理工学院、世界经济论坛、世界自然基金会等各方的代表。

及对农村生态潜力的影响，规定巴西北部及东北部地区以蓖麻油和棕榈油为原料的生物柴油生产商（限巴西生产商）获得认证者100%免除柴油税，未获认证则只能免除67%的柴油税。

又如，2007年3月，瑞士政府修改矿物油税，将给予生物燃料的税赋优惠与一项基于各种环境与生态指标的标准体系联系起来。该标准体系设定的指标非常严格，要求生物燃料燃烧时的温室气体排放量只能等同于同等容量汽油的40%，生物燃料在生产和使用过程中对环境造成的负担不得高于同等容量汽油的25%，且不能对雨林和生物多样性造成威胁。

2008年4月15日起生效的英国《可再生运输燃料义务法》规定，在英国使用的生物燃料，只有实现碳排放量远远低于现有的化石燃料，才能获得政府的补贴。

④与国内政策目标相联系的规章。最常见的是各国近年来为减少温室气体排放争相颁布的生物燃料与传统燃料的强制掺混要求。具体情况如表5-9所示。另外，欧盟拟将生物燃料可持续标准写进未来欧盟促进可再生能源发展指令和燃料质量指令之中，以在欧盟国家推行"为生物燃料的可持续发展建立的'核心准则'"。

表5-9 部分国家的掺混措施

国家	措施
巴西	无水乙醇与汽油强制性混合比例为20%~25%；2008年7月生物柴油与柴油的最低混合比例为3%，2010年年底要达到5%
美国	2008年达到90亿加仑，2022年提高到360亿加仑（M），其中210亿加仑为先进生物燃料（160亿加仑来自纤维素生物燃料）
欧盟	2020年达到10%
英国	2010年生物燃料比例达5%（M），2021年达10%
德国	2010年达到6.75%，2015年提高到8%，2020年达10%
法国	2008年达到5.75%，2010年达7%，2015年达10%，2020年达10%
加拿大	2010年汽油可再生能源含量要达到5%；2012年柴油可再生能源含量要达到2%
南非	2006年达到8%
日本	2010年，生物燃料转换成原油为500000千升
中国	至2020年，交通运输能源需求的15%利用生物燃料

资料来源：联合国粮农组织。❶

---

❶ FAO, Food and Agriculture Report 2008 – Biofuels: Prospects, Risks and Opportunities, http://www.fao.org/sofsofaindex_ en.html, last visit on November 23, 2012.

2. 对生物燃料技术措施的法律分析

五花八门的生物燃料标准纷至沓来，已经是"乱花渐欲迷人眼"。其对贸易的影响亦是众说纷纭，在发达国家积极倡导与推动生物燃料标准（重点是可持续标准）制定的同时，一些发展中国家（巴西、马来西亚）担心缺乏广泛参与而拟就的标准可能成为贸易限制手段，即技术性贸易壁垒（technical barrier to trade）。❶

技术性贸易壁垒一直是 WTO/GATT 多边贸易体制近 30 年力图解决的难题，被认为是最难把握与监控的非关税壁垒。其难点在于：相关的规则既要认可各国技术标准存在的合理性和必要性，同时又防止技术标准的制定与实施不对国际贸易构成不必要的障碍。

WTO 现行框架下，与标准相关的纪律主要由以下几部分组成。

（1）WTO 序言中关于"可持续发展，合理地利用世界资源，保护环境"宗旨的表述。

（2）GATT 第 1 条（最惠国待遇原则）、第 3 条（国内税与规章的国民待遇原则）第 11 条（禁止数量限制，包括以税、关税及其他费用以外的方式施行的禁止与限制）和第 20 条（一般例外条款）。（3）TBT 协议。（4）SPS 协议。

根据 WTO 现行的有关标准的纪律，WTO 成员可以自主采取技术措施并对进口产品适用这些措施，以追求自己合理的目标，但是这些技术性规范在制定、实施过程中必须遵守有关的纪律，不得超出必要的限度，且不能对国际贸易构成不合理的障碍。目前而言，就生物燃料方面的标准及技术规章，主要有以下法律问题值得探讨。

（1）上述 WTO 纪律的具体适用问题。生物燃料产业无疑是一个标准与技术规章密集的部门，因此厘清 WTO 相关纪律的具体适用问题，即某项措施受制于哪些具体规范的问题显得格外重要。

①GATT 与 TBT 协议以及 SPS 协议在具体适用中的相互关系问题。有学者认为，SPS 协议是对 GATT 第 20 条第（b）款所包括的一般例外的解释，因而构成一项积极抗辩；而 TBT 协议则只是对 GATT 第 3 条等义务的进一步诠释，其规范无一实质性地超出 GATT 已经明确规定的义务内容。❷

从 WTO 条文来看，《建立世界贸易组织协定》附件一（1）的解释性注释"当 GATT 1994 的某一规定与建立世界贸易组织协定之附件一（1）中另一协定的某一规定发生冲突时，该另一协定之规定应在冲突的范围内优先"。

---

❶ 尚军、刘秀荣：《生物燃料"燃"起利益纷争》，载新华网 2007 年 7 月 7 日，http://www.xinhuanet.com/，访问日期：2011 年 7 月 7 日。

❷ 肖冰：《〈TBT 协议〉与〈SPS 协议〉间关系之辨析》，载《国际经济法论丛》2002 年第 6 卷。

实际上是明确了 GATT 作为货物贸易基本法与 TBT 协议、SPS 协议等货物贸易单行法之间的关系——相当于一般法与特别法之间的关系，其在适用中的效力顺序也非常清楚，即特别法优于一般法。

②两个特别法 TBT 协议、SPS 协议在适用范围上是否有所重叠的问题，即同一项措施，有没有可能既适用 SPS 协议规范，又适用于 TBT 协议？

应该说，这个问题无论在理论上还是实践中都没有明确的答案。但对于生物燃料而言，又是一个迫切需要解决的现实法律问题，因为某些围绕生物燃料及生物燃料原料设定的与环境、健康以及安全有关的标准及规范，很可能既针对 SPS 协议附件 A 第 1 罗列的常见于食品与农产品贸易中的"（a）受虫害、病害、带病有机体或致病有机体的传入、定居或传播所产生的风险；（b）添加剂、污染物、毒物或致病有机体所产生的风险；（c）动物、植物或动植物产品携带的病害，或虫害的传入、定居或传播所产生的风险；或（d）因虫害的传入、定居或传播所产生的其他损害"，又同时针对上述风险以外的政策目标。例如，针对生物燃料添加剂等作出的一些技术规定，可能既是出于上述风险的考虑，亦是出于保证产品性能方面的考虑，因而有可能既是一项 SPS 措施，又不仅仅只是一项 SPS 措施。

事实上，TBT 协议与 SPS 协议在很多方面是一致的，两个协议都被视为是根据 GATT 第 20 条第（b）款授权采取的"为保护人类、动植物的生命或健康所必需"的措施的延伸，且在法律框架和法律原则上一脉相承，[1] 只是 SPS 协议适用范围狭窄（只调整针对所列举的四种风险的各种技术措施），而 TBT 协议的适用范围广泛（适用于"政府采购的技术规格"以及 SPS 措施以外针对所有产品，包括工业产品和农产品所采取的一切技术性措施）而已。SPS 协议调整的措施其实也可以被看作是被 SPS 协议"特定化"了的 TBT 措施，两者之间的界限绝大多数时候还是较为清晰的，但有时也难免模糊。

一般情形下，如果能够明确一项措施属于 SPS 措施，似不再由 TBT 协议调整。但实践中的问题则在于，同为技术措施，尤其是针对生物燃料这种兼有多重身份与属性的产品的技术措施，有时可能很难截然区分其到底属于 SPS 措施范畴，还是非 SPS 措施范畴的，抑或是两者兼而有之。是不是一项可以认定为 SPS 的措施，就当然地排除了其非 SPS 性质，因而不再与 TBT 协议有任何干系？

之所以提出这个问题，是因为 SPS 协议与 TBT 协议除了相似之外，所设定的贸易纪律实际上也有着很大的区别。SPS 协议的所有内容都紧紧围绕 GATT 第 20 条第（b）款，对作为例外的"保护人类及动植物的生命或健康"

---

[1] 肖冰：《TBT 协议》与《SPS 协议》间关系之辨析"，载《国际经济法论丛》2002 年第 6 卷。

措施的动机和它的"必需"性加以诠释。由此，凡符合了该协议各项规定的 SPS 措施即可被视为满足了"例外"所要求的条件，得以豁免 GATT 的相关义务。TBT 协议则不然，虽然在字面意义上，TBT 措施也可归于 GATT 第 20 条所列的若干例外事项，但该协议本身并没有从解释例外的角度出发，更没有具体规定构成例外的标准与条件，而是直接地、更为具体地重申了 GATT 的基本义务。除此之外，两者间在具体规定上也有显著差异，如 TBT 协议规定技术措施原则上应以国际标准为依据，而 SPS 协议则仅要求一项 SPS 措施应"基于科学证据，并且进行风险评估"，事实上较 TBT 协议的规定宽松。因为一些采取比国际标准、指南或建议的保护水平更高的标准和实施方式的成员据此在"科学理由"上做文章，而就"科学"与"不科学"而论，实施高水平保护标准的成员要找到其"科学"依据并非困难的事情。另外，如果当按目前的科学信息尚不足以采取永久性措施时，SPS 协议还对采取临时措施作出专门的规定，"这使得 SPS 协议成为 WTO 中为数不多的奉行防范原则的协议之一"❶。

2003 年美国、加拿大和阿根廷诉欧盟影响生物技术产品的批准与销售的措施一案❷（EC—Approval and Marketing of Biotech Poducts，简称转基因案）中，其实已经涉及这个问题。原告的磋商请求就指称欧盟法规（包括指令 2001/18 和条例 258/97）所规定的审批程序同时违反了 SPS 协议第 2.5.7.8 条、附件 B 和 C；TBT 协议第 2.5 条。而专家组给出了"含混但更多是肯定的答案：同一项技术规范以不同的角度衡量可能是 TBT 措施，也可是 SPS 措施"❸。

就生物燃料的情形而言，这样似是而非的状态可能并不鲜见，"横看成岭侧成峰"，针对其制定的标准及技术措施的着眼点带有双重考虑也在情理之中，甚至是在所难免的。SPS 协议与 TBT 协议的同时适用也很可能成为一种趋势——毕竟在标准及技术措施层出不穷的生物燃料领域，更加严格的纪律有助于相关措施的规范，从而使得其"对于贸易的扭曲"真正减至最小。

（2）可持续标准在 WTO 框架下的法律性质问题。

生物燃料的环境可持续性，这个在生物燃料蓬勃兴起的过程中似乎一度被忽略或者说是被冷落的话题，已经再次成为国际社会关注的焦点，并且引

---

❶ 联合国环境规划署编著：《环境与贸易手册》，国冬梅译，学苑出版社 2002 年版，第 34 页。

❷ WTO Panel Report, European Communities—Measures Affecting the Approval and Marketing of Biotech Products, WT/DS291/R, WT/DS292/R, WT/DS293/R, 2006, adopted 21 November 2006.

❸ International Food & Agricultural Policy Council (IPC) and Renewable Energy and International Law (REIL), WTO Disciplines and Biofuels: Opportunities and Constraints in the Creation of a Global Marketplace, 2006.

起了各相关利益方（环境保护者、生产商、消费者、政策制定者）的极大反响。从逻辑上说，"可持续性"本就是生物燃料兴起与发展的基本理由，生物燃料回到"可持续性"的轨道上是理所当然的选择——否则发展生物燃料以替代不具有"可持续性"的化石燃料就失去了本来的意义。

伴随着这样一种认识的加深，各种保证或促进生物燃料"可持续性"的可持续标准、认证体系以及技术措施一时之间大量涌现，对于现行WTO规则提出新的挑战。

自乌拉圭回合起WTO已经认识到可持续发展的重大意义及其可能阻碍贸易发展的一面。WTO协定开宗明义，在序言中强调"应依照可持续发展的目标，考虑对世界资源的最佳使用，寻求既保护和维护环境，又以与它们各自在不同经济发展水平的需要和关注相一致的方式，加强为此采取的措施"。比之GATT序言中的"应以实现世界资源的充分利用为目的"表述，体现了多边贸易体制指导理念的提升，即开始将发展、资源、环境作为一个有机整体来看待。从法律意义上看，则从总体上确立了可持续标准等环境措施在WTO框架下存在的法律基础及其限制原则（要求这些措施与经济发展水平产生的需要和关注保持一致）。

WTO通过GATT的相关规定、TBT协议、SPS协议规则具体延伸和细化了上述法律原则，主要围绕着两个方面的内容展开：一是肯定各国自主制定及实施环境措施的权利；二是力图将措施控制在适当的状态，不妨碍世界自由贸易体制的正常运行。

换言之，WTO体系已经就可持续标准等环境措施搭建起一个初步的框架，但是能否通过具体的规则实现其在保护环境以及维护国际贸易正常运作间达到平衡的目标，或许还有很长的路要走。

将生物燃料可持续标准放到现行规则下考量，则不同类型的标准及技术措施之间在法律性质上存在着较大的差异。

①依据技术措施的效力，法律性质有所不同。在TBT协议中，技术法规与标准是两个相互关联但性质又截然不同的概念。按照TBT协议附件一"本协定的术语及其定义"，技术法规是指"规定强制执行的产品特性或其相关工艺和生产方法、包括适用的管理规定在内的文件。该文件还可包括或专门关于适用于产品、工艺或生产方法的专门术语、符号、包装、标志或标签要求"。而标准则是"经公认机构批准的、规定非强制执行的、供通用或重复使用的产品或相关工艺和生产方法的规则、指南或特性的文件。该文件还可包括或专门关于适用于产品、工艺或生产方法的专门术语、符号、包装、标志或标签要求。"两者同样都是针对某种产品的特性、某种生产过程或生产方法提出的要求，包括术语、符号、包装、标志或标签要求等，但两者之间实质

性的区别在于，技术法规具有法律的强制执行力，而标准则是由生产厂商或贸易商自愿采纳。

因此，在 TBT 协议下，民间的标准、政府牵头制定的指导性标准都属于"标准"范畴，而与税收减免及补贴相关的标准及规范、与国内政策目标相联系的规章（例如掺混标准）则属于"技术法规"范畴，分别受制于不同的规范。

②依据制定的主体，法律性质亦有所不同。"标准"在 TBT 协议中被进一步分为中央政府标准与地方政府标准、非政府机构标准。所适用的纪律则依其性质而宽严有别。其中中央政府标准的制定、采用和实施应当遵循 TBT 协议附件 3 中的《关于制定、采用和实施标准的良好行为规范》（以下简称《良好行为规范》）的规定，对于地方政府标准的"制定、采用和实施"的要求，则与下文述及的非政府机构相当。

典型的 WTO 义务关注的是政府行为而不直接涉及企业或个体的行为，包括民间机构、非政府组织的行为。但在标准这一领域，民间机构已经并且正在发挥着对于贸易的影响力——WTO 已经意识到这股力量不容小视，并且试图以与自身性质相适应的方式对之施加影响。例如，一方面开放上述的《良好行为规范》，供非政府标准机构接受，另一方面，要求政府保证相关规定的效果及于其境内的机构。"应采取其所能采取的合理措施，保证其领土内的地方政府和非政府标准化机构，以及它们参加的或其领土内一个或多个机构参加的区域标准化组织接受并遵守该《良好行为规范》。此外，成员不得采取直接或间接要求或鼓励此类标准化机构以与《良好行为规范》不一致的方式行事的措施。各成员关于标准化机构遵守《良好行为规范》规定的义务应予履行，无论一标准化组织是否已接受《良好行为规范》。"实则是对民间机构间接进行强制性的管理。

关于政府强制性的技术法规，也分为中央政府与地方政府两个层次，分别适用 TBT 协议第 2 条与第 3 条的规定，两者之间最主要的差别是在通知义务。

③依据内容的不同，法律性质的差异则更大。细究起来，即便是同一层级的机构（同为中央政府或地方政府）制定的标准或性质也不能一概而论。目前出现的可持续标准，主要针对以下三个层面的要求：对于生物燃料进口国环境的影响；在生物燃料生产环节中生命周期中的碳排放；对生产国可持续农业的影响。❶

---

❶ WWF, Sustainability Standards for Bioenergy, 2006, avaiable at http：//www.wwf.de/fileadmin/fm－wwf/pdf_ neu/Sustainability_ Standards_ for_ Bioenergy.pdf, last visit on Sept. 3, 2013.

TBT 协议中，明确把技术法规和标准所包含的内容分为"产品特征"与"生产过程和生产方法"两个方面。其中，管辖产品特征、对于产品本身加以技术性规定，显然是符合 GATT/WTO 关于货物贸易的总体原则的，而将生产过程和生产方法纳入技术法规和标准的管辖范围，实际上是扩大了多边贸易体制的管辖权。

生产过程和生产方法，又有与产品性能有关的 PPMs（product-related PPMs，PR-PPMs）以及与产品性能无关的 PPMs（non-product-related PPMs，NPR-PPMs）之分。东京回合所达成的《技术贸易壁垒守则》就明确将"生产进程和生产方法"标准排除在外，作为继承发展东京回合《技术贸易壁垒守则》的修正本，TBT 协议 2.8 条规定"凡适用时，各成员须尽可能按产品的性能要求，而不是按设计或描述特性来规范技术法规"。按照这一条款，TBT 协议所规定的 PPMs 仅限于 PR-PPMs，TBT 协议并没有特别提到 NPR-PPMs。SPS 协议中也采用了 PR-PPMs 标准，规定 SPS 措施应以风险评估为依据，即以这些措施所针对对象对人类及动植物的生命或健康的风险评估为基础，也就是 PPMS 标准影响到了产品本身的性能，造成对进口国的危害，方能采取措施限制进口。[1]

实际上无论是 TBT 协议，还是 SPS 协议，都要求与产品性能有关，即都只针对产品，以及与产品相关的生产过程。因此，当技术措施延伸到与产品无关的生产方法，以及与产品无关的生态影响时，似乎已经超出了 TBT 协议或 SPS 协议的适用范围，至于这些措施，是否适用 TBT 协议或 SPS 协议，目前存在争议，尚无明确答案。

从严格的法律意义上看，这些措施已经不是 TBT 协议意义上的技术法规，或者 SPS 协议意义上的检验检疫措施。其法律性质只是属于一般的国内规章，也就是 GATT 第 3 条范畴的一般规章，应由 GATT 条款来调整，主要是 GATT 第 1 条（最惠国待遇原则）、第 3 条（国民待遇原则）、第 11 条（数量限制与许可证）、第 20 条（一般例外）。从条文本身，以及前述 WTO 司法实践对于"相似产品"的认定中，几乎没有考虑与产品无关的生产工艺的先例来看，这类可持续标准极易构成"法律上的歧视"。诚然，GATT 第 20 条规定了人类健康和安全作为自由贸易的例外，某一项可持续措施能否成功援引第 20 条例外的规定，需要通过个案的分析方能得出结论，总体上难度较大。

---

[1] 那力、李海英："WTO 框架中的 PPMs 问题"，载《法学论坛》2002 年第 4 期。

小 结

多哈回合当中已经在开展之中的能源贸易谈判，揭开了多边贸易体制能源贸易规则新一轮构建的帷幕。根据多哈回合的谈判授权，能源贸易并非专门的谈判议题，因此是分散在服务业、非农产品市场准入、反补贴与反倾销议题、贸易与环境等议题谈判中分散进行的，大致上沿着传统能源贸易事项、能源服务贸易、可再生能源贸易（主要是生物燃料贸易）三条主线展开。其中服务贸易谈判与生物燃料贸易谈判最为令人瞩目，尤其前者已经取得一些实质性的进展，传统能源贸易事项谈判依然踏步不前。

能源服务贸易在近 20 年间逐渐进入国际贸易法的视野。随着世界范围内能源市场框架变革向纵深发展，能源产业链上涌现出油气田服务、独立发电商相关服务、能源中介服务、运输与管网服务、合同能源管理、减排队交易等新兴服务部门。多哈回合一启动，相关国家推动能源贸易谈判的活动随即开始，迄今为止的谈判中涉及能源服务的界定与分类、能源技术中立与来源中立、国内规制权与参考文件、发展中国家的参与等焦点事项。

生物燃料贸易正在世界范围内蓬勃兴起并备受争议。各国生物燃料政策措施呈现出高度支持和保护的特征，从 WTO 纪律的角度审视其合法性，或是从生物燃料贸易发展的角度重新审视 WTO 规则的完备性已经十分必要，因为 WTO 纪律决定着各国生物燃料贸易政策的空间。现行 WTO 纪律适用于这一新兴领域时，面临一系列新问题，如生物燃料在 WTO 法中的地位问题、相似产品问题、生物燃料补贴问题、可持续标准的性质问题等，这些值得认真探讨的法律问题已经或正在成为多哈回合生物燃料贸易谈判中的焦点事项。

第六章 WTO 对可再生能源贸易的规制实践

第一节 WTO 视野中的可再生能源支持政策

一、方兴未艾的可再生能源及其支持政策工具

进入新世纪以来,可再生能源蓬勃兴起并加快发展。数据显示,2012 年,可再生能源消费占全球终端能源消费的比重达到 19%。其中,传统生物质能源占比 9%,现代可再生能源占比 10%。在最终用户能源利用总量中,来自可再生能源的热能利用约占 4.2%,水能约占 3.8%,风电、太阳能发电、地热能发电、生物质发电以及其他生物燃料约占 2%。❶ IEA 世界能源展望(2012)预测到 2025 年可再生能源发电在全球发电市场占比将达到 31%;到 2035 年,可再生能源将占据全球发电能力增长的近一半。其中,以风能和太阳能光伏为主的间歇式供电占比 45%。而中国将是可再生能源发电绝对量增幅最大的国家,其发电量将超过欧盟、美国和日本增长的总和。

可再生能源强劲增长的背后是各国政策工具的强力助推。截至 2014 年年初,全球已有 138 个国家制定或出台可再生能源政策,其中发展中国家和新兴经济体的比重就超过 2/3。❷ 各国之所以不约而同地重视可再生能源发展,并将之提升到国家战略规划层面。主要出于以下三个方面的目的。(1) 应对气候变化与加强环境保护。由于《京都议定书》为发达国家设定了温室气体减排的目标和时间表,以欧盟国家为代表的大多数国家,纷纷通过关于可再生能源发展的专门的立法,来促进可再生能源的发展。如 2000 年 4 月,德国通过了世界上第一部真正意义上的《可再生能源法案》。先进发达国家的制度示范效应使得未承担硬性减排义务的发展中国家也随后跟进。(2) 加强国家

---

❶ REN 21,Renewables 2014 Global Status Report,p. 13.
❷ REN 21,Renewables 2014 Global Status Report,p. 75.

的能源供应安全保障。作为传统能源的替代品，可再生能源的持续发展有助于国家调整能源供应结构，减少对传统能源特别是进口化石能源的依赖，实现能源独立以及摆脱化石能源日趋枯竭的阴影。（3）培育新的经济增长点。作为新兴产业的代表以及绿色经济的载体，可再生能源产业的大力发展不仅符合可持续发展的正确方向，也势必会对提振经济与促进就业作出贡献。

各国在制定与出台可再生能源政策的过程中，无不力求使上述环境保护、能源安全以及产业发展三个目标得到并行不悖的体现。在具体设计上，当前形形色色的政策工具主要围绕技术、资金、市场等核心竞争要素向可再生能源及其电力产品倾斜，以调动各方投资和应用可再生能源的积极性，其所起到的直接作用是在当前可再生能源技术不成熟、投资风险大、成本高居不下、消费者对其认识不足，因而尚不具备与传统能源直接竞争能力的情况下，用政府这支"看得见的手"纠正"市场失灵"，帮助各类可再生能源技术走向成熟，以及在终端能源消费市场上争取到显著份额并不断发展。

按照影响效果来看，可再生能源支持政策主要分为技术促进政策措施与需求拉动政策措施两大类型，前者侧重于支持可再生能源技术的研发与产业化，适用于可再生能源技术创新阶段，后者则通过为可再生能源创造与扩大市场空间来推动其加速发展，适用于可再生能源技术趋于成熟阶段以及成熟阶段。[1] 实践当中，由于可再生能源形态多元化，太阳能、风能、生物质能、地热能、水能和海洋能处于不同的发展阶段，并且即便是同一形态的可再生能源，技术也在不断更新换代，导致不同发展阶段交错并存，如第一代生物质能已经进入成熟阶段，而第二代生物质能却还处在创新阶段。因此各国往往组合使用上述两种类型的政策工具，使得各类政策措施彼此呼应，互为补充。

（一）技术促进政策措施

这类政策措施旨在刺激企业在可再生能源技术创新阶段加大早期投入力度。常见的政策工具主要是一些传统的财税政策，包括对可再生能源技术研究与发展提供财政资助、贷款保证、融资支持、税收优惠、加速折旧、示范项目资助等。例如美国《2009 年美国复苏和再投资法》授权美国联邦政府专门设立可再生能源基金，对 2009 年、2010 年投运的或者 2009 年、2010 年开始安装且在联邦政府规定的税务减免截止日之前投运的可再生能源利用项目的设备投资给予一定额度的补助，对符合条件的用于可再生能源设备的制造和研发、设备的安装、设备重置及产能扩大项目，都可按照设备费用的 30%

---

[1] Joseph Schiavo（IDDRI），China, the WTO, and the race for renewable energy, February 2011, available at www.iddri.org/Publications/Collections/Analyses/, last visit on June 22, 2014.

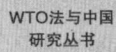

给予投资税抵免；澳大利亚提供 340 万美元以支持太阳能光伏研发项目；日本提供 1900 万美元设立项目以促进对地热能开发技术的研发；欧盟在 2007～2009 年，通过欧盟层面的政策性银行欧洲投资银行以及欧盟研发框架计划等向可再生领域注入了超过 100 亿欧元的投资。

（二）需求拉动政策措施

这类政策措施主要是在可再生能源技术趋于成熟或已经成熟的阶段推动其后续发展，为可再生能源及相关产品或服务建立稳定的市场，或保障其在能源市场上的竞争力，从而减少可再生能源投资风险，增强可再生能源投资与生产信心。这一类的政策工具在世界范围内呈现出多样性的特点，彰示了各国以制度创新促进可再生能源发展的卓越努力，以下是其中一些代表性的政策工具。

（1）固定电价上网制度（Feed-in-Tariff）与固定电价溢价制度（Feed-in-Premium）。前者是各国政府以长期合同安排保障可再生能源电力的电网准入权以及售电价格，首创于德国，在欧盟国家中普遍推行，近年来更因为 WTO 受理的两起争端引起广泛关注，目前全球约有 75 个国家或地区实施固定电价上网（以下简称 FIT）计划。后者为 FIT 制度的变形，即政府通过长期合同固定可再生能源电力价格高出市场价格的溢价部分，使得政府扶持与市场的动态竞争联系起来。

（2）可再生能源配额制（Renewable Portfolio Standard，RPS）与绿色证书交易。可再生能源配额制是指用法律的形式强制性规定发电方的可再生能源电力比例。因为 RPS 存在着强制性，"可再生能源证书"（Renewable Energy Credits，REC）市场也由此应运而生，没有完成义务的发电商可以向超额完成义务的公司购买绿色证书，而可再生能源发电商既可销售电力获得收入，亦可通过出售绿色证书获得额外收入。截至 2012 年底，全球有超过 22 个国家在全国范围内实施了统一的配额制，此外还有 54 个州（省）实施区域内配额制。如美国、英国、意大利以及日本等国是实施可再生能源配额制的典型国家。

（3）净计量电价政策（Net Metering）。电力用户端如安装有小型可再生能源发电设施，如风能、太阳能光伏、家用燃料电池等，可以根据向电网输送的电量，从自己的电费账单上扣除一部分，即仅计算用户净消费电量。目前有 37 个国家实施净计量电价制度，其中包括加拿大、美国、丹麦、英国和意大利等发达国家，以及巴西、智利等新兴市场国家。

（4）绿色电力价格制度（Green Power）。政府制定可再生能源产品的价格，包括可再生能源电能、热能以及交通运输燃料等，由消费者按照规定价格自愿认购。除消费者个人和企业自愿绿色购买之外，一些国家政府同样要求公用事业或电力供应商强制使用绿色电源产品,以支持、促进本国可再生能源大规模应用的快速发展。美国、德国、意大利以及荷兰等国目前已推出各自的绿色电力价格制度。[1]

二、可再生能源政策工具的发展动向

从世界范围来看,主要经济体都已完成了可再生能源政策布局,发达国家先行一步,建立起完备的政策体系,新兴经济体及其他发展中国家也快速跟进,学习借鉴推广发达国家的有效经验,推陈出新。以欧盟与美国这两个风向标为例,国家层面可再生能源政策工具近期表现出以下三个发展动向。

(1)强调顶层设计,力求从国家战略高度层面建立完整的可再生能源政策有机体系。可再生能源产业虽由全球性环境问题催生,其本质上却是"能源革命",关乎未来国家竞争力之争。欧美等国因而视之为战略性新兴产业,从一开始就高度重视。欧盟、美国都是在坚定不移地发展可再生能源的战略思想指导下,以约束性的法律和指标规定框定发展目标,同时围绕发展目标出台各种配套政策并结合与可再生能源发展密切相关的技术、经济及政治领域的最新成果进行适时更新与调整,力求建成一套完整的政策体系,使得技术促进政策措施与需求拉动措施相互配合、彼此呼应;同时注重中央层面与地方层面政策措施的相互衔接。

在美国,《1978年公用事业管制政策法》《1979年能源税法》《1990年清洁空气法修正案》《1992年能源政策法》《2005年能源政策法》《2007年联邦能源独立与安全法》《2009年美国复苏和再投资法》《2009年美国清洁能源与安全法》相辅相成,多角度多方面运用各种政策措施及其组合促进可再生能源发展,已经构建了一套完整的可再生能源政策体系框架。同时美国联邦政府的政策与地方政府的政策也互相补充,互为一体,联邦政策侧重于全局性的、有共性的一些内容;地方政策则充分考虑当地的资源禀赋和经济发展水平,具有一定的灵活性和较强的针对性。

而欧盟方面,以《1997年可再生能源白皮书》为起点,陆续发布了《2001年促进可再生能源发电的指令》(2001/77/EC)、《2003年促进生物燃料发展的指令》(2003/30/EC)、《2003年关于能源税收的指令》(2003/96/EC)、《2007年关于能源和气候一揽子政策的决议》《2008年气候行动和可再生能源一揽子计划》《2009年可再生能源指令》《2014年环境保护与能源国家资助指南(2014~2020)》,构成了一套完整的可再生能源政策体系,不同时期颁布的法律法规环环相扣、相互补充,既保持了法规间的连贯性与承继性,

---

[1] 张盟、张斌:"浅析世界可再生能源政策及发展",载《中国能源报》2014年6月22日第5版。

又通过动态调整体现出灵活性与适应性。欧盟同时注重对28个成员国可再生能源立法活动的统筹、协调与监督，如要求各成国将欧盟指令转化为国内立法并以此为基础制定各国的《国家可再生能源行动计划》。欧盟从总体上建立了较为完善的可再生能源运行管理体系，为可再生能源参与能源市场竞争以及能源补贴政策、配额制和绿色证书交易制度的实施提供了平台，也为跨区域输送和消纳可再生能源提供了重要的基础条件。

（2）倚重市场化措施，财政支持力度放缓。从20世纪90年代可再生能源产业兴起至今，无论是欧盟还是美国，都曾以大力度的财税支持扶持可再生能源项目。但与此同时，欧盟与美国一直在不断探索、尝试引入市场机制。

欧洲推行的绿色证书市场，即在可再生能源配额制政策基础上通过市场手段促进了可再生能源发电商、开发商之间的竞争，形成"竞争性活力"。只有那些能成功降低成本、保持市场竞争优势的项目才可能生存与发展。逐利的本性促使开发商和投资商们优先选择效率最佳的资源进行开发，推动了资源潜力有效开发的过程，这是单独地、直接地给予可再生能源开发商投资补贴所无法做到的。❶

近期欧盟通过了《2014年环境保护与能源国家资助指南（2014~2020）》（2014年7月1日起正式生效），其核心就是逐步过渡到以市场化机制取代可再生能源补贴，包括自2006年开始，FIT制度将由体现市场波动的固定溢价上网（以下简称FIP）制度取代；在两年内引入竞争性招标程序来分配公共支持资源；自2017年起，所有欧盟成员国都将被限制对可再生能源产业进行补贴。可以预见，随着指南的落实以及可再生能源技术走向成熟，未来欧盟国家将更多地采取价格政策、竞争政策、金融政策等市场措施推进可再生能源的发展。

美国同样引入了可再生能源配额制与绿色证书交易市场，此外《2005年能源政策法》还创造性地提出利用金融工具促进可再生能源产业的发展，该法首次引入清洁可再生能源债券机制为公共领域的可再生能源项目募集资金，引入贷款担保机制为可再生能源技术的商业化提供资金支持。债券发行人只需支付本金，债券持有人可以根据联邦政府的规定享受税收抵免，调整后的税收抵免额度为联邦政府公布的传统债券利率的70%。如果抵免额度超过纳税义务，相应部分可以延期到下一个年度。主要的贷款担保项目有能效抵押贷款担保、能源部贷款担保、农业部美国农村能源贷款担保。❷

---

❶ 叶瑛莹、赵媛："江苏省风电发展的策略研究"，载《南京师大学报》（自然科学版）2005年第3期。

❷ 国务院发展研究中心课题组："美国支持可再生能源发展的政策体系及启示"，载《发展研究》2010年第4期。

（3）注重公众参与度，营造绿色文化。在进行可再生能源制度设计时，欧盟与美国都注重社会公众的参与，通过营造全民绿色文化氛围便利可再生能源政策切实发挥积极影响力，如净计量电价政策和绿色电力制度就是着眼于公众参与的政策措施。此外在美国，绝大部分可再生能源政策以及为政府决策服务的咨询意见和研究成果都向公众公开，每一个关心这个问题的公民都可以在报刊或者网上看到这些成果。而在欧盟方面，除了净计量电价政策和绿色电力制度，最新的《2014 年环境保护与能源国家资助指南（2014~2020）》允许各国在 FIT 机制转为 FIP 机制之际，保留对小型可再生能源发电机安装的固定电价，目的也是为了调动广大公众参与可再生能源项目的积极性。

第二节 现行 WTO 规则与可再生能源贸易纪律

一、涉及可再生能源的 WTO 争端

WTO 框架内虽然没有针对能源或可再生能源的专门规则，但现行 WTO 协定并未将之排除在适用范围以外。理论上，现行 WTO 协定在多边层面上为可再生能源贸易活动提供了制度规范。而实践中，自 2010 年以来，已有 10 起涉及可再生能源的贸易争端被提交到 WTO 争端解决机构。这些争端可归为以下两类。

（1）由可再生能源支持政策直接引发的争端。2010 年至今已有 8 起，涉及美国、中国、欧盟、加拿大、阿根廷、西班牙等可再生能源利益大国和地区。其中，欧盟、日本诉加拿大 FIT 争端（DS412、426）是 WTO 争端解决机制专家小组/上诉机构首次就成员国内可再生能源支持政策合法与否作出裁决，因而广受关注。尤其是正在实施或有意实施 FIT 计划的其他成员，希望透过此案明确 FIT 机制的 WTO 法律性质及纪律。

（2）由可再生能源支持政策间接引发的争端，即由针对可再生能源的反补贴、反倾销措施引起的 WTO 争端，迄今已有 2 起。而在这背后是 41 起 WTO 成员单边发起的针对生物燃料、太阳能与风能产品的反补贴、反倾销调查，其中半数针对太阳能产品。2012~2013 年期间，可再生能源产品生产大国和地区中国、澳大利亚、欧盟、印度与美国之间的双反贸易摩擦有愈演愈

表 6-1 可再生能源支持政策直接引发的 WTO 争端

案号	投诉方	被诉方	案由	提请磋商时间	当前进展	投诉方磋商请求中援引的 WTO 条款
DS412	日本	加拿大	固定电价上网计划（FIT）	2010 年 9 月 13 日	上诉机构报告通过	GATT 1994：第 3 条第 4 款、第 5 款，第 23 条第 1 款；SCM：第 1.1 条，第 3.1(b) 条，第 3.2 条；TRIMs：第 2.1 条
DS419	美国	中国	风能设备措施	2010 年 12 月 22 日	磋商阶段	GATT 1994：第 16 条第 1 款；SCM：第 3 条，第 25.1 条，第 25.2 条，第 25.3 条，第 25.4 条；加入议定书：第一部分，第 1.2 段
DS426	欧盟	加拿大	固定电价上网计划（FIT）	2011 年 8 月 11 日	上诉机构报告通过	GATT 1994：第 3 条第 4 款；SCM：第 1.1 条，第 3.1(b) 条，第 3.2 条；TRIMs：第 2.1 条
DS437	中国	美国	风能、太阳能板产业措施	2012 年 5 月 25 日	2012 年 9 月 28 日专家小组成立	SCM：第 1.1 条，第 1.1(a)(1) 条，第 1.1(b) 条，第 2 条，第 10 条，第 11 条，第 11.1 条，第 11.2 条，第 11.3 条，第 12.7 条，第 14(d) 条，第 30 条，第 32.1 条；GATT 1994：第 6 条，第 23 条；加入议定书：第 15 条
DS452	中国	欧洲	可再生能源发电部门产业措施	2012 年 11 月 5 日	磋商阶段	GATT 1994：第 1 条，第 3 条第 1 款，第 4 款，第 5 款；SCM：第 1.1 条，第 3.1(b) 条，第 3.2 条；TRIMs：第 2.1 条，第 2.2 条
DS456	美国	印度	太阳能产业措施	2013 年 2 月 6 日	磋商阶段	GATT 1994：第 3 条第 4 款；TRIMs：第 2.1 条；SCM：第 3.1(b) 条，第 3.2 条，第 5(c) 条，第 6.3(a) 条，第 6.3(c) 条，第 25 条
DS443	阿根廷	欧盟、西班牙	涉及生物柴油进口的特定措施	2012 年 8 月 17 日	2014 年 4 月 20 日双方就专家小组报告上诉	GATT 1994：第 3 条第 1 款、第 4 款、第 5 款，第 11 条第 1 款；TRIMs：第 2.1 条，第 2.2 条；WTO 协定：第 16 条第 4 款

续表

案号	投诉方	被诉方	案由	提请磋商时间	当前进展	投诉方磋商请求中援引的WTO条款
DS459	阿根廷	欧盟	生物柴油进口与营销特定措施及生物柴油产业支持措施	2013年5月15日	磋商阶段	GATT 1994：第1条第1款、第3条、第3条第1款、第2款、第4款、第5款 TBT：第2.1条、第2.2条、第5.1条、第5.2条； WTO协定第16条4款； TRIMs：第2.1条、第2.2条； SCM：第3.1(b)条、第3.2条、第5(b)条、第5(c)条、第2.3条、第1.1条、第6.3(a)条

资料来源：作者整理。

表6-2 可再生能源支持政策间接引发的WTO争端

案号	投诉方	被诉方	案由	提请磋商时间	当前进展	投诉方磋商请求中援引的WTO条款
DS449	中国	美国	美国对中国特定产品反补贴反倾销措施	2012年9月17日	2014年3月27日专家小组报告	GATT 1994：第5条，第6条，第11条；SCM：第10条，第15条，第19条，第21条，第32条； 反倾销协定：第9条，第11条
DS473	阿根廷	欧盟	欧盟对阿根廷生物柴油的反倾销措施	2013年12月19日	2014年4月25日专家小组阶段	GATT：第6条，第11条第2款； 反倾销协定：第2.1条，第2.2条，第2.2.1.1条，第2.2.2条，第2.4条，第3.1条，第3.2条，第3.4条，第3.5条，第6.2条，第6.4条，第6.5条，第6.5.1条，第9.3条，第18.4条； WTO协定：第16条第4款

资料来源：作者整理。

烈之势。[1] 因此不排除此类争端会在不久的将来频繁发生。

---

[1] Cathleen Cimino & Gary Hufbauer, Trade Remedies Targeting the Renewable Energy Sector, UNCTAD Green Economy and Trade meeting paper on 3-4 April 2014, available at http://unctad.org/meetings/en/SessionalDocuments/ditc_ted_03042014Petersen_Institute.pdf, last visit on June, 2014.

二、适用于可再生能源贸易的重要 WTO 规则

从几起争端的解决过程及引发的讨论来看，虽然全面澄清可再生能源贸易纪律尚待时日，但管中窥豹，WTO 可再生能源的规制框架已初现轮廓。这意味着各成员国在制定与实施可再生能源支持政策时，不能只着眼于国内减排目标与经济目标，同时也有必要熟谙 WTO 体系的以下规则。

（一）GATT 1994 基本原则——非歧视待遇

非歧视待遇是整个 WTO 体制的起点与基石，包括最惠国待遇与国民待遇。一方面，GATT 第 1 条的最惠国待遇原则要求每一 WTO 成员一旦就某一产品的进口与出口待遇，赋予他国"利益、优待、特权和豁免"，就必须"立即的无条件地"将这种待遇一视同仁地赋予其他所有 WTO 成员；另一方面，根据 GATT 第 3 条国民待遇义务，WTO 成员在国内税费以及其他各种国内规章方面，对某一产品的待遇不得低于对其国内相似产品的待遇。同时，GATT 第 3 条自带两款例外：(1) 政府采购例外，即不适用于政府机构的相关采购活动，这种采购不得用于"商业转售"或"用以生产供商业销售"的目的。(2) 国内生产者补贴例外，不禁止单独支付给某种产品国内生产者的补贴。但区分以免税提供补贴和以支付提供补贴，即允许前者，而对后者只能是先按国民待遇统一对国内、国外产品征收税费，再从收上来的税费中拨付部分款项补贴生产商。

成员制定与实施可再生能源政策时，不仅要非歧视地对待进口产品与国内相似产品，不能"厚此薄彼"，还应非歧视地对待进口产品与国内相似产品，不能"内外有别"。加拿大安大略省 FIT 计划的"当地成分要求"明显对进口可再生能源发电设备或部件构成歧视，而加拿大援引"政府采购例外"被上诉机构认为是"无关的"抗辩，因为被投诉受到歧视待遇的是外国发电设备或部件，而加拿大安大略省政府采购的是却是电力，非发电设备。由于各国通过政府采购可再生能源电力惠及国产设备的政策安排并不鲜见，上诉机构的这一阐释实际上加大了相关国家援引"政府采购例外"为歧视性可再生能源支持政策辩护的难度。

（二）TIRMs 协定

TRIMs 协定适用于与进出口产品待遇有关的投资措施，本身并未创设 GATT 1994 以外的新义务，其核心的实体义务体现在第 2 条：任何成员不得实施有违 GATT 1994 第 3 条国民待遇原则和 GATT 1994 第 11 条一般禁止数量限制原则的与贸易有关的投资措施。并在附件中列明了违反国民待遇原则和取消数量限制的投资措施，涉及当地成分要求、东道国产品指令要求、外汇管制要求、贸易平衡要求和国内销售要求。同时 TRIMs 第 3 条规定：所有

GATT 1994 规定的例外适用于本协定。因此，除非能够成功援引 GATT 第 3 条例外，抑或是援引 GATT 第 20 条一般例外，包含"当地成分要求"的 FIT 计划或其他可再生能源政策确实存在违反 TRIMs 协定的问题。

（三）SCM 协议的补贴纪律

SCM 协议最初采取红、绿、黄三色"交通灯"式分类法，把补贴分为以下三种类型。（1）禁止性补贴（"红灯"）有两种，任何成员不得实施或维持。一是出口补贴——在法律上或事实上与出口实绩相联系的补贴。二是国内含量补贴——补贴只与使用国产货物相联系，而对进口货物不给补贴。（2）不可诉补贴（"绿灯"）也有两种：不具有专向性的补贴，特定的专向性补贴（政府对科研、贫困地区以及环保的补贴）。但不可诉补贴只是临时适用 5 年（至 1999 年 12 月 31 日止），当前已归入可诉补贴之中。（3）可诉补贴（"黄灯"）。它是在一定范围内允许实施但又不能自动免于质疑的补贴，构成要件包括以下几种。①满足补贴的构成要件，即政府或公共机构的财务支持、行业或企业取得了利益。②专向性（specificity），即成员政府有选择或有差别地向某些企业、产业或地区提供补贴。③实施过程中对其他成员方的经济贸易利益造成了不利影响。

由于 2000 年以后，SCM 协议下的补贴只有两类，因此当前可再生能源补贴要么构成禁止性补贴，要么构成可诉补贴。FIT 争端解决过程中，根据 SCM 协议的投诉不仅是投诉方强调的重点，也是外界各类分析文章的重点，同时也占据了专家小组/上诉机构报告的大量篇幅。然而无论是专家小组，还是上诉机构，最终甚至连 FIT 是否构成 SCM 协议的补贴都未能得出结论，采取了谨慎有加的回避态度。因此外界最为关注的可再生能源市场基准的计算、利益的认定、专向性等问题并没有得到澄清，反而凸显其复杂性。可再生能源补贴纪律仍未明朗。但严格避免禁止性补贴，合理巧用可诉补贴❶不失为可再生能源支持政策的正确方向。

（四）关于 GATT 第 20 条例外的援引

GATT 第 20 条"一般例外"由两部分组成，即前言"在遵守关于此类措施的实施不在情形相同的国家之间构成任意或不合理歧视的手段或构成对国际贸易的变相限制的要求前提下，本协定的任何规定不得解释为阻止任何缔约方采取或实施以下措施"，以及列出的十项例外措施，其中第 b 款 "为保护人类、动物或植物的生命或健康所必需的措施"和第 g 款"与保护可用尽的自然资源有关的措施，如此类措施与限制国内生产或消费一同实施"与环境保护关联度最高，与前言一道被称作"环保例外条款"。

---

❶ 徐忆斌："光伏产品反补贴贸易争端透析"，载《现代经济探讨》2013 年第 6 期。

成功援引"环保例外条款"难度不小，首先要论证系争措施属于第 b 款与第 g 款的例外情形，其次必须满足前言部分的三个要求：非任意性歧视、非不合理的歧视、非贸易限制的借口。20 多起援引"环保例外"的案件中只有 2001 年欧盟石棉案被诉方获得成功，还有一些案件局部成功，如 1996 年汽油标准案与 2005 年巴西轮胎案，上诉机构认同被诉方关于系争措施属于第 g 款或第 b 款范畴的主张，但认定措施未能符合导言的要求，不构成有效抗辩。

可再生能源支持政策本身包含环保目标，能否在受到挑战时适用"环保例外"进行抗辩一直备受关注。FIT 争端中，加拿大甚至根本没有援引"环保例外"条款，但这个问题仍然成为外界讨论的热点。毕竟汽油标准案澄清了"洁净的空气"属于第 20 条第 g 款意义上的"可穷竭的自然资源"，使得致力于减少碳排放的可再生能源政策成为保护可用尽资源的形式，而欧盟石棉案与巴西轮胎案中，争端解决机构肯定了"WTO 成员方在制定和实施环境措施与政策时，可以自行选择其认为适当的对人类和动植物生命与健康的保护水平，WTO 规则对此没有作出任何限制性规定"。这样一种环境友好倾向使得一些人将可再生能源支持政策的 WTO 合法性寄望于 GATT 第 20 条，但实际上难度极大，同时 GATT 第 20 条似也不适用于 SCM 协议。可再生能源支持政策设计还是应优先考虑遵守前述三项纪律。

综上所述，WTO 纪律决定着各成员新能源政策的空间。虽也倡导保护环境，但 WTO 规则不允许借环境保护之名，行贸易保护之实。可再生能源支持政策同样要遵循非歧视原则。一旦触犯纪律的雷区（如表 6-3 所示），可能遭遇 WTO 争端。

表 6-3　常见可再生能源政策工具 WTO 争端触发点

政策工具	WTO 争端触发点
对于最终用户的税收激励	当地成分要求
可交易的绿色证书、配额	进口或国产电力间差别待遇
固定电价上网机制（FIT）、固定溢价上网机制（FIP）	当地成分要求
特别资助、贷款保证、生产商税收激励、直接投资	相似产品间的差别待遇、补贴专向性

资料来源：作者整理。

三、可再生能源的发展给 WTO 带来的挑战

2011 年，可再生能源占世界能源总消耗的比例达到 13%，2035 年将达到 18%。规模的增长或使贸易摩擦呈频发之势。而 WTO 现行规则毕竟是在可再生能源形成商业规模之前达成的，用以规制可再生能源贸易秩序面临不小的

挑战。从 FIT 争端解决过程及相关评论来看，有以下几个较为突出的问题。

（一）相似产品的界定

"相似产品"是 WTO 体制中的一个重要术语，在 GATT 条款与单项协定中反复出现。在 WTO 争端解决实践中，相似产品的识别往往是判断系争措施合法与否的关键，尤其是与 GATT 第 3 条国民待遇有关的案件。考察相似产品的标准包括"产品在特定市场的最终用途"，"直接竞争与替代产品"等。而可再生能源与非传统能源最终用途相同或可相互替代，使得一国为环境目标区别对待可再生能源与传统能源的政策遭遇 WTO 合法性存疑的尴尬。

（二）现行补贴纪律的局限

在可再生能源争端当中，"补贴"往往是当事各方争执的焦点与外界关注的热点。而 FIT 争端解决过程再度揭示出 SCM 协议适用于能源市场的复杂性——无论是市场基准的确定，还是利益的计算，在政府干预甚多的能源市场上都显得格外困难。争端方难以完成举证义务，裁判方则谨慎有加以至于回避结论。同时，曾经为环境保护作出贡献的"不可诉补贴"在 2000 年以后一直缺位，可再生能源补贴虽有环境效应却在 WTO 框架内受到制约。

（三）环境例外的适用

GATT 1994 的环境例外条款，实践中鲜有援引成功的例子。FIT 案中索性找不到"环境例外条款"的影子。尽管 WTO 试图通过灵活解读"环境例外条款"的方式，在自由贸易与环境保护之间找到平衡。但"环境例外条款"因为有着严格的限制条件，在实践中表现出适用高难度。只要是偏离或背离了 GATT 1994 义务的可再生能源政策，即使取得很好的环保效果，也难以寄望环境例外条款为其保驾护航。

在关注 FIT 争端之际，学界贡献了一些破解上述挑战的思路，如改进 SCM 补贴纪律、恢复不可诉补贴，明确将发展可再生能源纳入 GATT 1994 第 20 条一般例外的范围，甚至针对能源市场的特殊性，议定一个专门的能源协定等。笔者以为，WTO 多哈困局使得上述建议缺乏现实性，无论是修订现行规则或议定新的能源协定都不可能一蹴而就。但这些讨论本身仍然有着相当积极的意义，不仅有助于 WTO 成员拓宽思路，在未来通过谈判改进规则，也有助于争端解决机构更加了解可再生能源产品与市场的特点，在个案解决中通过解释现行规则来澄清可再生能源纪律。

第三节 WTO可再生能源争端解决实践——FIT案

一、加拿大FIT争端背景

（一）FIT计划的缘起

FIT（Feed-in Tariff）计划发端于德国，本质上是一项推动"绿色能源"发展的政策工具，旨在激励利用非水可再生能源发电。非水可再生能源电力本身涉及高额的研发与投资成本，如无政策扶持，则难以在市场上与传统来源电力竞争，或将失去持续发展的动力。

2006年，德国《可再生能源法》率先推出FIT机制，其原则是：非水可再生能源电力强制进入电网；电力运营商负有收购非水可再生能源电力的义务；保证在20年内所有合格的非水可再生能源发电方按固定电价获得支付。[1] 这一创新的政策工具促进了德国非水可再生能源电力的飞速发展，也因其效果显著被其他各国争相效仿。目前约有75个国家或地区实施着各具特色的FIT计划。

尽管各国的FIT计划在法律框架与具体设计方面呈现出不同特征，却万变不离其宗，其基本构思始终沿袭着以下三个要点。（1）保证可再生能源电力的电网准入权。（2）保证可再生能源电力的售电价格高于市场价格，以补偿发电方的投资成本。（3）以长期合同的方式实现前两项。总之，FIT机制向可再生能源发电方提供了收购保证与价格保证双重保障，以此吸引可再生能源电力投资。FIT机制也因此被称为固定电价上网机制。

（二）加拿大安大略省FIT制度安排

安大略省是加拿大人口最多，也是能源消耗最大的省。安大略省的电力市场属于部分自由化的混合市场，公私实体均可参与发电、传输、分销与零售活动，但政府仍对整个市场起着主导作用，介入电力系统的所有环节，诸如电力供应调整、间接价格控制等职能都由政府机构承担。

2009年4月，安大略省通过《绿色能源法案》，剑指环境保护与经济发展双重目标：提高可再生能源利用比例，2014年全部淘汰煤电，建成世界上第一个完全脱离火电的行政区域；吸引投资，力争3年创造5万个新的工作机会。作为法案的重要支撑，安大略省版的FIT计划于2009年9月颁布。其

---

[1] 桑东莉："德国可再生能源立法新取向及其对中国的启示"，载《河南省政法管理干部学院学报》2010年第2期。

· 224 ·

第六章　WTO对可再生能源贸易的规制实践

运作机制包含以下几个重要的方面。

（1）主管机构：安大略省电力局（Ontario Power Authority，OPA）❶是FIT计划的主管机构，接受安大略省能源部长与安大略省能源董事会（Ontario Energy Board，OEB）❷的指令开展工作。OPA不仅要负责FIT计划的总体方案设计，同时也负责FIT计划的具体实施，如作为签约方与可再生能源发电方订立FIT合同，并对FIT合同进行后续管理等。

（2）项目类型：安大略省FIT项目分为（常规）FIT项目与微型FIT项目两类，前者针对10kW以上的发电方，后者则面向发电能力低于10kW，但却有兴趣参与的普通商户或住户，例如普通住户、商家、学校和其他各种机构都可在自家屋顶安装太阳能板发电，并将之接入当地电网。微型FIT项目是极富创意的亮点，有利于动员全社会的力量参与进来，影响力深远。

（3）加入程序：两类项目在具体细节上有一些差异，如微型FIT项目由于涉及面广，只是在网上签订电子合同，且发电方有权随时终止合同。但大体步骤相同，都是由可再生能源发电方首先向OPA提出申请，待审查批准后还要与当地分销商（独立系统运营商、传输方）订立合同，以保证项目直接或间接并入当地配电网络，之后OPA再与可再生能源发电方签订正式的FIT合同，除水电外期限为20年（水电期限为40年）。

（4）价格及其支付：FIT项目的上网价格由OPA决定并公布，适时调整，调价不影响已经订立的合同。价格构成涵盖项目成本，以及合同期内合理的投资回报（例如2009年的税后合理回报为11%）。不同的可再生能源适用不同的上网价格（如风能发电与太阳能发电，价格不同）。依照合同OPA对于两类FIT合同价款承担着最终付款义务，而实践中的支付则是由OPA、独立电力系统运营方（Independent Electric System Operator，IESO）❸、当地分销商合作来具体操作。❹即FIT合同发电方履约后保证会得到固定的FIT合同价格，如果发电方从IESO或当地分销商处获得的电力市场清算价格❺低于FIT合同价格，差额部分将由OPA来负责弥补。同时，如果电力市场清算价格高

---

❶ 根据2004年能源重建法案（Electricity Restructuring Act）成立的安大略省政府机构，负责管理安大略省电力供应与资源，其法定目标包括"采取行动保障安大略省充分、可靠与安全的电力供应与资源，以及通过促进替代能源、可再生能源等清洁能源与技术的使用，实现电力供应来源多元化"。

❷ 1998年安大略省能源董事会法案指定的"为公共利益规制安大略省电力与天然气部门"的政府机构，有权决定电力传输价格与零售价格。

❸ 1998年安大略省能源竞争法案授权"管理安省电力市场，运行与维持安省电网以确保实时协调电力供需"的政府机构，负责电力市场买卖的实际清算，如向消费者收取电费并划转给发电方。

❹ 根据FIT合同的标准支付条款，直接接入电网的常规项目发电方由OPA直接向发电方支付上网价格，间接接入电网的则由当地分销商支付，OPA提供支付保证及最后付款责任。

❺ 具体表现为：市场清算价格（market clearing price，MCP）/每小时安大略省电力价格（Hourly Ontario Energy Price，HOEP），由IESO或者当地分销商直接支付给发电方。

·225·

于 FIT 合同价格，发电方仍然只得到 FIT 固定价格，差价部分将由 IESO 或当地分销商直接返还给消费者。

（5）资金来源：OPA 支付给 FIT 合同发电方的资金来源于其管理的安大略省全球调整机制（Ontario Global Adjustment Mechanism，GAM）。安大略省电力消费者账单上有一项全球调整费（Global Adjustment，GA），反映 OPA 等政府机构向发电方支付的合同价格或规制价格（综合计算）与电力市场批发价格 MCP/HOEP 之间的差价，如果前者高于后者，消费者账单上的 GA 就呈正数，消费者要向 OPA 支付这笔调整费。反之如果后者高于前者，GA 呈负数，发电方需将调整费如数返还给消费者。换言之，OPA 用来支持可再生能源发电方的费用实际上是转嫁给电力消费者承担。

（6）当地成分要求：FIT 规则与标准合同规定了风能与太阳能发电方的本地成分要求，如表 6-4 所示，发电方如达不到最低标准则构成违约。

表 6-4 安大略省 FIT 计划最低成分要求

	风能（FIT）		太阳能（FIT）		太阳能（微型 FIT）	
安装时间	2009~2011 年	2012 年至今	2009~2010 年	2011 年至今	2009~2010 年	2011 年至今
最低当地成分水平	25%	50%	50%	60%	40%	60%

资料来源：专家小组报告。❶

安大略省 FIT 计划涵盖面广，适用于风能、太阳能、生物质能、沼气、垃圾填埋气体、水力等可再生能源发电。这是北美地区第一个，同时也是最全面的上网电价计划。

（三）安大略省版 FIT 计划的特色与成效

安大略省版的 FIT 计划脱胎于欧洲版但有所创新。反观德国版的 FIT 计划，政府只是充当"立法者"的角色，通过法律给所有的电网运营商设定一项购买义务，强制其购买符合要求的可再生能源电力。在资金方面没有任何公共机构或公共基金参与，成本均由"私人"实体分担；英国版 FIT 计划的核心依然是电网运营商对可再生能源的法定购买义务，政府有限介入，管理 FIT 发电方注册、发电设备安装公司的认证以及资助体系，但资金成本由（私营）终端电力供应商及（私营）电网运营商分摊。两者均未设定"当地成分"要求。

而安大略省版的 FIT 计划呈现出以下两个鲜明特点：一是政府主导，全

---

❶ WTO Panel Report, Canada—Certain Measures Affecting the Renewable Energy Generation Sector, WT/DS412/R and WT/DS426/R, adpoted 19 December 2012, at para. 7.158, Table 1.

面介入；二是引入了当地成分要求，以带动当地低碳经济发展。

安大略省 FIT 计划实施两年即带来"超过 270 亿美元的私人投资，引进了 30 个绿色能源企业，制造了 20000 个工作岗位并将增至 50000 个"[1]。2012 年 3 月，FIT 项目签订了 4600MW 可再生能源合同，包括 FIT 单笔最大金额项目——韩国三星公司投资 70 亿美元兴建可再生能源发电项目。在吸引投资以及营造绿色文化方面，安大略省 FIT 计划短短几年间收效显著，令世人瞩目，被誉为"可再生能源的全球样本"。[2]

二、争端经过及焦点法律问题

（一）争端经过

2010~2011 年，已经顺利实施的加拿大安大略省 FIT 计划，在风头正劲之际遭遇国际间风能太阳能贸易摩擦，并直接引发了以下这两起 WTO 争端。

加拿大可再生能源案（DS412）：全称为加拿大影响可再生能源发电部门的特定措施案，2010 年 9 月 13 日日本率先要求与加拿大在 WTO 争端解决机制框架下就 FIT 项目中的当地成分要求措施进行磋商。双方磋商在 2010 年 10 月 25 日举行但未能解决争端。2011 年 6 月 1 日，日本要求成立专家小组。2011 年 10 月 6 日，专家小组正式组成。

加拿大 FIT 项目案（DS426）：全称为加拿大 FIT 计划相关措施案。2011 年 8 月 11 日，欧盟要求与加拿大在 WTO 争端解决机制框架下磋商 FIT 项目的当地成分要求。2011 年 9 月 7 日双方进行了磋商但未能解决争端。2011 年 1 月 9 日，欧盟请求成立专家小组。2011 年 1 月 20 日，专家小组成立。

除了日本与欧盟在两个争端中互为第三方以外，澳大利亚、中国、韩国、挪威、中国台北、美国、巴西、萨尔瓦多、印度、墨西哥、沙特阿拉伯、洪都拉斯（仅为 DS412 案第三方）、土耳其（仅为 DS426 案第三方）以第三方身份加入争端解决程序。

鉴于系争措施相同、诉由相似，应争端当事方要求，两起争端的专家小组报告于 2012 年 12 月 19 日在同一份文件中发布，但注明为两份独立的专家小组报告（WT/DS412/R 与 WT/DS426/R）。

2013 年 2 月，加拿大、日本与欧盟先后就专家小组报告提出上诉。2013 年 3 月 14~15 日听证会召开，争端各方以及 8 个第三方（澳大利亚、巴西、

---

[1] Ontario energy ministry, Feed—In Tariff Program Two-Year Review, available at http://www.energy.gov.on.ca/en/fit-and-microfit-program/2-year-fit-review/, last visit on June 22, 2014.

[2] Publiccitizen, Ontario's Feed—in Tariff: Will the WTO Trump Climate Imperatives? June 2013, available at http://www.citizen.org/documents/ontario-feed-in-tariff-briefing-paper.pdf, last visit on June 22, 2014.

中国、印度、挪威、沙特阿拉伯、土耳其、美国）在听证会上展开辩论。

2013 年 5 月 6 日，上诉机构应争端当事方要求，以同一文件发布两起争端的上诉机构报告（WT/DS412/AB/R 与 WT/DS426/AB/R）。2013 年 5 月 24 日，争端解决机构通过上诉机构报告以及经上诉机构修正过的专家小组报告。

2013 年 6 月 20 日，加拿大通知争端解决机构它将在合理时间内以符合 WTO 义务的方式执行争端解决机构的裁决。随后，争端方达成至 2014 年 3 月 24 日为期 10 个月的合理时间，而加拿大安大略省在 2013 年 10 月 29 日已经推出新版 FIT 规则与合同，取消了原版中的当地成分要求，新版 FIT 规则不影响已经签订的 FIT 合同效力。至此，两起争端落下帷幕。

（二）焦点法律问题

由于这是 WTO 争端解决机制首度针对可再生能源支持政策作出裁决，两起 FIT 争端所涉及的焦点事项引起广泛关注，包括以下几个方面。

1. 专家小组对于几项投诉的审查顺序

DS412 案投诉方日本、DS426 案投诉方欧盟均提出三项投诉，内容一致，认为被诉方加拿大分别违反了 SCM 协议第 3.1 条第（b）款、第 3.2 条，GATT 1994 第 3 条第 4 款，以及 TRIMs 第 2.1 条的义务。

日本与欧盟均要求专家小组首先审查 SCM 协议下的投诉，理由是该协议的细节与救济方式对于解决本案更具针对性。相反，被诉方加拿大却认为对本案更具针对性的是 GATT 第 3 条第 4 款，专家小组应从此处着手，先审查投诉方挑战的 FIT 项目及相关合同项下最低当地成分要求的问题。

专家小组认为，鉴于加拿大对于投诉方所主张的争议措施是影响可再生能源发电设备与元件进口的 TRIMs（与贸易有关的投资措施）并未提出反对，提示出与 SCM 协议和 GATT 1994 第 3 条第 4 款相比，TRIMs 对于解决争议中心的 FIT 项目及相关合同更具针对性。因此专家小组首先聚焦 TRIMs 进行审查，同时由于 TIRMs 第 2.1 条与 GATT 第 3 条第 4 款高度相关，因此，专家小组将 TIRMs 第 2.1 条与 GATT 第 3 条第 4 款对应的投诉一并审查。

上诉机构的观点：支持专家小组意见。理由有以下三个。（1）在相关协定中，并没有关于 GATT 1994 与 TRIMs，以及 SCM 协议下的义务规定先后的分析顺序。（2）在之前受理的争端中，虽然出现过对于几项投诉的分析顺序问题，但主要与案由分析的逻辑性有关，而这一顺序的决定属于专家小组自由裁量范畴。（3）专家小组就本案采取的审查顺序具有现实价值。

2. FIT 项目是否违反了 TRIMs 第 2.1 条与 GATT 1994 第 3 条第 4 款的国民待遇义务

日本与欧盟主张 FIT 项目的当地成分要求不符合 GATT 1994 第 3 条第 4 款，该条款体现的"国民待遇"明确要求 WTO 成员（如日本）的产品应受到"不低于"来自本国(加拿大生产)的产品的待遇。同时"当地成分要求"与 TRIMs 第 2.1 条不符,该条要求任何成员不得采取违反 GATT 1994 第 3 条的投资措施。

加拿大辩称其政府发起并管理的 FIT 项目是一项政府采购政策,旨在确保安大略省清洁能源的充分与可靠供应,根据 GATT 第 3 条第 8 款第(a)项规定"政府机构为政府目的采购的产品"不适用于 GATT 第 3 条的义务,本案中的 FIT 项目不应受制于 GATT 1994 国民待遇原则或日本、欧盟援引的 TRIMs 规定。

专家小组认为,安大略省 FIT 项目给予安大略省生产的可再生能源设备优于国外生产的可再生设备的待遇,因而违反了 GATT 第 3 条第 4 款,同时 FIT 项目作为与 GATT 第 3 条不相符的投资措施违反了 TRIMs 第 2.1 条的规定。专家小组认为加拿大援引 GATT 第 3 条第 8 款第(a)项"政府采购例外"的抗辩不能成立,因为政府在采购政策中唯一能够给予本地产品优惠的是"非为商业转售目的"采购,而安大略省购买电力转售给加拿大消费者,是标准的公共设施,正是"为了商业转售"。

上诉机构的观点:同样认为 FIT 项目违反 GATT 与 TRIMs 规则,但理由与专家小组有所不同:适用"政府采购例外",则被投诉受到歧视的外国进口产品与政府采购的产品之间须有一种竞争关系。FIT 项目的"当地成分要求"针对的是可再生能源发电设备,而政府所采购的则是电力,两者之间没有竞争关系。因此 FIT 项目及合同中对于可再生能源发电设备基于产地的歧视不属于 GATT 第 3 条第 8 款第(a)项"政府采购例外"的范围。

3. 安大略省 FIT 项目的有关安排是否构成 SCM 协议下的禁止性补贴

日本与欧盟主张 FIT 项目及相关合同构成了 SCM 协议第 3.1 条第 b 款与第 3.2 条的禁止性补贴。理由包括:系争措施属于 SCM 协议第 1.1 条意义上的补贴;此补贴基于使用安大略省制造的可再生能源发电设备,而为进口设备不能获得。加拿大方面则把争辩重点放在第 1.1 条"补贴"界定上,主张 FIT 措施并不构成 SCM 协议意义上"补贴",因而"禁止性补贴"也就无从成立。

在专家小组程序及上诉程序中,加拿大关于应先评判补贴是否存在的主张占了上风,争端各方以及专家小组、上诉机构首先聚焦于 SCM 协议第 1.1 条,围绕"补贴是否成立?"这一基本问题各抒己见。

根据 SCM 协议第 1 条补贴的定义,补贴的构成要件包括以下三个。(1)主体。补贴主体是政府或公共机构,包括中央政府和地方政府,也包括政府委托或授权的私人机构。(2)形式。政府直接提供了财政资助或任何形式的收入或价格支持。财政资助包括:政府直接提供资金(如赠款、贷款和资本注入）、潜在的资金或债务的直接转移（如政府为企业提供贷款担保）；政府应征税收的减免；政府提供一般基础设施之外的货物或服务，或者购买货物；收入或价格支持则指以法律限定某一种产品的最低价格，或为维持物价实行物资储备制度。(3) 效果。产业或企业得到了利益。

就第一个要件，双方辩论中没有专门涉及。就第二个要件，关于"财政资助"的存在，双方也无争议。争议只在于"财务贡献"的特定表现方式，日本与欧盟认为相关措施属于"直接转移资金"以及"潜在的直接转移资金"，或者属于"收入与价格支持"。加拿大则主张，FIT 项目及相关合同的财政资助在法律上的表现形式是"政府购买货物"。专家小组支持加拿大的主张，并列举以下三项理由。(1) 公共机构 OPA 向 FIT 合同中的发电商一方支付金钱，后者则向安大略省电网"交付电力"。整个 FIT 计划的设计与运作，并没有政府"赋予（资金）"的成分，政府只是通过 FIT 计划便利了可再生能源发电商的项目融资，政府在合同项下的付款本身不能认为是"直接提供资金"。(2) 安大略省政府接收了 FIT 发电商提供的电力，因而是在"购买电力"。当一个政府或公共机构通过某种支付（金钱或其他对价）来拥有某一货物（或者其权属）时，已经构成了第 1.1 条第 a 款第（1）项（iii）下的"购买货物"，且鉴于电力的物理特性，购买电力更多的是指取得电力的权属，而非在物质上拥有电力。同时，对于欧盟提出的"政府对货物的购买暗指政府用于自用"论点，专家小组明确反对。专家小组还注意到政府购买货物要求有"政府"或"公共机构"的介入，而这正是 FIT 项目及合同的情形，涉及三个公共机构（OPA, Hydro One Inc., IESO）的联合行动。(3) FIT 计划的法律与规制框架足以显示"安大略省政府以及居民都认为 FIT 是采购或购买电力的政府行为"。对于是否存在价格支持的问题，专家小组则以司法经济为由未加审查。

上诉机构的观点：支持了专家小组的分析与结论，仅对论证过程中少许细节进行了纠正，专家小组认为同一措施只能表现为一种财务资助的形式，上诉机构则认为同一措施中也可能并存多种财务资助形式。

就第三个要件，关于"利益"的衡量，在历来的补贴争端解决中都是个难题，本案既关涉能源市场，则显得尤其复杂。日本、欧盟举出安大略省当前的电力市场，以及加拿大亚伯达省、纽约州、新西兰以及美国中大西洋地区作为市场基准，以这些市场上的风能、太阳能电力价格均低于 FIT 合同价格来说明"利益"的存在。

专家小组首先阐明 SCM 协议第 14 条第（d）款作为第 5 部分征收反补贴税时计算补贴标准的依据，亦为利益的衡量提供了法律标准。接下来逐一分析与否定了投诉方提出的各个市场基准，首先当前安大略省的电力批发市场不存在有效竞争,电力市场(批发)价格(例如 HOEP)极大地受到政府干预,不是由供需力量决定的"均衡价格",而是 IESO 为平衡电力实际供需的分配工具,因此 HOEP 及所有 HORP 衍生品,都不能作为利益分析的合适基准;此外4个省外电力市场亦都是扭曲的市场,用作利益分析基准不恰当。日本、欧盟没有正确评估出无政府干预下应是多少价格,因而不能准确计算"利益"。

专家小组接着自行提出了一个基准:当前安大略省电力市场的商业分销商根据其对政府承担的义务从太阳能与风能发电商收购电力的条款与条件——将之与 FIT 和微型 FIT 合同的条款条件两相对照,可以看出 FIT 发电方是否被政府过度补偿,并计算出是否有 SCM 协议第1.1条第(b)款上的利益。最后,专家小组以本案中证据信息不足以支撑按此基准衡量利益为由,得出"投诉方未能证实存在 SCM 协议第1.1条第(b)款的利益,因此未能使得违反 SCM 协议第3.1条第(b)款与第3.2条的主张成立"的结论。

上诉机构的观点:支持专家小组关于法律标准的分析。但认为其在相关市场的分析中有以下两个问题。(1)专家小组在提出新的基准之后,应该就此开展利益分析,而不是得出结论。(2)专家小组所提出以风能与太阳能市场作为分析基础,未能全面审视供需双方因素(从供应方角度看,由于不同技术的成本框架和运营成本与特性不同,风能、太阳能发电确实是自成一体,但从需求方角度看竞争的市场应该是所有电力来源的整体市场),因此在分析相关市场时应考虑政府对于能源组合的定义。鉴于这两个问题,上诉机构推翻了专家小组上述结论。同时,对于日本和欧盟方面提出的"由上诉机构完成 SCM 协议下法律分析"的请求,上诉机构予以拒绝,理由是专家小组查明的事实及记录在案的无争议的证据不充分,上诉机构完成分析或引发争端方对于正当程序的忧虑。❶❷

三、简评

安大略省 FIT 计划最终被认定为违反 GATT 1994 国民待遇义务,这使得 FIT 争端看上去只是一个因非歧视待遇而起的典型 WTO 争端。实际上,本案涉及的可再生能源补贴问题才是当事方争执与外界讨论的重点,占据了专家小组/上诉机构报告的大量篇幅。然而无论是专家小组还是上诉机构,最终甚至连 FIT 措施是否构成 SCM 协议的补贴都未能得出结论,其谨慎有加的回避

---

❶ Panel Report, Canada—Certain Measures Affecting the Renewable Energy Generation Sector, WT/DS412/R, WT/DS426/R, adopted on 19 December 2012.

❷ Appellate Body Report, Canada—Certain Measures Affecting the Renewable Energy Generation Sector, WT/DS412/R, WT/DS426/R, adopted on 6 May 2013.

态度，凸显 SCM 协议适用于可再生能源领域的难度。此外，报告中的分析与阐释揭示了可再生能源市场的复杂性，其对 GATT 第 3 条第 8 款"政府采购例外"的适用、SCM 协议下可再生能源部门的"利益"衡量基准等问题的解读为澄清可再生能源贸易纪律贡献了思路。

小　结

在新能源贸易摩擦加剧之际，WTO 适时扮演了一个积极的角色，不能不说是沉闷的多哈回合的一抹亮色。由于多边贸易体制的最初设计理念、能源牵扯的政治敏感性等历史原因或现实障碍，WTO/GATT 在传统能源贸易领域一向寂寂无为。然而在新能源领域，WTO 成员已经自觉置身 WTO 规则框架之下来考虑政策取向问题，以及不约而同地寻求在 WTO 框架内解决其贸易摩擦。这是一个值得欣慰的新动向，表明长达 60 年的风雨历练与升级换代，已经使多边贸易规制意识深入人心。同时 FIT 案等可再生能源争端引发的关注或最终推动 WTO 规则的改进，真正实现可持续发展。

第七章　WTO 能源贸易规则重构与中国

WTO 能源贸易规则的重构关乎国际能源新秩序的建设，对中国能源安全亦将产生不可忽视的影响力。一直以来，中国不仅在多哈回合能源贸易谈判中参与度较低，对于 WTO 能源贸易问题的认识与把握也明显薄弱。当此之时，以中国能源安全为视角，进一步审视 WTO 框架下能源贸易规则的构建，分析这一进程对中国的影响，探讨中国在 WTO 能源贸易谈判中的利益取舍与策略运用，已经十分必要。

第一节　能源贸易与中国能源安全

一、中国国际能源贸易的发展态势

作为崛起于全球化时代的新兴经济体，中国经济持续增长的同时，能源需求也在急剧攀升。不断发展之中的中国国际能源贸易，无论在国际层面，还是在国内层面，都产生了新的影响。

（一）在国际层面，中国能源贸易的动向已经引起全球瞩目

中国成为能源消费大国的同时，也成为石油等矿物能源原料及制品的贸易大国。随着能源贸易数量的急增，国际社会对于中国能源贸易国际形象的评价令中国始料未及：中国与印度被视为"世界经济和国际能源市场新崛起的巨人"，在国际能源贸易中不仅占据举足轻重的地位，甚至"正在转变全球的能源体系"[1]。英国石油公司首席经济学家皮特·戴维斯评价："中国现在对能源流动有着难以置信的影响力，它的影响力不仅在亚洲，而且在全世界范围内。世界能源市场的整个重心正在转变。"[2] 这种评述已经成为国际社会

---

[1] 国际能源机构："世界能源展望2007——中国选粹"，载 http：//www.worldenergyoutlook.com/do-cs/weo2007/WEO2007_Chinese.pdf，访问日期：2012 年 6 月 3 日。

[2] "中国石油需求将重塑世界能源格局"，载中华商务网，http：//www.chinaccm.com/15/1505/150502/news/20031204/113605.asp，访问日期：2013 年 9 月 1 日。

的主流观点。

对此，一些中国学者并不完全认同，事实上，"迄今为止，中国在国际石油地缘政治角逐中并不是主角，也不是主要配角"❶。中国对于全球能源贸易格局的影响力始终是有限的，远未成为一个支配者，仍然是比较被动的适应者。

诚然，中国国际能源贸易的发展或多或少地改变了世界能源市场的旧有特征，比如其巨大的需求使得能源出口国对美国、欧洲、日本等市场的依赖程度下降，也就削弱了以美国为首的西方大国的谈判能力和对国际能源市场的控制能力。然而，中国虽然具有广阔的市场，但既没有在国际能源机构中的发言权，也无法直接与 OPEC 等能源组织对话。中国虽然影响了国际能源价格，但在国际能源市场上关于价格的谈判能力和议价能力还相当弱。❷ 中国充其量只是全球能源贸易棋局中的一颗重要棋子，而不是一个调度者或主导者。

（二）在国内层面，中国能源贸易则呈现出如下特征

1. 能源贸易增长速度快，进口增长快于出口增长

经济高速发展使得中国对于能源的需求不断扩大。1980～2005 年，中国能源贸易进出口总量增长了 10.57 倍，年均增长率为 42.8%。而进口贸易则增长了 106.26 倍，年均增长率达到 409.04%。1996 年成为中国能源贸易的拐点，此前中国能源出口量一直大于进口量，此后则成为能源净进口国。❸

2. 能源贸易结构单一，进口来源地高度集中

从商品结构来看，中国能源贸易进口以石油和天然气为主，出口则以煤炭为主。2006 年，中国的石油净进口量高达 350 万桶/日，成为仅次于美国和日本的世界第三大石油进口国，同时开始以液化天然气（LNG）的形式进口天然气。

从地区结构来看，进口来源地越来越集中于中东、中亚及俄罗斯。2008 年前 11 个月的海关统计显示，我国 54.9% 的进口原油来自亚洲，其中绝大部分来自局势动荡的中东地区，另有 30.8% 来自政局不稳的非洲。47.9% 的进口成品油来自韩国和东盟，87.3% 的进口液化石油气自阿联酋、科威特、伊朗、沙特阿拉伯、卡塔尔等 5 个中东国家。80.3% 的进口液化天然气来自澳

---

❶ 张新安："中国能源安全若干战略问题的思考"，武汉："中国能源安全问题研究——法律与政策分析"国际研讨会，2007 年 6 月。

❷ 管清友："国际能源合作：适应规则还是改变规则？"，载《中国经济日报》2006 年 6 月 19 日第 4 版。

❸ 高建良、梁桂枝、黄越："能源贸易与中国能源安全"，载《科技和产业》2008 年第 1 期。

大利亚。70% 的进口煤炭来自东盟。❶

3. 能源对外依存度增加

贸易统计与预测数据显示，我国能源净进口占能源消费的比重呈上升趋势，对外依存度逐年提升。2005 年我国能源净进口（16945 万吨标准煤）占能源消费（223319 万吨标准煤）的比重约为 7.6%，2001 年只有 1.8%。其中石油进口依存度的增长态势最为突出，2001 年我国石油消费对进口的依赖程度只有 29.1%，2006 年我国石油对外依存度已达 47.0%，这两年这一百分比仍在持续上升，2009 年在 50% 左右。中国能源蓝皮书预测，到 2020 年，中国石油进口依存度将达到 64.5%；而 IEA 预测，到 2030 年中国石油净进口比率将达到 82%。天然气方面，美国能源部预测，2025 年中国从东南亚、波斯湾、非洲、俄罗斯进口的天然气将占国内总需求的 40%。此外，2007 年中国已经首次成为煤炭净进口国。

二、能源贸易折射出的中国能源安全问题

透过能源贸易的发展态势，中国能源安全的种种隐患也逐渐浮出水面。

（一）能源问题泛政治化的国际倾向成为中国能源安全最大的威胁

因为贸易规模庞大，中国开始在国际能源市场上显现出巨人轮廓，然而却并没有巨人的强势。尽管如此，所谓的"中国威胁"却已甚嚣尘上，成为其他能源消费大国，主要是西方发达国家心中挥之不去的阴影。中国对于国际能源市场的影响力相当有限，却无端卷入国际石油地缘政治斗争的旋涡中心。

可以说，当前我国在国际能源市场上的一举一动都受到格外关注，在一些国家泛政治化的视角之下，中国被形容为"能源黑洞""能源饿龙"，中国的能源需求被视为对美国等既有能源势力的冲击与挑战，中国谋求能源发展的"走出去"战略以及拓宽能源多元化的外交努力，引来"恶意争夺资源"的猜忌与指责，甚至招致"新殖民主义"、漠视人权、破坏环境、支持"邪恶轴心"等无端攻击。种种政治色彩浓郁的言论干扰与实际阻挠，导致我国企业在国际能源市场上的正常商业交易活动屡屡受到影响。❷ 中国的能源安全已经是身不由己地被卷入了能源问题政治化的怪圈。

（二）能源进口高依存度制约中国能源供应安全

国际经验表明，石油供应安全与石油进口依赖程度成正相关关系，即依

---

❶ "2008 年我国能源贸易有哪些特点？"，载新华网，http://news.xinhuanet.com/fortune/2009-01/04/content_ 10605129_ 1.htm，访问日期：2013 年 9 月 1 日。

❷ 李北陵："泛政治化是能源安全的最大威胁"，载《中国信息报》2006 年 9 月 22 日第 1 版。

赖程度越大，供应安全的风险就越高。关于石油进口量的安全警戒线，有不同的说法，有人认为当一国的石油进口量超过 5000 万吨以后，国际市场行情的变化就会影响这个国家的经济运行；还有人认为如果一国石油进口依存度超过 50%，则能源安全问题变得紧迫，当然也有人不以为意，认为石油进口的适当比例应当依照一个国家的需求情况而定。无论采取上面哪一种观点，中国 2 亿吨的石油净进口数量与 50% 左右的进口依存度，❶以及仍在增长的数字，都已经足以引起对于中国石油供应安全的担忧。事实上，中国的经济发展已经在一定程度上取决于进口能源供应的稳定与否，也就是说受制于人。与此同时，中国对于中东石油的过分依赖，无疑将对石油进口的政治经济风险产生放大作用，有损于中国在危机时期的石油供应安全。❷与此同时，中国对天然气的需求也在逐步扩大，使得天然气进口依存度同样呈现出增长态势。❸

进口能源依存度过高加剧了中国能源安全与世界能源市场的互动，世界油气市场的各种动态，如供求变化、暂时和局部的短缺、油气价格异常波动以及地缘政治动荡等，都会对中国石油供应和国民经济产生影响和冲击，警钟可能随时敲响。能源进口高依存度使得中国能源供应安全已经带有更多的外化特征，以及诸多的不确定因素。

（三）运输问题是中国能源安全的外在隐患

中国的进口能源主要通过海路与陆路进行运输，陆路主要是经由铁路或管道运送从俄罗斯和中亚地区进口的石油或天然气。而海路主要是通过"太平洋航线"以油轮运送来自波斯湾地区，以及非洲和南美的石油。

海上运输线历来被认为是能源安全的薄弱部分，尤其是中东等产油区通往中国的要道马六甲海峡被认为是最不安全的石油通道，海盗频繁出没，事故多发，又是国际政治敏感地带，由马来西亚、印度尼西亚和新加坡三国共管，但也受到美国、日本等国家的海军布防，形势错综复杂，而中国通往中东、非洲、南美都不得不经过马六甲海峡这一咽喉要道。❹对这条水道的过度依赖，成为中国能源安全的现实威胁与最大隐患。一旦遇到战争、外交危机或是其他不可抗拒的风险，中国的石油运输安全将处于极为被动的局面。陆

---

❶ 中国海关总署统计数据显示，2008 年中国石油（包括原油、成品油、液化石油气和其他石油产品）净进口量达 20067 万吨。

❷ 陈晓晨："石油对外依存度过高将影响中国经济可持续发展"，载《第一财经报》2008 年 3 月 10 日第 A09 版。

❸ "厦门大学专家称到 2010 年中国天然气对外依存度将达到 35%"，载财讯网，http：//content.caixun.com/NE/00/f9/NE00f9tp2.shtm，访问日期：2013 年 9 月 1 日。

❹ 管清友、何帆："中国的能源安全与国际能源合作"，载《世界经济与政治》2007 年第 11 期。

上管道运输的潜在风险也不容忽略。管道和航线安全，当属我国能源安全最薄弱的环节。❶

（四）能源消费造成的环境压力影响可持续能源安全的实现

中国从国外大宗进口的能源——石油、天然气、煤炭等都属于化石燃料，反映出中国能源消费结构长期以化石燃料为主的特征。有研究显示，当前化石燃料的比重占到了我国能源消费的85%左右，且在未来当相当长时期内难以改变。❷ 而化石燃料是造成煤烟型大气污染的主要原因，也是温室气体排放的主要来源。这种状况持续下去，将给生态环境带来更大的压力。❸

中国目前已经是世界第一的二氧化硫排放国，第二的二氧化碳排放国；根据 IEA 的预测，到 2015 年，中国二氧化碳排放量将达到 8.6 亿吨，超过美国 6.4 亿吨居世界第一位。能源生产与消费结构所带来的严重环境污染问题，不仅成为中国未来发展的关键制约因素，也是中国能源安全的重大缺陷，严重影响到中国可持续能源安全的实现。

第二节 中国参与 WTO 能源贸易规则重构的意义与法律对策

一、中国参与 WTO 能源贸易规则重构的意义

（一）积极意义——中国能源安全保障的新路径

中国能源安全面临的困扰与威胁引起了国内外政界、学界以及实务界的极大关注，在众多的研究、分析与建议当中，有不少提到寻求国际合作这样一种解决思路——事实上，这也是新能源安全观的具体落实途径之一。

在全球化时代，能源安全已经不再是单个国家的个别性问题，而是全球范围内带有全局性、整体性的问题，如果脱离着眼于全球合作的通盘考虑，任何一国的能源安全都不可能得到持续性的保障，中国也不例外。中国的能源安全问题不可能孤立解决，谋求拓展能源国际合作的深度与广度，的确是保障中国能源安全的必由之路。

1. 中国当前的能源合作状况

事实上，中国近年来也一直在努力寻求多层次、广领域的能源合作，但

---

❶ 张雨燕、管清友：《世界能源格局与中国的能源安全》，载《世界经济》2007 年第 9 期。
❷ 马晓微：《中国能源消费结构演进特征》，载《中国能源》2008 年第 10 期。
❸ 国务院新闻办："中国的能源状况与政策"，载中国政府网 2007 年 11 月，http://www.gov.cn/zwgk/2007-12/26/content_844159.htm，访问日期：2013 年 6 月 3 日。

受制于中国自身的参与能力以及主要国际能源机制一定程度上的排他性，迄今为止中国对于当今各类能源国际机制的参与度总体上较低。目前中国是APEC能源工作组、东盟与中日韩（10+3）能源合作、国际能源论坛（IEF）、世界能源大会（WEC）的正式成员，ECT观察员，与IEA、OPEC组织等国际组织也保持着密切联系。"基本上与全球和区域国际能源组织几乎都有合作关系，但中国参与国际能源合作局限于一般性和对话性，实质性合作不多，中国作为成员的国际能源组织往往是协调型或对话型组织。"❶ 能够对当今国际能源秩序产生重大影响的国际机制，如国际能源机构等尚未将中国纳为成员，且近期内可能性很小。对于这些重要能源国际机制的主要成员来说，中国仅仅是国际合作中的"小伙伴"而已，❷ 虽然拥有广阔的市场，但中国显然对国际能源秩序缺乏足够的话语权。

耐人寻味的是，一方面由于中国迄今未能加入能源领域具有实质影响力的重要国际组织，比如国际能源机构，"这种令人遗憾的缺席使得国际社会很少听到中国的声音，甚至人们是如何议论中国的，我们都不知道"❸。而在另一方面，中国在国际社会上又越来越难以被忽略，甚至在中国缺席的能源国际组织会议上都往往成为关注的焦点，所谓的中国影子（China's Shadow）无处不在，几乎各类能源会议的议题，以及每个发言者的发言都离不了对中国影响和中国因素的分析与阐述。国际能源机构重要出版物《世界能源展望》2007版即推出中国、印度专题，专门聚焦中印能源发展趋势及其对世界能源形势的影响。

2. WTO能源贸易规则重构带来新的契机

这样的一种尴尬状况使越来越多的人意识到，不仅中国的能源安全问题需要放在全球的大背景之下去寻求解决方略，全球性的能源安全问题也无法回避中国因素。正因为如此，无论是中国，还是世界，都需要寻找机会构建包括中国在内的全球性机制，来回应全球性的能源安全问题。WTO能源贸易纪律重构，或许正是契机之一。

早前已有不少学者就中国能源国际合作路径做了大量有益的探讨，比如争取加入最具影响力的能源消费国合作机构IEA，或者另立山头，倡导组建新的石油进口组织OPIC与OPEC分庭抗礼。然而要么如IEA，"绕不开、进不

---

❶ "中国参与国际能源组织的合作现状"，载中华人民共和国国家发展和改革委员会网，http://www.sdpc.gov.cn/nyjt/gjjlyhz/t20060717_76589.htm，访问日期：2013年6月3日。

❷ 管清友："中国的国际能源战略应改变小伙伴身份"，载《中国石油石化》2006年第14期。

❸ 赵忆宁："全球能源合作对话：中国缺席？"，载《二十一世纪经济报道》2006年6月14日第8版。

去；很重要、不充分"❶；要么如 OPIC，远水不解近渴，不仅现实之中仍有难以逾越的障碍，同时又回到了片面能源安全观的老路上，并不能够从根本上解决中国的能源安全问题。还有像前文提及的有学者设想的推动成立世界能源组织（WEA），虽然"看上去很美"，却未免失之理想化而显得遥不可及。

因此，WTO能源贸易制度重构对于中国能源安全的积极意义，简言之，便是其有可能成为中国能源安全保障的又一个选项。这与有学者所主张的"可以考虑在现有的国际组织，特别是在中国作为重要成员或主要成员的国际组织中推动创建国际能源合作的政治框架"❷ 也是不谋而合的。

从大的图景来看，在WTO这样一个包括能源消费国、输出国及运输枢纽国在内的多边经济组织平台之上，如果能够打造一套强有力的能源贸易规范以及制度框架，建立起稳定的国际能源贸易秩序，促进能源在全球范围内尽可能自由地流通，无疑是在国际层面上为中国能源安全提供了一道有力的法律保障。一是有助于中国顺理成章地实现在国际能源秩序建设中的话语权——中国作为WTO体制内的新生力量，对于WTO能源贸易规则的重建，自然有机会也有能力发出自己的声音，表达自身的利益诉求与主张。二是也能够有效地促使能源问题逐步远离政治化的怪圈。中国入世之前，也曾经历过美国等西方国家动辄将贸易待遇问题与"人权"等政治因素相挂钩的困扰，这一类的纷争随着中国入世迎刃而解。由此意义上来看，中国未来依托WTO这样一个经济组织，来化解当前能源贸易、投资活动饱受"泛政治化"国际倾向牵制的困局，应当也是可以期待的。

从具体的方面来看，中国能源安全所迫切需要解决的一些现实问题，如供应的可靠性，转运的便利性问题等都有可能在WTO框架下探讨破解之策。而诸如环境与可持续能源安全一类的全局性问题，WTO也能够起到一些协调的作用。

正因为中国主要的能源贸易伙伴，甚至能源消费市场上视中国为威胁的潜在竞争对手基本都在WTO成员范围内，退一步来说，即使WTO能源贸易规则新一轮重建仍然无果而终，中国的积极参与至少可以增进与这些贸易伙伴或潜在对手们之间的沟通、交流以及相互了解与协调，并借此传播中国的能源安全观念，树立良好的能源大国形象，消除其他国家对于中国的误解，

---

❶ 管清友："中国能源安全的新思路"，载《中国经营报》2006年10月22日第A11版。该文认为，目前中国与IEA的合作可以归结为：绕不开、进不去；很重要、不充分。中国要保障能源安全就无法绕开和OECD以及IEA的合作，但是让中国马上成为其正式成员是不现实的。很重要、不充分意味着能够参与IEA的国际能源合作对维护中国的能源安全具有重要意义，但并非充分条件，加入IEA仅仅是中国实现能源安全的一个必要条件。

❷ "中国参与国际能源组织的合作现状"，载中华人民共和国国家发展和改革委员会网，http://www.sdpc.gov.cn/nyjt/gjjlyhz/t20060717_76589.htm，访问日期：2013年6月3日。

逐步建立起中国在国际能源新秩序建设方面的影响力。

（二）消极意义——中国能源政策的紧箍咒

对于正在多方寻求破解能源安全困局的中国来说，WTO能源贸易纪律重构，如同一把双刃剑。既可以为中国能源安全劈荆开道，也可能不小心伤到自己。且不说谈判当中，众矢之的的中国难免会受到来自各方的种种压力，一旦形成新的能源贸易规则，甚至新的能源贸易协定，则国家日后的相关能源贸易规制活动只能在WTO纪律框架内进行，国家能源政策的灵活度将会受到极大影响。

更值得注意的是，目前来看，能源贸易规则的重构是逐步开展、分散进行的，大致上是沿着传统能源贸易、能源服务贸易、可再生能源贸易（主要是生物燃料贸易）三条主线分别展开。对于中国而言，最为关注的是传统能源贸易这一块，这也是WTO能源规则构建中中国利益与目标较为明确的部分，然而这一部分也正是谈判中的难点，短时期内难有突破。能源贸易谈判的积极倡导者，同时也是WTO多哈回合谈判的主导者美国、欧盟、巴西等国，眼下所竭力推动的主要是能源服务贸易谈判以及可再生能源贸易谈判，而在这两方面，中国的谈判利益与谈判目标都不十分明朗，对关键事项也尚未准确把握，谈判能力很可能受到制约，在这样的情况下最后所形成的规则对于中国能源服务业或是生物燃料业的发展有可能产生不利影响。

当然还有一层消极影响不能不在此提及，鉴于能源事项固有的敏感性以及多哈回合面临的重重阻碍，能源贸易谈判可能会久拖不决，WTO能源贸易纪律重构将带有极大的不确定性。如果过分依赖这一条途径谋求中国能源安全保障，将对国家能源安全战略的形成与实施带来困难。

二、中国参与WTO能源贸易规则重构的法律对策

（一）中国参与WTO能源贸易规则重构的总体策略

从上述分析可以看出，在WTO框架下重构能源贸易规则，将能源纳入世界自由贸易的范畴，让市场充分发挥资源配置作用，从而实现能源在世界范围内的最优配置，保障能源在世界范围内可持续地、自由地流通，从总体上说是有利于中国这样一个能源消费大国的。同时这也是中国在国际能源市场上争取话语权的重要途径之一。

因此，从总体策略上来说，中国应该积极支持与推动WTO主导的能源自由贸易谈判。

自中国作为当今世界最重要的贸易伙伴之一加入WTO之后，对于多边贸易体制内的力量对比产生了重要影响。多哈回合谈判是WTO成立以来发起的第一轮多边贸易谈判，也是中国首次以正式成员身份参加多边贸易体制贸易

回合谈判，数量众多的谈判方、庞杂广泛的谈判议题、旷日持久的谈判日程，既是中国全面学习，逐步适应与适当影响多边贸易体制游戏规则与运行机制的良好契机，亦是中国融入经济全球化过程中的重大挑战。❶ 多哈回合的历练使得中国从了解规则、熟悉规则、适应规则逐步走向运用规则、改进规则以及建设规则，树立起稳重、有责任感的大国成员形象。

中国在多哈回合中所表现出来的积极、务实、灵活，但却低调、不当头、不事张扬的风格应该说是与中国当前在国际经济关系中的独特地位相得益彰的。作为崛起中的大国，中国在 WTO 谈判当中既要担当起大国责任，以顾全大局的姿态积极承诺新的贸易自由化义务、开放国内货物和服务市场，又要避免锋芒太露，引起其他成员国的顾虑，甚至招致敌意。

能源贸易向来被视为特殊商品，因而具有高度敏感性。中国参与 WTO 能源贸易重构谈判，应该沿袭一贯坚持的低调、务实却不失积极、灵活的姿态，并适时发挥对于未来能源贸易规则框架的建设性影响力。总之，原则上中国更宜于作为一个积极参与者与推动者，而不是强有力的倡导者或领导者。

WTO 多边能源贸易谈判错综复杂，能力有限（包括对有关议题影响的分析能力、要价和出价的经验把握等）仍然是我国在相当长时期内必将面临的一大困难。❷ 为了实现自身能源谈判利益与目标，同时促进谈判取得均衡、普惠、共赢的结果，有几项工作必须要及时开展。

（1）中国必须采取有力措施切实加强自身与谈判有关的能力建设。包括充分关注与汲取国际间关于 WTO 与国际能源贸易问题的研究成果与政策动向，加强对于现行相关规则、产业现状与产业对策的研究，跟踪把握谈判进程，并通过建立谈判协作机制（整合政府、学界与行业的经验），清楚界定谈判事项，明确谈判利益与谈判目标。

（2）充分利用现有的各种国际能源合作平台，倡导和谐共赢的新能源安全观，促进国际社会间能源政策磋商和协调，了解其他 WTO 成员（特别是主要发达成员）的需要和影响，加强彼此间的对话与沟通，争取达成共识。

（3）应在中国正在开展的能源立法活动中融入国际能源合作与协调意识，并将新能源安全观的内涵转化体现为中国的能源法律思想。在具体法律规范建设当中则应预留出与未来 WTO 能源贸易新规则接轨的空间。

当然，对于 WTO 能源贸易纪律重建的复杂性、艰巨性，也应该有一个清醒的认识，不能盲目乐观，也不必在遭遇暂时挫折时轻言放弃。同时，在将积极参与和推动 WTO 能源贸易纪律重构作为中国能源安全国际保障重要切入

---

❶ 黄志雄："WTO 多哈回合谈判与中国的多边外交探析"，载《国际论坛》2008 年第 6 期。
❷ 黄志雄："WTO 多哈回合谈判与中国的多边外交探析"，载《国际论坛》2008 年第 6 期。

点之际，也不放松参与全球层面及区域层面的其他国际能源合作机会，以多层次、全方位地营造中国能源安全保障的和谐外部环境。

(二) 传统能源贸易谈判事项的因应之道

传统能源贸易谈判事项是指自 GATT 时代就已经开展的围绕能源货物贸易的谈判事项，如双轨定价、数量限制、能源补贴等，相关的谈判至今仍在继续，目标是纠正 WTO 体制内现有能源贸易活动规范的不平衡与不完善。

谈判当中 WTO 成员基本上分为能源消费国与能源生产国两大阵营，双方利益诉求与主张分歧较大。谈判中双方就一些利益攸关的事项纠结不清，进展缓慢，短时间内难以有所突破。

中国显然是属于能源消费国利益群体当中的一员，与美国等主要西方发达国家成员利益诉求趋于一致。尽管这一部分谈判对于中国意义最为重大，能源货物贸易自由化也是中国对于 WTO 能源贸易纪律重构的最大期许，但基于目前的谈判格局与谈判进展，中国也只能是静观其变，适时推动，顺势而为，以实现自身的谈判目标与谈判利益。

与此同时，中国应加强对 NAFTA 以及 ECT 能源贸易制度的研究。这两个美欧主导的能源机制，反映了能源贸易利益在区域层面妥协的结果，加之美欧两国的全球影响力，NAFTA 以及 ECT 相关规范指引了未来 WTO/GATT 能源贸易规则发展的大致方向，中国应对之心中有数。

(三) 能源服务贸易谈判的因应之道

1. 基本利益取向与面临的挑战

一般而言，一个国家或地区能源服务业的发展是与其能源市场框架改革进程联系在一起的。

总体上讲，我国能源领域改革较发达国家滞后。尽管能源领域的市场化改革取得了一定成效，但影响能源领域深化改革和长远发展的一系列深层次矛盾和问题并没有根本解决。如煤炭价格尚未完全市场化；电力部门的"厂网分开、竞价上网"改革还刚刚开始；石油部门分拆后的区域垄断性还比较强；竞争框架正在搭建中，竞争主体、市场秩序、市场功能、定价机制等还未改革到位。因此，能源服务业在中国还处在比较初级的阶段，从石油、天然气到煤炭、电力部门，从上游、中游至下游，大量的能源服务业务仍是由中石化、中海油、中石油、中煤集团等大型国有能源企业来承担的，中国能源服务业在服务质量、技术水平等方面，与西方发达国家相比，尚有相当的距离，缺乏比较优势。[1]

从能源服务业对外开放的情况来看，入世几年间，中国依照服务贸易具

---

[1] 何晓曦："资源税调整吹响能源体制改革号角"，载《国际商报》2005 年 6 月 9 日第 2 版。

体承诺表的内容与进度如期开放了石油勘探、勘测、陆上石油服务、成品油与原油的批发和零售业务市场，具体进程如表7-1所示。

表7-1　中国能源服务相关承诺

项目名称及分类		市场准入限制	国民待遇限制
相关科学技术咨询服务（CPC8675）	地质、地球物理和其他科学勘探（CPC86751）	跨境交付、境外消费没有限制； 商业存在：仅限于以与中国合资伙伴合作开采石油的方式； 自然人流动：除水平承诺中内容外，不作承诺	跨境交付、境外消费、商业存在没有限制； 自然人流动：除水平承诺中内容外，不作承诺
	地下勘测服务（CPC86752）		
	陆上石油服务（CPC8675）	跨境交付、境外消费没有限制； 商业存在：仅限于以与中国石油天然气总公司（CNPC）合作在经中国政府批准的指定区域内开采石油的方式。为执行石油合同，外国服务提供者应在中华人民共和国领土内设立一分公司、子公司或代表处，并依法完成注册手续。所述机构的设立地点应通过与中国石油天然气总公司协商确定。外国服务提供者应在经中国政府批准在中国领土内从事外汇业务的银行开设银行账户； 自然人流动：除水平承诺中内容外，不作承诺	跨境交付、境外消费没有限制； 商业存在：外国服务提供者应准确并迅速地向中国石油天然气总公司提供关于石油经营的报告，并应向中国石油天然气总公司提交与石油经营有关的所有数据和样品以及各种技术、经济、会计和管理报告。中国石油天然气总公司应对在实施石油经营过程中获得的数据记录、样品、凭证及其他原始信息拥有所有权。外国服务提供者的投资应以美元或其他硬通货支付。 自然人流动：除水平承诺中内容外，不作承诺
分销服务	批发服务	跨境交付：不作承诺； 境外消费：没有限制； 商业存在：中国加入后5年内，允许外国服务提供者从事化肥、成品油和原油的分销； 自然人流动：除水平承诺中内容外，不作承诺	跨境交付：不作承诺； 境外消费、商业存在：没有限制； 自然人流动：除水平承诺中内容外，不作承诺

续表

项目名称及分类		市场准入限制	国民待遇限制
分销服务	零售服务	跨境交付：除邮购外，不作承诺； 境外消费：没有限制； 商业存在：中国加入后3年内，允许外国服务提供者从事化成品油和原油的零售，加入后5年内，允许从事化肥的零售； 自然人流动：除水平承诺中内容外，不作承诺	跨境交付：除邮购外，不作承诺； 境外消费、商业存在：没有限制； 自然人流动：除水平承诺中内容外，不作承诺
其他与能源相关的服务项目	工程服务（CPC8672）	跨境交付：要求与中国专业机构进行合作； 境外消费：没有限制； 商业存在：仅限于合资企业形式，允许外资拥有多数股权，中国加入WTO后5年内，允许设立外商独资企业； 自然人流动：除水平承诺中内容外，不作承诺	跨境交付、境外消费没有限制； 商业存在：外国服务提供者应为在其本国从事建筑/工程/城市规划服务的注册建筑师/工程师或企业； 自然人流动：除水平承诺中内容外，不作承诺
	集中工程服务（CPC8673）		
	管理咨询服务（CPC865）	跨境交付、境外消费：没有限制； 商业存在：仅限于合资企业形式，允许外资拥有多数股权，中国加入WTO后6年内，取消限制，允许外国公司设立外资独资子公司。 自然人流动：除水平承诺中内容外，不作承诺	跨境交付、境外消费、商业存在没有限制； 自然人流动：除水平承诺中内容外，不作承诺
	技术测试和分析服务（CPC8676）	跨境交付、境外消费：没有限制； 商业存在：允许已在本国从事检验服务3年以上的外国服务提供者设立合资技术测试、分析和货物检验公司，注册资本不少于35万美元	跨境交付、境外消费、商业存在没有限制； 自然人流动：除水平承诺中内容外，不作承诺

续表

项目名称及分类		市场准入限制	国民待遇限制
其他与能源相关的服务项目	技术测试和分析服务（CPC8676）	中国加入WTO后2年内，将允许外资拥有多数股权。中国加入WTO后4年内，将允许设立外资独资子公司；自然人流动：除水平承诺中内容外，不作承诺	
	建筑及相关工程服务（CPC518）	跨境交付：不作承诺；境外消费：没有限制；商业存在：仅限于合资企业形式，允许外资拥有多数股权。中国加入WTO后3年内，允许设立外商独资企业。外商独资企业只能承揽以下四种类型的建筑项目。（1）全部由外国投资和/或赠款资助的建设项目（2）由国际金融机构资助并通过根据贷款条款进行的国际招标授予的建设项目（3）外资等于或超过50%的中外联合建设项目；以及外资少于50%、但因技术困难而不能由中国建筑企业独立实施的中外联合建设项目（4）由中国投资、但中国建筑企业难以独立实施的建设项目，经省政府批准，可由中外建筑企业联合承揽；自然人流动：除水平承诺中内容外，不作承诺	跨境交付：不作承诺；境外消费：没有限制；商业存在、中国加入WTO后3年内，取消所有限制

资料来源：作者整理。

由于受制于发展阶段以及市场化水平，目前我能源业对外开放的程度一般，在世界范围内大致处于中下水平，石油部门的开放程度比天然气、电力等略高，开放项目涉及上游开采与下游销售。同时，我国承诺的大都是与能源相关的服务部门，尚未就专属能源服务范畴的项目作出承诺。

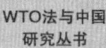

我国未作出承诺的能源服务项目如表 7-2 所示。

表 7-2 我国未作出承诺的能源服务项目

项目名称	项目分类	项目名称	项目分类
矿产附带服务	CPC883	能源分销附带服务	CPC887
矿区准备服务	CPC5115	电力传输	W/120 及 CPC 无适当分类
合同基础上的固体、液体与气体燃料及相关产品销售服务	CPC62113	电力、城镇天然气、蒸气及热水的批发与零售服务	W/120 及 CPC 未分类
固体、液体与气体燃料以及相关产品的批发服务（电力与城镇供气）	CPC62271	燃料的管线运输	CPC7131
液态及气体燃料的仓储服务	CPC7422	燃料油、瓶装气、煤与木材的零售服务	CPC63297

资料来源：作者整理。

在当前多哈回合的能源服务贸易谈判当中，我国参与度并不高，没有像其他成员一样提出谈判建议或是提出要价请求，然而却是 11 国"联合请求"的要价对象之一。虽然我国尚未就能源服务谈判提议或要价请求明确回应，但显然已经不能置身事外。最大的问题是当前我国（政府、学界、业界）对于能源服务业谈判这一议题明显认识不足，因而难以准确把握该议题可能对中国产生的影响，也就无法提出具体主张与建议。

2. 政策与法律对策

开展以下几个方面的工作已经是当务之急，刻不容缓。

（1）对于能源服务谈判的相关进展情况应该给予高度重视，加强相关方面的研究工作，以准确地认识谈判议题、了解其他 WTO 成员的立场与主张，在整合科研资源、行业资源的基础上形成我国的谈判立场与主张。

（2）围绕谈判目标与重点事项制订谈判策略。谈判目标应包括有助于改善我国具体能源部门行业与企业的服务提供能力；促进能源普遍服务，以提高人民的生活水平；促进我国能源服务技术水平与管理水平在整体上的提升。谈判中应特别关注的事项包括：能源服务自由化的灵活度、国际能源服务市场上的份额、先进能源服务技术的传播等。

（3）对我国能源服务业的发展现状与发展趋势进行梳理，并在此基础上形成我国开放与暂不开放项目清单。这个工作日本、韩国、中国台湾地区都已经在开展，如中国台湾地区相关研究针对谈判提出项目清单如表 7-3 所示。

表7-3　中国台湾地区能源服务谈判建议项目清单

项目部门	确定开放项目（不列入保留项目）	暂不予开放项目（现阶段保留项目）
石油	CPC883 矿产附带服务 CPC5115 矿区准备服务 CPC62113 合同基础上固体、液体与气体燃料销售 CPC62271 固体、液体与气体燃料以及相关产品的批发服务（电力与城镇供气） CPC63297 燃料油、瓶装气、煤与木材的零售服务 CPC7422 液态及气体燃料的仓储服务	
天然气	CPC883 矿产附带服务 CPC5115 矿区准备服务 CPC62113 合同基础上固体、液体与气体燃料销售 CPC62271 固体、液体与气体燃料以及相关产品的批发服务（电力与城镇供气） CPC63297 燃料油、瓶装气、煤与木材的零售服务 CPC7422 液态及气体燃料的仓储服务	CPC7131 CPC887 CPC 未定 城市天然气附带批发及零售服务
电力		CPC 未定 电力传输 CPC887 能源附带分销服务 CPC 未定 电力批发贸易及零售服务

资料来源："台湾经济部能源局"。

我国不妨参照这些国家或地区的经验，结合我国能源服务产业状况与未来发展规划，归纳整理出我国能源各部门的开放与暂不开放项目清单。

（4）充分利用WTO框架下各种多边与双边谈判、讨论机会。一是可以更多地了解其他WTO成员的立场与主张，为确立我国自身谈判策略收集准备可供参考与借鉴的信息资料。二是可以增进与其他成员的沟通，适机促成谈判向有利于我国的方向发展。

（5）现有的对内、对外能源政策制定、修改或能源立法活动应着眼于能源服务业的长远发展，着眼于打造及提升企业的国际竞争力。对内鼓励能源企业的持续重组、形成跨地区、集中度高的专业公司优势，对外采取合资、合作方式掌握新技术或以市场换技术，谋求中国能源服务企业生存与发展的市场空间。

（四）生物燃料贸易谈判的因应之道

1. 基本利益取向与面临的挑战

中国可以说是一个具有生物燃料"贸易利益"的国家，产量居全球第三位，进口数量也位居全球前列。中国疆域宽广，气候与地理条件适于多种生物燃料原料作物的生长，中国生物燃料发展的前景广阔，同时也具备了一定国际市场竞争力。

因此，推动在全球层面扩大生物燃料市场准入范围与加强贸易纪律，打造"公平竞技平台"（level play ground），抑制"规制竞争"❶引起的生物燃料贸易保护措施泛滥，符合中国生物燃料发展的长远利益。

当前面临的挑战则主要来自生物燃料的环境影响争议，因其左右着生物燃料的市场发展前景，给我国的生物燃料战略决策方向带来了不确定的因素。

生物燃料的规模生产已成为21世纪最有影响的生物工程标志性成果之一，同时也是最具争议性的事物之一。在"推动生物燃料发展，是对人类的犯罪"❷的严厉谴责与"忽视生物燃料对经济发展的推动作用将是对全人类的犯罪"❸的激情辩护声中，生物燃料发展的步伐或许有所迟疑，但绝对没有停下。以美欧为代表的发达国家，以巴西为代表的发展中国家始终坚持推进生物燃料的发展，并视之为确保能源安全的重要举措。

FAO总干事雅克·迪乌夫认为："生物燃料既提供了机遇又带来风险。其结果将取决于国家的具体情况和采取的政策"，"当前的政策往往有利于一些发达国家的生产者而非大多数发展中国家的生产者。所面临的挑战是在更广泛地分享机遇的同时，减少或控制风险"。由于美欧等发达国家凭借技术、资金优势在生物燃料商业化过程中抢得发展先机，居于有利竞争地位，在全球性的贸易规则制定过程中掌握更大的主动权与发言权。

2. 政策与法律对策

主流的科学意见已经表明，生物燃料本身仍然是传统能源的重要替代选项，其最大的问题在于生产过程中可能带来的"不可持续性"的负面影响，

---

❶ "规制竞争"由各国法律规范的差异性引起，规范的差异性与多样化成为各国比较优势的组成部分，进而在相互竞争中促进了经济要素的国际性流动，这是规制之竞争带来的积极效应；而消极的效应则在于国家之间规制的竞争不一定总是向上竞争，囿于自身利益的驱动，也很有可能发生"向下竞争"，或是如"囚徒困境"等对国际社会总体不利的效果。

❷ "印官员驳布什指责：生物燃料政策是对人类的犯罪"，载中国经济网，http://www.ce.cn/cysc/agriculture/gdxw/200805/07/t20080507_15379083.shtml，访问日期：2013年5月7日。

❸ "巴西总统称忽视生物燃料是对人类的犯罪"，载卓创资讯石油网，http://oil.chem99.com/news/363327.html，访问日期：2013年5月23日。

· 248 ·

因此生物燃料的大方向并没有错，问题的关键在于如何控制生物燃料生产过程中的"不可持续性"。

对于中国来说，不能等到所谓的是非之争尘埃落定，才从政策层面作出选择，而是应该从以下几个方面积极入手，配合 WTO 多边贸易体制框架下的生物燃料贸易谈判进程，趋利避害，走出自己的生物燃料发展之路。

（1）在政策或立法当中，坚持以主流科学意见为指导，以"不与民争粮、不与粮争地"的方针引导国内生物燃料产业的有序发展；加强国际合作，缩短与国外的技术差距，致力于新一代非粮作物生物燃料的技术创新。

（2）积极推动在 WTO 框架下开展生物燃料谈判，支持削减生物燃料的关税壁垒以及非关税壁垒，促进生物燃料市场严重贸易扭曲的现象得以改善，使得生产在最经济或环境最适宜的地方开展。

（3）确保国际体系能够支持生物燃料可持续发展。作为崛起中的大国，中国应责无旁贷地承担起促进环境可持续的义务。长期以来，国内占主导意识的一种观点是反对将"非与产品相关的生产方法与工艺"纳入国际贸易体系，认为这将对技术或工艺欠发达的广大发展中国家形成"技术壁垒"或"绿色壁垒"。本书认为，生物燃料作为具有强劲发展潜力的新能源来源，其生产方法与工艺事关环境保护的全局，建议中国在参与国际立法层面，至少在生物燃料的问题上，放弃长期以来坚持的这一观点。

（4）积极参与生物燃料国际标准的制定，支持以"环境可持续性"要求生物燃料生产过程，以改善生物燃料在环境方面的表现。同时应坚持标准必须以全球的公共利益为重心，建立在一致的国际商定标准基础之上，不能使发展中国家处于不利的竞争地位。

第三节　中国在现行 WTO 框架下应对可再生能源贸易争端的思路

一、中外可再生能源贸易争端态势

能源领域一向是各国"必争之地"，肩负战略性新兴产业重任的可再生能源领域亦不例外。由于可再生能源发展水平已经成为衡量国家未来发展竞争力的新标志，原本企业之间的竞争顺理成章地上升至国家竞争的高度，无论是发达国家还是新兴国家都想方设法助力本国企业抢得先机，以占据可再生能源技术与市场的制高点，可再生能源贸易摩擦与争端因而接踵而至。由于生产规模与发展速度引人侧目，中国无可回避地卷入了可再生能源贸易摩擦与争端之中，甚至首当其冲。就当前 WTO 受理的 10 起可再生能源贸易争端而言,中国作为当事方的有4起(DS419、437、452、449),如表7-4所示。此外在其他一些可再生能源贸易争端中,中国也作为第三方积极参与。

表7-4 中国作为当事方的WTO可再生能源争端

案号	投诉方	被诉方	系争措施	提请磋商时间	当前进展	投诉方磋商请求中援引的WTO条款
DS419	美国	中国	风能设备措施	2010年12月22日	磋商阶段	GATT 1994:第16条第1款; SCM:第3条,第25.1条,第25.2条,第25.3条,第25.4条; 加入议定书:第一部分,第1.2段
DS437	中国	美国	风能、太阳能板产业措施	2012年5月25日	2012年9月28日专家小组成立	SCM:第1.1条,第1.1(a)(1)条,第1.1(b)条,第2条,第10条,第11条,第11.1条,第11.2条,第11.3条,第12.7条,第14(d)条,第30条,第32.1条; GATT 1994:第6条,第23条; 加入议定书:第15条
DS449	中国	美国	美国对中国特定产品反补贴反倾销措施	2012年9月17日	2014年3月27日专家小组报告	GATT 1994:第5条,第6条,第11条; SCM:第10条,第15条,第19条,第21条,第32条; 反倾销协定:第9条,第11条
DS452	中国	欧洲	可再生能源发电部门产业措施	2012年11月5日	磋商阶段	GATT 1994:第1条,第3条第1款,第4款,第5款; SCM:第1.1条,第3.1(b)条,第3.2条; TRIMs:第2.1条,第2.2条

资料来源:作者整理。

这4起争端中既有可再生能源政策直接引发的争端,也有间接引发的争端,3起发生在中国与美国之间,1起发生在中国与欧盟之间。表面看来以中国作为投诉方的居多,占3起,唯一的一起被投诉争端系因风能设备支持政策而起。然而在这个数字背后是19起牵涉中国可再生能源产品或设备的"双

· 250 ·

反"调查案,其中 12 起反补贴调查案(包括 3 起由中国发起的调查案,分别针对美国、欧盟与韩国的太阳能产品),7 起反倾销调查案(包括 2 起由中国发起的调查案,分别针对美国与欧盟太阳能产品),而对中国发起"双反"调查的国家则有欧盟(4 起反倾销调查,2 起反补贴调查)、美国(3 起反倾销调查、3 起反补贴调查)、澳大利亚(1 起反倾销调查)、印度(1 起反倾销调查),主要针对中国的太阳能与风能设备或产品。换言之,在可再生能源领域,与其说是中国主动出击,利用 WTO 争端解决机制与其他可再生能源利益大国博弈,不如说是欧美等国咄咄逼人的"双反"调查倒逼中国以这样的形式还击。

中国高频率地成为 WTO 可再生能源争端当事方,一方面表明中国积极运用 WTO 争端解决机制这个平台为中国企业参与可再生能源国际化竞争护航,以及反制欧盟等国单边贸易救济措施的决心与行动,另一方也凸显了中国发展可再生能源所面临的严峻挑战——可再生能源技术竞争、市场竞争的背后还有不容忽视的规则竞争,而这正是欧美国家所擅长的领域。欧美等发达国家一向谋求通过更高层次的规则竞争来越过市场竞争这样的"阵地战",这些国家非常重视建设国内先进的制度体系以抢占竞争制高点,同时也不忘利用国内单边贸易救济措施以及 WTO 争端机制平台抑制竞争对手国家的上升态势。

可以预见,随着中国可再生能源的持续发展,一段时期内,中外可再生能源摩擦及争端或将常态化,主要有以下两个潜在的诱因。

(1) 国与国之间规则竞争引发争端。中国以《可再生能源法》为起点,形成了一套可再生能源政策体系,这套尚在初期阶段存在着诸如缺乏连贯性、缺乏操作性等较大问题的粗放框架式政策制度,在竞争对手欧盟、美国等眼中却是一套全方位大力度、野心勃勃的可再生能源政策支持体系。[1] 为遏制中国政策扶持转化为切实的可再生能源市场竞争力,乃至国家竞争力,欧美等国在发展自身政策机制的同时势必利用现有的规则平台,以"公平"为名设法打压中国的可再生能源支持政策。

(2) 各国政策转型步调不一致引发争端。我国一直是在借鉴西方国家经验的基础上发展可再生能源政策体系,但并非全面、均衡地引入所有的政策措施。在市场化措施这一块,比如可再生能源配额交易机制以及其他一些金融机制,就囿于种种现实原因未能引入或与欧美国家差距很大。从上文分析的可再生能源政策发展动向可以看出,欧盟已经率先放缓财税支持力度,转

---

[1] Joseph Schiavo (IDDRI), China, the WTO, and the race for renewable energy, February 2011, available at www.iddri.org/Publications/Collections/Analyses/, last visit on June 22, 2014.

向市场化措施，美国也一直探索创新各种市场化机制，减少政府直接补贴。随着可再生能源技术步入成熟期，其他发达国家亦会谋求政策转型。在这方面中国滞后的改革步伐很可能使得中国单纯的可再生能源财税补贴成为众矢之的，引来频繁的贸易摩擦甚至 WTO 争端。

二、中国的应对思路

在相当长的一段时期内，中国可再生能源的持续发展或将一路伴随贸易摩擦纷争以及相应的 WTO 争端。这样的形势既然在所难免，"与狼共舞"，尽可能将贸易争端带来的困扰减至最轻，以保障这一新兴产业健康持续发展，则不失为努力的方向。鉴于此，在现行 WTO 框架下探索应对策略已经是十分必要，以下是一些可供深入探讨的思路。

（一）全面梳理可再生能源支持政策，加强市场化措施

中国可再生能源政策体系虽已基本成形并初见成效，但与欧盟、美国等相比，在政策之间的连贯性、协调性方面，以及政策内容的完备性、操作性方面还是有所欠缺的，有必要进行全面梳理，依据可再生能源发展技术及相关经济、政治领域的最新成果加以调整和完善。

总体来看，当前中国的可再生能源政策侧重在技术促进政策措施这一类，需求拉动政策措施偏弱，这或许是可再生能源设备生产能力与消费能力不相称的原因之一。本土市场对于可再生能源设备、产品的消纳有限，迫使大量可再生能源企业外向型发展，贸易摩擦当然会随之而来。因此，未来在政策方向上应考虑以提振本土市场需求为主，努力拓展中国国内对于可再生能源设备、产品的市场容量，使之保持与生产能力基本平衡，必将缓解摩擦之势。

此外，从前文分析中可看到，当前中国可再生能源政策体系中，市场化措施乏力，亦是不容忽视的隐忧。从长计议，中国从现在起就应该深入研究，学习借鉴欧美国家卓有成效的市场化措施，探索从价格政策、竞争政策、投资政策、产业政策、金融政策、科研和产业化共同促进、出口鼓励等市场措施推进可再生能源发展进程的可行性。有效的市场化措施一来可以作为现行政策的补充，调动国内可再生能源市场活力；二来可以作为政策预案，即便暂时不宜推出，也可以留待现行措施受到挑战甚至在 WTO 争端解决过程中出现不利结果时适时启用。

（二）跟踪 WTO 可再生能源争端解决实践的最新动态与相关研究成果

全面收集整理 WTO 争端解决机构处理的所有可再生能源贸易争端，不论中国是否以当事人或第三方身份参与其中。实时跟踪争端处理动态，深入研究分析上诉机构、专家小组报告的结论、分析与论证，以及各方观点及提交的证据，结合学界对相关争端的评论，力求更为深刻与透彻地理解、把握

WTO 各个协定中的相关条款适用于可再生能源领域的正确意义与影响。这方面的研究成果与人才储备不仅能为提交到 WTO 的争端应诉或投诉做好充分准备，提高胜算；也便于在实施贸易救济措施或应对他国贸易救济措施时心中有数，应付裕如。

（三）积极参与构建国际间可再生能源规则，支持可再生能源国际市场的有序竞争

可再生能源规模的强劲增长在引发贸易摩擦与争端的同时，也给 WTO 带来多重挑战。WTO 可再生能源争端解决实践已然表明现行规则适用于可再生能源领域的诸多局限。对此，学界一直在呼吁 WTO 成员启动可再生能源纪律的澄清或者针对可再生能源贸易规则的谈判。虽然多哈回合沉寂多时使得这一建议难以很快落到实处，但身为可再生能源利益大国的中国应当保持对相关动向的高度关注，重视与加强可再生能源贸易规则的研究，无论是在多边、区域还是双边的贸易体制框架内，只要涉及可再生能源贸易规则的构建，中国都应当谋求积极参与，发出自己的声音，推动建立可再生能源公平竞争平台。

小　结

中国能源贸易的发展态势折射出中国能源安全面临的诸多问题，尤其是能源问题泛政治化成为中国能源安全的最大威胁。广泛寻求国际合作，并在政治、外交努力之外，通过能源国际机制这样一种法律途径来保障中国的能源安全，已经成为各界共识。WTO 能源贸易制度重构，不失为建设全球性整体能源安全体系的有益探索，对于中国参与能源国际规则的构建亦是一个良好的契机，总体上有利于中国这样一个能源大国。中国应把握这一机会，争取使之成为中国能源安全保障途径之一。多哈回合当中，美欧等成员倡导与推动 WTO 框架下的能源贸易谈判，能源服务贸易谈判以及生物燃料贸易谈判已经在逐步展开，中国应当高度关注与重视相关谈判进程，积极支持与参与，促进谈判融入新能源安全观的理念，取得均衡、普惠、共赢的结果。

结束语：WTO 的能源 "足迹" 与走向

WTO 与能源贸易，前者是当今世界上独一无二的处理国家之间贸易关系的全球性规则体系与多边机制，后者是迄今为止最大宗的、同时也是最具 "国际性" 的商品交易。单从表面的关联来看，两者之间理应有着深刻的互动关系。然而稍有常识之人便知道这种表面的解读与两者之间关系的真实状况相去甚远。甚至于在人们固有的印象当中，存在着完全相反的图景，即以自由化为基本原则与终极目标的多边贸易体制，与集经济利益与战略考虑于一身的能源贸易之间，一直谨慎地保持着相当一段距离。

当然，如果换个角度，也不难了解，恰恰正是类似的思维定式或者思想禁忌，在一定程度上使得多边贸易体制与能源贸易本应顺理成章的交互关系走到了完全相反的方向上去。多边贸易体制的最初设计理念，以及日后的发展实践更多地着眼于能源的政治敏感性而不是将其作为普通的商品来对待，直至将能源贸易辟为一块特殊的保留地。无论是历史上的 GATT，还是现在的 WTO，对于能源贸易的规制一直是乏善可陈，其几曾呼风唤雨的魔力似乎在能源贸易的领地上戛然而止，贸易自由化始终在能源贸易的大门外徘徊。

这样一种着意于成员国 "安全" 的能源贸易制度安排，在牵引能源贸易偏离自由化轨道的同时，亦使得能源贸易受到形形色色国家政策措施的人为阻隔而不复顺畅。随着全球化时代能源格局大变革的全面铺开，出于安全考虑而在能源与多边贸易体制之间构建隐形隔离带的实践，越发暴露为一种缺乏远见卓识的短视之举。在 "能源危机" 冲击波下，这样的安排屡屡被证明不仅无助于全局性的能源安全，反而成为有效解决各成员单独的以及集体的能源安全问题的极大阻碍。当这种事与愿违的尴尬逐渐被人们认识之后，一股新的力量开始在理论与实践当中酝酿，试着推动拆除长期以来阻隔在能源贸易与 WTO 之间的理念藩篱与规则屏障，以将两者的关系推到应有地位上去，使得能源贸易能够与其他商品贸易一道，切实地被纳入 WTO 多边贸易体制的有效规制当中。

WTO 与能源贸易之间的关系，正是这般耐人寻味。追本溯源，从多边贸易体制诞生伊始刻意回避对于能源贸易事项的深度调整，到日后随着形势的发展能源贸易"保留地"的界限逐渐模糊，再到今天越来越多的研究与探讨重新审视多边贸易体制在全球性能源安全保障方面可能扮演的角色，WTO 与能源贸易渐行渐近的景象已隐约可见。本书的研究正是通过梳理 WTO 框架下能源规则构建的来龙去脉，力图清晰地阐述这一进程的历史沿革与现实图景，以及把握其未来走向。

事实上，对于 WTO 将能源贸易纳入更有力的规制，依然有许多反对的声音，诸如主张 WTO 调整范围不宜过于宽泛，或者说纳入能源这样政治敏感性高的商品将会"污染"WTO 的未来等。对于 WTO 能源贸易问题的另一个侧面，本书篇幅所限，未能加以更多的关注，当然更主要的原因是，本书将这些不同观点中阐述的理论与事实，视为 WTO 与能源关系发展中的枝节，而非主流。此处的研究将笔墨更多地放在本书的主旨方面，即 WTO 通过一系列的规则调整，将能源贸易纳入有效规制，有助于国际能源贸易健康有序的发展，有益于全球范围可持续能源安全的实现。

WTO 受理的第一起争端汽油标准案因能源贸易而起，第一轮多边贸易谈判回合在兼有 WTO 与 OPEC 双重成员身份的卡塔尔首都多哈发起，可能只是带有偶然性的巧合，但在某种意义上，似乎也预示了某种大势所趋的必然性，即 WTO 通过一系列的规则调整，终将在能源贸易领域有所作为。本书的研究得出这样的趋势判断主要基于以下三点理由。

（1）契合全球化时代能源格局的新能源安全观正在不断深入人心，其对能源国际机制的发展提出了新的要求，在 WTO 框架下开展能源贸易规则重建正是顺应了这一历史潮流。WTO 成员的广泛性决定了其代表利益的多元性，加之 WTO 规则的约束力与其争端解决机制的权威性，使得它成为当今国际经济秩序中最具影响力的主导者与维持者，尽管 WTO 自身也受困于进一步向纵深发展不得不面临的诸多问题，但目前而言，它无疑是开展多边能源合作与协调的最佳场所。

（2）能源贸易本身是能源安全的实现途径之一。多边贸易体制的基石——自由贸易原则，代表了能源贸易未来发展的应有方向，同时贸易平台的影响力辐射全球各国能源活动的方方面面，若能将能源纳入世界自由贸易的范畴，让市场充分发挥资源配置作用，则有望实现能源在世界范围内的最优配置，以及可持续的能源安全目标。

（3）NAFTA 与 ECT 等区域组织以 WTO/GATT 规则为基础的能源贸易制度安排，体现了 WTO/GATT 规则在能源贸易规制方面的基本价值，这些富有成效的区域实践显示出 WTO 在全球层面进行能源贸易规则重构的现实性与可行性，同时也揭示了贸易平台对于能源安全保障的重要意义。

多哈回合分散在各个议题当中开展的能源贸易谈判基本证实了上述趋势

· 255 ·

判断。能源服务贸易谈判已经较为深入地开展，很可能成为 WTO 切实规制能源贸易秩序的切入点与突破口，而 WTO 成员对于近年来风生水起的生物燃料贸易，选择在 WTO 框架下寻求解决相关贸易问题也已经成为主流共识，这些都反映出 WTO/GATT 多边贸易体制在全球化时代的号召力与影响力。鉴于多哈回合悬而未决的状况，围绕能源问题的谈判形势未必很快明朗，但本书认为 WTO 重构能源贸易纪律，以将能源贸易纳入有效规制的进程终究无法回避，只是时间问题。

本书同时关注到这一进程对于中国能源安全的意义。中国"入世"与多哈回合的发起同步实现，随之而来的是中国经济的迅速崛起，以及中国身不由己地"感染了"全球性的能源安全"焦虑症"。一直以来，中国努力学习、适应参与多边贸易体制的低调姿态以及忙于摆脱能源困局却频繁招致他国猜忌与质疑的被动局面，使得中国尚未将更多的视线与精力投入到 WTO 与能源安全的互动上来，中国对于多哈回合能源贸易谈判参与度较低，对于 WTO 能源问题的认识也明显薄弱。一方面，中国正多方努力提升国际能源合作水平，另一方面，萌动之中的 WTO 能源贸易纪律重构正在成为国际能源新秩序建设的一部分，中国绝对不可忽略对于这一进程的关注、研究及参与。如果能够在 WTO 这样一个包括能源消费国、输出国及运输枢纽国在内的多边经济组织平台之上，打造一套强有力的能源贸易规范以及制度框架，无疑是在国际层面上为中国能源安全提供了一道法律保障，不仅有助于中国实现在国际能源合作中的话语权，同时也能够有效地促使能源安全问题的逐步非政治化。中国应当把握这一契机，使之成为实现中国能源安全保障的重要途径之一。

本书力求从中国能源安全的角度，把握 WTO 能源贸易规则构建的来龙去脉以及发展趋势，由于这一题材牵涉的法律与政策问题颇为广泛，枝节蔓延，本书采取的研究思路并非追求面面俱到，而是着重于主干线索的梳理以及重要事项的论证，疏漏之处，或有待日后进一步研究。特别想在此说明的是，在国外一些有影响的研究当中，往往从可持续能源安全角度探讨 WTO《政府采购协定》规则的可能调整方向，本书亦认同《政府采购协定》与能源贸易有着较为重大的关联，但主要考虑到中国尚未加入《政府采购协定》，加之目前对此协定的认识仍嫌不足，因此未涉及这一部分内容，对于诸如此类的一些具体问题，考虑在不久的将来另行撰文探讨。

附录一　WTO 成员能源服务自由化承诺[1]

一、GATS 承诺（上）：能源分销附带服务

会员国	部门	市场准入限制	国民待遇限制
澳大利亚	能源分销附带服务(887**)涵盖以计费方式传输电力、气体燃料、蒸气及热水至家居、工业、商业及其他用户相关的咨询服务	(1) 无 (2) 无 (3) 无 (4) 除水平承诺另有规定外无限制	(1) 无 (2) 无 (3) 无 (4) 除水平承诺另有规定外无限制
多米尼加共和国	能源分销附带服务（887）	(1) 无 (2) 无限制 (3) 无 (4) 无限制	(1) 无限制 (2) 无限制 (3) 无限制 (4) 无限制
冈比亚	其他商业服务（包括 CPC887）	(1) 无 (2) 无 (3) 除平行部门另有规定外无限制 (4) 除水平承诺另有规定外无限制	(1) 无 (2) 无 (3) 无 (4) 除水平承诺另有规定外无限制
匈牙利	能源分销附带咨询服务（CPC887）	(1) 无 (2) 无 (3) 无 (4) 除第一部分另有规定外无限制	(1) 无 (2) 无 (3) 无 (4) 除第一部分另有规定外无限制

---

[1] 译自 WTO, Energy Service Background Note by the Secretariat, S/C/W/52, 1998.

续表

会员国	部门	市场准入限制	国民待遇限制
尼加拉瓜	能源分销附带服务（887）	(1) 无 (2) 无限制 (3) 无 (4) 无限制	(1) 无 (2) 无限制 (3) 无 (4) 无限制
塞拉利昂	其他商业服务	(1) 无 (2) 无 (3) 允许外国服务厂商与塞拉利昂合作伙伴以合资方式建立服务公司或机构 (4) 除水平承诺另有规定外无限制	(1) 无 (2) 无 (3) 无 (4) 除水平承诺另有规定外无限制
斯洛文尼亚	能源分销附带服务——仅用于天然气（CPC887）	(1) 无 (2) 无 (3) 无 (4) 除水平承诺另有规定外无限制	(1) 无 (2) 无 (3) 无 (4) 除第一部分另有规定外无限制
美国	能源分销附带服务	(1) 无 (2) 无 (3) 无 (4) 除第一部分另有规定外无限制	(1) 无 (2) 无 (3) 无 (4) 无

二、GATS 承诺（中）：燃料的管道运输

会员国	部门	市场进入限制	国民待遇限制
澳大利亚	管道运输——燃料运输（7131）	(1) 无 (2) 无 (3) 无 (4) 除水平承诺另有规定外无限制	(1) 无 (2) 无 (3) 无 (4) 除水平承诺另有规定外无限制

续表

会员国	部门	市场准入限制	国民待遇限制
匈牙利	管道运输	(1) 无限制 (2) 无 (3) 可提供服务,需取得经国家或地方当局签发的许可证合同 (4) 除第一部分另有规定外无限制	(1) 无 (2) 无 (3) 无 (4) 除第一部分另有规定外无限制
新西兰	管道运输(7131)	(1) 无 (2) 无 (3) 无 (4) 除水平承诺另有规定外无限制	(1) 无 (2) 无 (3) 无 (4) 除水平承诺另有规定外无限制

三、GATS 承诺（下）：其他与能源相关的承诺❶

会员国	部门	市场进入限制	国民待遇限制
加拿大	土木工程的一般建筑工作——电力设施及管道	(1) 无,不含沿海运输 (2) 无 (3) 无,安大略省建筑规定：水力电厂工地开发许可的申请者及持有者必须是安大略省的公司	(1) 无 (2) 无 (3) 无 (4) 除水平承诺另有规定外无限制,另安大略省营建规定：水力电厂工地开发许可的申请者及持有者需为安大略省居民

---

❶ 本表列举了承诺表中清楚表明的一些与能源相关的承诺。只提供了与能源相关活动的样本,并未穷尽承诺表中所有与能源相关的承诺。其他在分销、建筑、管理咨询、研究与开发部门中的大量承诺也涵盖了能源相关服务,只是未有特别说明。

续表

会员国	部门	市场进入限制	国民待遇限制
加拿大	其他：矿区工地准备（CPC511）	(1) 无，不含沿海运输 (2) 无 (3) 无 (4) 除水平承诺另有规定外无限制	(1) 无 (2) 无 (3) 无 (4) 除水平承诺另有规定外无限制
哥伦比亚	油气管道的设计、建造、运营与维修	(1) 无 (2) 无 (3) 无 (4) 除水平承诺另有规定外无限制	(1) 无 (2) 无 (3) 无 (4) 除水平承诺另有规定外无限制
科特迪瓦	安装及装配工程： ——矿物的勘探、开采及加工 ——能源生产，不含设备或零件相关的批发或零售服务	(1) 无限制 (2) 无限制 (3) 无 (4) 除部分类型的自然人入境及临时居留外无限制	(1) 无限制 (2) 无限制 (3) 政府批准，优先利用当地服务及聘用与训练本地管理执行人员及监工 (4) 无
厄瓜多尔	安装及装配工程（CPC5115）	(1) 无 (2) 无 (3) 无 (4) 除水平承诺另有规定外无限制	(1) 无 (2) 无 (3) 无 (4) 除水平承诺另有规定外无限制
埃及	土木工程的一般营建工程： ——长距离管线，电信及电力线路（缆线） 安装工程： ——天然气设备建造工程	(1) 无限制 (2) 无限制 (3) 商业呈现只许可合资公司；外资股权不超过计划总资金的49% (4) 无	(1) 无限制 (2) 无限制 (3) 无 (4) 无

续表

会员国	部门	市场进入限制	国民待遇限制
印度	土木工程的建筑工作： ——管道建设，电力线路，矿区、电厂及炼焦炉的建造（CPC513）	(1) 无限制 (2) 无限制 (3) 公司外资股权上限为51% (4) 除水平承诺另有规定外无限制	(1) 无限制 (2) 无限制 (3) 无 (4) 除水平承诺另有规定外无限制
	自然科学的研发服务： ——热、光、电磁及天文学，不含核能及相关物质（CPC85101） ——工程及技术，包含铸造、金属、机械、电、电信、船舶、航空器、土木工程、建筑、信息等应用科学及技术（CPC85103）	(1) 无限制 (2) 无限制 (3) 公司外资股权上限为51% (4) 除水平承诺另有规定外无限制	(1) 无限制 (2) 无限制 (3) 无 (4) 除水平承诺另有规定外无限制
马来西亚	管理咨询服务，包含非传统能源管理的顾问、辅导及营运服务（CPC8650）	(1) 无 (2) 无 (3) 本地合资公司，含马来西亚个人或公司股东或两者皆有，土族Bumiputera持股至少30%	(1) 无限制 (2) 无限制 (3) 无 (4) 除市场准入项下自然人类型规定外无限制
纳米比亚	相关科技咨询服务：离岸油气探勘（CPC86571）	(1) 无 (2) 无 (3) 无 (4) 无	(1) 无 (2) 无 (3) 无 (4) 无
委内瑞拉	本国石油及石化工业工程及劳务承包（3）（CPC第5节）（CPC85103-853）	(1) 无限制 (2) 无 (3) 无 (4) 除水平承诺另有规定外无限制	(1) 无限制 (2) 无 (3) 无 (4) 除水平承诺另有规定外无限制

附录二　能源服务贸易谈判对照单[1]

一、谈判对照清单（上）：与 GATS 相关的事项

（影响市场准入，包括跨境提供的措施）

（一）规范股权/商业存在的措施	**法律框架** 1. 能源部门或分部门的投资是否适用单独的法规体系？在中央以及地方层面，如何对其进行规制？ **私人企业参与** 2. 私人企业参与上游碳氢化合物活动（例如勘探、生产、采集、初步运输与贮存）是否可能？是否允许私人企业参与以下中下游的活动：（1）冶炼活动；（2）传输与分销；（3）石油商品化活动？ 3. 特定的碳氢化合物活动是否保留为：（1）直接由国家进行/由100%国有企业进行；（2）由国家控股的地方公司进行？ 4. 对于上游公司的私人持股有哪些限制？私人企业参与碳氢化合物行业需面对什么样的许可体制？ 5. 现有（油气）田、冶炼和运输设施所有权是否保留为国家拥有？参与上游活动的公司是否有义务于合同期满时向国家移交设施与设备？ 6. 是否允许私人企业参与：（1）发电；（2）批发营销；（3）传输；（4）分销；（5）电力供应？ 7. 特定电力服务是否保留给国有公司？ 8. 电力公用事业中对私人持股有哪些限制？ 9. 传统发电业（热电与水电）是否允许私人所有权？大型水电体系以及核电厂的所有权是否保留为中央或地方政府拥有？传输或分销网络能够被私人拥有吗？

---

[1] 本对照单可供以下情形使用：拟定某 WTO 成员自己的报价；评价一成员贸易伙伴的请求；评价一成员贸易伙伴的报价；评价是否支持其他 WTO 成员的地位。对照表中列出的问题是指示性的，如能结合特定部门或特定国家适当调整则更能体现对照表的操作价值。译自 UNCTAD, Managing "Request-Offer" Negotiations Under the GATS: The Case of Energy Services, June 2003. 原文附后。

续表

（一）规范股权/商业存在的措施	**外国所有权** 10. 以下服务提供是否允许外国所有权：（1）上游碳氢化合物；（2）传输；（3）分销；（4）批发营销及零售？ 11. 外国人能否参与：（1）发电；（2）电力批发营销；（3）传输、分销以及电力提供？ 12. 特定活动是否保留为东道国国民排他的股权所有？ 13. 拟投资项目是否受制于审慎性审查（如发现不利于安全利益可能予以修改或撤销）？ 14. 如果法律限制外国人在地方能源公司持股，则所允许的外国股权份额最高是多少，最低又是多少？ 15. 对于外国投资者接管东道国国营能源企业有无限制？东道国政府能否通过竞争政策控制外国人取得东道国国有能源公司股份/有关当局是否保留权力，通过限定非居民的持股比例来防止实体的控制权转移至非居民手中，该限定比例能通过法令降低？ 16. 对于私有能源公用事业设备所有权有无法定限制？ 17. 对于地方合资企业有无当地参与管理的要求？ 18. 政府是否拥有黄金股，使得私营公司在关键商业决定上需经其同意？ **审查法** 19. 拟在能源部门进行的外国投资是否需要经过东道国某个特定机构的审查？ 20. 由哪个机构负责投资审查？ 21. 适用什么样的标准来评价申请以决定是否批准？ 22. 投资者是否拥有要求对审查机构做出的不利决定提起司法审查的权利？是否发布有清楚的行政指南，以使投资者得以预见东道国当局对于一项投资提案将作出何种反应？ **合资法律及要求** 23. 能源企业是否被要求以某种特定的法律创设形式在当地设立？ 24. 外国设立的能源企业是否需要遵循特定的实绩要求，包括：（1）许可证要求以及技术转移规则；（2）汇款与外汇管制以限制外部财务转移；（3）当地成分与制造要求？ 25. 外国能源企业的准入是否以当地参与者参与股份及参与投资项目管理（合资要求）为条件？ 26. 是否要求在（股权式/契约式）合营企业中体现当地控制（比如占到 51% 以上的股权）？法律是否规定渐进式增加对合资企业的控制？ 27. 是否有关于董事会组成的要求？ 28. 规定了什么样的合营法律形式（合同、合伙、有限责任公司）？

续表

（二）规制措施	1. 谁来执行电力与天然气部门的规章？负责为每个受规制实体颁发许可和起草定价规则的是否为同一规制机构？ 2. 能源部门外国服务提供者是否要经过东道国特别机构审查？哪个机构负责投资审查？以什么样的标准来评价申请以决定是否批准？ 3. 外国服务提供者是否拥有要求对审查机构作出的不利决定提起司法审查的权利？是否发布有清楚的行政指南，以使投资者得以预见东道国当局对于一项投资提案将作出何种反应？ 4. 由谁负责为天然与电力部门定价？天然气、电力部门法定零售价是否（1）由一个独立规制机构决定，无须经过政府同意；或（2）由某个独立规制机构，经过政府同意后决定；或（3）由政府决定？ 5. 定价适用什么样的标准（比如，成本＋折扣＋回报）？定价机构定价时是否遵循详细的标准或规则？是否进行外部审计？价格是否根据一个详细的公式计算得出？ 6.（1）天然气传输与分销网络准入税；（2）电网准入税是否纳入规制？由谁来确定准入税？根据什么方法确定（比如是路程相关还是采取邮局式体系）？ 7. 非网络稀缺设施准入费（比如天然气贮存库）是否受到规制？网络运营商提供的灵活性服务（如天然气部门的平衡与贮存）有无设定价格上限？ 8. 天然气与电力部门价格与税收的确定是否有私人运营商参与？ 9. 能源服务提供适用于何种技术规章，产业标准及认证体系？ 10. 有无涉及以下事项的规格：（1）原油（比如 API 引力及黏性系数，蒸馏化验数据参数，原油的质量特征）；（2）冶炼操作（源自 BSI，ASTM，CEN 等标准组织的规格参数）；（3）冶炼活动（二氧化碳与二氧化硫，以及未燃烧碳氢化合物与氮氧化合物的范围）？ 11. 适用于以下事项的技术规章与标准是什么：（1）天然气（如热值）；（2）加臭过程与装载平衡；（3）上游管道网络，传输管道，分销管道（比如压力、材料、焊接规格）；（4）LNG（液化天然气）设施与设备（比如 LNG 提纯及加压设施规格，贮存罐及海洋运送罐，LNG 船舶装卸终端设施的规格）？ 12. 有无关于以下事项的工艺规格：（1）煤（如热值）；（2）煤矿业、矿址复原及废弃物管理；（3）燃烧技术（比如气化与液化床工艺）？ 13. 什么样的服务标准适用于：（1）电力公用设施；（2）发电设施、传输分销网？ 14. 什么样的技术规章和标准适用于：（1）核技术；（2）核设施；（3）废弃物处置、运输与贮存？ 15. 技术规章、产业标准及认证体系是否透明与无歧视？ 16. 产品规格的适用是否与原产地无关？ 17. 国内提供者是否面对同样的技术规章与标准要求？

续表

	18. 技术规格是否基于相关国际标准？ 19. 技术规格措辞是否依据工作性能或设计或描述性特征？ 20. 是否存在为标准事项提供信息的国家咨询点？ 21. 合格评审、检测及认证程序是否：（1）非歧视；（2）透明；（3）依据相关国际标准？是否接受第三方认证及自我认证？ 22. 有无确保供应安全的要求？适用何种普遍服务规章？
（三）与许可相关的措施	1. 什么样的法律与规章确立了关于能源活动许可的纪律？ 2. 从事下列活动需要哪些许可：（1）发电；（2）电力传输及分销？下列活动适用何种许可体制：（1）管道运输；（2）地下贮存；（3）天然气批发与零售；（4）天然气分销？ 3. 由谁来颁发与监督许可证？ 4. 对于被许可实体有哪些企业组织方面的限制（比如主要的企业宗旨，明确的最低股本）？ 5. 有无要求被许可者必须在当地组建公司？ 6. 同一实体可以拥有不同许可证吗（如运输、贮存及分销许可证）？ 7. 相比国内提供者，外国提供者是否受制于不同的或者额外的许可条件？ 8. 适用于何种财务与技术要求？如果最终许可要求与安全相关的技术检验，由哪个机构来执行这种检验？ 9. 许可范围是什么（比如：运营事项；资产管理，包括最后处置；质量控制系统建设；紧急情况；环境影响）？ 10. 被许可者是否对供应安全负责？ 11. 许可是否包含开发运输设施的固有义务？ 12. 许可是无限期的还是有一个明确期限？ 13. 被许可的权力是否受地理区域限制（如指定地域，特许区域）？地理区域可否更改？ 14. 许可是否授予排他性权利（比如，在分销方面的排他性权利）？ 15. 适用什么样的许可程序（比如，申请或投标程序）？在何种情况下使用不同的程序？许可分配是依据什么样的技术与经济标准（比如，以对所提供服务的征税作为经济评估的主要标准）？ 16. 颁发给能源公司的许可证能否转让？ 17. 修改、终止、撤销许可证适用何种规定？
（四）规范自然人移动的措施	1. 如何取得入境及工作许可？ 2. 在国外取得的同等专业资格是否为进口国承认？ 3. 对外国专家有无逗留期限限制？ 4. 外国专家入境是否需经过经济需求测试？ 5. 当地设立的能源公司雇用某类人才是否有住所或国籍要求？ 6. 对于公司内部调动是否有入境限制？

续表

（五）特惠自由化措施	1. 进口国是否为 ECT 签字国？区域协定（NAFTA、APEC）成员身份是否与能源服务有关？在双边或多边层面是否有其他特惠协定？ 2. 外国服务提供者是否在技术规格与专业要求方面满足 MRAs 要求？
（六）普遍服务义务	1. 政府是否在电力及天然气部门施加了与下述事项相关的公共服务义务：（1）供应安全；（2）环保与安全；（3）供应质量及价格；（4）其他公共利益？ 2. （在哪一层级上）已经确立了什么样的措施及什么样的机制来确保公共服务业务的实施？是否客观与透明？ 3. 在公共服务义务上，外国服务提供者是否受制于与国内提供者不同的或额外的条件？

二、谈判对照清单（下）：非 GATS 相关事项

（一）政府采购（依据 WTO 文件 S/WPGR/W/11）	1. 能源部门政府采购活动是如何管理的？采购活动在何种程序上集中化？ 2. 能源货物采购与能源服务采购的采购体制有无区别？如有区别，在既涉及货物又涉及服务的联合采购的场合适用什么样的规则（比如联合工程，采购与建设安排）？ 3. 采购适用什么样的程序（比如招标、拍卖）？在什么情况下使用不同的程序？ 4. 拟进行的采购如何为公众知晓？是否在出版物上公开发出招标邀请？如果是，使用何种语言？公开的程序与形式是否因适用的招标程序及/或采购价值不同而有所区别？是否对要求公开的信息有下限要求？电子手段是否用于公告采购机会？ 5. 取得全套招标文件是否需要支付费用？ 6. 对于潜在供应者是否有登记、住所或其他要求？ 7. 对供应者要求的参与条件属于何种性质（比如，财务保证、商业信誉和技术资格）？条件是否因适用的招标程序及/或采购价值不同而有所区别？ 8. 采购是否受制于：（1）当地成分；（2）技术转移；（3）当地雇用；（4）在进口国投资/当地存在？ 9. 是否有经批准的供应者名单？如有，审查申请加入名单企业的程序是什么？经批准的供应者名单是否定期评审/更新？ 10. 评标考虑哪些标准？潜在供应者事先是否可得知评标的标准？ 11. 是否给予某些特定企业或企业群体以优待？ 12. 采购标准是否因经济部门或经济区域而异？

续表

	13. 采购当局被允许享有选择权或自主裁量权的范围是什么？如果有，被允许的裁量权取决于何种程度？ 14. 如何接收、登记与开启标书？ 15. 是否要求招标实体公布中标合同的细节以及/或通知未成功的竞标者？ 16. 是否要求招标实体公布或向不成功竞标者提出其投标被拒绝的中肯的理由？ 17. 如果有当事方（国内的与外国的）对评标投诉的话，能够采取的程序是什么？ 18. 哪些法律、规章、程序或实践给予国内服务和/或供应者比外国服务和/或供应者更有利的待遇；或给予来自某一成员的服务和/或供应者比来自其他成员的服务和/或供应者更有利的待遇？外国服务提供者是否限制在他们能够参与的上游勘探与生产的政府采购活动范围内？采购实体是否给予国内所或当地设立的公司以优势地位？ 19. 最惠国待遇原则是否受制于任何保留或观测？
（二）与货物相关的标准事项	1. 能源产品与产品工艺适用于何种技术规章，产业标准及认证体系？ 2. 有无涉及以下事项的产品规格：（1）原油（比如 API 引力及黏性系数，蒸馏化验数据参数，原油的质量特征）；（2）冶炼操作（源自 BSI，ASTM，CEN 等标准组织的规格参数，以及燃料与其他产品的制造商规格，比如铅与硫含量的上限）；（3）冶炼活动（二氧化碳与二氧化硫，以及未燃烧碳氢化合物与氮氧化合物的范围）？ 3. 适用于以下事项的技术规章与标准是什么：（1）天然气（如沃泊系数甲烷值、油烟指数、露点温度、热值）；（2）加臭过程与装载平衡（3）上游管道网络，传输管道，分销管道（比如压力、材料、焊接规格）；（4）LNG（液化天然气）设施与设备（比如LNG提纯及加压设施规格，贮存罐及海洋运送罐，LNG船舶装卸终端设施的规格）； 4. 有无关于以下事项的工艺规格：（1）煤（如热值）；（2）煤矿业，矿址复原及废弃物管理；（3）燃烧技术（比如气化与液化床工艺）？ 5. 什么样的技术标准与要求适用于：（1）电力公用设施；（2）发电、传输、分销与供应提供者？ 6. 什么样的技术规章和标准适用于：（1）核技术；（2）核设施；（3）废弃物处置、运输与贮存？ 7. 什么样的技术规章、产业标准及认证体系适用于与能源服务贸易有关的工具？ 8. 技术规章、产业标准及认证体系是否透明与无歧视？ 9. 产品规格的适用是否与原产地无关？ 10. 国内提供者是否面对同样的关于设备以及产品和生产工艺的要求？ 11. 关于产品要求及工艺的技术规章是否基于相关国际标准？

续表

	12. 技术规格否按照工作性能来措辞，或是依据设计，或描述性特征来表述？ 13. 是否存在国家咨询点？ 14. 合格评审、检测及认证程序是否：（1）非歧视；（2）透明；（3）依据相关国际标准？是否接受第三方认证及自我认证，或者要求政府颁发的证书？
（三）服务贸易相关工具免关税临时进入	1. 对于能源服务贸易相关工具临时准入有无限制，比如，勘探服务：（1）地质物探、地层探测、地质构造探测、微观古生物孢粉相探测、沉积学探测、有机地球化学探测等地质工具；（2）地震学调查与处理解释，以及地震地层学探测的地球物理学仪器；（3）用于日志分析，压力分析，井深测试，储层模拟与储量确定的工程工具与软件？ 2. 对于服务相关工具公司内部临时转移有无限制？ 3. 对于合同服务提供者有无服务贸易相关工具的限制？
（四）竞争政策	对于第三方准入（TPA）管网基础设施有什么样的规则？ **准入体制** 1. 准入采取何种类型的体制（谈判 TPA、规定 TPA、其他）？ 2. 是否有部门特定规制当局或卡特尔/反托拉斯当局事后控制谈判条件与条款？ 3. 是否有相应的规制当局事先审查合同条款与条件？ 4. 准入条款与条件是否：（1）透明；（2）在第三方之间进行歧视；（3）与内部适用的条款条件相比较为不利？ 5. 谈判程序是否清楚、有效以及有合法授权？公司是否有义务公开运输/容量的指示性费用？ 6. 是否存在有效的争端解决机制？ **准入优先权** 7. 如何释放运输能量（先到先用、招标、其他）？ 8. 特定用户（比如必须利用此网络完成其公共服务义务的分销公司）有无优先权？ 9. 自然垄断的运营商是否具有使用其系统的优先权？ **准入拒绝权** 10. 怎么样的规则在界定准入拒绝？ 11. 是否有准入拒绝权的清楚定义（比如，严格与清楚地规定了能力不足的定义，或明确了解相关公共服务的规格）？ **管网准入价格** 12. 管网基础设施准入是如何定价？（比如，如同拍卖一样交由市场决定，还是规定）？

续表

（四）竞争政策	13. 准入费率的标准如何？准入费是否：（1）透明；（2）无歧视；（3）反映成本，依据是其服务要求（比如不同类型的服务，不同位置的用户/供应商，用户/购买者类型不同）？ 14. 对于管网运营商的自营业务是否收取同样的费用？ 15. 准入费是否根据运营商内部成本框架？公司是否有外部审计或会计？ **准入基础设施及灵活服务（比如贮存）** 16. 管网运营商是否负责灵活服务（比如贮存与平衡）？费用是否透明与无歧视？ 17. 第三方可否期待进入管网设施（比如，贮存库）？内部法律与规章是如何对待其他反竞争行为的？ 18. 管网活动是否：（1）与商业活动分开；（2）对于清楚的单元进行细分？活动拆分是否通过会计分离、功能分离、运营分离或所有权分离来实现？ 19. 对于上游与下游活动的垂直一体化是否有限制（比如，发电与零售供应）？ 20. 如果有上游自然垄断者（比如，垂直一体化生产与运输），对于批发供应价及运输费用是否设有上限？ 21. 下游部门如何鼓励竞争？最终用户可否自由选择零售供应商？ 22. 对于涉及能源公司的水平并购活动有无限制？对于转入其他能源部门是否限制（比如，石油公司转入电力行业）？ 23. 对于特定的合同模式是否有限制（比如，限制供应期限）？自然垄断者是否必须向新进入者释放一部分处在长期合同下的供应？ 24. 是否有措施处理掠夺性定价？对于电力与天然气零售价是否设有下限？
（五）其他相关措施	对于下列事项是如何规定的：（1）特许费率；（2）碳氢化合物活动的收入所得税率；（3）未开发地区的地皮税；（4）对于碳氢化合物副产品按燃料生产与消费的燃料消费税；（5）对碳氢化合物副产品在国内市场销售的消费税？

Annex
NEGOTIATING CHECKLISTS[1]

Negotiating Checklist: GATS-Related Issues
(measures affecting market access, including cross-border supply)

a) Measures governing ownership/ commercial presence	**Legal framework** 1. Is investment in the energy sector/subsector subject to a separate statutory regime? How is it regulated at the central and local levels? **Private participation** 2. Is private participation in upstream hydrocarbon activities (e.g. exploration, production, gathering, initial transport and storage) possible? Is private participation allowed in midstream and downstream (i) refining activities; (ii) transmission and distribution; (iii) petroleum commercialization activities? 3. Are certain hydrocarbon activities reserved (i) directly to the state/to 100% state-owned enterprises; or (ii) to locally incorporated companies in which the state holds a majority equity interest? 4. What restrictions apply on private shareholding in upstream companies? What licensing regime is envisaged for private-sector involvement in the hydrocarbon industry? 5. Is ownership of existing field, refining and transport facilities reserved to the state? Are companies engaged in upstream activities obliged to transfer facilities and equipments to the State on the expiration of the term of the contract?

---

[1] The checklists can be used in the following circumstances: developing a WTO Member's own offer; assessing a request from a Member's trading partner; assessing an offer from a Member's trading partner; formulating a request; or assessing whether or not to sponsor a position developed by another WTO Member. The questions included in the checklists are indicative, and sector and/or country-specific fine-tuning may be required to enhance the operational value of the checklists.

	6. Is private participation allowed in (i) power generation; (ii) wholesale marketing; (iii) transmission; (iv) distribution; (v) electricity supply?
	7. Are certain electricity services reserved to state-owned companies?
	8. What restrictions apply on private shareholding in electric utilities?
	9. Is private ownership of conventional (thermal and hydroelectric) electricity generation facilities allowed? Is ownership of large hydroelectric system and of nuclear plants reserved to the central or local government? Can transmission and distribution networks be privately owned?
	Foreign ownership
	10. Is foreign ownership allowed in the provision of services in (i) upstream hydrocarbon activities; (ii), transmission; (iii) distribution; (iv) wholesale marketing and retailing?
	11. Is foreign participation possible in (i) power generation; (ii) wholesale electricity marketing; (iii) transmission, distribution and supply of electricity?
a) Measures governing ownership/ commercial presence	12. Are certain activities reserved for exclusive equity ownership by the nationals of the host State?
	13. Are intended investment projects subject to discretionary screening (possible revision or cancellation if found to be prejudicial to security interests)?
	14. When laws restrict foreign shareholdings in locally incorporated energy companies, what is the maximum foreign equity permitted or the minimum local shareholding?
	15. Are there restrictions on the takeover of host State energy firms by foreign investors? Can the host Government control the build-up of foreign shareholding in the host State energy companies through its competition policy? Does the competent authority retain the power to prevent the transfer of control to non-residents where they build up a share in the undertaking of more than a qualifying percentage? Can the qualifying percentage be lowered by decree?
	16. Are there statutory restrictions of foreign ownership in privatized energy utilities?
	17. What are the requirements for local participation in the management of a locally incorporated joint venture with the foreign investor?
	18. Does the government keep a "golden share" in privatized companies that requires government concurrence in key business decisions?
	Screening laws
	19. Are proposed foreign investments in the energy sector subject to screening by a specialized authority in the host State?
	20. What authority is charged for the investment screening?

a) Measures governing ownership/ commercial presence	21. What criteria apply in evaluating applications for approval? 22. Are investors offered rights of judicial review against unfavourable decisions by the screening authorities? Are clear administrative guidelines issued from which investors can reasonably predict the response of host State authorities to an investment proposal? **Legal and joint venture requirements** 23. Are energy firms required to establish locally through a particular legal form of establishment? 24. Are foreign established companies subject to specific performance requirements, including (i) licensing requirements and technology transfer rules; (ii) remittance and foreign exchange restrictions limiting external financial transfers; (iii) local content and manufacturing requirements? 25. Is entry of the foreign energy firm conditional on the substantial involvement of local participants in the ownership and management of the investment project (joint venture requirement)? 26. Is local control (e.g 51% or more of the equity/contribution) required over the (equity/contractual) joint venture? Does the law provide for progressive increase in control over the venture? 27. Are there requirements regarding the composition of the board of directors? 28. What is the prescribed legal form of the joint undertaking (contract, partnership, limited liability company)?
b) Regulatory measures	1. Who carries out regulation of the power and gas sectors? Is the same regulatory authority responsible for issuing licenses for each regulated entity and for drafting rules on pricing? Is the regulatory authority independent from the government? How is its accountability ensured? 2. Are foreign service suppliers in the energy sector subject to screening by a specialized authority in the host State? What authority is charged with the investment screening? What criteria apply in evaluating applications for approval? 3. Are foreign persons offered rights of judicial review against unfavourable decisions by the screening authorities? Are clear administrative guidelines issued from which investors can reasonably predict the response of host State authorities to an investment proposal? 4. Who is responsible for setting prices in the gas and power sectors? Are regulated retail prices for gas and power set (i) by an independent regulatory body without concurrence of the Government; (ii) by the regulatory authority in concurrence with the Government; (iii) by the Government?

续表

	5. What pricing criteria (e. g. cost recovery plus depreciation plus return) apply? Shall the authority follow detailed standards or rules in setting prices? Is an external audit envisaged? Are prices set according to a detailed formula? 6. Are tariffs for access to (i) the gas transmission and distribution network; (ii) and the power grid regulated? By whom are tariffs for access set? According to which methodology are they set (e. g. distance-related vs. postalized system)? 7. Are tariffs for access to non-network scarce facilities (e. g. reservoirs in the gas sector) regulated? Are maximum prices set for flexibility services (e. g. balancing and storage in the gas sector) that are provided by the network operator? 8. Are private sector operators involved in setting prices and tariffs in the gas and power sectors? 9. What technical regulations, industry standards and certification systems apply to the provision of energy services?
b) Regulatory measures	10. Are there specifications concerning (i) crude oil (e. g. API gravity and Viscosity Index, and parameters for assay data on distillation and quality characteristics of a crude); (ii) refinery operations (specification parameters derived from standardizing organizations, such as BSI, ASTM, CEN); (iii) refinery activities (e. g. parameters for CO_2, SO_2, and unburned hydrocarbons and NO_X combined)? 11. What technical regulations and standards apply to: (i) natural gas (e. g. calorific value); (ii) odorization practices and load balancing; (iii) upstream pipeline network, transmission pipelines, distribution pipelines (e. g. pressures, specifications for materials, welding); (iv) LNG facilities and equipment (e. g. technical specifications for LNG purification and compression facilities, storage tanks and ocean going tankers, terminal facilities for loading and discharging LNG ships)? 12. Are there specifications on processes concerning (i) coal (e. g. calorific value); (ii) coal mining, site rehabilitation and waste management; (iii) combustion techniques (e. g. gasification and fluidized bed process)? 13. What service standards apply to (i) electric utilities; (ii) and power generation facilities and transmission distribution grids? 14. What technical regulations and standards (TRS) apply to (i) nuclear technologies; (ii) nuclear facilities; (iii) waste handling, transportation, and storage? 15. Are technical regulations, industry standards and certification systems transparent and non-discriminatory?

续表

b) Regulatory measures	16. Do product specifications apply irrespective of the product's origin? 17. Do domestic providers face the same requirements with respect to technical regulations and standards? 18. Are technical specifications based on relevant international standards? 19. Are technical specifications worded in terms of performance or in terms of design or descriptive characteristics? 20. Do national enquiry points exist for the provision of information on standard related issues? 21. Are conformity assessment, testing and certification procedures (i) nondiscriminatory; (ii) transparent; (iv) based on relevant international standards? Are third-party certification and self-certification accepted? 22. What requirements apply to ensure security of supply? What universal service regulations apply?
c) Measures relating to licensing	1. What laws and regulations discipline licensing of energy activities? 2. What types of licenses are envisaged for (i) power generating; (ii) power transmission and distribution? What licensing regimes apply to (i) pipeline transportation; (ii) underground storage; (iii) gas wholesale and retail; (iv) gas distribution? 3. By whom are licenses issued and monitored? 4. What corporate restrictions apply to the licensed entity (e.g. principal corporate purpose, fixed minimum capital stock)? 5. Is there a requirement that the licensee be locally incorporated? 6. May the same entity hold different licenses (e.g. in transportation, storage and distribution)? 7. Are foreign suppliers subject to different or additional licensing conditions than domestic suppliers? 8. What financial and technical requirements apply? If the final licensing requires safety-related technical inspections, what authority carries out the inspections? 9. What is the license coverage (e.g. operational issues; asset management, including final disposal; establishment of quality control system; emergencies; environmental impact)? 10. Is the licensee held responsible for security of supply? 11. Does the license carry a built-in obligation to develop transportation facilities? 12. Are license open-ended or for a definite time? 13. Are licensed rights geographically restricted (e.g. assigned acreages, franchised areas)? Can geographic zones be modified?

续表

c) Measures relating to licensing	14. Does the license confer exclusive rights (e. g. in distribution)? Do exclusive distribution licenses confer exclusive rights to market in the assigned zone? 15. What licensing procedures (e. g. application or bidding procedure) are applied? Under what circumstances are different procedures used? According to what technical and economic criteria (e. g. tariff for the service offered as the main criterion in the economic evaluation) are licenses allocated? 16. Are licenses issued to the energy companies transferable? 17. What provisions apply to modification, termination and revocation of licenses?
d) Measures governing the movement of natural persons	1. How are entry and work permits obtained? 2. Are equivalent professional qualifications obtained abroad recognized in the importing country? 3. Are there time limitations on the presence of foreign experts? 4. Is the entry of foreign experts subject to economic needs tests? 5. Are there residency or nationality requirements with respect to certain categories of personnel employed by locally established energy firms? 6. Are there restrictions on the entry of intra-corporate transferees?
e) Preferential liberalization measures	1. Is the importing country a signatory to the Energy Charter Treaty? Is the Member bound under regional arrangement relevant to the energy service sector (e. g. NAFTA, APEC)? Are there other preferential agreements at the bilateral or multilateral level? 2. Do foreign suppliers qualify under MRAs for technical specifications and professional requirements?
f) Universal service obligations	1. May the government impose on undertakings operating in the power and gas sector public service obligations relating to (i) security of supply; (ii) environmental protection and safety; (iii) quality of supply and pricing; (iv) other public interests? 2. What measures (at which level) and what mechanisms are in place for assuring fulfilment of public service obligations? Are they objective and transparent? 3. Are foreign service suppliers subject to different or additional conditions than domestic suppliers in relation to public service obligations?

Negotiating Checklist: Non-GATS-Related Issues

a) Government procurement (based on WTO document S/WP-GR/W/11)	1. How are government procurement activities in the energy sector administered? To what extent are procurement activities centralized? 2. Does the procurement regime distinguish between the procurement of energy related goods and services? If so, what rules apply in cases of joint procurement involving both goods and services (e. g. joint engineering, procurement and construction arrangements)? 3. What procurement procedures are applied (e. g. tendering, auctioning)? Under what circumstances are different procedures used? 4. How are intended procurements publicized? Are invitations to tender published? If so, where, and in what languages? Do the extent and form of publicity differ according to tendering procedures applied and/or the value of the procurement? Is there a minimum set of information that is required to be published? Are electronic means used to advertise procurement opportunities? 5. Are there any charges for obtaining the full set of tender documents? 6. Are there registration, residence or other requirements for potential suppliers? 7. What is the nature of any conditions for participation required from suppliers (e. g. financial guarantees, commercial standing and technical qualifications)? Do the conditions of participation vary according to the nature of the tender process and/or the value of intended procurement? 8. Is procurement subject to (i) local content; (ii) technology transfer; (iii) local employment; (iv) investment/local presence in the importing country? 9. Are there lists of approved suppliers? If so, what are the procedures for checking the capability of firms applying for inclusion on tenderers' lists? Are lists of approved suppliers, if any, regularly reviewed/updated? 10. What criteria are taken into account in the award of tenders? Are criteria for award of contracts made available in advance to potential suppliers? 11. Is preference given to any particular enterprises or group of enterprises? 12. Do the procurement criteria differ according to sector or region of the economy? 13. What is the margin of choice or discretion allowed to the purchasing authority? What does the extent, if any, of discretion allowed depend on? 14. How are tenders received, registered and opened? 15. Are entities required to publish details of contracts awarded and/or notify unsuccessful tenderers? 16. Are entities required to publish, or provide to unsuccessful bidders, pertinent reasons why their bid was rejected?

续表

a) Government procurement (based on WTO document S/WP-GR/W/11)	17. What, if any, are the procedures available for parties, domestic and foreign, to lodge complaints against the award of a contract? 18. What laws, regulations, procedures or practices accord domestic services and/or suppliers treatment more favourable than that accorded to foreign services and/or suppliers, or accord services and/or suppliers of a Member more favourable treatment than those of another Member? Are foreign service suppliers restricted in the range of procurement activities in which they can participate in upstream exploration and production? Do procuring entities grant advantage to domestically owned or locally established companies? 19. Is the most favoured nation principle subject to any reservation and observation?
b) Goods-related standards issues	1. What technical regulations, industry standards and certification systems apply to energy products and production processes? 2. Are there product specifications concerning: (i) crude oil (e.g. API gravity and Viscosity Index, and parameters for assay data on distillation and quality characteristics of a crude); (ii) refinery operations (specification parameters and sulfur content); (iii) refined products (e.g. parameters for CO_2, SO_2, and unburned hydrocarbons and NO_x combined)? 3. What technical regulations and standards apply to: (i) natural gas (e.g. wobbe index, methane number, soot index, dew point, calorific value); (ii) odorization practices and load balancing; (iii) upstream pipeline network, transmission pipelines, distribution pipelines (e.g. pressures, specifications for materials, welding); (iv) LNG facilities and equipment (e.g. parameters for LNG purification and compression facilities, storage tanks and ocean going tankers, terminal facilities for loading and discharging LNG ships)? 4. Are there specifications on products and processes concerning (i) coal (e.g. calorific value); (ii) coal mining, site rehabilitation and waste management; (iii) combustion techniques (e.g. gasification and fluidized bed process)? 5. What technical specifications and requirements apply to (i) electric facilities; (ii) providers in power generation, transmission, distributions and supply? 6. What technical regulations and standards apply to (i) nuclear technologies; (ii) nuclear facilities; (iii) waste handling, transportation, and storage? 7. What technical regulations, industry standards and certification systems apply to energy-service-related tools of the trade?

续表

b) Goods-related standards issues	8. Are technical regulations, industry standards and certification systems transparent and nondiscriminatory? 9. Do product specifications apply irrespective of the product origin? 10. Do domestic providers face the same requirements in respect of equipment, as well as products and production processes? 11. Are technical regulations concerning product requirements and processes based on relevant international standards? 12. Are they worded in terms of performance, or are they phrased in terms of design or descriptive characteristics? 13. Do national enquiry points exist? 14. Are conformity assessment, testing and certification procedures (i) nondiscriminatory; (ii) transparent; (iii) based on relevant international standards? Are third-party certification and self-certification accepted, or are government issued certificates required?
c) Duty-free temporary entry for services-related tools of the trade	1. Are there restrictions on the temporary entry of service-related tools of the trade (e.g., for exploration services: (i) geology kits for petrography, stratigraphy, tectonics, micropaleontology palynology, sedimentology and organic geochemistry; (ii) geophysics apparatus for seismology survey processing interpretation and seismic stratigraphy; (iii) engineering equipment and software used in log analysis, pressure analysis, well testing, reservoir simulation and reserves determination)? 2. Do restrictions apply to the temporary intra-firm transfer of service-related equipment? 3. Do restrictions on services-related tools of the trade apply to contractual suppliers?
d) Competition policy	How are rules for third-party access (TPA) to the network infrastructures defined? **Access regime** 1. What type of access regime is envisaged (negotiated TPA, regulated TPA, other)? 2. Is there an ex post control of the negotiated terms and conditions by a sector-specific regulatory authority or by a cartel/antitrust authority (nTPA)? 3. Is there an ex ante review of the terms and conditions by a competent regulatory authority (rTPA)?

续表

	4. Are terms and conditions of access (ⅰ) transparent; (ⅱ) nondiscriminatory as between third parties; (ⅲ) no less favourable than those applying in-house? 5. Are procedures of negotiation clear, efficient and mandatory (nTPA)? Is there an obligation on the companies to publish indicative tariffs for transport/capacity (nTPA)? 6. Are there efficient dispute settlement mechanisms? **Priority of access** 7. How is transport capacity released ("first come, first served", auctioning system, other)? 8. Are specific customers (e.g. distribution companies that could not otherwise fulfil their public service obligations) entitled to priority of access? 9. Are incumbent operators allowed the priority use of their system? **Access refusal** 10. How are rules for access refusal defined? 11. Is there a clear definition of the right of access refusal (e.g. strict and clear definition of lack of capacity, or specification of the public service obligations in question)? **Tariff for access to the transportation network**
d) Competition policy	12. How is pricing of access to network infrastructures determined (e.g. left to market forces, as in the case of capacity auctioning; regulated)? 13. Which are the criteria for access tariffing? Are access tariffs (ⅰ) transparent; (ⅱ) nondiscriminatory; (ⅲ) cost-reflective, in terms of their service requirements (e.g. different types of service, different location of users/purchasers, differences among categories of users/purchasers)? 14. Are the same tariffs levied on the network operator's own business? 15. Are tariffs based on the internal cost structure of the incumbent operator? Is there an external audit of the companies' accounts? **Access to essential facilities and flexibility services** (e.g. storage) 16. Is the network operator responsible for flexibility services (e.g. storage and balancing)? Are tariffs transparent and nondiscriminatory? 17. Is TPA to essential network-related facilities (e.g. reservoirs) envisaged? How do internal laws and regulations deal with other instances of anticompetitive conduct? 18. Are network activities (ⅰ) separated from commercial activities; (ⅱ) broken down in their distinct components? Are activities unbundled by means of internal accounting separation, functional separation, operational separation or ownership separation? 19. Are there restrictions on vertical integration of upstream and downstream activities (e.g. generation and retail supply)?

续表

d) Competition policy	20. In the context of a dominant upstream incumbent (e. g. vertically integrated production and transportation), are there regulated ceilings for wholesale supply price and transportation rates? 21. How is competition encouraged in the downstream sector? Are final consumers free to choose their retail supplier? 22. Are there restrictions on horizontal mergers and takeovers involving energy companies? Are there restrictions on the move into different energy segments (e. g. oil companies moving in the electricity business)? 23. Are there restrictions on specific contractual patterns (e. g. restriction on duration of supply contracts)? Are incumbents forced to release to new entrants some of the supply under long-term contracts? 24. Are there measures to deal with predatory pricing? Are there minimum requirements (floors) for retail electricity and gas prices?	
e) Other relevant measures	What is the (ⅰ) royalty rate; (ⅱ) income tax rate for hydrocarbon activities; (ⅲ) surface tax on areas that are not being developed; (ⅳ) fuel consumption tax to hydrocarbon by-products produced and consumed as fuels; (ⅴ) consumption tax on hydrocarbon by-products sold in the internal market?	

主要参考文献

一、中文文献

［1］ 施文真. 能源安全、GATT/WTO 与区域/自由贸易协定［J］. 政大法学评论, 2007, 10 (88).

［2］ 管清友, 何帆. 中国的能源安全与国际能源合作［J］. 世界经济与政治, 2007 (11).

二、外文文献

（一）著作类

［1］ Sanam S Haghighi, Energy Security—The External Legal Relations of the European Union with Major oil and Gas Supplying Countries (Modern Studies in European Law)［M］. Hart Publishing, 2007.

［2］ Peter C. Evans, Liberalizing Global Trade in Energy Services［M］. AEI Press, 2002.

［3］ Yulia Selivanova, Regulation of Energy in International Trade Law: WTO, NAFTA and Energy Charter［M］. Kluwer Law International, 2011.

（二）论文类

［1］ Paolo R. Vergano, Energy Services in the Current Round of WTO Negotiations［J］. International Trade Law & Regulation, 2005, Vol. 11 (3).

［2］ Pierros, Exploring Certain Trade-Related Aspects of Energy under GATT/WTO［J］. International Trade Law & Regulation, 1999, Vol. 5 (1).

［3］ Abdallah H, Oil Exports under GATT and the WTO［J］. OPEC Review, 2005, Vol. 29.

［4］ Melaku Geboye Desta, The GATT/WTO System and International Trade in Petroleum: an Overview［J］. Journal of Energy & Natural Resources Law, 2003, Vol. 21 (4).

［5］ Melaku Geboye Desta, The Organization of Petroleum Exporting Countries, the World Trade Organization, and Regional Trade Agreements［J］. Journal of World Trade, 2003, Vol. 37 (3).

［6］ Melaku Geboye Desta, OPEC and The WTO: Petroleum as a Fuel for Cooperation in International Relations［J］. Middle East Economic Survey, 2004, Vol. 3.

［7］ Zillman, D. N, Energy Trade and the National Security Exception to the GATT［J］. Journal of Energy and Natural Resource Law, 1994, Vol. 12 (1).

[8] Waller, S. W, Suing OPEC [J]. The University of Pittsburgh Law Review, 2002, Vol. 64.

[9] Wälde, T. W., International Energy Law and Policy [J]. Encylopaedia of Energy, 2004, Vol. 3.

[10] Majid A al-Moneef, Petroleum and the World Trade Organization [J]. Middle East Economic Survey, 2001, Vol. 44 (5).

[11] Doaa Abdel Motaal, The biofuels Landscape: Is There a Role for the WTO? [J]. Journal of World Trade, 2008, Vol. 42.

[12] De Vera, Enrique Rene, The WTO and Biofuels: The Possibility of Unilateral Sustainability Requirements [J]. Chicago Journal of International Law, 2008, Vol. 8.

[13] Robert Howse and ReIL, World Trade Law and Renewable Energy: the Case of Non-tariff Measures [J]. Journal for European Environmental & Planning Law, 2006, Vol. 3 (6).

[14] R. S. Deshpande, Biofuels and WTO: An Emerging Context [J]. Asian Biotechnology and Development Review, 2006, Vol. 8 (2).

[15] Zarrilli, Simonetta, Oil and Gas Services: Market Liberalization and the Ongoing GATS Neotiations [J]. Journal of International Economic Law, 2005, Vol. 8 (2).

[16] Broome, Stephen A., Conflicting Obligations for Oil Exporting Nations? Satisfying Membership Requirements of Both OPEC and the WTO [J]. George Washington International Law Review, 2006, Vol. 38.

[17] Simonetta Zarrilli, Domestic Taxation of Energy Products and Multilateral Trade Rules: Is This a Case of Unlawful Discrimination [J]. Journal of World Trade, 2003, Vol. 37 (2).

[18] Daniel Peat, The Wrong Rules for the Right Energy: The WTO SCM Agreement and Subsidies for Renewable Energy [J]. Environmental Law and Management 2012, Vol. 3.

[19] Daniel Peat, The Perfect FIT: Lessons for Renewable Energy Subsidies in the World Trade Organization [J]. LSU Journal of Energy Law and Resources, 2012, Vol. 1, Issue1.

(三) 专题报告

[1] UNCTAD, Trade Agreements, Petroleum and Energy Policies [R]. UNCTAD/ITCD/TSB/9, 2002.

[2] UNCTAD Secretariat, Energy Services in International Trade: Development Implications [R]. June 2001.

[3] UNCTAD Secretariat, The Contradictions of an "Open Trade Regime" for an Oil Exporting Country in as far as the Attainment of "International Competitiveness" and Social Advancement of Their Population [R]. 2004.

[4] UNCTAD Secretariat, Managing "Request-Offer" Negotiations under the GATS: The Case of Energy Services [R]. June 2003.

[5] UNCTAD Secretariat, The Emerging Biofuels Market: Regulatory, Trade and Development Implications [R]. 2006.

［6］Energy Charter Secretariat, Trade in Energy: WTO Rules Applying under the Energy Charter Treaty［R］. 2002.

［7］ICTSD, Emerging Issues in the Interface between Trade, Climate Change and Sustainable Energy［R］. May 2005.

［8］ICTSD, Sustainable Development Opportunities and Challenges of Trade in Energy Services in the WTO and beyond［R］. April 2007.

［9］Business Council for Sustainable Energy, Promoting a Sustainable Trade Agenda under the WTO: Opening Clean Energy Markets［R］. March 2000.

［10］International Food & Agricultural Trade (IPC) and Renewable Energy and International Law (REIL), WTO Disciplines and Biofuels: Opportunities and Constraints in the creation of a Global Marketplace［R］. 2006.

［11］WWF International, Bioenergy Assurance Schemes and WTO Rules［R］. 2006.

［12］UNCTAD: Energy and Environmental Services, June, 2003.

（四）WTO 文件

［1］GATT, Subsidies and other Non-Tariff Support Programmes affecting Market Access in World Minerals, Metals and Energy Trade—Submission from Australia［Z］. MTN. GNG/NG3/W/12, 3 June 1988.

［2］GATT, Energy Products—Note by the Secretariat［Z］. MTN. GNG/NG3/W/16, 27Sep. 1988.

［3］GATT, Energy Products—Note by the Secretariat-Addendum［Z］. MTN. GNG/NG3/W/16/Add. 1, 11 Jan. 1989.

［4］GATT, Energy Products—Communication by the EEC-Addendum［Z］. MTN. GNG/NG3/W/16/Add. 2, 16 June, 1989.

［5］GATT, Energy Products—Note by the Secretariat-Addendum［Z］. MTN. GNG/NG3/W/16/Add. 3, 29 Sep. 1989.

［6］WTO secretariat, Energy Service Background Note by the Secretariat［Z］. S/C/W/52, 1998.

［7］WTO, Report of the Meeting Held on 11 July—Note by the Secretariat［Z］. S/CSC/M/1611, 2000.

［8］WTO, Energy Services Information—Note by the Secretariat［Z］. JOB (05) /204, September 2005.

［9］WTO, Communication from Chile—the Negotiations on Trade in Services［Z］. S/CSS/W/88, May 2001.

［10］WTO, Communication from the European Communities and Their Member States – GATS 2000: energy services［Z］. S/CSS/W/60, March 2001.

［11］WTO, Communication from Canada—in Initial Negotiating Proposal on Oil and Gas Services［Z］. S/CSS/W/58, March 4, 2001.

［12］WTO, Communication from Japan—Negotiation Proposal on Energy Services Supplement［Z］. S/CSS/W/42/Suppl. 3, October 2001.

[13] WTO, Communication from the United States—Energy services [Z]. S/CSS/W/24, December 2000.

[14] WTO, Communication from Venezuela—negotiating proposal on energy service [Z]. S/CSS/W/69, March 2001; Communication from Venezuela—Negotiating Proposal on Energy Services Addendum [Z]. S/CSS/W/69/Add. 1, October 2001; Communication from Venezuela—Negotiating Proposal on Energy Services Addendum [Z]. S/CSS/W/69/Add. 2, June 2003.

[15] WTO, Communication from Cuba—Negotiating Proposal on Energy Service [Z]. S/CSS/W/144, March 2002.

[16] Communication from Norway—the Negotiations on Trade in Services [Z]. S/CSS/W/59, March 2001.

[17] GATT Panel Report, United States—Taxes on Petroleum and Certain Imported Substances [Z]. L/6175, BISD 34S/136, adopted 17 June 1987.

[18] WTO Panel Report, United States—Standards for Reformulated and Conventional Gasoline [Z]. WT/DS2/R, adopted as modified by Appellate Body 20 May 1996.

[19] WTO Appellate Body Report, United States—Standards for Reformulated and Conventional Gasoline [Z]. WT/DS2/AB/R, adopted 20 May 1996.

[20] WTO website, Service: Sector by Sector—Energy Services [Z].

[21] WTO website, WTO Analytical Index—Guide to WTO Law and Practice [Z].

[22] WTO Panel Report, Canada—Certain Measures Affecting the Renewable Energy Generation Sector [Z]. WT/DS412/R and WT/DS426/R, adopted 19 December 2012.

[23] WTO Appellate Body Report, Canada—Certain Measures Affecting the Renewable Energy Generation Sector [Z]. WT/DS412/R and WT/DS426/R, adopted 6 May 2013.

（五）其他文献

[1] Lawrence A. Kogan, Esq., Polluting the Future of the WTO, at www. itssd. org/Publications/PollutingtheFuture. pdf, July 2006.

[2] Victor Menotti, The Other Oil War: Halliburton's Agenda at the WTO, at http：//www. ifg. org/reports/WTO-energy-services. htm, June 2006, Nov. 2006.

[3] Sadeq Z. Bigdeli, A Report on the Workshop on "The Role of the WTO in the Energy Security Debate", at www. nccr-trade. org/ip-6/the-role-of-the-wto-in-the-energy-security-debate-3. htm, Nov. 2006.

[4] Nartova O., Trade in Energy Services under WTO Law: The Impact of Competition Policies', PhD thesis, University of Bern, 2008.

[5] Thomas Cottier, Garba Malumfshi, Energy in WTO Law and Policy, at www. nccr-trade. org/.../IP6_ synthesis_ report_ with% 20biblio. pdf, 2009.

[6] Toni Harmer, Biofuels, Subsidies and the Law of the WTO, at ictsd. net/i/publications/50724/ – Cached, 2009.

[7] Bryant Walker Smith, Biofuels, Subsidies, and Dispute Settlement in the WTO, at ht-

tp: //works. bepress. com/bryant_walker_smith/1, 2009.

[8] WTO News, Lamy Calls for Dialogue on Trade in Energy in WTO, at http: //wto. org/english/news_ e/sppl_ e/sppl279_ e. html, 2013.

[9] Marie Wilke, Feed – in Tariffs for Renewable Energy and WTO Subsidy Rules, ICTSD Programme on Trade and Environment, at http: //www. ictsd. org/themes/global-economic-governance/research, 2011.

[10] Cathleen Cimino, Gary Hufbauer, Trade Remedies Targeting the Renewable Energy Sector, UNCTAD Green Economy and Trade meeting paper on 3 – 4 April 2014, at http: //unctad. org/meetings/en/SessionalDocuments/ditc_ted_03042014Petersen_Institute. pdf, 2014.

后 记

写作的日子是一段"潜伏"。喧嚣的都市与多彩的生活仿佛自动退后，淡化为一场朦胧的背景。热忱与思想终日在文献资料与电脑屏幕之间寂静地燃烧，精彩与艰辛都在其中。终于到了收尾阶段，曙光在前，却没有了最初想象之中的雀跃之情——或许这样一段衣带渐宽终不悔的经历，自然会磨砺出一份平和的心境吧。

对于WTO的研究兴趣，始自中国加入WTO的2001年。其时我正在树木参天，疏影横斜的武大校园里攻读硕士学位，在恩师余敏友教授的引领下，选择了WTO国营贸易规则作为论文方向。之后又远赴英国谢菲尔德大学法学院访问学习，以及继续师从余敏友教授在职攻读国际法博士学位，研究方向始终没有离开WTO这个主题。就像一个终于觅得宝藏的寻宝者，在WTO博大精深的学术殿堂里流连忘返。

促使自己终下决心将多年的学习研究心得付诸书稿的机缘，来自2012年教育部人文社会科学研究一般项目的立项（项目编号12YJA820066，课题名称：WTO对能源贸易纪律的重构——以能源安全为视角）。此后在前期研究的基础上，我更为广泛地搜集了文献资料以及WTO/GATT谈判与争端解决原始材料，深入地思考与梳理了WTO与能源贸易的关系，并结合能源贸易摩擦的最新态势，以本书呈现了自己就这一研究课题的观点与主张。本书为教育部人文科学研究项目（项目编号12YJA820066）的研究成果，恳请学界同仁指正。

在此诚挚地感谢中国法学会世界贸易组织法研究会的厚爱以及知识产权出版社的支持，使本书得以加入《WTO法与中国研究丛书》出版成册。

唐 旗
2014年12月